HACKING GROWTH

Bezoek www.levboeken.nl voor informatie over al onze boeken.
Volg @Levboeken op Twitter en bezoek onze Facebook-pagina:
www.facebook.com/Levboeken.

HACKING GROWTH

SEAN ELLIS & MORGAN BROWN

Lev.

Oorspronkelijke titel
Hacking Growth

This translation published by arrangement with Crown Business, an imprint of the Crown Publishing Group, a division of Penguin Random House LLC
Vertaling
Henk Popken
Omslagontwerp
Pinta Grafische Producties, naar een ontwerp van Oliver Munday
Illustraties
Mapping Specialists, Ltd.
Foto auteurs
© Erika Brown

ISBN 978 94 005 0898 9
NUR 801

Met dank aan Job Rietbergen, van Growth Tribe en Newmentions, voor het meelezen.

SE: Met veel liefde opgedragen aan mijn prachtige vrouw Svetlana en onze getalenteerde dochters Natasha en Anna.

MB: Voor Erika, Banks en Audrey Grace.

INHOUD

INLEIDING

Toen ik (Sean) in 2008 werd gebeld door Dropbox-oprichter Drew Houston, raakte ik onmiddellijk geïntrigeerd door de hachelijke situatie waarin de één jaar oude start-up verkeerde. Het in de cloud opslaan en delen van gegevens kende al direct een schare aanhangers uit met name de tech-gekke gemeenschap in Silicon Valley. Zelfs voordat het product helemaal klaar was, had Houston al een prototype online gezet om te laten zien hoe de dienst zou werken en dat had hem de steun opgeleverd van de machtige *start-up promotor* Y Combinator, wat weer leidde tot een golf aan zogenaamde *early adopters*.

Toen Houston een tweede video postte op de nieuwssite Digg en de wachtlijst voor de bètaversie in een oogwenk van 5.000 naar 75.000 groeide, was duidelijk dat hij iets had losgemaakt.[1] De volgende golf gebruikers, die na de publieke lancering hadden ingetekend, was blij met de dienst, maar Houston liep nog steeds tegen een muur op bij zijn pogingen ook buiten het tech-wereldje klanten te winnen. En hij had niet veel tijd. De concurrentie was hevig. De start-up Mozy had een voorsprong van drie jaar en een andere, Carbonite, had 48 miljoen dollar weten binnen te halen – versus de 1,2 miljoen dollar van Houston. Ondertussen stonden giganten als Microsoft en Google ook klaar om met cloudopslag aan de gang te gaan. Hoe kon Dropbox zijn klantenbestand vergroten in de schaduw van dergelijke formidabele concurrenten?

Toen Houston me belde, wilde hij weten of ik hem kon helpen met het uitbreiden van hun solide, maar nog niet al te grote bestand van early adopters. Ik was net klaar met mijn periode als interim-directeur Marketing bij Xobni, een start-up opgezet door Drews goede vriend Adam Smith, toen Adam voorstelde om bij elkaar te komen om de uitdagingen te bespreken waar Dropbox voor stond. Ik had in Silicon Valley inmiddels de reputatie van iemand die kon helpen bij het opstarten van bedrijven, en dan vooral bedrijven die met felle concurrentie en beperkte budgetten te maken hadden, zoals Dropbox. Ik had voor het eerst succes geboekt met het bevorderen van groei bij onlinegame-pionier Uproar, wiens site een van de tien grootste van het web werd, met meer dan 5,2 miljoen gamers ten tijde van IPO in december 1999, en dat terwijl ook Sony, Microsoft en Yahoo zich op die markt hadden gestort.[2] Ik hield me daarna bezig met groei-initiatieven bij LogMeIn, een innovatieve dienst gestart door de oprichter van Uproar. Daar hielp ik eraan mee het bedrijf tot marktleider te maken, ondanks een enorme marketingcampagne van de belangrijkste concurrent, GoToMyPC. Wat was het geheim? Ik werkte met de technici aan het benutten van de technologie voor een voor hen ongebruikelijk doel: nieuwe manieren verzinnen om klanten te zoeken, te vinden en van hen te leren. Daarmee zou ons klantenbestand groeien en zouden we meer waar krijgen voor onze marketingdollars. Ik had totaal geen verstand van programmeren toen ik in 1994 mijn carrière begon met het verkopen van advertentieruimte voor een zakentijdschrift, in een tijd dat bedrijven zich net mondjesmaat op het internet begaven. Maar ik zag de veelbelovende toekomst van internetbedrijven en toen ik de oprichter van Uproar leerde kennen, besloot ik daarom een deel van mijn moeizaam vergaarde centen te investeren in en te gaan werken voor deze gamingportal, opnieuw als advertentieverkoper. Ik zag al snel de gevaren van het vertrouwen op traditionele marketingmethodes – zelfs de nieuwere internetversies van oude methodes, zoals banners – om groei te creëren. Mijn wake-upcall kwam waarschijnlijk toen de grote bedrijven waaraan ik advertentieruimte probeerde te verkopen, zoals Saatchi en Ogilvy, weigerden banners op Uproar aan te bevelen bij hun klanten omdat de site volgens hen een te klein klantenbestand had. Ik raakte door mijn geld heen en dreigde de broodnodige verkoopcommissies mis te lopen. Ik werd door de oprichter plotseling opgezadeld met de taak om meer gebruikers binnen te halen, en wel snel. Ik probeerde het eerst met betaald adverteren op internetportals als Yahoo! en dat leverde al aardig wat groei op. Maar het was duur en – zoals Drew Houston later ook zou ondervinden met Dropbox – de advertenties rendeerden onvoldoende. Ondertussen overspoelden Sony, Yahoo! en Microsoft het internet met reclame voor games, en Uproar had, als jonge start-up, bij lange na niet genoeg geld om rechtstreeks de strijd met hen aan te gaan. Ik besefte dat ik iets anders moest verzinnen.

En dat was het moment dat ik een heel nieuwe manier van adverteren verzon. We besloten internetbedrijven toe te staan om Uproar-games gratis aan te bieden op hun site. Zo konden zij hun bezoekers leuke nieuwe mogelijkheden aanbieden en kreeg Uproar bekendheid bij iedereen die deze pagina's bezocht. De oprichter gaf het groene licht en binnen een paar weken hadden de programmeurs en ik een nieuwe game ontwikkeld die heel simpel aan een bestaande website kon worden toegevoegd: een van de eerste ingebouwde widgets. Uproar zou aan de eigenaars van de website slechts $ 0,50 afdragen voor iedere nieuwe speler die het bedrijf via hun sites binnenhaalde. De lage kosten maakten het voor ons goed behapbaar en omdat de game heel aantrekkelijk was, wilden de bedrijven hem graag op hun site plaatsen. Naast deze aanpak experimenteerden we met een 'voeg deze game aan je site toe'-link, die het voor andere website-eigenaars makkelijker maakte om de game ook aan hun site toe te voegen.

Toen we zagen dat de game aftrek vond, testten we andere versies, om te kijken wat voor ons de beste combinatie was. Het resultaat voor Uproar was een explosieve groei: de gratis games stonden al snel op 40.000 sites, Uproar schoot omhoog naar de top van de gamewereld en gaf de grote bedrijven met hun gelikte marketingcampagnes het nakijken. Veel andere bedrijven hebben sindsdien dezelfde groeistrategie gebruikt, met als bekendste voorbeeld YouTube, dat zijn groei later nog eens extra aanjoeg met het creëren van een ingebouwde videospeler, wat maakte dat je YouTube-video's overal op het internet tegenkwam en online video's een nieuw fenomeen werden.

Het was dit succes dat ervoor zorgde dat de oprichter van Uproar mij vroeg om hem te helpen met het uitbouwen van zijn nieuwe onderneming, LogMeIn. LogMeIn was een ingenieus product dat gebruikers de mogelijkheid gaf om vanaf elke willekeurige pc met internettoegang de bestanden, e-mails en software op hun thuiscomputer te gebruiken. Maar hoewel een agressieve marketingcampagne via zoekmachines aanvankelijk tot een flinke groei in het aantal gebruikers leidde, stagneerde die aanwas op een gegeven moment. Ik realiseerde me dat advertenties ook nu weer te duur bleken voor wat ze opleverden, zeker toen LogMeIn op mijn aanraden van een betaald naar een *freemium*-model was overgestapt, om zich op die manier te onderscheiden van de grootste concurrent, GoToMyPC. Met meer dan 10.000 dollar aan advertentiekosten per maand wogen de kosten van klantenwerving niet langer op tegen de opbrengsten. Ondanks allerlei probeersels, zoals het gebruikmaken van andere zoekwoorden en advertentieplatforms, bleef de conversieratio bedroevend laag – en dat voor een dienst die duidelijk enorm nuttig was, en bovendien gratis. Dus viel ik opnieuw terug op de technologie om een nieuwe manier te vinden om het probleem op te lossen.

Ik kwam tot de slotsom dat we moesten proberen feedback te krijgen van mensen die zich eerst abonneerden op de dienst maar er vervolgens weer mee stopten. We hadden hun e-mailadressen in ons bestand en we stuurden hun een e-mail waarin we hun vroegen waarom ze LogMeIn niet meer gebruikten. Het lijkt een nogal voor de hand liggende aanpak, maar het was heel nieuw voor die tijd. Al na een paar dagen leverden de collectieve reacties een absoluut ondubbelzinnige verklaring op: men geloofde niet dat de dienst echt gratis was. Het freemium-softwaremodel was toen nog nieuw en het leek voor veel mensen te mooi om waar te zijn. Met dit besef riep ik mijn marketing- en softwareteams bij elkaar om te brainstormen over nieuwe ideeën voor de homepage, zodat aan de gebruikers beter duidelijk werd gemaakt dat er geen addertje onder het gras zat, dat LogMeIn echt een geheel gratis versie van het product aanbood. We experimenteerden met allerlei varianten, maar dat leidde nauwelijks tot verbetering. We besloten een test te doen met een simpele link waarmee je de betaalde versie kon aanschaffen. En daarmee hadden we een winnende combinatie gevonden van design, boodschap en aanbod die leidde tot een verdriedubbeling van de conversieratio. Dat was echter nog maar het begin. Toen we ons wat meer verdiepten in de data, ontdekten we dat er een nog grotere uitval was onder gebruikers die wel de software hadden gedownload maar er vervolgens niets mee deden. We bleven experimenteren, bijvoorbeeld met kleine veranderingen in het installatieproces of de manier om je te abonneren, en uiteindelijk wisten we de conversieratio zo te verbeteren dat zoekadvertenties niet alleen weer kostendekkend werden, maar dat hun winstgevendheid met meer dan 700 procent kon worden opgevoerd. Dat is wat het bedrijf dan ook deed en onmiddellijk zette de groei in.

Ook nu weer was de oplossing binnen enkele weken gevonden, dankzij een recept bestaande uit een gezonde dosis out of the box denken, samenwerking en probleemoplossing in alle afdelingen van het bedrijf, het realtime testen van en experimenteren met de markt (met vrijwel geen kosten) en een commitment om alert en adequaat op de resultaten in te springen. En dat zijn precies de ingrediënten die ik later vastlegde in de *growth hacking*-methodologie waarover je in dit boek zult lezen.

Natuurlijk waren Uproar en LogMeIn niet de enige start-ups die groei stimuleerden door programmeer- en marketingtechnieken te combineren met de nieuwe mogelijkheden van het internet. Hotmail bijvoorbeeld was een van de eersten die gebruikmaakten van de virale eigenschappen van internetproducten – en hun vermogen 'zichzelf te verkopen' – toen ze onder aan elke e-mail die de gebruikers verstuurden de simpele zin toevoegden: 'PS Maak gebruik van gratis e-mail van Hotmail', met daarbij een link naar een pagina waarop je een account kon aanmaken.[3] PayPal had toen ook al het enorme groeipotentieel aangetoond van synergie tussen een product en een populair internetplatform – in dit geval eBay. Toen het team merkte dat gebruikers van dat platform PayPal aanbevolen als een gemakkelijke manier van betalen, kwamen ze met AutoLink, een manier om automatisch het PayPal-logo toe te voegen aan al hun lopende veilingen. Daarmee verdriedubbelden ze het aantal veilingen op eBay dat PayPal gebruikte en dat leidde weer tot hun virale groei op het platform.[4] LinkedIn, dat in het eerste jaar maar moeizaam op gang kwam, zag eind 2003 zijn groei enorm toenemen, toen de programmeurs een ingenieuze manier bedachten om leden zonder moeite hun adresboek te laten uploaden en zo hun e-mailcontacten uit te nodigen, waardoor de groei dankzij het netwerkeffect enorm werd versneld.[5] Bij al deze voorbeelden werd groei niet bereikt via traditionele advertentiemethodes, maar eerder door slim programmeren met een miniem budget.

Manieren om een klantenbestand te creëren, te vergroten en vast te houden die niet waren gebaseerd op traditionele marketingplannen, een prijzige lancering en dure advertenties, maar op het gebruikmaken van softwareontwikkelingen om marketing zelf tot een product te maken, bleken zowel zeer krachtig als ongelooflijk kosteneffectief. Belangrijker misschien nog was dat bedrijven hierdoor enorme hoeveelheden data van hun gebruikers konden verzamelen, opslaan en analyseren, zodat zelfs kleine start-ups konden experimenteren met nieuwe features, nieuwe manieren van informatie overbrengen of branding, of andere nieuwe marketinginspanningen – tegen steeds lagere kosten, steeds sneller en steeds preciezer. Het resultaat was de opkomst van een rigoureuze aanpak van het stimuleren van een snelle groei via het zeer snelle, cross-functionele experimenteren, waar ik al snel de term *growth hacking* voor muntte.

Na het succes van mijn groeistrategie bij LogMeIn besloot ik me te richten op het helpen van jonge bedrijven met het versnellen van hun groei middels experimenteren. Dus toen Drew Houston mij vroeg om voor Dropbox te komen werken, was dat dé kans om de methode die ik had ontwikkeld te implementeren. Mijn eerste stap was een simpel onderzoek naar de huidige gebruikers, om te berekenen wat ik de 'must have'-score van het product noemde (waarover later meer in dit boek). Bij de enquête werd de simpele vraag gesteld: 'Hoe zou je je voelen als je Dropbox niet meer zou kunnen gebruiken?' De mogelijke antwoorden waren: 'Heel teleurgesteld', 'Enigszins teleurgesteld', 'Niet teleurgesteld' of 'N.v.t. / Ik gebruik het product niet meer'. (Ik formuleerde de vraag op deze manier omdat ik merkte dat aan mensen vragen of ze tevreden waren met een product weinig diepere inzichten opleverde; teleurstelling was een veel betere graadmeter voor productloyaliteit dan tevredenheid.) Ik had deze enquête al bij talloze start-ups gebruikt en had ontdekt dat bedrijven waarbij meer dan 40 procent van de respondenten zei dat ze 'heel teleurgesteld' zouden zijn als ze het product niet langer konden gebruiken, een sterk groeipotentieel hadden. De bedrijven daarentegen waar dat aantal onder de 40 procent lag, kwamen vaak veel moeizamer tot groei in de betreffende bedrijfstak (dit als gevolg van onverschilligheid van gebruikers). Toen ik de resultaten van de enquête onder ogen kreeg, stond zelfs ik versteld. Dropbox' score was buitengewoon, met name voor klanten die ten volle gebruik hadden gemaakt van de mogelijkheden van het product.

Dit gaf aan dat er een enorm groeipotentieel aanwezig was, en de volgende uitdaging was om uit te vogelen hoe we dat konden aanboren. Dus stelde ik Houston voor om te experimenteren met alternatieve manieren om de groei te bevorderen en niet alleen te vertrouwen op betaalde advertenties. Houston stemde daarmee in en stelde me aan als interim-hoofd Marketing voor de duur van zes maanden. Houston, die aan het MIT was afgestudeerd als ingenieur, had zijn kennis al ten goede aangewend om het Dropbox-product te creëren; nu zou hij met zijn vaardigheden helpen het product bij veel meer mensen onder ogen te brengen – en ervoor te zorgen dat ze het fantastisch vonden.

Daarna volgde de tweede stap in het groeiproces: een duik in de gebruikersgegevens van Dropbox. Dat leidde onder andere tot de ontdekking dat een derde van de Dropbox-gebruikers erin was gestapt na aanbevelingen van bestaande gebruikers. Dat betekende dat er veel mond-tot-mondreclame was, ook al stimuleerde dat de groei nog niet voldoende. Houston had met andere woorden een product gecreëerd waar mensen echt van hielden en waar ze enthousiast over praatten met hun vrienden. Toch werd daarmee het potentiële aantal nieuwe klanten bij lange na nog niet gehaald. Dit was een treffend voorbeeld van de zogenaamde *Field of Dreams*-denkfout, die je nog maar al te vaak tegenkomt in de wereld van de start-ups. Het gaat hierbij om de misvatting dat je alleen maar een opzienbarend product nodig hebt en dat 'ze [de klanten] dan vanzelf volgen'.

Stel nu eens, zo vroeg ik me af, dat Dropbox een manier zou vinden om zijn toch al goede mond-tot-mondreclame nog eens extra te verbeteren, door het voor de fans van het eerste uur makkelijker en aantrekkelijker te maken om de boodschap aan veel meer vrienden te verkondigen? Drew en ik brainstormden hierover met Albert Ni, een stagiair die Dropbox hier speciaal voor had aangetrokken, en tezamen besloten we een *referral*-programma te creëren, vergelijkbaar met dat wat PayPal met zoveel succes had geïmplementeerd. Het enige addertje onder het gras was dat PayPal in ruil voor het gebruik van de link beloofde 10 dollar bij te schrijven op de rekening van de PayPal-klant en hoewel de totale kosten daarvan nooit officieel zijn vrijgegeven – medeoprichter Elon Musk schatte dat later op 60 tot 70 miljoen dollar – kon Dropbox het zich volstrekt niet permitteren om gebruikers te 'kopen' om zo de mate van groei te bereiken die we wilden.[6] Toen kregen we een ingeving: als we de mensen nu eens iets anders konden bieden wat ze hooglijk waardeerden – meer opslagruimte – in ruil voor doorverwijzing? Dropbox gebruikte in die tijd Amazons relatief goedkope S3-webservers (die een paar jaar daarvoor waren gelanceerd) voor de dataopslag, wat betekende dat het tamelijk simpel (en goedkoop) was om meer ruimte aan zijn infrastructuur toe te voegen. Met PayPals programma als voorbeeld knutselde ons kleine team een programma in elkaar dat de gebruikers 250 megabytes aan extra opslagruimte bood als ze de dienst aanbevolen bij vrienden, die er zelf ook 250 megabytes bij kregen. In die tijd stonden 250 megabytes gelijk aan een hele harddisk aan opslagruimte, dus dat was een behoorlijk genereus aanbod.

Zodra we dit programma hadden geïmplementeerd, zagen we onmiddellijk uitnodigingen uitgaan via e-mail en social media, resulterend in een toename van 60 procent aan gebruikers. Het plan werkte – zoveel was duidelijk – maar daarmee hield het nog niet op: we waren vastbesloten om er alles uit te halen en ons team werkte wekenlang vol overgave aan het optimaliseren van elk onderdeel van het programma, van het overbrengen van de boodschap tot de details van het aanbod, tot de e-mailuitnodigingen, tot de gebruikerservaring en interface-elementen. Voor het implementeren van een methode die ik 'in hoog tempo testen' noem, begonnen we de doeltreffendheid van onze experimenten in bijna real time te evalueren. Twee keer per week bekeken we de resultaten van elk nieuw experiment om te zien wat werkte en wat niet, en we gebruikten die data om te beslissen welke veranderingen we vervolgens zouden testen. Langzaam maar zeker werden de resultaten steeds beter en begin 2010 stuurden Dropbox-gebruikers meer dan 2,8 miljoen uitnodigingen per máánd naar hun vrienden, en was het bedrijf gegroeid van een kleine honderdduizend gebruikers ten tijde van de lancering naar meer dan 4 miljoen. En dat allemaal in nog geen veertien maanden en zónder traditionele marketinguitgaven: geen banners, geen betaalde reclame, geen opkoop van e-mailbestanden. Nadat ik in het voorjaar van 2009 weer was vertrokken, stelde Dropbox zelfs negen maanden lang geen nieuwe fulltime marketeer aan.[7]

Terwijl dit allemaal gaande was, vond deze nieuwe benadering van groei en retentie – een die het oude model van grote marketingbudgetten en onwetenschappelijke, niet-meetbare tactieken overboord gooide ten gunste van meer kosteneffectieve, consistente en door data gedreven methodes – steeds meer ingang in Silicon Valley. Vernieuwers bij andere bedrijven begonnen ook methodes te ontwikkelen waarbij inventieve ideeën betreffende groei snel werden bedacht en getest. Eind 2007 stelde Facebook een groeiteam samen van vijf mensen, The Growth Circle genoemd, waarbij experts op het gebied van productmanagement (waaronder hun langstzittende productmanager, Naomi Gleit), internetmarketing, data-analyse en softwareontwikkeling werden samengebracht. Het team werd geleid door een gedreven voormalig hoofd Productmarketing genaamd Chamath Palihapitiya, die Mark Zuckerberg adviseerde zijn pogingen om het aantal gebruikers van de site te doen groeien op een andere manier aan te pakken. Hoewel Facebook, dat op dat moment 70 miljoen gebruikers telde, al een opmerkelijke groei had weten te realiseren, leek het erop dat de grenzen van de groei waren bereikt voor het bedrijf. Dus gaf Zuckerberg het team de opdracht om zich uitsluitend te focussen op experimenteren met manieren om door dat plafond heen te breken. Toen het team succes na succes aan elkaar reeg, zag Zuckerberg dat zijn investering in het nieuwe team zich uitbetaalde en stopte hij er meer mankracht in, zodat het team nog meer kon experimenteren en de site nog sneller kon laten groeien.[8]

Een van hun grootste doorbraken, het creëren van een vertaalprogramma om de internationale groei te bevorderen, laat goed zien waarom het growthhackingmodel zo verschilt van de traditionele marketingbenadering. Het merendeel van Facebooks 70 miljoen gebruikers woonde op dat moment in Noord-Amerika en dus was duidelijk dat het binnenhalen van internationale gebruikers een enorme groei zou opleveren. Maar dat zou betekenen dat het product moest worden vertaald in elke denkbare taal – een afschrikwekkend vooruitzicht. De oude manier zou zijn: de tien meest gesproken talen identificeren en plaatselijke vertaalteams inhuren, land voor land. Maar in plaats daarvan construeerden de technici van het groeiteam, onder leiding van Javier Olivan, een vertaalmachine waarmee Facebooks eigen gebruikers via een crowdsourcingmodel de site konden vertalen in elke gewenste taal. Andy Johns, een autoriteit op het gebied van growth hacking die werkte voor het groeiteam van Facebook, zei hierover: 'Groei ging niet om het inhuren van tien personen per land en die in de twintig belangrijkste landen installeren en dan groei verwachten. Groei ging om het ontwerpen van systemen op maat die onze gebruikers in staat stelden het product voor ons te laten groeien.' Johns heeft het een van de significantste aanjagers genoemd voor het immense bereik dat Facebook tegenwoordig heeft.[9]

Terwijl het gebruikersbestand van Facebook groeide, raakte ook de growth-hackingmethode steeds meer in zwang (zij het op een veel kleinere schaal). Dat was deels te danken aan het aantal Facebook-werknemers dat nieuwe start-ups begon, zoals Quora, Uber, Asana en Twitter, en deze methodes ook daar toepaste. En terwijl ik growth hacking met groot succes implementeerde bij nog twee start-ups (Eventbrite en Lookout) gingen bedrijven als LinkedIn, Airbnb en Yelp over op vergelijkbare, op experimenteren geschoeide benaderingen.

Neem nu bijvoorbeeld Airbnb. De oprichters daarvan hadden zoveel moeite met het winnen van klanten dat ze de site dríé keer lanceerden alvorens er een beetje groei in kwam. Ondertussen zaten ze zo krap bij kas dat ze tijdens de presidentsverkiezingen in 2008 hun heil zochten in het verkopen van ontbijtgranen – met slimme namen als Obama's O's en Cap'n McCain's – om de eindjes aan elkaar te knopen (hun financiële toestand werd zo precair dat Brian Chesky en Joe Gebbia op een rantsoen van onverkochte ontbijtgranen leefden tot ze meer geld wisten los te krijgen). Het team probeerde alle mogelijke ideeën om het gebruikersbestand te laten groeien, en die waren allemaal even onsuccesvol. Tenminste, totdat ze stuitten op een nog niet aangeboorde goudmijn voor groei met een briljante growth hack, die sindsdien tot een ware Silicon Valley-legende is uitgegroeid. Het team wist dankzij een uitgekiend softwareprogramma en na veel experimenteren een manier te vinden om Airbnb-listings naadloos op Craigslist te krijgen, en dat zonder kosten. Als je nu die populaire site doorzocht op een vakantiehuis, kreeg je automatisch een Airbnb-pop-up te zien met zijn listings.

De genialiteit van deze hack kan moeilijk worden overschat. Omdat Craigslist Airbnb (of wie dan ook) niet toestond om nieuwe listings te posten, moest het team zien te achterhalen hoe Craigslist nieuwe listings toevoegde, om vervolgens die stappen in zijn eigen software in te bouwen. Dat betekende dat ze moesten begrijpen hoe het postingsysteem van Craigslist werkte, welke categorieën vakantiehuizen in de verschillende steden werden gepost en wat de beperkingen waren van wat er kon worden gepost op Craigslist, zoals regels omtrent afbeeldingen en het formatteren van de listings, en nog veel meer. Andrew Chen, verantwoordelijk voor de groei van het aantal chauffeurs bij Uber, omschreef de hack als volgt: 'Dit soort integratie is geen kattenpis. Je moet op heel veel kleine details letten en het zou me niet verbazen als de aanvankelijke integratie een aantal heel slimme mensen heel wat tijd heeft gekost om die te perfectioneren.' Hij concludeerde: 'Laten we wel wezen: een traditionele marketeer zou nauwelijks op het idee komen van een dergelijke integratie – er zijn te veel technische details nodig om die te kunnen verwezenlijken. Dit kan dan ook alleen maar zijn ontsproten aan het brein van een programmeur belast met de opdracht om meer gebruikers van Craigslist te verwerven.'[10]

Deze ingewikkelde integratie betekende dat Airbnb-listings snel op Craigslist terechtkwamen, waar miljoenen mensen doorklikten naar Airbnb. En zo schoten de kamerboekingen zonder één cent aan reclamekosten omhoog. Toen de integratie eenmaal een feit was, werkte het team aan het verdienen aan deze ongeëvenaarde 'blauwe oceaan'. Ze maten en optimaliseerden de respons op de listings, inclusief hoe ze overkwamen op Craigslist, de gebruikte koppen et cetera.[11] Hoewel Craigslist uiteindelijk het oneigenlijke gebruik blokkeerde, had Airbnb een enorm momentum gecreëerd en ging het team door met hun experimenten om de groei te bevorderen. Het bedrijf doet dat nog steeds en we zullen in latere hoofdstukken enkele van zijn recentere succesvolle experimenten introduceren.

Door de traditionele bedrijfsculturen te doorbreken en teams samen te stellen die experts op het gebied van analyse, programmeren, productmanagement en marketing samenbrengen, stelt growth hacking bedrijven in staat om krachtige data-analyse en technische knowhow efficiënt te combineren met marketingexpertise, om zo snel veelbelovende groeimogelijkheden te ontdekken. Door direct interessante ideeën te testen en ze te evalueren op grond van objectieve statistieken, leidt growth hacking tot een veel sneller inzicht in welke ideeën waardevol zijn en welke verworpen moeten worden. Het is de oplossing voor het misplaatste, vaak nogal koppige geloof in marketingmethodes die niet werken en het vervangt verkwistende, achterhaalde en onbewezen benaderingen door in de markt geteste en op data gebaseerde alternatieven.

WIE KAN EEN GROWTH HACKER WORDEN?

Growth hacking is niet alleen een instrument voor marketeers. Het kan worden gebruikt bij productinnovatie en bij de voortdurende verbetering van producten, maar ook om een al bestaand klantenbestand te laten groeien. Het is wat dat betreft nuttig voor iedereen, van productontwikkelaars tot programmeurs tot ontwerpers tot verkopers tot managers.

Het is niet alleen maar een instrument voor ondernemers; het kan in feite even effectief worden geïmplementeerd in een groot, gerenommeerd bedrijf als in een kleine start-up. Als je voor een groot bedrijf werkt, hoef je trouwens geen ingewikkelde, bedrijfsbrede opdracht te hebben om growth hacking te implementeren. Het is zowel op grote schaal (bedrijfsbreed) als op de kleinste schaal (één specifieke campagne of project) te gebruiken. Dat betekent dat elke afdeling, elk projectteam het growth-hackingscenario kan gebruiken door de in de volgende hoofdstukken beschreven procedure te volgen.

Deze methode is de motor die het fenomenale succes heeft aangedreven van niet alleen de hierboven genoemde bedrijven, maar van veel van de andere snel groeiende 'unicorns' uit Silicon Valley, inclusief Pinterest, BitTorrent, Uber, LinkedIn en nog tientallen meer. De populaire mythe over de spectaculaire groei van deze bedrijven is dat ze gewoon met een zakelijk idee kwamen dat 'insloeg als een donderslag bij heldere hemel' – een idee dat zo briljant en vernieuwend was dat het de markt stormenderhand veroverde. Toch is dit een verkeerde voorstelling van zaken. Massaal gebruik kwam snel noch gemakkelijk tot stand voor deze grootmachten; verre van zelfs. Het was niet de onbevlekte ontvangenis van een product dat de wereld verandert en ook niet één enkel inzicht, toevallige doorbraak of een geniale ingeving die deze bedrijven naar het succes heeft gestuwd. Hun succes was in werkelijkheid het gevolg van het methodisch en razendsnel ontwikkelen en testen van ideeen over productontwikkeling en marketing, en het gebruik van data over gebruikersgedrag om tot de winnende ideeën te komen die groei stimuleerden.

Als dit proces je bekend voorkomt, zal dat waarschijnlijk komen doordat je een vergelijkbare benadering bent tegengekomen bij de agile manier van werken van softwareontwikkelaars of bij de Lean Startup-methodologie. Wat deze twee benaderingen hebben gedaan voor respectievelijk nieuwe businessmodellen en productontwikkeling, doet growth hacking voor het aantrekken en vasthouden van klanten en voor de groei van de inkomsten. Voortbouwen op deze methodes was vanzelfsprekend voor Sean en andere start-upteams, omdat de bedrijven die Sean adviseerde en ook andere die de methode ontwikkelden, wemelden van het programmeertalent dat vertrouwd was met deze methodes, en omdat de oprichters van die bedrijven hun klantengroei op eenzelfde manier wilden aanpakken als de programmeurs hun software- en productontwikkeling. Cruciaal voor een flexibele ontwikkeling is het verhogen van de snelheid waarmee de ontwikkeling verloopt. Het gaat om korte 'sprints' bij het coderen en het herhaaldelijk blijven testen van het product. De Lean Startup nam de praktijk van het snel ontwikkelen en frequent testen over en streefde er daarnaast naar om zo snel mogelijk een *minimal viable product* op de markt te brengen, zodat echte gebruikers feedback konden geven en er zo een levensvatbaar bedrijf ontstond. Growth hacking nam de voortdurende cyclus van verbetering en snelle en herhaaldelijke evaluatie over van beide methodes en paste die toe bij het bewerkstelligen van klanten- en winstgroei. Bij dat proces brak de growthhackingmethode de traditionele muren af tussen marketing en softwareontwikkeling, om zo nieuwe marketingmethodes te ontdekken die in het product zelf zijn ingebouwd en die je alleen kunt toepassen met meer technische kennis.

De growth-hackingpraktijken die door deze vroege gebruikers en hun volgelingen werden bedacht, zijn daarna verfijnd tot een uitgekiende methodologie – en mondden uit in een krachtige beweging met duizenden en duizenden beoefenaars over de hele wereld. Deze levendige gemeenschap van growth hackers omvat onder anderen entrepreneurs, marketeers, softwareontwikkelaars, productmanagers en data-analisten, en dat niet alleen uit de wereld van de start-ups, maar uit alle lagen van het bedrijfsleven, van technologie, groothandel, professionele dienstverlening en entertainment tot zelfs de politieke arena.

En hoewel de toepassing ervan op detailniveau kan variëren, zijn de kernelementen van de methode de volgende:

- het creëren van een cross-functioneel team, of een aantal teams die de grenzen tussen de traditionele bolwerken van marketing en productontwikkeling afbreken en talenten combineren;
- het gebruik van kwalitatief onderzoek en kwantitatieve data-analyse om dieper inzicht te verkrijgen in gedrag en voorkeuren van gebruikers;
- het snelle ontwikkelen en testen van ideeën en het gebruik van rigoureuze maatstaven om de resultaten te evalueren – en er daarna ook naar handelen.

Maar ondanks de bewezen effectiviteit van growth hacking, de groeiende acceptatie ervan en het gemak waarmee het kan worden toegepast in vrijwel elke bedrijfstak, bestaat er nog steeds geen definitief, gezaghebbend handboek dat je stap voor stap door dit proces leidt.

En dat is precies wat dit boek wil zijn.

EEN DEFINITIEVE GIDS

We besloten dit boek te schrijven omdat we het enorme potentieel van growth hacking zagen, voor alle soorten bedrijven, en omdat we begrepen dat er een grote behoefte was aan een beter begrip van het proces en aan een gids voor de beste manieren om het te implementeren. Growth hacking is een wezenlijk nieuwe en enorm krachtige benadering van marktontwikkeling, maar hoe je het met optimaal effect kunt inzetten, is voor velen nog niet duidelijk.

Sean is niet alleen een van de leidende vernieuwers op dit gebied, hij is ook de oprichter van de website GrowthHackers.com, de belangrijkste bron van informatie over growth hacking. Het is de thuishaven van een bloeiende gemeenschap, met leden van over de hele wereld, en de site trekt miljoenen bezoekers. Het feit dat we elke dag worden bestookt met vragen over de beste aanpak is een duidelijke indicatie van hoeveel verwarring er nog bestaat over de werking en toepassing van growth hacking. Dus besloten we de definitieve gids te schrijven, een die marketeers, managers, projectontwikkelaars, oprichters en vernieuwers van elk denkbaar bedrijf kunnen raadplegen om growth hacking binnen hun team of bedrijf te laten werken.

We zullen daarbij de inzichten verwerken die Sean heeft opgedaan bij Dropbox, Uproar, LogMeIn en vele andere, enorm succesvolle bedrijven, en ook bij het laten groeien van zowel de GrowthHackers-community als zijn eigen start-up Qualaroo, een snelgroeiend bedrijf dat gebruikersgedrag onderzoekt en monitort. We hebben ook de inzichten verwerkt van de vernieuwende teams op dit gebied bij snelgroeiende bedrijven als Facebook, Evernote, LinkedIn, Yelp, Pinterest, HubSpot, Stripe, Etsy, BitTorrent en Upworthy. En we hebben geput uit onze interviews met de leiders die growth hacking hebben geïntroduceerd bij een aantal van de grote gevestigde bedrijven, waaronder Walmart, IBM en Microsoft. We combineren onze eigen ervaringen met de wijsheid van al deze doorgewinterde experts en hun verhalen, om zo een 'scenario' voor growth hacks te bieden waaruit lezers inspiratie kunnen halen en dat ze kunnen afstemmen op hun eigen zakelijke doelen.

Het resultaat is het eerste praktische, toegankelijke handboek op het gebied van growth hacking – geschreven door een van de bedenkers, in samenwerking met een van de meest ervaren beoefenaars – dat kan worden gebruikt door teams, afdelingen en bedrijven van welke aard dan ook.

EEN NIET TE STOPPEN GROEIMACHINE

Stagnerende groei is zonder twijfel een van de schadelijkste en urgentste problemen voor het huidige bedrijfsleven en dat geldt niet alleen voor start-ups, maar voor vrijwel elke onderneming, klein of groot, in vrijwel elke bedrijfstak. Een artikel in *Harvard Business Review* over stagnerende groei meldde dat uit een groot onderzoek was gebleken dat 87 procent van de onderzochte bedrijven wel één of meerdere periodes had gekend waarin de groei schrikbarend inzakte, en dat 'bedrijven gemiddeld 74 procent van hun marktkapitalisatie verliezen [...] in het decennium rond een stagnerende groei'. De auteurs benadrukten bovendien dat het probleem in de toekomst alleen maar zal verergeren en dat 'alle tekenen wijzen op een toenemend risico op stagnering in de nabije toekomst', doordat de 'houdbaarheidsdatum van gevestigde businessmodellen steeds korter wordt'. Oorzaken van stagnerende groei zijn volgens hen onder andere problemen 'bij het managen van de interne processen voor het updaten van bestaande producten en diensten en het creëren van nieuwe' en 'het te snel loslaten van de kernwaarden: het niet volledig exploiteren van de groeimogelijkheden van het bestaande bedrijfsmodel'.[12] Growth hacking biedt een krachtige oplossing voor beide problemen.

Simpel gesteld moet elk bedrijf zijn klantenbestand laten groeien om te overleven en te floreren. Maar growth hacking gaat niet alleen over hoe je nieuwe klanten aantrekt. Het gaat over hoe je hen inpalmt, activeert en voor je wint, zodat ze terug blijven komen voor meer. Het gaat over hoe je snel inspringt op hun steeds wisselende behoeften en verlangens en van hen niet alleen een groeiende bron van inkomsten maakt, maar ook gepassioneerde ambassadeurs die door mond-tot-mondreclame bijdragen aan de groei van jouw merk of product.

Een van de belangrijkste opdrachten voor groeiteams is het vinden van ook dat laatste beetje groeipotentieel in je producten door uiterst nauwgezet en voortdurend nieuwe invalshoeken en eigenschappen te testen en daarover te communiceren naar gebruikers. Intrinsiek aan de methode is ook de zoektocht naar nieuwe mogelijkheden voor productontwikkeling, of dat nu is via gebruikersgedrag of feedback, of misschien door het experimenteren met manieren om winst te halen uit nieuwe technologieën als machine learning of kunstmatige intelligentie.

Bij veel bedrijven die pionierden met de methode is die van zo doorslaggevend belang geweest voor hun succes dat groeiteams soms wel meer dan honderd leden kenden, vaak onderverdeeld in subteams gericht op specifieke missies, zoals bijvoorbeeld retentie of het creëren van een mobiel gebruikersbestand. Sommige bedrijven hebben zelfs subteams van verschillende groottes geformeerd en de mix van personeel en hun nieuwe verantwoordelijkheden afgestemd op de specifieke eisen van hun bedrijfstak. Bij LinkedIn bijvoorbeeld is het groeiteam uitgebreid van 15 personen bij de start tot meer dan 120 leden, die weer zijn onverdeeld in vijf eenheden gewijd aan netwerkgroei, SEO/SEM-operaties, *onboarding*, internationale groei, en betrokkenheid en hernieuwd enthousiasme bij klanten.[13] Bij Uber is het groeiteam onderverdeeld in groepen, die zich onder andere richten op het aantrekken van meer chauffeurs, op internationale expansie en dergelijke.[14]

Er is voor bedrijven tegenwoordig geen enkele reden om níét een groeiteam te formeren – of misschien zelfs meerdere teams – maar ze moeten dan wel traditionele organisatiestructuren of traditionele marketingstrategieën durven los te laten. Groeiteams vervangen niet per se de traditionelere afdelingen; ze zijn er eerder een aanvulling op en helpen die met het optimaliseren van hun aanpak. Voor jonge start-ups is het beter de oude organisatievormen te mijden, maar als het bedrijf groeit, kunnen naast een toegewijd groeiteam ook traditionelere organisatievormen ontstaan. Bij grotere, gevestigde bedrijven kunnen teams een aanvulling zijn op de bestaande product-, marketing-, ontwerp- en *business intelligence*-afdelingen, en met hen samenwerken en hen helpen effectievere onderlinge communicatie te bewerkstelligen.

Zoals Seans ervaringen bij Dropbox laten zien kan het proces zelfs al door het kleinst mogelijke team worden geïmplementeerd, een team dat bij veel start-ups, zeker in de eerste groeifase, zou moeten worden geleid door de oprichter en het hele bedrijf zou moeten omvatten. In grotere bedrijven die te kampen hebben met bestaande structuren en een cultuur die wars is van verandering, kunnen kleine, onafhankelijke teams worden geformeerd, zelfs voor begrensde projecten als de lancering van een nieuw product of een specifiek marketingkanaal gericht op mobiel. Teams kunnen uiteenlopen van toegewijde, nieuw in het leven geroepen eenheden tot groepen met al bestaand personeel uit diverse delen van de organisatie tot ad-hocgroepen die al naar behoefte worden geformeerd. Vele zullen zich in de loop van de tijd ontwikkelen qua groei, focus en verantwoordelijkheid, om zo tegemoet te komen aan de specifieke behoeften van het bedrijf op een bepaald moment.

Growth hacking is een methode die makkelijk kan worden toegesneden op en aangepast aan de specifieke behoeften van welk team of bedrijf dan ook, groot of klein en in elk stadium van zijn groei. En het zal je heel veel opleveren. Hieronder volgen enkele voordelen van growth hacking en leggen we uit waarom die nu meer dan ooit essentieel zijn.

HET OVERLEVEN VAN ONTWRICHTING

Elk soort bedrijf moet tegenwoordig de growth-hackingmethode implementeren, van de kleinste start-up tot de meest gerenommeerde bedrijven. Als ze dat niet doen, dreigen ze te worden ontwricht door een concurrent die dat wel doet.

Het wil wat zeggen als zelfs grote, gerenommeerde bedrijven als IBM en Walmart beginnen in te zien dat growth hacking cruciaal is als je wilt overleven. Alle bedrijven zijn tegenwoordig tenslotte in zekere zin internetbedrijven, zelfs als hun activiteiten op internet niet verder gaan dan marketing en sales, en ze het niet gebruiken voor productontwikkeling. Maar in het huidige zakelijke landschap, waarin marktleiders schijnbaar van de ene op de andere dag ontwricht kunnen raken, is er een grote behoefte aan de snelle inburgering van nieuwe technologische hulpmiddelen en aan het voortdurend experimenteren met productontwikkeling en marketing. Je ziet ook dat dit besef zich inmiddels als een olievlek uitbreidt van het domein van digitale producten naar allerlei soorten bedrijven.

Dit proces zal alleen nog maar sneller gaan nu het Internet of Things zich aandient en meer en meer producten 'smart' worden gemaakt via een verbinding met het internet en met andere producten. Nu de werelden van de fysieke producten en software steeds meer met elkaar versmelten, zal het spoedig niet alleen mogelijk zijn om producten continu en in real time te monitoren en te updaten, het zal zelfs noodzakelijk zijn om dat te doen, wil je concurrerend blijven. Jeffrey Immelt, CEO van General Electric, zei onlangs dat 'elk industrieel bedrijf een softwarebedrijf zal worden', en datzelfde kan worden gezegd van bedrijven op het gebied van consumptiegoederen, media, financiële dienstverlening et cetera.[15] De gezaghebbende bedrijfsanalist Michael Porter en zijn medeauteur James Heppelmann, CEO van softwarebedrijf PTC, beweren in een artikel in *Harvard Business Review* dat het vermogen van bedrijven om ook na de verkoop betrokken te blijven bij hun producten 'de focus van de relatie met de klant laat verschuiven van verkopen – vaak een eenmalige transactie – naar het maximaliseren van de waarde die de klant ook na langere tijd nog aan het product toekent'. Ze benadrukken dat deze verschuiving leidt tot 'de behoefte om productontwerp, cloud-activiteiten, betere service en de betrokkenheid van de klant gezamenlijk te coördineren'. In onze ervaring is een cross-functioneel groeiteam de beste – en kosteneffectiefste – manier om dat te bereiken.[16]

Een bedrijf dat heel slim technologie inzet om voortdurend zijn producten te testen, te updaten en te verbeteren – en in dat proces nieuwkomers op de markt afweert – is de pionier op het gebied van elektrische auto's: Tesla Motors. Het bedrijf kent geen jaartallen toe aan zijn modellen, maar stuurt regelmatig updates naar de software van de auto en verbetert de prestaties van de auto's (zoals het toevoegen van de zelfbesturingstechnologie) in real time in plaats van te wachten op het uitkomen van een nieuw model. Het bedrijf houdt ook het functioneren van de auto bij en stuurt een bericht aan de eigenaar als reparaties nodig zijn. Vanwege zijn plannen om de verkopen in de komende jaren enorm uit te breiden, heeft het bedrijf talent binnengehaald van zowel het groeiteam van Facebook als dat van Uber. 'Wij formeren een totaal nieuw groeiteam, dat haalbare oplossingen moet verzinnen en optimaliseren om de acceptatie van ons product te versnellen.'[17]

DE NOODZAAK VAN SNELHEID

Growth hacking is ook een antwoord op de urgente behoefte aan snelheid, die tegenwoordig door elk bedrijf wordt gevoeld. Het snél vinden van groeioplossingen is cruciaal in het steeds concurrerender en sneller veranderende bedrijfsleven van vandaag de dag. Door een revolutionaire aanpassing van gevestigde bedrijfsprocessen op het gebied van het ontwikkelen en het in de markt zetten van producten, waarbij het continu testen op de markt wordt geïnstitutionaliseerd en systematisch en in real time op de eisen van de markt wordt ingespeeld, maakt growth hacking bedrijven veel dynamischer. Het stelt ze in staat nieuwe kansen te grijpen en problemen aan te pakken – snel. Dat geeft degenen die de methode implementeren een belangrijk concurrentievoordeel en dat zal alleen nog maar krachtiger worden als het tempo waarin het bedrijf opereert blijft toenemen.

De behoefte die er tegenwoordig bestaat aan grote flexibiliteit bij het aanwenden van nieuwe technieken en platforms kan niet worden overschat. In het traditionele businessmodel, dat bij de meeste bedrijven nog steeds wordt gehanteerd, worden productmanagement, marketing, sales en software ondergebracht in aparte units met elk hun eigen prioriteiten en beperkte onderlinge interactie. Productteams doen het marktonderzoek, stellen de productspecificaties op en schatten het marktaandeel in. Pas als het product helemaal is gedefinieerd, wordt het overgedragen aan de productieafdeling van het bedrijf, die vervolgens een kant-en-klaar product voor de markt aflevert. Marketeers gaan ondertussen aan de slag met marketingplannen zodra ze de research en de specificaties van het productteam binnen hebben. Ze trekken daarbij vaak bureaus van buiten aan, die nog verder af staan van het eigen personeel, om de promotie en dergelijke te plannen. Pas wanneer het product de deur uit gaat, gaat het bedrijf werken aan het maximaliseren van de verkopen en worden gegevens uit het veld teruggesluisd naar de product- en marketingteams om de volgende productversie te sturen. Deze hoogst inefficiënte methode kan kwartalen tot zelfs wel jaren in beslag nemen en zorgt voor een enorme achterstand bij het inspelen op veranderende consumenteneisen of technologische ontwikkelingen. Ze vertraagt ook het uitrollen van de nieuwe mogelijkheden, productverbeteringen en marketingkanalen waarmee je je klanten kunt bereiken.

Zowel start-ups als gevestigde bedrijven kunnen zich dus, met andere woorden, simpelweg niet veroorloven om te worden geremd door vastgeroeste organisatievormen. Doordat growth hacking deze barrières doorbreekt, stelt het teams en bedrijven in staat om soepeler en sneller in te springen op de steeds veranderende eisen van de markt. Daarmee wordt het uitrollen van nieuwe producten en eigenschappen versneld, evenals het creeren en implementeren van marketing- en verkoopstrategieën die cruciaal zijn voor het aantrekken en activeren van en het verdienen aan klanten. Deze behoefte aan snelheid is ook de reden dat een van de belangrijkste eigenschappen van growth hacking is dat er in het hoogst mogelijke tempo geëxperimenteerd wordt. Zoals Facebooks onderdirecteur Groei Alex Schultz het stelt: 'Als jij één keer in de twee weken je normen bijstelt, en je concurrent doet dat elke week, dan zal die concurrent na twee maanden al tien keer zoveel tests gedaan hebben als jij. Die concurrent zal dan dus ook tien keer zoveel geleerd hebben over zijn product [als jij].'[18]

DATAGOUD DELVEN

Nog een manier waarop growth hacking bedrijven een cruciale voorsprong geeft op de concurrentie, is door ze te helpen effectief gebruik te maken van de bergen aan klantgegevens die je met de huidige techniek steeds makkelijker kunt verzamelen. Al die data bevatten gouden inzichten voor groei, maar toch hebben bedrijven van groot tot klein de grootst mogelijke moeite om daar gebruik van te maken en de waardevolle klompjes eruit te halen die ergens diep in deze bergen informatie schuilgaan. De meeste bedrijven moeten nog methodes ontwikkelen om op een geïntegreerde manier klantgegevens te verzamelen. Productmanagers houden misschien enquêtes en doen tests zonder de marketingafdelingen daarbij te betrekken, die zelf ook vaak hun eigen data verzamelen en die onafhankelijk van andere teams gebruiken. Reclamebureaus worden ingehuurd om advertentiecampagnes op te zetten en data te verzamelen zonder input van andere afdelingen over welke informatie nuttig is om te verzamelen. Ondertussen krijgen programmeerteams eisen voorgekauwd, gebaseerd op gegevens van gisteren die achterhaalde klantenbehoeften weerspiegelen.

Het gevolg is dat bedrijven ofwel handelen op grond van de verkeerde, vaak oppervlakkige data, óf er is zoveel interne fragmentatie dat de krachtigste groei-ideeën en -mogelijkheden over het hoofd worden gezien omdat ze de puntjes niet met elkaar kunnen verbinden.

Growth hacking voorziet in een methode voor effectiever gebruik van data, zodat specifieke, relevante, realtime-inzichten in gebruikersgedrag kunnen worden aangewend voor doelmatiger groei-initiatieven.

Een prachtig voorbeeld hiervan is de app Savings Catcher van Walmart, die ontstond na een evaluatie van het gebruikersgedrag rond de prijsvergelijkingspolitiek van het bedrijf. Om winst te genereren uit de populariteit van prijsvergelijkingen, een praktijk waarbij bedrijven erin toestemmen om voor een product de laagste marktprijs te hanteren, droeg het groeiteam van Walmart zijn programmeurs op een app te bouwen waarmee klanten de kassabon van hun aankopen bij Walmart via de camera van hun telefoon konden uploaden en automatisch geld terugkregen als een andere keten een van de producten goedkoper aanbood. Het softwareteam besefte bovendien dat het de data die Walmart op deze manier verzamelde, kon koppelen aan de door externe bureaus geleide reclamecampagnes. Dat leidde tot grote besparingen op reclame-uitgaven, doordat nu alleen agressief met items werd geadverteerd waarmee ze onbetwist de goedkoopste waren.

In het besef dat Walmarts grootste troef zijn data is, besloot Brian Monahan, de voormalige onderdirecteur Marketing van het bedrijf, de dataplatforms van alle afdelingen samen te bundelen, zodat alle teams, van software tot marktonderzoek tot marketing, en zelfs externe bureaus en leveranciers, winst konden behalen met de verzamelde data. Growth hacking bevordert de maximalisatie van *big data* door samenwerking en het delen van informatie. Monahan benadrukte nog eens de voordelen van deze benadering. 'Je hebt marketeers nodig die begrijpen wat er nodig is om software te ontwikkelen en je hebt data-analisten nodig die het belang inzien van inzicht in consumentengedrag en die oog hebben voor de problemen waar een bedrijf voor staat,' legde hij uit.[19]

DE STIJGENDE KOSTEN EN TWIJFELACHTIGE OPBRENGSTEN VAN TRADITIONELE MARKETING

De technieken van traditionele marketing – zowel in druk als op tv, en ook de nieuwere online versies die een essentieel onderdeel zijn gaan uitmaken van het traditionele marketinggereedschap – verkeren in een crisis, want markten raken in toenemende mate gefragmenteerd en vluchtig, terwijl advertenties zowel kostbaarder zijn als steeds minder bekeken worden. Een van de sleutelproblemen is dat de groei van het internetpubliek, met name in Europa en de VS, een plafond dreigt te bereiken: met bijna 89 procent van de VS en 93 procent van het VK online, groeit deze doelgroep eigenlijk alleen nog maar dankzij de bevolkingsgroei.[20] Zelfs op de snelgroeiende mobiele markt heeft 64 procent van de bevolking in de VS mobiele internettoegang.[21] Dat betekent dat terwijl er steeds meer reclamedollars online worden uitgegeven, elke advertentie meer concurrentie om hetzelfde aantal ogen ondervindt, en dat heeft de kosten in een alarmerend tempo doen stijgen.

Tegelijkertijd haken ook steeds meer met internet vertrouwde consumenten af. Al 69,8 miljoen internetgebruikers in de VS, inclusief bijna twee op de drie millennials, geven aan adblockingsoftware te gebruiken.[22] Daar komt nog bij dat dankzij de alomtegenwoordigheid van streamingdiensten als Netflix, Hulu en Amazon Prime, die inmiddels in 50 procent van de Amerikaanse huishoudens gemeengoed zijn, om nog maar te zwijgen van fenomenen als uitzending gemist, het idee van tv-kijken – en in het verlengde daarvan tv-commercials – bijna ouderwets aandoet.[23] Advertenties zijn kortom ofwel volkomen onzichtbaar of, op zijn hoogst, niet veel meer dan witte ruis.

Hoe erg is het met de traditionele marketing gesteld? Een recent onderzoek van McKinsey toonde absoluut geen correlatie aan tussen marketinginvesteringen en groeicijfers. Nul.[24] Uit een ander onderzoek, naar de visie van CEO's op traditionele marketing, uitgevoerd door de Fournaise Marketing Group, bleek dat '73 procent van de CEO's denkt dat het marketeers ontbreekt aan geloofwaardigheid en dat ze niet voldoende zijn gefocust op effectiviteit', en 72 procent van de CEO's was het eens met de uitspraak dat marketeers 'altijd meer geld willen, maar zelden kunnen uitleggen hoeveel dat het bedrijf zakelijk gezien oplevert'.[25]

Growth hacking geeft bedrijven de kans een groeisprong te maken zonder dat er geld wordt gestopt in achterhaalde en schrikbarend dure marketingcampagnes waarvan het nog maar de vraag is of ze zakelijk gezien iets zullen opleveren. Het verzinnen van features waardoor consumenten een product of dienst gaan koesteren en dat uitdragen aan hun vrienden, en creatieve hacks om klanten te bereiken via nieuwe, meetbare methodes, nemen de plaats in van geldverslindende marketing- en advertentieplannen, en de voordelen zijn enorm.

INSPELEN OP NIEUWE TECHNOLOGIE

De manieren waarop consumenten nieuwe content en nieuwe producten ontdekken, ontwikkelen zich in een razend tempo. Deze realiteit wordt perfect samengevat in onderstaande grafiek die de opkomst en ondergang van digitale

EFECTIVITEIT VAN VIRALE KANALEN

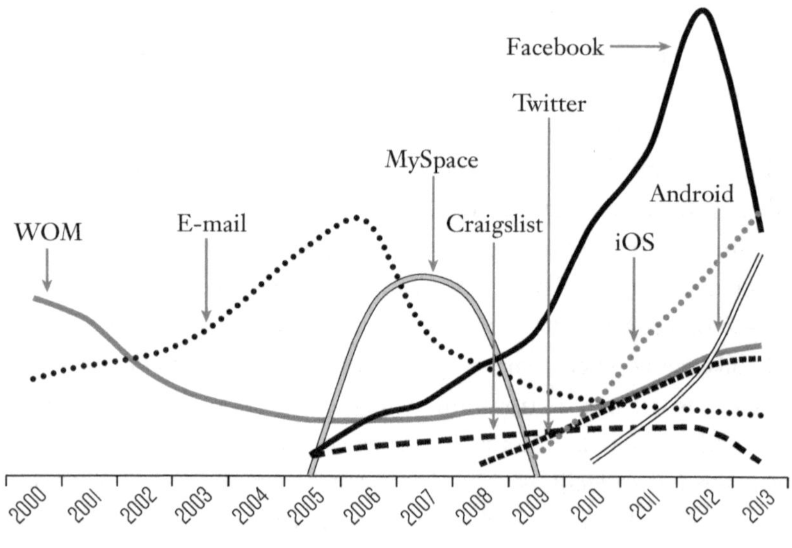

marketingkanalen laat zien, samengesteld door risicokapitalist en groei-expert James Currier. In een wereld waarin nieuwe online platforms bijna van het ene op het andere moment ontstaan (en weer verdwijnen) is een vroege toepassing van nieuwe technologie en nieuwe online platforms van cruciaal belang voor bedrijven die op zoek zijn naar een snellere groei dan hun concurrenten.

Om deze kansen te kunnen grijpen zijn tech- en marketingteams vereist die nauw met elkaar samenwerken. Toch zijn de meeste bedrijven veel te traag met het in gebruik nemen van veelbelovende platforms, gevangen als ze zitten in bestaande normen voor planning, budgettering en organisatie. Tegen de tijd dat ze klaar zijn om in actie te komen, zijn de voordelen allang weer verdwenen. En het tempo van verandering neemt alleen nog maar toe.

MYTHES ONTKRACHTEN

Voordat we ingaan op wat een groeiteam nu precies is en hoe je er een formeert, willen we een aantal misvattingen over growth hacking rechtzetten. Om te beginnen gaat het proces niet, zoals door sommigen onterecht wordt gedacht, over het ontdekken van dé ideale oplossing. De verhalen in de pers over alom geprezen growth hacks, zoals het referralprogramma van Dropbox of Airbnb's integratie in Craigslist, heeft het idee versterkt dat één fantastische hack genoeg is om groei te stimuleren. Hoewel het vinden van dergelijke baanbrekende ideeën absoluut een doel is van het proces, komt de meeste groei eerlijk gezegd voort uit een optelsom van kleine successen. Net als bij de samengestelde rente van een spaarrekening versterken deze succesjes elkaar en leiden ze uiteindelijk tot een doorbraak. En de beste groeiteams blijven experimenteren met verbeteringen, zelfs als extra groei is bereikt. Verderop in dit boek zullen we laten zien hoe de betere groeiteams, zoals die bij Facebook, LinkedIn, Uber, Pinterest en Dropbox, elke dag vol overgave blijven werken aan het genereren, testen en verfijnen van nieuwe ideeën over groei.

Ten tweede denken veel bedrijven dat ze zomaar even een *lone ranger* kunnen inhuren als dé growth hacker, die met een zak vol goocheltrucs hun business aan groei helpt. Ook dit is een grote misvatting. Door dit hele boek heen zal blijken dat growth hacking een teamprestatie is, dat de grootste successen ontstaan door een combinatie van knowhow op het gebied van programmeren, expertise op het gebied van data-analyse en veel marketingervaring, en er zijn maar weinig individuen die al deze vaardigheden in zich verenigen.

Growth hacking wordt maar al te vaak gezien als een slimme manier om de regels van bestaande websites en sociale platforms te omzeilen. Maar anders dan de veelbeschreven Airbnb-hack van Craigslist je misschien doet geloven, is het manipuleren van regels beslist geen vereiste en speelt het in wezen geen rol in de meeste groeisuccessen. Het wás een geniale ingeving, maar dergelijke 'achterdeurtactieken' vormen niet de kern van de methode, en de meeste groeiprofessionals gruwen als dit geval wordt aangehaald. Het echte verhaal van Airbnb is dat ze een hele rits experimenten uitvoerden op zoek naar groei, waarvan de meeste mislukten, voordat ze met die Craigslist-hack kwamen. Daarna zijn ze blijven groeien dankzij rigoureus experimenteren met en testen van strategieën die volkomen legaal zijn.

Toen ik (Sean) de term growth hacking muntte voor de methode, doelde ik op de algemenere en positievere betekenis die nu alom geaccepteerd wordt, zoals in 'hackerspace', 'hackathon' en in het adres van het hoofdkantoor van Facebook: 1 Hacker Way. Het gaat daarbij om het creatief en gezamenlijk genereren van ideeën en oplossingen voor lastige uitdagingen, want dat zijn de essentiële kenmerken van growth hacking.

Ik wil nog één laatste misvatting aanhalen. Growth hacking wordt vaak gekarakteriseerd als specifiek gericht op het binnenhalen van nieuwe gebruikers of klanten. Maar groeiteams hebben in feite veel ruimere verantwoordelijkheden, en dat moet ook. Ze moeten ook werken aan het activeren van klanten; ze moeten van die klanten actievere gebruikers en kopers maken, en manieren zien te vinden om van hen evangelisten te maken. Groeiteams zouden zich ook bezig moeten houden met het zoeken naar manieren om klanten te binden en aan hen te verdienen – ze moeten er met andere woorden voor zorgen dat de klanten terug blijven komen en dat de inkomsten die zij genereren toenemen – om groei op de lange termijn zeker te stellen. Men is echter te vaak gericht op het binnenhalen van nieuwe gebruikers en klanten, die vervolgens in veel gevallen weer even snel vertrekken. Zo wordt vaak onnodig veel geld aan de verkeerde dingen gespendeerd. Uit een in 2012 verschenen *Econsultancy*-rapport bleek bijvoorbeeld dat voor elke 92 dollar uitgegeven aan meer internetverkeer, slechts 1 dollar ten goede kwam aan de conversie van deze bezoekers naar betalende klanten.[26] Desinteresse en het vertrek van klanten, bekend als *bounces* voor bezoekers van websites en als *churn* voor betalende klanten, vormen twee van de grootste problemen voor zowel start-ups als gevestigde bedrijven en bieden daarom ook enkele van de beste kansen om te groeien.

Dan is er nog de misvatting dat growth hacking zo'n beetje hetzelfde is als marketing. Zoals we al eerder vermeldden, horen groeiteams ook betrokken te zijn bij de ontwikkeling van nieuwe producten, bij het analyseren of een product wel optimaal is toegesneden op de bedoelde markt – of het de zogenaamde must-have-factor heeft en of is uitgezocht hoe je je op de juiste consumenten richt, de zogenaamde *product/market fit*. Ze moeten vervolgens werken aan het genereren van een reservoir van ideeën voor continue productverbetering en bepalen welke er moeten worden geprobeerd en getest om erachter te komen welke groei en inkomsten aanjagen, en welke niet. Groeiteams kunnen zelfs van belang zijn voor de strategische ontwikkeling van het bedrijf. Zo heeft bij Facebook het groeiteam het bedrijf in de richting van strategische acquisities gestuurd om de groei te stimuleren, zoals bijvoorbeeld die van Octazen, dat software had ontwikkeld om de contacten van gebruikers te importeren vanuit elk e-mailaccount dat ze gebruikten. Het was namelijk het groeiteam van Facebook dat als eerste besefte dat Octazens technologie het voor gebruikers veel gemakkelijker zou maken om hun contacten uit te nodigen op het sociale netwerk.[27]

Kortom: groeiteams zouden bij alle stadia en niveaus van groei moeten worden betrokken, van het bereiken van de juiste product/market fit tot acquisitie, activatie, retentie en het geld verdienen aan klanten/gebruikers. In de hoofdstukken die volgen, zullen we specifieker ingaan op hoe dat moet.

HOE HET BOEK IS OPGEZET

We hebben het boek opgesplitst in twee delen. Het eerste, getiteld 'De methode', biedt een brede introductie en laat zien hoe je groeiteams formeert, wie je in zo'n team nodig hebt en welke vaardigheden er zijn vereist, hoe ze moeten worden geleid en hoe het proces van in hoog tempo uitgevoerde growth hacking dat door deze teams wordt gehanteerd, leidt tot het genereren en testen van ideeën die uiteindelijk die snelle en krachtige resultaten opleveren. We zullen het hoogst effectieve proces presenteren dat ik (Sean) en andere groeiteamleiders hebben ontwikkeld om de soepel verlopende en brede samenwerking mogelijk te maken die tot groei leidt. We zullen dat proces verhelderen en laten zien hoe makkelijk het aan te passen is aan de behoeften van welk bedrijf dan ook. Deel 1 gaat kortom dieper op de methode in en laat zien hoe je die kunt implementeren.

Het tweede deel, 'Het growth-hackinghandboek', biedt een gedetailleerd pakket tactieken voor hoe je gebruikers of klanten kunt aantrekken, activeren, aan je kunt binden en geld aan hen kunt verdienen – en hoe je die groei kunt vasthouden en versnellen. We zullen verhalen delen die laten zien hoe groeiteams uit een breed scala aan bedrijven en industrieën – van unicornbedrijven als Pinterest en Twitter tot consumenten-apps als Spotify en Evernote, tot bedrijven in zakelijke software als HubSpot en Salesforce, tot webportals als Hotels.com en Zillow, tot e-commercebedrijven als Amazon en Etsy, tot fysieke bedrijven als Walmart en een supermarktketen – deze methodes hebben gebruikt om groei te stimuleren. En we zullen de lezer ook wijzen op de online tools die teams kunnen gebruiken, waaronder GrowthHackers Projects, dat groeiteams in staat stelt het groeiproces (dat in het eerste deel beschreven wordt) te managen. We zullen voorts ingaan op klantenvolgsystemen, op templates om experimenten prioriteit te geven zodat de resultaten kunnen worden bijgehouden, op richtlijnen voor het houden van groeimeetings, en op toetsbare experimenten in elk aandachtsgebied, en dat alles voortdurend up-to-date gehouden door de GrowthHackers-community.

Bedrijven van allerlei aard en omvang, in elke bedrijfstak en wereldwijd, worstelen enorm met het zoeken naar manieren om te groeien. Growth hacking levert een rigoureuze methodologie om kansen in kaart te brengen en doet dat via bedrijfsbrede samenwerking en in een razendsnel tempo. Het legt de nadruk op door data gedreven analyse en experimenten en komt met antwoorden op hoe bedrijven systematisch kunnen putten uit de kracht van de rijkdom aan data die ze zo moeizaam hebben weten te vergaren. Zoals uit dit boek zal blijken, kunnen de meest uiteenlopende bedrijven deze strategieën implementeren, of ze nu klein beginnen of besluiten de methode in het hele bedrijf door te voeren. Growth hacking is een nieuwe, fundamentele businessmethodologie die zou moeten worden overgenomen door elk bedrijf, iedere oprichter van een bedrijf, iedere teamleider en elke afdeling en CEO die naar het hoogste streeft, zinvolle resultaten wil boeken en zijn zakelijke doelen wil verwezenlijken met een beperkte investering en een maximale opbrengst van zijn marketingdollars. In de hiernavolgende pagina's zullen we je precies laten zien hoe je dat voor elkaar krijgt.

DEEL I

DE METHODE

1
HET FORMEREN VAN GROEITEAMS

Toen Pramod Sokke in 2012 in dienst trad als directeur Productmanagement van BitTorrent, bevond de ooit zo spectaculaire start-up zich op een tweesprong. De groei van zijn populaire desktopsoftware, die gebruikers in staat stelt bestanden van overal op het internet te vinden en te downloaden, stagneerde. Zorgelijker was het feit dat het bedrijf geen mobiele versie van het product had – een enorm nadeel in een tijd waarin veel mensen van hun desktop overstapten op hun smartphone. Wat het nog erger maakte, was dat YouTube, Netflix en andere streamingdiensten de tijd en aandacht van gebruikers opslokten op zowel hun telefoons als op andere apparaten, en dat ging ten koste van BitTorrent. Pramod werd aangetrokken om aan het mobiele product gestalte te geven en de groei te herstellen.

Het vijftig personen tellende bedrijf was georganiseerd rond de traditionele pijlers marketing, productmanagement, techniek en data-analyse. Het productteam en de technici waren onderverdeeld in subgroepen die zich elk met hun eigen product bezighielden, zoals bijvoorbeeld de desktopversies voor Mac en Windows, en nu dus het nieuwe mobiele team. Het datateam en de marketinggroep hielden zich bezig met al deze productgroepen en zoals gebruikelijk bij de meeste bedrijven was het proces van productontwikkeling volkomen gescheiden van de marketing. De productmanagers informeerden de marketeers over aanstaande nieuwe producten en alle marketinginspanningen werden vervolgens aangestuurd door de marketinggroep – zonder samenwerking met de mensen die het product maakten.

DE KLACHTENFUNNEL & TRADITIONELE ORGANISATIESTRUCTUUR

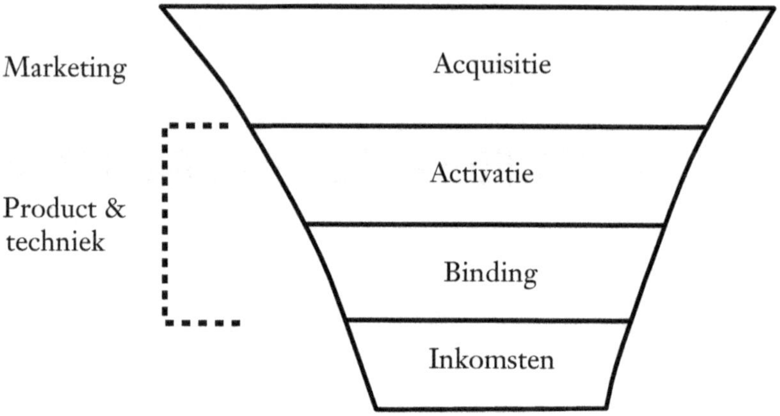

Zoals ook bij veel andere bedrijven gebruikelijk was, richtte het marketingteam van BitTorrent zich uitsluitend op de *top of the funnel* (zie de illustratie hierboven) en probeerde het de klant bewust te maken van het product en gebruikers naar het product te leiden via branding, reclame en digitale marketing, alles met als doel nieuwe klanten te verwerven. Bij de meeste software- of internetbedrijven zijn het niet de marketeers die werken aan het vergroten van de activatie en retentie van degenen die een website of app hebben bezocht, maar de productteams en de technische teams, die zich focussen op het ontwerpen van eigenschappen die maken dat gebruikers van het product gaan houden. De twee groepen werken zelden met elkaar samen. Ze zijn allebei gefocust op hun eigen prioriteiten en van interactie is vaak nauwelijks of helemaal geen sprake. Soms zitten ze niet eens op dezelfde locatie – of zelfs maar in hetzelfde land.

Toen de BitTorrent-app er klaar voor was om op de markt gebracht te worden, bedacht de marketinggroep, geheel in overeenstemming met het standaardorganisatiehandboek, een plan voor de lancering. Dat behelsde zoals gebruikelijk een reeks traditionele marketingactiviteiten, met de nadruk op social media, public relations en lokkertjes voor nieuwe klanten. De app was prima, het plan sterk, en toch duurde het lang voordat de app opgepikt werd.

Pramod besloot de marketinggroep te vragen een enthousiaste productmarketingmanager (PMM) in te huren om de acquisities wat nieuw elan te geven. Deze marketingspecialisten worden vaak omschreven als de 'stem van de klant' binnen het bedrijf en zij proberen inzicht te krijgen in de behoeften en verlangens van klanten. Ze maken daarbij vaak gebruik van interviews, enquêtes of focusgroepen en helpen de boodschap zo te formuleren dat de marketinginspanningen aanlokkelijker worden en dat ze de waarde van het product zo effectief mogelijk overbrengen. Bij sommige bedrijven dragen deze specialisten ook bij aan de productontwikkeling, bijvoorbeeld door zelf onderzoek te doen naar eventuele nieuwe mogelijkheden of door te helpen bij het testen van het product.

Een ervaren PMM, Annabell Satterfield, voegde zich bij het marketingteam van BitTorrent, om de introductie van het gloednieuwe mobiele product een duwtje in de rug te geven. Ze kreeg de leiding over het bewustwordings- en acquisitieproces, maar wilde daarnaast toestemming om samen met het productteam te werken aan het stimuleren van groei door de hele funnel heen, inclusief de strategieën op het gebied van retentie en inkomsten. Ze wilde nadrukkelijk niet worden beperkt tot alleen maar de top van de funnel. Het hoofd Marketing stemde ermee in, maar pas nadat ze zich eerst had gefocust op de acquisitie van gebruikers en pas als ze de doelen van hun marketingteam hadden bereikt.

Maar nadat ze wat klantonderzoek had gedaan – waaronder zowel enquêtes onder de klanten als een analyse van het gebruikersgedrag op basis van de bedrijfsdata – om ideeën voor nieuwe marketingcampagnes te krijgen, ontdekte ze iets wat in directe tegenspraak leek met de instructies van haar baas: veel van de beste groeikansen leken juist dieper in de funnel te liggen. Ze wist bijvoorbeeld dat veel gebruikers van de app, een gratis product, niet hadden gekozen voor een upgrade naar een betaalde pro-versie, dus hield ze een enquête om de mensen die niet voor de betaalde versie hadden gekozen te vragen waarom dat zo was. Als het team meer gebruikers daartoe kon bewegen, wist ze dat dat tot veel meer inkomsten zou leiden, wat misschien wel even belangrijk was – zo niet belangrijker – als meer mensen bewegen tot het downloaden van de app. Terwijl de resultaten binnenkwamen, werd duidelijk dat de meest veelbelovende strategie voor groei niet was om alleen maar te werken aan het uitbouwen van het klantenbestand van het bedrijf, maar ook om *het meeste te halen uit de klanten die ze al hadden.*

Ze legde haar nieuwe inzichten voor aan het productteam, met het idee dat ze samen konden zoeken naar nieuwe manieren om de app te verbeteren. Ze verraste het productteam daar nogal mee: het was de eerste keer dat een marketeer bij dit bedrijf met een dergelijke input bij hen kwam. Maar Pramod, die geloofde in een data-gedreven benadering van productontwikkeling, was onder de indruk en hij gaf haar al snel de vrije hand om verder te gaan met haar aanpak en haar inzichten te blijven communiceren, dwars door de scheidslijnen van de op dat moment nog traditionele organisatie heen.

Een van de ontdekkingen van Annabells analyse verbijsterde het productteam en leidde tot een snelle groei van inkomsten. Het team had allerlei theorieën over waarom veel gebruikers niet waren overgestapt op de betaalde versie van de app, maar het meest voorkomende antwoord op de vraag waarom de klant de betaalde versie niet had gekocht, verraste hen volkomen. En wat was dat antwoord? De gebruikers hadden geen idee dat er een betaalde versie wás. Het team kon het gewoon niet geloven. Ze dachten dat ze de pro-versie agressief hadden gepromoot bij de gebruikers van de gratis app, maar kennelijk waren ze hun doel voorbijgeschoten. Zelfs hun actiefste gebruikers hadden de pogingen om hen tot een update te bewegen niet opgemerkt. Dus besloot het team om een heel zichtbare button aan de homepage van de app toe te voegen, om zo gebruikers aan te moedigen om te upgraden. Het lijkt bijna niet te geloven, maar die ene simpele verandering resulteerde in een toename van 92 procent van de inkomsten via upgrades. Het kostte vrijwel niets, nam vrijwel geen tijd in beslag om te realiseren (tussen de bespreking van de onderzoeksresultaten en de installatie van de button lagen slechts enkele dagen) en het resulteerde in onmiddellijke, significante winst. En dat allemaal door een idee waar ze misschien nooit op waren gekomen zonder de input en feedback van hun klanten.

Een ander succes volgde uit wat Annabell en Pramod hun ‘love hack’ noemden. Toen ze de gebruikersgegevens bekeek om te proberen te achterhalen wat de redenen waren van de dagelijkse groei dan wel vermindering van het aantal downloads, viel Annabell een duidelijk patroon op. De app was alleen verkrijgbaar via Google Play en ze merkte dat als de eerste paar reviews van de app negatief waren, de downloads van de app die dag een dip vertoonden. Ze experimenteerde met het bovenaan krijgen van positieve reviews en zag dat dit direct het aantal downloads vergrootte. Dus besloten zij en Pramod gebruikers aan te moedigen om reviews te schrijven direct nadat ze hun eerste *torrent* hadden gedownload en ze hadden gezien hoe makkelijk de app te gebruiken was. Ze verwachtten dat dit een moment was waarop de gebruikers het blijst zouden zijn met de app en dus geneigd waren een gunstige recensie te schrijven. Ze besloten een experiment uit te voeren om deze hypothese te testen en lieten de technici een verzoek programmeren dat op het scherm van de gebruiker zou verschijnen direct nadat de eerste torrent was gedownload. En inderdaad stroomden de positieve reviews binnen. Dat was het sein om dit naar alle nieuwe gebruikers uit te breiden en dat leidde tot een toename van 900 procent van vier- en vijfsterrenreviews, gevolgd door een enorme hoeveelheid nieuwe appgebruikers. Nu ze haar autoriteit officieel had gevestigd, duurde het niet lang voordat een technicus naar Annabell toe kwam met de vraag: 'Heb je nog meer ideeën? Wat kunnen we verder nog doen?'

Dit soort samenwerking tussen marketing- en productteams is nog bedroevend zeldzaam. Over het algemeen houdt het productteam zich bezig met het proces van het ontwerpen van het product en van het maken van updates, en het team hanteert een schema, meestal een *roadmap* genoemd, om deze verbeteringen toe te passen. Vaak stuiten ideeën voor verandering die geen deel uitmaken van de van tevoren opgestelde roadmap op veel weerstand. Soms komt dat doordat de planning voor de geplande verbeteringen al krap is, en soms doordat de veranderingen waarom wordt gevraagd slecht doordacht zijn, en veel moeilijker, tijdrovender en daarom duurder om te verwezenlijken dan de persoon die ermee kwam zich realiseerde. Het productteam kan echter ook vinden dat een dergelijk verzoek niet strookt met de strategische visie voor het product (of een combinatie van deze en andere factoren).

Zelfs als je niet voor een tech-bedrijf werkt, zal dit soort spanning tussen afdelingen je misschien bekend voorkomen. Zo kunnen marketingteams suggesties van de verkoopafdeling afhouden, of het R&D-team wil niet meegaan in een verzoek om een prototype te bouwen voor een nieuw product dat marketing heeft aanbevolen. Dit is een van de belangrijkste problemen van de toewijzing van verantwoordelijkheden aan specifieke afdelingen en het is ook de voornaamste reden, zoals je zo dadelijk zult zien, dat groeiteams per se leden uit een breed scala aan specialiteiten en afdelingen moeten omvatten. Zoals het BitTorrent-team zich al snel realiseerde, komen de beste ideeën vaak voort uit dit soort multidisciplinaire samenwerking en dat is dan ook een fundamenteel kenmerk van het growth-hackingproces.

EINDELIJK EEN BRES IN DE SCHEIDSMUREN

Aangemoedigd door de successen die ze zagen, begon iedereen in het mobiele team van BitTorrent vol overgave te brainstormen over andere hacks die ze konden proberen. Een van de hacks die ze probeerden, kon alleen maar zijn bedacht door een onvervalste techneut: de app automatisch stoppen, om zo de accu van de telefoon te sparen. Het team ontdekte deze mogelijkheid dankzij een enquête speciaal gericht op de veelgebruikers van de gratis app – degenen die hem constant gebruikten maar die nog niet waren overgestapt op de betaalde pro-versie. Uit de enquête bleek dat het de gebruikers vooral stoorde dat door het veelvuldige gebruik van de app hun accu te snel leeg raakte. Dus stelden de techneuten voor om de nieuwe techniek alleen in de pro-versie in te bouwen, een techniek die het op de achtergrond downloaden van stroom vretende bestanden stopzette als de accu van de gebruiker nog voor minder dan 35 procent opgeladen was. Ze waren wel zo slim om reclame voor de techniek te maken in de gratis app, op het moment dat de accu dreigde leeg te raken, om de gebruikers er zo toe te bewegen ter plekke te upgraden. De nieuwe eigenschap bleek zo populair dat ze tot 47 procent meer inkomsten leidde.

Al deze successen drongen ook door tot de rest van het bedrijf. Voor Annabell betekende het in elk geval een overstap van Marketing naar het mobiele team. Ze rapporteerde direct aan Pramod en haar titel werd uiteindelijk senior productmanager Groei. Tezelfdertijd raakten andere tech-mensen die aan andere projecten werkten gefascineerd door de aaneenrijging van successen van het team. Twee van de meer ervaren technici uit andere productteams besloten hun functie daar op te geven en de kans te grijpen om in een sterk presterend, groei-georiënteerd team te gaan werken. Annabell legt uit dat 'ze uit gesprekken met onze technici opmaakten dat wij, behalve dat we lol in ons werk hadden en elkaar stimuleerden, data-gedreven waren en de dingen [daarom] op de juiste manier deden'.

Terwijl het team verderging met zich een weg hacken naar groei, leunde het steeds meer en zwaarder op data-analyse (uitgevoerd door een lid van de datagroep) om de resultaten van hun experimenten te evalueren. De data-analist werkte samen met de programmeurs om ervoor te zorgen dat ze de júíste data volgden betreffende de respons van de klanten op hun experimenten en om op grond van de binnenkomende informatie een zo nuttig mogelijk rapport op te stellen. De analist had de expertise om te weten wanneer ze voldoende data hadden om te kunnen zeggen of een experiment geslaagd of mislukt was en werkte met het team samen om de resultaten te beoordelen en hen te helpen stappen voor follow-up-experimenten te plannen. Het team vertrouwde zozeer op de analyse dat de analist uiteindelijk ook fulltime voor het team ging werken, net zoals bij Annabell het geval was geweest.

Het succes van deze data-gedreven benadering van groei en productontwikkeling zette het management van BitTorrent ertoe aan meer te investeren in data-analyse en het team van analisten uit te breiden. De geluiden over de groei van het mobiele team zorgden er tegelijkertijd voor dat andere productteams ook vaker te rade gingen bij de data-analisten en dat ze nauwer met hen gingen samenwerken om eigen experimenten en inzichten te ontwikkelen.

Het mobiele team kwam met nog tientallen andere doorslaggevende verbeteringen, waardoor het aantal downloads van het product steeg tot een duizelingwekkende 100 miljoen in de tweeënhalf jaar van razendsnelle growth hacking. Toen die missie voltooid was, werd het team gereorganiseerd en op andere prioriteiten gezet. De impact die dit kleine team heeft gehad op het eerst zo moeizaam groeiende bedrijf kan niet worden overschat. Het zorgde niet alleen voor een omzetstijging van 300 procent, maar ook – en misschien nog wel belangrijker – veranderde het team de bedrijfscultuur bij BitTorrent die werd geremd door traditionele marketing en op zichzelf opererende productteams in een samenwerkingsverband waarbij iedereen, van marketeers tot data-analisten tot programmeurs tot leidinggevenden, op één lijn zat bij het snelle, gezamenlijke growth-hackingproces. Annabell denkt met plezier terug aan hoe het geloof in het groeiproces doorsijpelde in de hele organisatie en vertelt wat twee van haar favoriete momenten waren: ‘te zien hoe ons oude tech-management een groei-experiment presenteerde tijdens Palooza [BitTorrents benaming voor de hackathons die het bedrijf regelmatig houdt] en die keer dat ik een oude tech-collega ontmoette die zich samen met mij in het proces wilde verdiepen. Hij is inmiddels een ambassadeur voor deze aanpak.’

Deze gezamenlijke benadering is helaas nog de uitzondering op de regel, bij bedrijven van alle soorten en maten. De maar al te gebruikelijke praktijk van het opdelen van bedrijfsteams in geïsoleerde groepen die zelden met elkaar praten wordt in brede kring al jaren gezien als de achilleshiel van heel veel bedrijven. Zoals gesteld in een McKinsey-rapport is een van de negatiefste effecten van een dergelijke organisatievorm dat hij de innovatie vertraagt die tot groei leidt. Maar terwijl, zoals de auteurs uitleggen, 'onderzoek aantoont dat voor innovatie het vermogen om samen te werken in netwerken belangrijker is dan puur individueel talent', bleek uit een door McKinsey uitgevoerde enquête dat 'slechts 25 procent van het topmanagement zijn organisatie zag als effectief in het cross-functioneel delen van kennis, ook al erkende 80 procent dat een dergelijke coördinatie cruciaal was voor groei'.[1]

Een team van professoren aan Harvard Business School dat onderzoek deed naar communicatie tussen bedrijfsteams bleek al evenzeer 'geschokt' door de geringe interactie tussen de teams die zij volgden. Schokkender nog was hun bevinding dat 'twee mensen die in dezelfde SBU (*strategic business unit*) en hetzelfde kantoor zaten en dezelfde functie hadden 1.000 keer meer met elkaar communiceerden dan twee mensen in het bedrijf die in verschillende businessunits en kantoren zaten en verschillende functies hadden, maar verder vergelijkbaar waren. Dat betekent dus in wezen dat er heel weinig interactie is over grenzen heen.'[2]

Een van de specialisten op dit terrein, professor Ranjay Gulati van de Kellogg School of Management van de Northwestern University, merkt op dat dit gebrek aan cross-departementale communicatie pogingen bemoeilijkt om productontwikkeling en marketing meer klantgericht te maken – een steeds belangrijkere opdracht omdat technologie en social media een steeds substantiëlere en continue interactie met klanten faciliteren, en zelfs eisen. Simpel gesteld zijn technici en productontwerpers prima in staat om te komen met fantastische manieren om aan de behoeften en verlangens van klanten tegemoet te komen, alleen weten ze maar al te vaak niet wat die behoeften en verlangens zijn. Gulati meldt dat bij een door hem gehouden enquête onder leidinggevenden meer dan twee derde de noodzaak zag om klantgerichtere productontwikkeling het komende decennium tot prioriteit te maken. Hij schrijft echter ook dat zijn onderzoek aantoont dat 'de kennis en expertise bij de meeste bedrijven zijn ondergebracht bij zogenaamde organisatorische silo's en dat ze problemen hebben met het versterken van hun hulpbronnen dwars door deze interne grenzen heen, op een manier die klanten echt waarderen en waarvoor ze bereid zijn te betalen'.[3]

Het creëren van cross-functionele groeiteams is een manier om deze barrières te doorbreken. Cross-functionele teams zorgen niet alleen voor een soepelere en snellere samenwerking tussen de product-, tech-, data- en marketinggroepen, ze motiveren de teamleden ook om het perspectief van de anderen en het werk dat zij doen op waarde te schatten en ervan te leren. Dus hoe formeer je nu precies een groeiteam dat tegemoetkomt aan de strategische behoeften en prioriteiten van een specifiek project of initiatief? We zullen hieronder de belangrijkste stappen daartoe bespreken.

WIE

Groeiteams moeten personeel bij elkaar brengen dat een gedegen begrip heeft van de strategie en de doelen van een bedrijf. Het moeten mensen zijn die de expertise hebben om data-analyses uit te voeren, en mensen die de kwaliteiten hebben om veranderingen in het design, de functionaliteit of de marketing van het product te implementeren en experimenten op te zetten om die veranderingen te testen. Natuurlijk varieert de samenstelling van een groeiteam per bedrijf en per product. Ook de grootte van de teams kan heel verschillend zijn, net als de reikwijdte van hun werk. Ze kunnen uit maar vier of vijf personen bestaan, maar ook uit honderd of meer, zoals het geval is bij LinkedIn. Wat ook de omvang is, veel, zo niet alle, van de volgende rollen moeten ingevuld worden door de mensen die er deel van uitmaken.

DE LEIDING VAN EEN GROEITEAM

Een groeiteam heeft in elk geval een leider nodig, een soort bataljonscommandant, die aan de frontlinie staat en het team niet alleen leidt, maar ook actief deelneemt aan het genereren van ideeën en aan het experimenteren daarmee. De leider zet de lijnen uit voor de experimenten en bepaalt ook het tempo ervan. Daarnaast controleert hij of zij of het team de gestelde doelen behaalt. Groeiteams moeten gemiddeld één keer per week bij elkaar komen en de leider moet deze bijeenkomsten leiden (hoe je dat doet, zullen we verderop behandelen).

Ongeacht specialiteit of achtergrond speelt hij of zij een rol die deels manager is, deels productontwikkelaar en deels wetenschapper. Een belangrijke verantwoordelijkheid voor de leider is dat hij of zij het aandachtsgebied en de doelen voor het team bepaalt, en hoe lang daaraan gewerkt wordt. Zoals we in de hiernavolgende hoofdstukken uitgebreider zullen behandelen, is het focussen op een hoofddoel bij het doen van experimenten cruciaal voor het optimaliseren van de resultaten. De leider van een groeiteam kan per maand, kwartaal of jaar een gebied bepalen waarop de focus moet liggen, bijvoorbeeld meer gebruikers bewegen tot het overstappen van een gratis versie van een product naar een premiumversie, of om te bepalen wat het beste nieuwe marketingkanaal is voor een product. De teamleider ziet er vervolgens op toe dat het team niet ontspoort door ideeën na te jagen die niet aan het gestelde doel bijdragen, maar brengt deze weer ter sprake als de focus verandert en die ideeën het nieuwe doel wel zullen dienen.

De teamleider zorgt er ook voor dat de specifieke maatstaven die het team heeft gekozen geschikt zijn voor de vastgestelde groeidoelen. Marketing- en productteams zijn vaak niet systematisch in het bijhouden van data over cruciaal klantengedrag die kunnen leiden tot ontdekkingen of aan te brengen verbeteringen, of die al vroeg een waarschuwingssignaal afgeven dat gebruikers minder actief worden of helemaal van het product afstappen. Te veel bedrijven richten hun aandacht vooral op triviale maatstaven die er op papier goed uitzien (zoals het aantal clicks op een website) maar die in wezen niet de actuele groei aangeven, of dat nu gaat over het gebruik van het product of over de gegenereerde omzet. In hoofdstuk 3 zullen we verder ingaan op hoe je de juiste maatstaven moet kiezen om een en ander te meten.

Elke groeiteamleider moet een aantal basisvaardigheden bezitten: een gedegen kennis van data-analyse, expertise of ten minste goede kennis van productmanagement (het proces van het ontwikkelen en op de markt brengen van een product), en inzicht in hoe je experimenten bedenkt en uitvoert. Iedere leider moet ook vertrouwd zijn met de methodes om introductie en gebruik te bevorderen van het product of de dienst waar het team aan werkt. Een teamleider moet een sociaal netwerk hebben en de dynamiek van de virale mond-tot-mondreclame en van netwerkeffecten begrijpen – dat wil zeggen: hoe de waarde van het netwerk steeds verder groeit naarmate er zich meer mensen bij aansluiten – want dat zijn de mechanismen die bepalend zijn voor de groei van veel (hoewel natuurlijk niet alle) sociale producten. Hij of zij moet ook de relevante expertise voor de betreffende bedrijfstak of het product hebben: een groeiteamleider bij een webwinkel moet bijvoorbeeld een scherp inzicht hebben in het optimaliseren van het winkelwagentje, de merchandising en de strategie wat betreft het vaststellen van de prijzen en de marketing. Sterke leiderschapskwaliteiten zijn ook vereist om een team gefocust te houden en om ervoor te zorgen dat het tempo van experimenteren niet inzakt, zelfs als het (onvermijdelijk als het is) geconfronteerd wordt met het regelmatig falen van de groei-experimenten. Doodlopende wegen, ontoereikende tests en regelrechte fiasco's horen er nu eenmaal bij. Een krachtige teamleider houdt het enthousiasme gaande terwijl hij of zij ook het team steunt zodat het kan experimenteren en falen zonder te snel te worden bekritiseerd of onder druk te worden gezet door het management.

Welke achtergrond van een leider van een groeiteam het beste werkt, valt niet te zeggen. Er zijn er inmiddels wel die zich specialiseren in die rol, maar de meesten daarvan hadden eerst een andere specialiteit, ze waren bijvoorbeeld programmeur, productmanager, data-analist of marketeer. Mensen met expertise op een van deze gebieden zijn goede kandidaten voor de functie omdat ze vaardigheden meebrengen die cruciaal zijn voor het growthhackingproces. Bij start-ups kan de rol van groeiteamleider, zeker in de eerste fase van de groei, heel goed worden bekleed door de oprichter van het bedrijf. En als hij niet zelf het team leidt, zal de oprichter in elk geval de teamleider moeten benoemen en eisen dat er direct aan hem gerapporteerd wordt. Bij grotere bedrijven, die één of meerdere groeiteams kunnen hebben, moeten de teamleiders worden aangesteld door een leidinggevende die gezag afdwingt binnen het werkgebied van het team, en aan wie de teamleider moet rapporteren.

Het lijkt misschien een nogal intimiderende functie die door één persoon gewoonweg niet is op te brengen, maar met de gereedschappen en formele methodes (die we in de volgende hoofdstukken zullen introduceren) om prioriteit te geven aan experimenten, data-analyse en het delen van resultaten, kan het proces met grote efficiëntie worden gemanaged.

PRODUCTMANAGER

De manier waarop bedrijven productontwikkelingsteams organiseren varieert en dat zal invloed hebben op het personeel dat in een groeiteam wordt ingedeeld, en het zal ook bepalen hoe het team past in de organisatiestructuur van een bedrijf, waarover later meer in dit hoofdstuk. In het algemeen zien productmanagers erop toe dat het product en de diverse eigenschappen ervan tot leven worden gebracht. Zoals risicokapitalist Ben Horowitz het simpel stelde: ‘Een goede productmanager is de CEO van het product.’[4]

Bij de meeste bedrijven is die functie bij uitstek geschikt om bij te dragen aan de growth-hackingmissie om de scheidslijnen tussen afdelingen af te breken en goede kandidaten op het gebied van programmeren en marketing te zoeken om het groeiteam te helpen opstarten. Dat komt grotendeels doordat de ervaring van productmanagers met klantonderzoeken en -interviews, en daarnaast met productontwikkeling, hen in staat stelt cruciale bijdragen te leveren aan het genereren van ideeën en het uitvoeren van experimenten. Als je deze functie al in je bedrijf hebt, moet deze persoon absoluut deel uitmaken van je groeiteam.

Afhankelijk van de grootte van het bedrijf kan de functie van productmanager ook worden ingevuld door andere personeelsleden, en bij start-ups, met name in de eerste groeifase, kan de rol ook worden gespeeld door de oprichter. Maar bij grotere bedrijven zijn er vaak meerdere personeelslagen binnen het productmanagement, zoals een productmanager, een directeur Productmanagement, een onderdirecteur Productmanagement of een hoofd Productie. Het niveau van de aan een groeiteam toegevoegde leden van het productmanagement kan variëren, maar zoals we hieronder zullen zien, zou bij veel softwarebedrijven de productmanager die belast is met een product waar een groeiteam aan gaat werken aan dat team moeten worden toegevoegd en moeten rapporteren aan het hoofd van de productgroep, vaak een onderdirecteur Productmanagement.

SOFTWAREPROGRAMMEURS

De mensen die de code schrijven voor de productfeatures, mobiele schermen en webpagina’s waarmee teams experimenteren op zoek naar verandering, zijn de hoekstenen van een groeiteam. Toch worden ze maar al te vaak buiten het proces van ideeënvorming gehouden als bedrijven bezig zijn met het plannen van nieuwe producten en features. Of ze komen niet verder dan het uitvoeren van opdrachten en het implementeren van de door productteams bedachte producten. Dit is niet alleen funest voor het moreel van enkelen van je kundigste en waardevolste personeelsleden, het stagneert ook het proces van ideeënvorming omdat je niet gebruikmaakt van de creativiteit die deze mensen met zich meebrengen en van hun expertise op het gebied van nieuwe technologieën die groei zouden kunnen stimuleren. Bedenk dat bij BitTorrent de programmeurs van onschatbare waarde waren toen ze met het idee kwamen van de accubesparing. De essentie van growth hacking is nu juist de hackerspirit die voortkwam uit het oplossen van problemen door softwareontwikkeling en nieuwe technieken. Groeiteams functioneren gewoon niet goed zonder softwareontwikkelaars.

MARKETINGSPECIALISTEN

Hoewel sommige groeiteams functioneren zonder een echte marketingprofessional, raden wij toch aan om een marketingspecialist in het team op te nemen, als je optimaal wilt presteren. De kruisbestuiving van expertise op het gebied van softwareontwikkeling en van marketing kan uiterst vruchtbaar zijn bij het genereren van ideeën voor hacks. Het soort marketingexpertise dat een team nodig heeft, kan variëren afhankelijk van het soort bedrijf of product. Een content-groeiteam bijvoorbeeld, dat werkt aan het opbouwen van een lezerspubliek, zal duidelijk baat hebben bij een marketingspecialist op het gebied van content. Zo maakt bij *Inman News*, een vakblad voor de onroerendgoedsector, de marketingdirecteur E-mail deel uit van het groeiteam. De groei van het bedrijf leunt namelijk zwaar op e-mail als kanaal om klanten aan te trekken, te binden en aan hen te verdienen. Bij andere bedrijven kan het optimaliseren van zoekmachines heel belangrijk zijn en die zullen dan een specialist op dat terrein aan het team toevoegen. Teams kunnen ook meerdere marketingspecialisten hebben, die een breed scala aan expertise inbrengen. Marketeers kunnen ook ingebracht worden voor taken waarbij hun expertise cruciaal is, om het team weer te verlaten als het doel is bereikt.

DATA-ANALISTEN

Kennis van het verzamelen, organiseren en vervolgens analyseren van klantgegevens om zo inzichten te verkrijgen die leiden tot ideeën voor experimenten, is ook weer een belangrijke vereiste voor groeiteams. Een groeiteam hoeft niet per se een vaste analist te hebben, het kan ook een analist zijn die met het team samenwerkt maar ook ander werk voor het bedrijf doet. Dat was in het begin het geval bij het team van BitTorrent. Maar het is toch ideaal als een bedrijf het zich kan permitteren een analist fulltime aan het team toe te voegen.

De data-analist van een team moet begrijpen hoe je op een rigoureuze en statistisch valide manier experimenten opzet; hoe je toegang krijgt tot de diverse klant- en bedrijfsgegevens en hoe je die aan elkaar koppelt om zo inzicht te krijgen in gebruikersgedrag; en hoe je snel de resultaten van experimenten bijeenbrengt en die inzichtelijk maakt. Afhankelijk van de complexiteit van de door het team uitgevoerde experimenten, zou de marketing- of softwarespecialist van het team deze rol op zich kunnen nemen, want op beide terreinen is het inmiddels belangrijk om een zekere kennis op het gebied van data-analyse te hebben. Bij technisch geavanceerdere bedrijven zouden zowel analisten met expertise in het samenvatten van experimenten als data-analisten een rol moeten spelen.

Het is essentieel dat de data-analyse niet wordt uitbesteed aan iemand die kan omgaan met Google Analytics of aan een bureau dat zich met dat soort dingen bezighoudt, om een paar extreme maar helaas maar al te vaak voorkomende praktijken te noemen. Zoals we in hoofdstuk 3 verder zullen bespreken, hechten nog veel bedrijven te weinig waarde aan data-analyse en vertrouwen ze vooral op al bestaande programma's als Google Analytics, die maar beperkt in staat zijn om diverse databronnen te combineren, bijvoorbeeld die van sales en klantenservice, en die niet toereikend zijn om met behulp van die data ontdekkingen te doen. Een goede data-analist kan het verschil maken tussen een groeiteam dat zijn tijd verdoet en een die op een echte goudmijn stuit.

PRODUCTONTWERPERS

Ook hier variëren de functieomschrijvingen afhankelijk van het soort bedrijf. Bij softwarebedrijven is een specialist op het gebied van gebruikerservaring verantwoordelijk voor het ontwikkelen van de schermen en sequenties die gebruikers doorlopen met de software. Bij productiegoederen kan deze ontwerper verantwoordelijk zijn voor de tekeningen en specificaties van het product, terwijl bij andere bedrijven ontwerpers vooral worden betrokken bij de grafische vormgeving van advertenties en promotiecampagnes. Ontwerpervaring verbetert bij een team vaak de snelheid van uitvoering van de experimenten, want het team heeft dan een ervaren medewerker die onmiddellijk kan produceren wat er aan ontwerpwerk nodig is. Ontwerpers op het gebied van gebruikerservaring kunnen ook belangrijke inzichten bieden in de psychologie van de gebruikers, in interface-ontwerp en in technieken van gebruikersonderzoek, die weer kunnen bijdragen aan het genereren van goede testideeën.

DE GROOTTE EN REIKWIJDTE

Bij start-ups en kleine gevestigde bedrijven kan een groeiteam bestaan uit slechts één personeelslid voor elk van bovengenoemde terreinen, of zelfs maar enkele mensen die ieder meer dan één van deze rollen op zich nemen. Bij grote bedrijven kunnen de teams bestaan uit veel programmeurs, marketeers, data-analisten en ontwerpers. De samenstelling van groeiteams en de opdrachten die ze krijgen, moeten zijn toegesneden op je bedrijf: de grootte, de organisatiestructuur en de specifieke uitdagingen en prioriteiten. De reikwijdte van het werk van een groeiteam kan heel algemeen zijn, zoals het bevorderen van de groei van alle segmenten in het bedrijf, of heel specifiek, zoals het toezien op de verbetering van een specifiek deel van het product, bijvoorbeeld het winkelwagentje op je site. Sommige groeiteams zijn een vast onderdeel van het bedrijf, bijvoorbeeld die bij Zillow en Twitter. Andere worden geformeerd voor specifieke taken, zoals het op de markt brengen van een product, om weer te worden ontbonden als de doelen zijn bereikt. Sommige bedrijven hebben meerdere groeiteams opgezet met elk een eigen aandachtsgebied, zoals LinkedIn en Pinterest, dat vier teams heeft, gericht op het aantrekken van nieuwe gebruikers, virale groei, de betrokkenheid van gebruikers en het activeren van nieuwe gebruikers. Andere bedrijven hebben slechts één groei-organisatie die verantwoordelijk is voor uiteenlopende initiatieven, zoals Facebook en Uber.

Als je een groeiteam gaat opzetten, kun je de bal aan het rollen krijgen door één of twee individuen van verschillende afdelingen bij elkaar te brengen. Het team kan dan later altijd nog uitbreiden. In sommige gevallen kunnen in de loop van het proces extra teams worden geformeerd. Bij IBM werd bijvoorbeeld een groeiteam geformeerd met als specifiek doel het aan de man brengen van Bluemix DevOps Services, een softwareontwikkelingspakket voor ICT'ers, door vijf programmeurs en vijf andere medewerkers, van business operations en marketing, bij elkaar te brengen. Bij Inman voorzag Morgan zijn groeiteam van een *data scientist*, drie marketeers en de *developer* om daarmee het growth-hackingproces op te starten. Morgan is ook het hoofd Productontwikkeling en hij is in het team verantwoordelijk voor productmanagement. Als coo is hij de hoogste in rang in het team, maar hij is niet de leider ervan. Die functie is weggelegd voor een marketingmanager, en Morgan heeft slechts een begeleidende en sturende rol.

HOE

Je hebt nu je teamleden gekozen, maar wat moeten die nu precies doen? Het growth-hackingproces behelst een specifiek aantal activiteiten die groeiteams moeten ondernemen om door snel experimenteren nieuwe groeimogelijkheden te vinden en bestaande te versterken. Het proces is een voortdurende cyclus die uit vier belangrijke stappen bestaat: (1) data-analyse en inzichten verkrijgen; (2) het genereren van ideeën; (3) bepalen welke experimenten prioriteit moeten krijgen; (4) de experimenten uitvoeren. Daarna

HET GROWTH-HACKINGPROCES

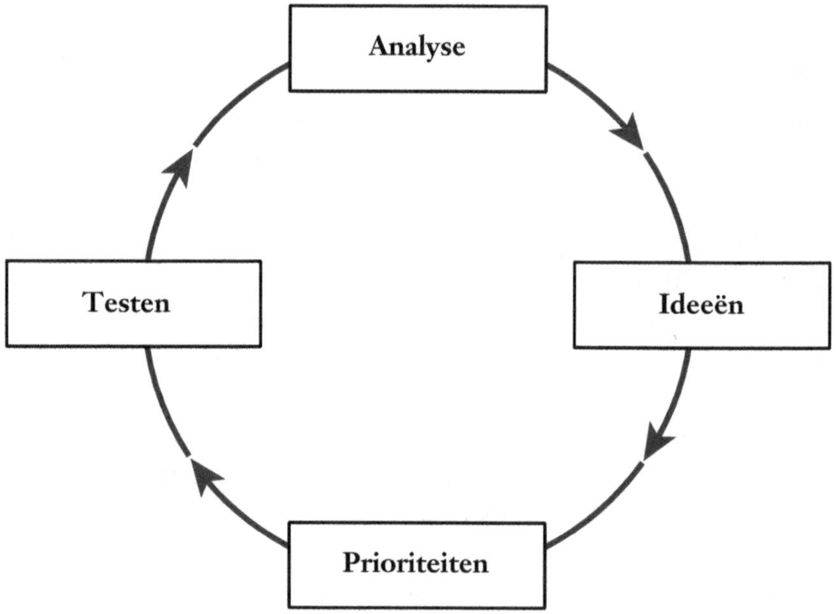

gaat het weer terug naar de data-analyse om de resultaten te beoordelen en de volgende stappen te bepalen. In dit stadium zal het team bekijken wat nu al succes had en dan verder investeren in deze veelbelovende richting, terwijl het snel zal afstappen van de minder geslaagde experimenten. Door dit proces steeds weer te herhalen, zal het groeiteam uiteindelijk grote en kleine resultaten op elkaar stapelen en zo een effectieve cyclus van steeds betere resultaten creëren.

Het team houdt het proces op koers door regelmatig bij elkaar te komen. Teammeetings, die eens per week zouden moeten worden gehouden, zijn een krachtig forum om de testactiviteiten van het team te managen, om resultaten te evalueren en om te bepalen welke hacks er verder geprobeerd gaan worden. De bij agile softwareontwikkeling gebruikelijke 'stand-ups' zijn ook heel goed bruikbaar bij growth hacking. Net als bij agile softwareontwikkeling, waar het team sprintplanningmeetings houdt om het komende werk te organiseren, geven groeimeetings het groeiteam de kans om op een vergelijkbare manier de vorderingen tot nu toe te bekijken, bepaalde experimenten prioriteit te geven en de snelheid van experimenteren vast te houden.

Tijdens de bespreking worden voor experimenten geschikt geachte ideeen toebedeeld aan de diverse teamleden, die zich dan gaan bezighouden met het implementeren, analyseren of onderzoeken, om zo meer informatie te vergaren over de haalbaarheid van een idee. De teamleider blijft tussen de besprekingen door contact houden met de teamleden, blijft op de hoogte van hun vorderingen en helpt hen bij eventuele problemen of vertragingen.

Deze wekelijkse bijeenkomst houdt het team op koers en gefocust, en zorgt voor het hoge niveau van coördinatie en communicatie dat vereist is om het razendsnelle proces op tempo te houden. Je kunt het vergelijken met het besturen van een Formule 1-auto waarbij je heel precieze aanpassingen moet doen, in tegenstelling tot een op hol geslagen vrachtwagen waarvan de remmen niet meer werken. De extreme vorm van samenwerking bij zo'n bespreking leidt bovendien tot een '1 + 1 = 3'-dynamiek, waarbij de expertise van de diverse leden veelbelovende ideeën tot regelrechte winners maakt en waarbij vaak onverwachte ideeën naar voren komen waar teamleden nooit op eigen houtje op waren gekomen.

Zo kan bijvoorbeeld een diepteanalyse van het klantverloop (het identificeren van diegenen die onlangs gestopt zijn het product te gebruiken) duidelijk maken dat de mensen die afhaken geen gebruik hebben gemaakt van een bepaalde feature van het product die populair is bij veelgebruikers. Die ontdekking kan er weer toe leiden dat het team gaat experimenteren met manieren om meer mensen die specifieke feature te laten uitproberen. Of laten we een voorbeeld nemen uit het werk van het groeiteam bij GrowthHackers.com. Toen we wat dieper ingingen op de gebruikersdata, ontdekten we dat door de community geleverde content die ook omvangrijkere media bevatte (zoals beeldverslagen van conferenties en YouTube-filmpjes) tot meer betrokkenheid en tot regelmatigere bezoeken van klanten leidde dan posts die alleen maar een link bevatten naar verhalen elders op het internet. Dus kwamen de leden van het groeiteam met ideeën om meer van dergelijke *rich media*-items aan de site toe te voegen, zoals bijvoorbeeld podcasts en video's. Dit leek een nogal voor de hand liggende en voorspelbare reactie; tot de programmeur van het team ons even kwam vertellen dat we met een simpele plug-in niet alleen veel meer soorten media konden ondersteunen, maar dat we ook een code konden inbouwen die automatisch links herkende van populaire mediasites als YouTube, SoundCloud en SlideShare en die content direct invoerde op de discussiepagina's van de website. In plaats van alleen maar videomateriaal van één of twee mediabronnen toe te voegen, waren we nu in staat om er meer dan tien te ondersteunen, terwijl het proces om die media aan GrowthHackers.com toe te voegen enorm veel makkelijker werd. Na deze ontdekking, die waarschijnlijk nooit zou zijn gedaan zonder de input van de programmeur in de groep, werd het experiment opnieuw opgezet en bleek het zelfs een nog krachtiger instrument voor de groei van de community dan we aanvankelijk hadden gedacht. We zullen de specifieke procedures voor het zo efficiënt mogelijk houden van besprekingen introduceren in hoofdstuk 4 en daarbij ook ingaan op de beste manier om dergelijke bijeenkomsten te agenderen.

WIE DOET WAT

Wat betreft de taken die teamleden krijgen opgedragen, zullen dat vaak gespecialiseerde taken zijn die op hun expertisegebied liggen. Ze zullen daarbij soms onafhankelijk te werk gaan, althans in het begin. De developers zullen bijvoorbeeld het schrijven van de code op zich nemen die nodig is voor een experiment; de ontwerper zal de benodigde ontwerpelementen leveren; de data-analist zal bezig gaan met het selecteren van de groepen gebruikers op wie een verandering wordt uitgeprobeerd; en de marketeer zal zich ontfermen over het implementeren van experimenten met kanalen die mogelijk geschikt zijn voor promotiedoeleinden, zoals bijvoorbeeld een nieuwe Facebook-campagne. Als er een specialist op het gebied van gebruikerservaring in het team aanwezig is, dan kan die persoon zich bezighouden met het verzamelen en evalueren van gebruikersfeedback over de features van het product die men het waardevolst vindt, en die kwalitatieve informatie terugsluizen naar het team. Dat onderzoek kan leiden tot een idee voor een verandering van die feature of tot een nieuwe feature waarmee geëxperimenteerd kan worden. Een softwarespecialist kan worden gevraagd om een verandering op de pagina met het winkelwagentje te programmeren, als onderzoek bijvoorbeeld aangeeft dat gebruikers moeite hebben met het navigeren.

Andere initiatieven zullen echter een nauwe samenwerking vereisen tussen alle teamleden. Denk daarbij bijvoorbeeld aan het creëren van een nieuwe feature van het product, waarbij cross-functionele overeenstemming nodig is over hoe die wordt ontworpen en geïmplementeerd, hoe de gebruikers op deze nieuwe feature worden gewezen en hoe het succes wordt gemeten. Zo kan het team dat verantwoordelijk is voor een zakelijke app besluiten dat een vergroting van het aantal nieuwe gebruikers die vaste, succesvolle gebruikers worden de hoogste prioriteit krijgt en het kan dan tot het besluit komen dat een experiment moet worden uitgevoerd met een substantieel nieuw ontwerp van de eerste paar schermen die gebruikers onder ogen krijgen.

In de rest van dit boek zullen we specifieke experimenten beschrijven, uitgevoerd door werkelijk bestaande groeiteams. We zullen technieken bespreken om de resultaten bij te houden en vast te stellen welke experimenten prioriteit moeten krijgen, en daarnaast ook dieper ingaan op de follow-up nadat de resultaten van een experiment bekend zijn.

STEUN VAN LEIDINGGEVENDEN IS EEN VEREISTE

Groeiteams moeten onderdeel uitmaken van de in de organisatie gebruikelijke rapportagestructuur en daarbij moet volkomen helder zijn aan wie de groeiteamleider rapporteert. De verantwoordelijkheid voor een team moet bij een topmanager liggen, want alleen dan heeft het team het gezag om de gevestigde organisatiestructuur te doorbreken. Groei kan geen zijproject zijn. Zonder een duidelijke en krachtige betrokkenheid van de directie zullen groeiteams voortdurend te kampen hebben met bureaucratie, territoriumstrijd, inefficiëntie en passiviteit. Als bij start-ups de oprichter of CEO niet persoonlijk het groeiteam leidt, moeten het team of de teams direct aan hem of haar rapporteren. Bij grotere bedrijven, die vaak meerdere groeiteams hebben, moeten die teams rapporteren aan een onderdirecteur of iemand uit het topmanagement, die hun werk dan kan verdedigen bij de rest van dat management. Steun voor deze methodes in de hoogste gelederen van de organisatie is cruciaal voor een duurzaam succes van het team.

Mark Zuckerberg is een uitstekend voorbeeld van het soort leiderschap dat nodig is. Toen Facebook net begon, was hij onophoudelijk bezig met groei en zijn enthousiasme is sindsdien niet verflauwd. In 2005, twee jaar voordat Facebook een formeel groeiteam opzette, kwam Noah Kagan, een *digital marketeer* die employé nummer 30 was, met een omzet bevorderend idee bij Zuckerberg. Kagan was bang dat het sociale netwerk aan investeerders moest bewijzen dat het ook serieus geld kon verdienen. Kagan hield zijn praatje in de vergaderruimte van het bedrijf, toen Zuckerberg hem plotseling onderbrak, opstond, een markeerstift pakte en in kanjers van letters één woord op het whiteboard schreef: GROEI. Hij had alleen belangstelling voor ideeën om het aantal gebruikers van Facebook te laten groeien. Zijn kristalheldere voorkeur voor groei boven alle andere zakelijke beslommeringen – zelfs omzet – was uiteindelijk de ruggengraat van Facebooks ongelooflijke succes.[5]

Zelfs nu nog, terwijl het bedrijf investeert in nieuwe technologieën als virtual reality en kunstmatige intelligentie, wordt alom onderkend dat een gezond klantenbestand de basis vormt voor die investeringen in de toekomst. Zoals Mike Schroepfer, Facebooks CTO, aan *Fast Company* vertelde: 'Ik sta met één been in de dagelijkse gang van zaken en met één been in de toekomst. Het is af en toe nogal gekmakend, maar het is belangrijk dat onze corebusiness het goed blijft doen. Want alleen dan kunnen we agressief investeren in die langere-termijndingen.'[6]

Een andere oprichter die altijd een fervent voorstander van het groeiproces is geweest, is Spencer Rascoff, CEO van Zillow, 's werelds grootste onroerendgoedsite. Nate Moch, employé nummer 40 en inmiddels onderdirecteur Productteams, herinnert zich dat Rascoff en zijn bestuurders al vanaf dag één groei tot prioriteit maakten, en met het groeien van het bedrijf heeft Zillow een toegewijd team opgebouwd rond Moch, om zich er zo van te verzekeren dat het bedrijf voortdurend de blik gericht houdt op het ondersteunen van die groei. Mochs team werkt min of meer hetzelfde als het team bij Facebook. Het focust op de KPI's (*key perfomance indicators*) van het bedrijf en werkt samen met andere productteams om klantenacquisitie en retentie te stimuleren en hun respectieve zakelijke doelen te halen.

Rascoff heeft het hele bedrijf betrokken bij de groeimissie middels een programma dat hij Zillows 'Play' noemt, een steeds terugkerend, negen tot twaalf maanden durend groei-initiatief dat door iedereen wordt onderschreven. In 2008 realiseerde het bedrijf zich bijvoorbeeld dat het internetverkeer verloor aan een rivaliserende start-up, Trulia, wat vooral te wijten was aan Trulia's slimme gebruik van zoekmachineoptimalisatie waarbij zijn homepage hoger in de lijst van Googles lijst met zoekresultaten kwam dan die van Zillow. Dus besloot het management van Zillow dat zoekmachineoptimalisatie de Play van dat jaar zou worden en dat elk team in het bedrijf de opdracht kreeg om dat tot prioriteit te maken. Dat betekende een grote culturele omslag, want het bedrijf had tot dan toe die zoekmachineoptimalisatie genegeerd ten faveure van andere tactieken. Maar uiteindelijk vond elk team manieren om die optimalisatie te realiseren en het resultaat was dat Zillow Trulia weer inhaalde en zelfs voorbijstreefde en dat hij de concurrent in 2015 voor 3 miljard dollar kon overnemen.[7]

DE RAPPORTAGESTRUCTUUR VOOR TEAMS

Er bestaan twee veelvoorkomende rapportagestructuren voor groeiteams, zoals een onderzoek van Andrew McInnes en Daisuke Miyoshi onder Silicon Valley-bedrijven aantoonde.[8] Bij de eerste, die McInnes en Miyoshi het functionele (of productgedreven) model noemen, worden teams gevormd die rapporteren aan een directeur Productmanagement die de leiding heeft over het product of het pakket aan producten waar het groeiteam aan zal gaan werken.

Een productgedreven team kan bijvoorbeeld geheel gewijd zijn aan het uitbouwen van het gebruikersbestand voor de app van het bedrijf, of een team kan worden ingeschakeld om ervoor te zorgen dat lezers van een on-

HET PRODUCTGEDREVEN MODEL

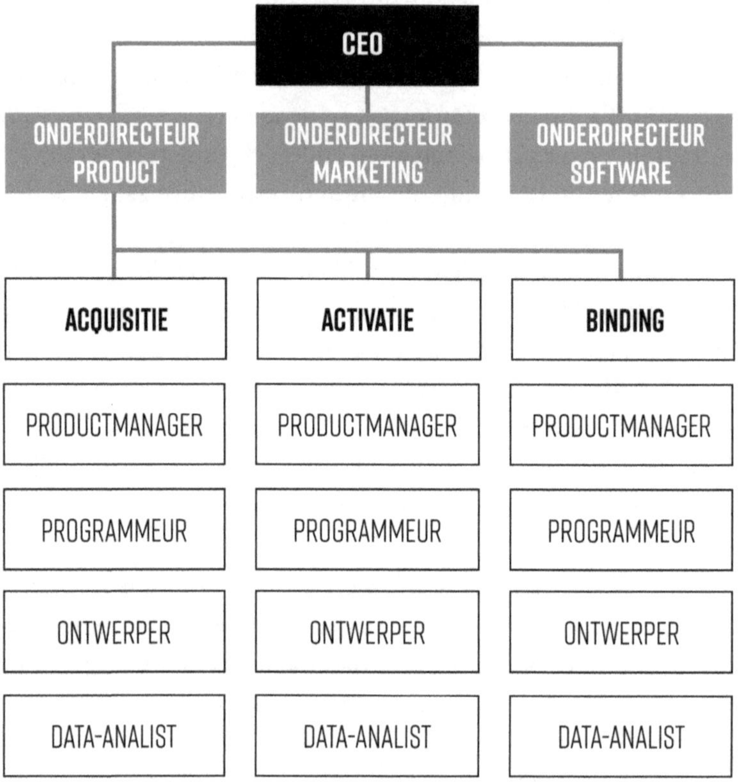

line nieuwsdienst ertoe bewogen worden over te stappen op een betaald abonnement. In sommige gevallen zal de opdracht van teams gewijd aan een specifiek product zich beperken tot het verbeteren van één aspect van het product, zoals het activeren van nieuwe gebruikers van een online leerprogramma door het optimaliseren van het instapproces: het aan nieuwe gebruikers uitleggen hoe ze het product moeten gebruiken. Bij Pinterest leidt John Egan een groeiteam dat zich alleen maar toelegt op het testen van de frequentie, de content en de *calls to action* in de e-mailberichten en mobiele meldingen bedoeld om gebruikers vaker terug te laten komen. Dat lijkt een onmogelijk smalle doelstelling, maar deze intense focus maakt dat het team zich volledig kan storten op het belangrijkste onderdeel van de groei van het bedrijf. Zo creëerde het team onlangs Copytune, een zeer geavanceerde machine die algoritmes leert, waardoor het heel snel tientallen varianten kon testen van mededelingen die aan gebruikers gestuurd worden, en dat in meer dan dertig talen. Ze lieten vervolgens de software de beste versies eruit pikken en deden vervolgtests op zoek naar nog betere prestaties. De resultaten van het programma waren opzienbarend en het zorgde voor een toename van het aantal maandelijks actieve gebruikers (MAU).[9]

Een productgedreven team kan ook de opdracht krijgen om te experimenteren met een aantal manieren om groei op alle niveaus van de funnel te stimuleren, van het aantrekken van meer klanten tot het verbeteren van de retentie, tot het vergroten van de omzet die dat oplevert.

Bij organisaties die dit model gebruiken, leidt meestal iedere productmanager een klein productteam met daarin softwarespecialisten, *user experience designers* en data-analisten, en het is niet ongebruikelijk voor een productgroep om een handvol van dergelijke kleine teams te hebben. Dit model is makkelijker te implementeren bij een gevestigd bedrijf of bij een al enige tijd draaiende start-up, want het past goed in de al bestaande managementstructuur. Dat betekent niet alleen dat er minder reorganisatie nodig is, het zorgt ook voor minder fricties bij het inpassen van groei-experimenten in het al bestaande testschema van in ontwikkeling zijnde productfeatures.

Behalve Pinterest gebruiken ook LinkedIn, Twitter en Dropbox dit model.

De andere structuur is die van een onafhankelijk team – dat dus geen deel uitmaakt van een bestaand productontwikkelingsteam – waarbij de teamleider rapporteert aan een onderdirecteur Groei, die dan gewoonlijk weer rechtstreeks rapporteert aan het senior management, zoals de CEO of een andere directeur. De functie van onderdirecteur Groei zelf wordt vaak in het leven geroepen om ervoor te zorgen dat een leidinggevende werknemer verantwoordelijk is voor de teamresultaten, zoals bij Uber en Facebook. In tegenstelling tot de specifieke toewijding aan een bepaald product bij productgedreven teams, zijn onafhankelijke teams gemachtigd om experimenten uit te voeren die het hele arsenaal aan producten van het bedrijf beslaan, en zelfs om naar groeimogelijkheden te zoeken buiten de huidige productlijn. Een voorbeeld van dat laatste is Facebooks groeiteam, dat de aankoop van Octazen adviseerde toen het team in de gaten kreeg dat Octazens technologie de performance van het doorverwijzen naar vrienden zou kunnen verbeteren. Het Facebook-groeiteam heeft trouwens aan een ongelooflijk breed arsenaal aan groei-initiatieven gewerkt. Dat varieerde van het optimaliseren van bestaande producten en features, zoals het verbeteren van de aanmeldprocedure voor nieuwe gebruikers, tot zelfs het creëren van enkele eigen producten, zoals bijvoorbeeld Facebook Lite, dat bedoeld is voor gebieden met een slecht internetbereik. Het team heeft ook steun verleend aan productteams en functioneerde daarbij als interne analistengroep en als een SWAT-team dat kan bijspringen om optimalisatie en groeimogelijkheden te identificeren en te laten zien hoe je het proces van groei-experimenten kunt inzetten.

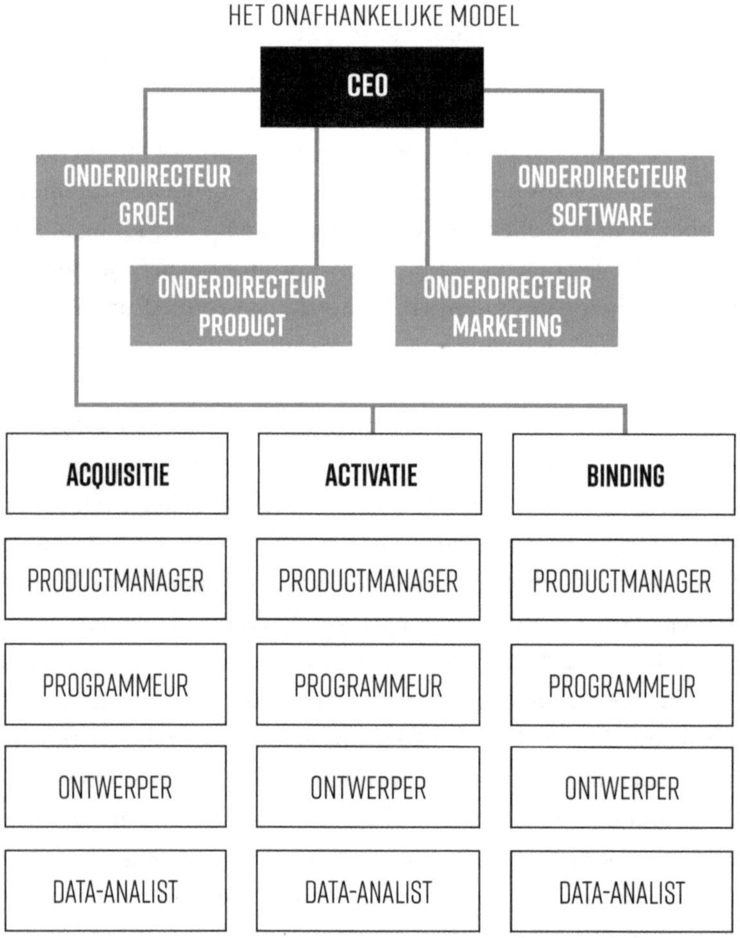

Onafhankelijke teams kun je het best al in een vroeg stadium formeren, voordat de organisatiestructuren van een bedrijf zijn uitgekristalliseerd en de competentiestrijd tussen de verschillende afdelingen losbarst. Als het speelveld nog niet is opgeëist, zijn er minder strubbelingen over het toewijzen van verantwoordelijkheden en personen aan een groeiteam. Dat wil niet zeggen dat het onmogelijk is om onafhankelijke groeiteams in gevestigde, grotere bedrijven te introduceren. Zo heeft bijvoorbeeld Walmart in 2011 een onafhankelijke groei-operatie uitgevoerd door een innovatiecentrum bij de in Silicon Valley hoog aangeschreven start-up Kosmix te realiseren, wat uiteindelijk @WalmartLabs werd.[10] Het functioneert als een onafhankelijke divisie die zich focust op e-commerce en dit team houdt zich voornamelijk bezig met digitale innovatie-initiatieven voor Walmart-websites en mobiele applicaties, zoals de succesvolle Savings Catcher-app die we in het vorige hoofdstuk beschreven. Het team leidt ook de acquisitie van veelbelovende digitale start-ups, zoals de zoek-app Stylr en de receptenwebsite Yumprint, en integreert zijn technologie en talent in Walmarts digitale aanbod.

Het is belangrijk om te benadrukken dat zelfs als teams onafhankelijk mogen opereren, ze toch een sterke ondersteuning van het topmanagement nodig hebben. Dit voorkomt eventuele gevoeligheden en fricties tussen product-, marketing-, ontwerp- en softwarespecialisten die zo hun eigen ideeën hebben over wat belangrijk is en wat de 'juiste manier' is om dingen te doen.

DE NEUZEN ÉÉN KANT OP KRIJGEN EN TRADITIES DOORBREKEN

Als iemand voor het eerst een groeiteam formeert in een bedrijf, zal dat aanvankelijk vaak gepaard gaan met enige weerstand. Bij de meeste bedrijven – met als uitzondering start-ups, waar organisatorische structuren en normen nog moeten uitkristalliseren – zal het opzetten van een groeiteam, of een aantal groeiteams, óf een significante reorganisatie van personeel en rapportagestructuren met zich meebrengen, óf het zal ertoe leiden dat mensen hun tijd anders moeten gaan indelen en nieuwe verantwoordelijkheden krijgen. Dat kan permanent zijn of alleen tijdens de duur van een specifieke groeimissie. Zoals iedereen weet die bij een gevestigde organisatie heeft gewerkt, kan het invoeren van dergelijke veranderingen een behoorlijke uitdaging zijn, om verschillende redenen.

Deze bronnen van frictie zijn meestal cultureel bepaald. Veel mensen bij

Marketing, bij Productontwikkeling en op de softwareafdeling hebben vooropgezette ideeën over wie zeggenschap heeft over initiatieven: wat teams worden 'verondersteld' te doen – en hoe ze worden verondersteld dat te doen. Bij BitTorrent was het bij de afdeling Marketing oorspronkelijk de bedoeling dat ze zich uitsluitend zouden concentreren op de acquisitie van gebruikers. Data-analyse werd gedaan door het datateam van het bedrijf en experimenteren hoorde nergens thuis en viel een beetje tussen wal en schip. Toen het groeiteam gestalte kreeg en deze bestaande structuren doorbrak, waren daar wel wat aanpassingen voor nodig.

Verhalen over dergelijke fricties als gevolg van het formeren van groeiteams zijn er voldoende. Nadat Josh Schwarzapel was toegetreden tot Yahoo! om een groeiteam op te zetten en te leiden dat als taak had het gebruik van de mobiele producten van het bedrijf te laten toenemen, en zijn team begon met het uitvoeren van experimenten om Yahoo!'s app te promoten bij bezoekers, ondervonden ze tegenwerking van het *brand*-team, dat vond dat ze waren afgeweken van de bestaande richtlijnen. De productmanagers maakten zich zorgen over de reikwijdte en de implicaties van wat het groeiteam deed: de berichten van dit team zouden worden gezien door iedereen die via een mobiel apparaat de Yahoo!-site bezocht. Het overwinnen van deze weerstand vereiste veel samenwerking tussen de verschillende teams en het opbouwen van vertrouwen. 'Het kostte ons heel wat moeite om steun te krijgen van de partnerteams,' herinnert Josh zich.[11]

Een andere bron van frictie is het feit dat groei-experimenten – en de benodigde bronnen om ze van de grond te krijgen – kunnen botsen met, of ten koste gaan van, tijd en bronnen die al door bestaande projecten en prioriteiten worden opgeëist. Zo ontstond er bij BitTorrent enige frictie toen het ontwerpen van tests en het analyseren van resultaten door Annabell ten koste ging van de tijd die ze in directere acquisitiewerkzaamheden kon stoppen. En toen het team steeds meer data te verwerken kreeg, werd bovendien de grotere werkdruk binnen het datateam een punt, totdat de leiding besloot de data-analysegroep uit te breiden.

Een laatste oorzaak van potentiële strijd ligt in het feit dat als je mensen van zo uiteenlopende disciplines en achtergronden bij elkaar brengt, er vrijwel onvermijdelijk verschillende en soms conflicterende perspectieven en prioriteiten ontstaan. Technici zijn over het algemeen vooral geïnteresseerd in de technisch meest uitdagende features, ongeacht of de oplossingen waarmee zij komen een zinvolle bijdrage leveren aan groei. Productmanagers zijn vooral geobsedeerd door productontwikkeling en -lanceringen en kunnen zeer ontstemd raken als marketing- en salesteams op het laatste moment nog veranderingen willen die volgens hen zakelijk gezien weinig rationeel zijn. User experience designers verzetten zich vaak tegen het experimenteren met nieuwe features omdat ze de blije gebruikers niet met ergernissen willen opzadelen. Marketeers willen zich nogal eens storten op triviale maatstaven, zoals het aantal bezoekers van een website, en ze hebben dan geen oog meer voor de noodzaak van het verbeteren van de prestatie-indicatoren in andere lagen van de funnel (bijvoorbeeld retentie).

Deze perspectieven zijn bovendien vaak diep geworteld bij de leden van elk van deze groepen, niet alleen wat betreft de structuur van hun organisaties, maar ook wat betreft de opleiding die ze voor hun functie nodig hebben en hun individuele karakters en dat wat hen motiveert. Daarom kan het zelfs bij start-ups een enorme uitdaging zijn om mensen met deze verschillende specialiteiten te laten samenwerken.

Groeiteams kunnen deze spanningen verminderen als ze correct geleid worden en als het hele team wordt gestimuleerd en beloond voor het bereiken van gedeelde doelen die tot significante bedrijfsresultaten leiden. Een andere manier om conflicten weg te nemen is door ervoor te zorgen dat de beslissingen over welke growth hacks prioriteit krijgen (en over de evaluatie van hoe succesvol ze zijn) strikt worden genomen op basis van harde data in plaats van op aannames, oftewel op de 'dogma's', zoals Chamath Palihapitiya, de oorspronkelijke leider van Facebooks groeiteam, het noemt, en die vaak bepalend is voor hoe producten zouden moeten worden ontworpen of wat klanten willen. Elk bedrijf, groot of klein, kent dergelijke dogma's die moeten worden doorbroken door datagedreven experimenten. Bij Qualaroo bijvoorbeeld werd de groei enige tijd belemmerd door de overtuiging binnen het bedrijf dat je de prijzen niet kon verhogen en toch succes kon hebben. Maar toen we dat uittestten, wezen de data uit dat we de prijzen met meer dan 400 procent konden verhogen en toch konden blijven groeien door een nieuw type clientèle aan te trekken.

Als data-analyse duidelijk uitwijst dat er een goede onderbouwing is voor het testen van een hack, is onvrede veel makkelijker te voorkomen. De resultaten van goed opgezette experimenten zijn ook veel moeilijker te betwisten, en dat helpt de emotionele betrokkenheid af te zwakken die mensen vaak hebben ten opzichte van hun eigen visie of strategie. En als experimenten datagedreven zijn, respecteren de teamleden over het algemeen de onverbiddelijkheid van het leerproces en waarderen ze de grotere speelruimte die ze krijgen om via een reeks mislukkingen tot succes te komen.

Er zijn tenslotte maar weinig zaken effectiever bij het wegnemen van een conflict en onvrede dan succes. Veel leden van groeiteams hebben beschreven hoe het enthousiasme voor de methode niet alleen binnen het team groeide, maar door het hele bedrijf heen, als eenmaal werd ingezien dat de methode werkte en leidde tot indrukwekkende successen.

TEAMS ONTWIKKELEN ZICH

Als bedrijven groeien en zich ontwikkelen, moet dat ook gelden voor hun groeiteams. Bij Facebook is het groeiteam van vijf personen uitgegroeid tot een uitdijende unit met zeer uiteenlopende aandachtspunten, bijvoorbeeld op het gebied van mobiele telefonie.

De samenstelling en focus van groeiteams zal over het algemeen ook veranderen als het bedrijf zich ontwikkelt en meer personeel aantrekt. Als dit gebeurt, kunnen groeiteams meer mensen uit specifieke afdelingen aantrekken, nieuwe afdelingen creëren of zichzelf opdelen in afzonderlijke teams die zich kunnen focussen op specifiekere groei-initiatieven. Dat deed bijvoorbeeld het Pinterest-groeiteam toen het zich ontwikkelde van een onafhankelijk team tot de vier subteams binnen de productgroep, die zich nu focussen op verschillende aspecten van de gebruikerservaring.[12] Bij Twitter vormde Josh Elmans oorspronkelijke instapteam zich om tot een groter groeiteam met een bredere verantwoordelijkheid, die verder ging dan alleen maar het activeren van nieuwe gebruikers.[13] Er kunnen ook andere specialisten worden aangetrokken die expertise leveren op een bepaald terrein, of dat nu permanente leden zijn vanuit het bedrijf zelf of tijdelijke leden via externe consultants of bureaus. Het team of de teams in stand houden of zelfs laten groeien als het bedrijf zich uitbreidt, zorgt ervoor dat de fixatie op groei deel van het DNA blijft. Zelfs de meest inspirerende producten of ideeën kunnen stagneren of uiteindelijk zelfs spaak lopen als het niet lukt om ze continu te verbeteren. Groeiteams zijn de beste waarborg tegen deze pijnlijke, potentiële gang van zaken.

Bij start-ups – waar groeiteams vrijwel altijd klein zullen zijn – kan het inbrengen van experts van buitenaf die gespecialiseerd zijn in één specifiek aspect van gebruikersgroei (acquisitie of retentie bijvoorbeeld) enorme voordelen opleveren, zoals Dropbox ontdekte toen het Sean aantrok. Dergelijke kleine groeiteams kunnen de vruchten plukken van het combineren van hun eigen gedegen kennis van het product met de expertise van het externe bedrijf. Eén waarschuwing moet hier wel bij gegeven worden, namelijk dat het van cruciaal belang is dat je de hoofdverantwoordelijkheid voor groei niet uitbesteedt, nu niet en later niet. Groei is nu eenmaal te belangrijk om te delegeren en consultants ontberen vaak autoriteit binnen de organisatie, tijd of intrinsieke motivatie om het zware werk te doen dat resulteert in duurzame groei.

EEN GROWTH HACK OM MET GROWTH HACKING TE BEGINNEN

Het implementeren van het growth-hackingproces kan nogal een opgave lijken. Een multidisciplinair team samenstellen kan tricky zijn omdat managers van groepen het niet leuk vinden als een deel van hun personeel zijn tijd anders gebruikt. Het idee van veelvuldig experimenteren kan voor veel mensen ook ongemakkelijk zijn. Er zullen onvermijdelijk mensen zijn die zich ertegen verzetten. Het goede nieuws is dat er bij het toepassen van growth hacking ook sprake is van een effectieve groeicyclus. Een klein team met een beperkte focus dat aan het growth-hackingproces begint en een serie successen boekt, kan een groeiend enthousiasme voor het proces teweegbrengen in de rest van het bedrijf. Als mensen eenmaal de kracht van de datagedreven benadering van experimenteren hebben ervaren – en de groei-ideeën die daaruit voortvloeien – werkt het enthousiasme voor het project vaak besmettelijk.

Growth hacking implementeren door het hele bedrijf heen, of zelfs maar bij één afdeling, gebeurt niet van de ene op de andere dag. Overweeg dus om te starten met een team dat aan slechts één product werkt, of misschien zelfs maar aan één belangrijk aspect, zoals de pagina op je website waar men zich kan aanmelden. Je kunt ook een team formeren dat werkt aan het optimaliseren van de klantenacquisitie via slechts één kanaal, zoals bij Facebook, of aan het lezenswaardiger maken van het bedrijfsblog, of aan een betere werking van de e-mailmarketing van het bedrijf. Of je kunt het groeiteam slechts laten focussen op één aspect, zoals het verbeteren van de conversieratio bij het activeren van je gebruikers of het verstevigen van de retentie. Zodra er successen worden behaald, kan het groeiteam zich gaan storten op een breder scala aan initiatieven, of kunnen er meerdere groeiteams worden geformeerd.

Als je het hoofd bent van een klein team en het proces wilt implementeren, geef je je team de grootste kans op succes door voorzichtig te beginnen met een paar collega's en een supervisor. Je zult fouten maken, experimenten zullen mislukken, webpagina's zullen haperen – dat is een onvermijdelijk onderdeel van het experimenteerproces. Steun van meerderen kan ervoor zorgen dat de repercussies bij dergelijke tegenslagen minder hevig zijn. Lauren Schaefer, de growth-hackingleider bij het Bluemix DevOps-team van IBM, lanceerde al vroeg in het proces van experimenteren met growth hacking een test die de homepage van het product lamlegde. Maar haar baas steunde haar inspanningen en zij en haar groeiteam wisten die blunder te overleven.[14]

Al even belangrijk is het dat je niet te hard van stapel loopt met je groeiteam. Want dat proces van razendsnelle experimenten zal nooit tot een blijvende groei leiden als het product niet in de smaak valt bij de mensen die het gebruiken. Hoewel er genoeg bedrijven zijn die erin slagen voldoende omzet en klantloyaliteit te realiseren om zelfs te overleven met producten die alleen maar bevredigend zijn of soms zelfs duidelijk inferieur, zijn ze toch voorbestemd om vroeg of laat te mislukken.

Zoals we in het volgende hoofdstuk zullen bespreken, moet je daarom ook geen overdreven ambitieuze groeiplannen doorvoeren totdat een bedrijf heeft vastgesteld of het product dat het in de markt wil zetten een must have is of 'best aardig, maar je kunt ook zonder'. Je weet nu hoe je een groeiteam opzet en dus is het tijd voor de volgende stap in het proces: hoe het team de feedback van klanten, rigoureus experimenteren en testen kan gebruiken, en een diepe duik in de data om te evalueren of een product ook werkelijk goed aansluit bij de vraag vanuit de markt, de zogenaamde product/market fit.

2
BEPALEN OF JE PRODUCT EEN MUST HAVE IS

Alle bedrijven die snel groeien hebben één ding gemeen: ongeacht het soort klanten, het businessmodel en het soort product, bedrijfstak of regio waarin ze opereren, maken ze allemaal een product waar een grote groep mensen gek op is. Ze hebben een product dat je – in de ogen van de klanten – gewoon móét hebben.

Hoewel het creëren van een must-have-product op zichzelf nog niet voldoende is voor een doorslaand succes, is het wel een allereerste vereiste voor snelle en duurzame groei. Natuurlijk is het niet makkelijk om een must-have-product te maken en maar al te vaak wordt bij het lanceren van een nieuwe onderneming of nieuw product het paard achter de wagen gespannen, en worden middelen en personeel ingezet om meer klanten te interesseren voor een product dat niet echt in de smaak valt, dat soms niet eens wordt begrepen door de beoogde doelgroep. Dit is een van de meest voorkomende, en dodelijke, fouten die oprichters van een start-up kunnen maken. Het is trouwens ook een enorm probleem bij gevestigde bedrijven die met een nieuw product komen, zelfs bij bedrijven die bekendstaan om hun innovatieve instelling. Denk maar eens aan Google Glass en Amazons Fire Phone: beide innovatieve producten… waar niemand op zat te wachten. Of de beruchte Microsoft Zune-mediaplayer, die in november 2006 werd geïntroduceerd en waar Microsoft naar verluidt minstens 26 miljoen dollar aan promotiekosten in heeft gestopt, maar die nooit meer dan een heel lauwe ontvangst heeft opgeleverd.[1] De Zune was geen slecht product; veel kenners vonden het een prima ontwerp. Maar het had niet de wowfactor die het aantrekkelijker kon maken dan Apples al alom aanwezige iPod. Ondanks voortdurende pogingen om de verkoop te stimuleren, waaronder het uitbrengen van een verbeterde versie in 2009 (de Zune HD), slaagde de Zune er nooit in om meer dan 10 procent van de markt te veroveren. In 2011 werd de productie ervan dan ook stopgezet.[2]

Een van de grondregels van growth hacking is dat je pas moet beginnen met het in hoog tempo experimenteren met groei als je weet dat je product een must have is, en voor wie het dat is. Je moet met andere woorden weten wat de intrinsieke waarde is, voor welke klant en waarom. (De uitzondering op deze regel zijn bedrijven op het gebied van sociale netwerken, waar de mensen op het platform de intrinsieke waarde vertegenwoordigen.) Dit klinkt misschien allemaal volstrekt logisch, maar feit is dat het soms enorm veel geduld vergt, want de druk om direct voor groei te gaan is intens. Bij start-ups is dat vaak te wijten aan de eisen die het aantrekken van risicokapitaal met zich meebrengt, of juist aan het feit dat het bedrijf zich eerst moet bewijzen om kapitaal aan te trekken of omzet moet genereren om investeringen te continueren. Zelfs bij gevestigde bedrijven, waar producten vaak pas op een vooraf vastgelegde datum de gewenste omzet moeten halen, is er druk om al meteen groei te kunnen tonen. En met het toenemen van die druk groeit de overtuiging dat groei kan worden afgedwongen, meestal door meer uit te geven aan marketing.

Maar de harde realiteit is dat marketing en reclame – hoe slim of breed ook – mensen er nooit toe kunnen brengen een middelmatig product te omarmen. Als je de intrinsieke waarde niet hebt bepaald vóórdat je aan je groeispurt begint, zul je op zijn best eindigen met een denkbeeldige groei of op zijn slechtst met een afwijzing door de markt. Natuurlijk, een flitsende start kan aanvankelijk voor wat belangstelling zorgen, maar als je product geen woweffect teweegbrengt bij het publiek, kun je nog zoveel beroemdheden en miljoenen verslindende reclamecampagnes inzetten, maar het zal nooit tot een duurzame groei leiden.

De kosten als je te snel groei wilt realiseren zijn tweeërlei. Ten eerste verspil je geld en tijd aan de verkeerde inspanningen (aan het promoten van een product dat niemand wil) en ten tweede maak je vroeg instappende klanten niet tot fans maar tot gedesillusioneerde en zelfs boze critici. Bedenk dat de virale mond-tot-mondreclame twee kanten op kan werken: hij kan groei een enorme boost geven, maar hij kan er ook in één keer een einde aan maken.

Een gevaarlijke misvatting omtrent growth hacking is dat het vooral gaat over het virale aspect van producten. Dat is inderdaad een van de belangrijkste tactieken, maar ook die moet pas worden ingezet nadát is vastgesteld dat het product een must have is. Chamath Palihapitiya, de eerste leider van Facebooks groeiteam, herinnert zich dat hij dat ook altijd benadrukte. 'Ik wil van jullie geen productplannen die gebaseerd zijn op dat idee van viraliteit. Ik wil er niets over horen.'[3]

Groeiteams moeten rigoureuze methodes aanwenden om het gebruikersgedrag te doorgronden en er op die manier achter zien te komen wat de intrinsieke waarde van hun product of dienst is. We zullen die methodes hierna introduceren. Groeiteams moeten ook onderkennen dat het bepalen van wat de intrinsieke waarde is, of zou moeten zijn, niet altijd te maken heeft met de karakteristieken van het product of de dienst zelf, maar dat het vaak een kwestie is van de juiste doelgroep vinden. Ook daar zullen we verder op ingaan, en dan zal blijken dat de intrinsieke waarde heel anders kan zijn dan die welke men oorspronkelijk voor ogen had.

Ten slotte is het belangrijk om op te merken dat de intrinsieke waarde niet per se bepaald wordt door het gecreëerde product. Degenen die nieuwe producten creëren en in de markt zetten, dénken vaak te weten welk aspect van het product de consument aanspreekt – en vaak zitten ze ernaast. Soms is het een in het product ingebouwde feature of gebruikerservaring die behoorlijk verschilt van wat bij de oorspronkelijke creatie als intrinsieke waarde werd gezien. Soms gaat het ook om een bijna per ongeluk ingebouwde feature. Hoe het ook zij, het is aan het groeiteam om daarachter te komen. In dit hoofdstuk leren we hoe.

HET FIASCO VAN BRANCHOUT

Een van de snelst groeiende Facebook-apps ooit kan dienen als afschrikwekkend voorbeeld van het gevaar van te ijverig en te snel groei willen aanjagen. BranchOut, in 2010 opgericht en bedoeld om Facebook-gebruikers een professioneel netwerk te kunnen laten opbouwen, werd in de pers geroemd als LinkedIn-killer.[4] Want, zo stelden deze betweters, als je eenmaal je professionele netwerk had op Facebook, waar had je LinkedIn dan nog voor nodig? Om de virale groei van de app te versnellen, had het team geleid door Zack Onisko een briljante hack verzonnen van Facebooks invitatiesysteem, om zo meer gebruikers ertoe te bewegen de app met hun Facebook-vrienden te delen.

Facebook stond in die tijd gebruikers die de app installeerden toe om andere vrienden uit te nodigen hem ook te gebruiken (veel apps die op Facebook viraal gingen, hebben trouwens hun voordeel gedaan met dit mechanisme, zoals de enorm populaire game FarmVille). Maar Facebook legde daarbij wel een beperking op van maximaal vijftig vrienden tegelijk, en het BranchOut-team wist dat de conversieratio van Facebook-uitnodigingen extreem laag was. De enige zekere manier om virale groei te stimuleren, zo besloten ze, was om gebruikers er gewoon toe aan te zetten meer uitnodigingen te versturen. Onisko zegt dat ze honderden experimenten uitvoerden om te bekijken hoe ze dat voor elkaar konden krijgen, totdat ze min of meer per ongeluk op een oplossing stuitten. Het team had bedacht hoe je gebruikers die limiet van vijftig kon laten omzeilen, door herhaaldelijk op de next-knop te drukken in een speciaal ontworpen deelscherm. Dat zette het invitatiesysteem van Facebook ertoe aan om nog vijftig vrienden van de gebruiker te opperen, en daarna weer vijftig. Door deze tactiek steeg het aantal doorverwijzingen gigantisch en BranchOut groeide in ongeveer drie maanden van 4 miljoen gebruikers naar 25 miljoen.[5]

Het enige probleem was dat als mensen probeerden de app te gebruiken, ze over het algemeen teleurgesteld waren over wat je ermee kon doen. Al heel snel sloeg die tsunami aan nieuwe gebruikers om – en wel in een al even snelle zondvloed van gebruikers die afhaakten. Op een gegeven moment verloor de app per dag ruim 4 procent van de maandelijks actieve gebruikers en werd hij in de media betiteld als niet meer dan een digitale versie van het piramidespel.[6]

BranchOuts oprichter, Rick Marini, erkende tijdens een lezing in 2012 dat het bedrijf de fout had gemaakt om heel snel klanten aan te trekken zonder de productervaring op orde te hebben. 'Mensen denken vaak dat viraal gaan de kip met de gouden eieren is,' zei hij. 'Wat wij hebben geleerd, is dat er best dergelijke momenten zijn, maar wil je echt die grote groei van gebruikers op de lange termijn, dan zul je moeten beginnen met een goed product. Wij realiseerden ons: oké, we moeten het product echt verbeteren om de gebruikers elke dag weer terug te laten komen. Wees geen tijdelijk nuttig iets, wees een community. En die stap moeten we nu zetten.'[7]

Maar die wens om de bakens te verzetten bleek niet meer dan wishful thinking. Ondanks dat ze bijna 50 miljoen dollar aan risicokapitaal binnenhaalden, werd BranchOut toch nooit meer dan een virale eendagsvlieg. De woeste rit eindigde met een flinke klap toen het bedrijf voor 2 miljoen dollar aan contanten en wat aandelen werd verkocht aan het relatief onbekende 1-Page.[8]

Veel andere bedrijven die een duizelingwekkende groei realiseerden door te ijverig en te snel acceptatie door de markt na te jagen, zijn op een vergelijkbare spectaculaire manier weer ten onder gegaan. Dat is ook de reden dat iedere growth hacker altijd in gedachten moet houden wat het groeiteam bij Airbnb zegt: 'Liefde creëert groei, en niet andersom.' En wil er liefde voor een product zijn, dan moet er dat aha-moment zijn.[9]

WAT IS HET AHA-MOMENT?

Het succes van Yelp, dat in 2016 2 miljard dollar waard was, lijkt nu misschien voorbeschikt, maar in het begin zat er in feite weinig schot in zijn groei. Yelp had te maken met heftige concurrentie van het veel grotere Citysearch, dat in 2005 een top 50-website was en de steun genoot van het gigantische moederbedrijf InterActiveCorp van mediagigant Barry Diller. Yelp daarentegen, dat in oktober 2004 als een soort proefballon was opgelaten, kreeg nauwelijks voet aan de grond. Zelfs oprichter Jeremy Stoppelman vond de dienst van twijfelachtige waarde. Toen ontdekte Stoppelmans team, bij het analyseren van gebruikersgegevens, dat een verrassend groot aantal gebruikers zijn voordeel deed met een feature die bijna belachelijk diep zat ingegraven in de site – een feature die het gebruikers mogelijk maakte reviews over plaatselijke bedrijven te posten.

Het team voerde wat tests uit om te kijken hoe bezoekers zouden reageren als de reviews wat prominenter in beeld kwamen en toen ze zagen dat dit goede resultaten opleverde, stapten ze over van hun oorspronkelijke businessmodel van vrienden die vrienden vroegen om aanbevelingen voor bedrijven en zetten ze de reviews centraal in de ervaring. Maar daar hield het nog niet mee op. Het team zette vervolgens 20 miljoen profielen van kleine bedrijven in de Bay Area op de site en moedigde gebruikers aan om ook hun eigen reviews toe te voegen. En toen begon de groei. Citysearch is intussen niet veel meer dan een voetnoot en is in 2010 opgegaan in City-Grid Media.[10]

Yelp had zijn aha-moment gevonden. Dat is het moment waarop de gebruikers de bruikbaarheid van een product doorhebben, als ze de intrinsieke waarde ervan inzien: waar het product voor bedoeld is, waarom ze het nodig hebben en welke voordelen het gebruik ervan oplevert. Met andere woorden: waarom dat product een must have is. Dat is wat early adopters verandert in enthousiaste gebruikers en evangelisten. Voor Yelp was dat de mogelijkheid om via betrouwbare community-reviews veelbelovende lokale restaurants en bedrijven te ontdekken. Voor eBay was het aha-moment een veiling waarop je zeldzame spullen van over de hele wereld kon vinden en verkrijgen. Voor Facebook was het de mogelijkheid om direct foto's en updates van vrienden en familie te zien en te delen waar je mee bezig bent. Voor Dropbox was het het concept van simpel bestanden delen en een onbeperkte opslagcapaciteit. Of neem Ubers aha-moment, dat medeoprichter en CEO Travis Kalanick als volgt verwoordde: 'Je drukt op een knop en er komt een wagen voorrijden. Wat gaf de doorslag? Dat was het feit dat er binnen acht minuten een auto voor je deur stond.'[11] Een aha-ervaring is een noodzakelijk ingrediënt van duurzame groei, want het is een ervaring die simpelweg te bijzonder is om níét op waarde te schatten en te delen.

Het is dus eigenlijk heel simpel om vast te stellen wanneer je de groei echt moet gaan aanjagen: de sleutel is of je een aha-moment kunt identificeren waar gebruikers voor vallen. Nieuwe producten worden over het algemeen ontwikkeld met de voorwaarde dat ze tot een aha-moment leiden dat de klant onweerstaanbaar vindt en dat ze voor een groot publiek in een zinvolle behoefte voorzien. Soms verloopt alles ook redelijk volgens plan en zullen mensen zodra ze het product gaan gebruiken, de aha-ervaring hebben en dat vervolgens aan hun vrienden vertellen, en vanaf dat moment doet de mond-tot-mondreclame zijn werk. Maar heel vaak vergt het creëren van een aha-moment meer werk dan het simpelweg aanbieden van het product en er vervolgens maar het beste van hopen.

Soms biedt een product nog niet dat echte aha-moment en is er meer productontwikkeling nodig om dat te bereiken. Vaak ook heeft het product al alles wat nodig is om het tot een aha-ervaring te maken, maar moet je daar het publiek nog effectiever van overtuigen. Mensen moeten een product vaak meermaals gebruiken voordat ze echt deze ervaring hebben, of misschien moeten ze eerst een bepaalde feature gebruiken om dat aha-gevoel echt ten volle te beleven. Twitter had in het begin bijvoorbeeld moeite met het bestendigen van de groei, totdat men erachter kwam (via diepgaande analyse van gebruikersgegevens) dat gebruikers die snel minstens dertig andere gebruikers volgden, veel meer betrokken waren bij het product, en de dienst ook vaker bleven gebruiken. Toen ze probeerden te achterhalen waarom dertig mensen het keerpunt leek te zijn, ontdekte Twitters groeiteam dat het krijgen van een gestage stroom aan nieuws en updates van mensen waarin ze geïnteresseerd waren, het aha-moment voor die gebruikers was. Het volgen van dertig mensen creëerde een stroom aan updates die de dienst tot een must have maakte.

Ook bij Qualaroo, het bedrijf waar Sean en Morgan samenwerkten, ontdekten we dat bij gebruikers die de site voor het eerst gebruikten en die vijftig of meer reacties kregen op één individuele enquête, de kans drie keer zo groot was dat ze aan het eind van hun proefperiode overstapten op een betaald abonnement, vergeleken met gebruikers die in dezelfde periode die vijftig reacties niet kregen. Hier waren dus die vijftig reacties nodig om dat aha-moment te creëren, omdat daaruit bleek dat het product nieuwe en waardevolle feedback leverde. Bij Slack, een chat- en maildienst bedoeld om ellenlange reeksen e-mails binnen een bedrijf te elimineren (en een van de snelst groeiende zakelijke apps ooit), bleek uit data-analyse dat zodra teamleden elkaar tweeduizend berichten hadden gestuurd, de kans veel groter was dat het team Slack voor zijn communicatie ging gebruiken en overstapte op een betaalde premiumversie. Pas bij dit aantal berichten leek het hun echt duidelijk te worden dat Slack wat betreft de communicatie binnen het team een meerwaarde had boven e-mail.

Identificeren wat het aha-moment van een product is, kan soms behoorlijk lastig zijn. Het is heel goed mogelijk dat je nadat een product is gelanceerd en er nauwelijks tot geen groei is, tot de conclusie komt dat het product gewoon geen aha-magie bezit, terwijl bepaalde gebruikers er in feite toch al wildenthousiast over zijn. Daarom is een cruciale stap bij het bepalen of je product aha-potentieel bezit het verzamelen van gebruikersdata en -feedback om op zoek te gaan naar echte fans, om vervolgens te bekijken of er overeenkomsten zijn in de manier waarop deze mensen het product gebruiken. Zo kun je aanwijzingen krijgen over wat zij waardevol vinden aan het product, iets wat minder enthousiaste gebruikers misschien niet zien.

Soms ontvouwt zich dan een patroon, zoals de dertig mensen die op Twitter gevolgd worden. Het kan echter ook dat jouw ontdekkingen je duidelijk maken dat je meer moet doen aan productontwikkeling of zelfs dat er een radicaal andere aanpak nodig is.

Het goede nieuws is dat, hoewel het heel moeilijk kan zijn om erachter te komen hóé een product tot een aha-moment kan leiden, er niet per se ingewikkelde diagnoses nodig zijn om te bepalen of je product aan de basisvereisten voldoet. Wij adviseren een simpele tweestappeninschatting.

DE MUST-HAVE-ENQUÊTE

De eerste stap is een simpele, door Sean bedachte enquête die tijdens zijn hele carrière in Silicon Valley steeds weer een opmerkelijk betrouwbare methode bleek om te bepalen of klanten een product omarmen of niet. Deze must-have-enquête begint met de vraag: hoe teleurgesteld zou je zijn als dit product morgen niet meer zou bestaan?

a) Heel teleurgesteld.
b) Enigszins teleurgesteld.
c) Niet teleurgesteld (zo nuttig is het nu ook weer niet).
d) N.v.t. / Ik gebruik het niet meer.

De resultaten interpreteren is simpel: als 40 procent of meer van de reacties 'Heel teleurgesteld' is, heeft het product voldoende must-have-status, wat betekent dat het licht op groen staat om vol op groei in te zetten.

Veel producten zullen die drempel van 40 procent echter niet halen en in dat geval moet het groeiteam zich eerst en vooral gaan richten op de vraag waaróm het product geen betere respons krijgt. Als 25 tot 40 procent zegt heel teleurgesteld te zijn, zal het vaak nodig zijn dat ofwel het product enigszins wordt aangepast ofwel de formulering die is gebruikt om het product en het gebruik ervan te beschrijven. Als minder dan 25 procent zegt heel teleurgesteld te zijn, is de kans groot dat ofwel het publiek dat jij hebt aangetrokken niet bij het product past, óf dat het product zelf een substantiëlere ontwikkeling nodig heeft voordat het toe is aan een groeispurt.

In deze gevallen zal een aantal extra vragen je wijzen op je volgende stappen:

Wat zou je waarschijnlijk gebruiken als alternatief voor [naam van het product] als het niet langer beschikbaar was?

Ik zou waarschijnlijk geen alternatief gebruiken.

Ik zou gebruiken:

Wat is het grootste voordeel dat het gebruik van [naam van het product] jou heeft opgeleverd?

Heb je [naam van het product] bij anderen aanbevolen?

Nee.

Ja. (En hoe heb je het dan omschreven?)

Welk soort persoon zal denk jij het meeste voordeel hebben van [naam van het product]?

Hoe kunnen we [naam van het product] verbeteren om het beter tegemoet te laten komen aan jouw behoeften?

Is het goed als we je hierna per e-mail vragen om een toelichting op één of meer van je antwoorden?

De vraag over alternatieve producten kan je helpen bij het vaststellen wat je vooral moet doen om klanten aan te trekken. Vaak wijst zo'n vraag je ook op features of aspecten van de ervaring die deze producten leveren en die maken dat klanten ze prefereren boven andere. Deze feedback kan worden gebruikt om te bepalen welke eigenschappen je nog aan het product moet toevoegen, moet verfijnen of nog assertiever moet aanprijzen of extra benadrukken teneinde deze klanten over de streep te trekken. Door de antwoorden over de belangrijkste voordelen kun je features ontdekken die je nog zou kunnen toevoegen om deze voordelen te versterken. Of als je dat al doet, kunnen ze je in de richting sturen van experimenten met nieuwe marketinguitingen die de boodschap beter overbrengen. Uit de antwoorden op de vraag of gebruikers het product hebben aanbevolen, kunnen teams afleiden of het product marketingpotentieel heeft op het gebied van mond-tot-mondreclame, en als dat zo is, wat je kunt doen om daar het meeste uit te halen. Belangrijker nog is dat de bewoordingen die klanten gebruiken om het product aan hun vrienden te beschrijven, kunnen blootleggen welke voordelen, features en taal je in je eigen productpromotie kunt gebruiken.

De vraag naar welk soort persoon volgens de gebruikers het meest kan profiteren van het product, kan het team helpen bij het zich focussen op een nauwer gedefinieerde klantenniche, zodat deze potentiële gebruikers effectiever benaderd kunnen worden. Bij Inman bijvoorbeeld, waar Morgan werkt, stelden ze de vraag aan gebruikers van een trainingsproduct voor mensen uit de onroerendgoedsector dat het bedrijf onlangs op de markt had gebracht. Uit de antwoorden bleek dat het met name geschikt was voor nieuwe makelaars. Morgans team gebruikte deze feedback om de marketing- en reclamecampagnes meer op deze groep van potentiële klanten toe te spitsen.

De vraag betreffende de productontwikkeling kan twee dingen duidelijk maken: wat de mogelijke problemen zijn waardoor het product niet bij een grote groep in de smaak valt en wat de mogelijkheden zijn om het product te versterken, zaken waar het bedrijf misschien zelf nooit op was gekomen.

WIE MOET JE BIJ ZO'N ONDERZOEK BETREKKEN?

Het is duidelijk dat hoe groter het klantenbestand is als je het onderzoek uitvoert, hoe betrouwbaarder en informatiever de informatie zal zijn. Je zult minstens een paar honderd reacties moeten krijgen op de eerste vraag, wil hij een betrouwbare leidraad zijn voor dit soort onderzoek.

Als je bestand van bèta-gebruikers niet groot genoeg is om tot een dergelijk aantal te komen, kun je beter je heil zoeken bij meer interviews met klanten, want als je maar een handvol reacties op je onderzoek krijgt, kan dat tot misleidende signalen leiden.

Het klinkt misschien ironisch, maar je kunt je onderzoek het best richten op actieve gebruikers en niet op je slapende bestand. Dat komt doordat de antwoorden die je krijgt van degenen die het product niet gebruiken over het algemeen niet erg informatief zullen zijn. Er zal waarschijnlijk alleen maar uit blijken dat het product hun geen voordeel heeft opgeleverd en dat ze het aan niemand hebben aanbevolen, als ze überhaupt al antwoorden. Actieve gebruikers daarentegen zullen veel vertrouwder zijn met het product of de dienst en zullen daarom vaak ook met specifiekere en gedetailleerdere reacties komen.

Eén waarschuwing: de must-have-enquête is voornamelijk bedoeld voor de fase waarin je probeert vast te stellen of de intrinsieke waarde van je product duidelijk gedefinieerd is. Als de groei eenmaal een feit is, is het geen goed idee om bij je klantenbestand zelfs maar de suggestie te wekken dat je met het product gaat stoppen, wat toch gebeurt als je hun vraagt hoe ze zich zouden voelen als het product niet langer verkrijgbaar is. Kun je je de paniek voorstellen als Facebook zijn gebruikers een enquête zou toesturen die suggereert dat het er misschien mee ophoudt?

Als je deze eerste diagnostische fase achter de rug hebt, kan en moet het onderzoeken en testen van de kwaliteit van de gebruikerservaring bovendien veel verfijnder worden en moeten je inschattingen kwantitatiever van aard worden, want je hebt nu meer data om mee te werken. Je zult dieper moeten duiken in de specifieke aspecten van de gebruikerservaring die mensen prettig vinden of juist niet, gebaseerd op de data die je verzamelt over hoe mensen het product gebruiken, om zo te bepalen hoe je door kunt gaan met het testen van verbeteringen.

HET METEN VAN RETENTIE

De tweede maatstaf die je kunt gebruiken om in te schatten of je al dan niet de must-have-status hebt bereikt, is de retentieratio van het product (de mate van retentie), oftewel het aantal mensen dat je product gedurende een bepaalde periode blijft gebruiken. Meer details over hoe je de analyse van de retentieratio moet gebruiken om groei-experimenten te sturen volgen later in dit boek, maar de vuistregel is dat je in vergelijking met je concurrenten een hoge retentieratio moet bereiken en dat die stabiel moet blijven. Om te kunnen evalueren of die hoge retentieratio ook stabiel blijft, moet het team regelmatig het aantal gebruikers bijhouden die afhaken, meestal op een wekelijkse of maandelijkse basis. Het frequent volgen zorgt ervoor dat je snel gewaarschuwd wordt voor weglopers, iets wat anders moeilijk te detecteren is, zeker als er veel nieuwe gebruikers worden aangetrokken. Een bedrijf kan heel veel nieuwe gebruikers aantrekken, maar tegelijkertijd ook al een aantal van de early adopters verliezen, wat dan wordt gemaskeerd door de toename van nieuwe gebruikers. Een stabiele retentie moet niet worden gezien als een streven dat – eenmaal gerealiseerd – kan worden beschouwd als volbracht, als iets waar het team verder klaar mee is; teams moeten ervan uitgaan dat ze altijd aan retentie moeten blijven werken. Ze moeten zelfs blijven werken aan het verbeteren van de retentie. Dat is een van de effectiefste manieren om groei een boost te geven en we zullen een aantal krachtige methodes om dat te bereiken behandelen. Maar in dit vroege stadium is het cruciaal dat de retentieratio in elk geval gestabiliseerd is, want dat geeft aan dat je een groep gebruikers hebt die het product als waardevol genoeg zien om het te blijven gebruiken.

De retentieratio wordt simpelweg afgemeten aan het (over het algemeen maandelijks bijgehouden) percentage gebruikers dat je product blijft gebruiken of ervoor blijft betalen. Bij producten die zijn bedoeld voor zeer frequent gebruik, zoals apps en sociale netwerken en zelfs bezoeken aan fastfoodrestaurants en buurtwinkels, zal de retentie vaak wekelijks of zelfs dagelijks worden bijgehouden. Deze kortere tijdspanne helpt je bij het bepalen van het aantal gebruikers dat het gebruik van het product tot een gewoonte maakt, tot een vast onderdeel van hun leven, ten opzichte van het aantal gebruikers dat slechts sporadisch inlogt.

De retentieratio kan per bedrijf of product verschillen, dus je kunt beter bekijken of er in jouw bedrijfstak succesvolle producten zijn die enigszins

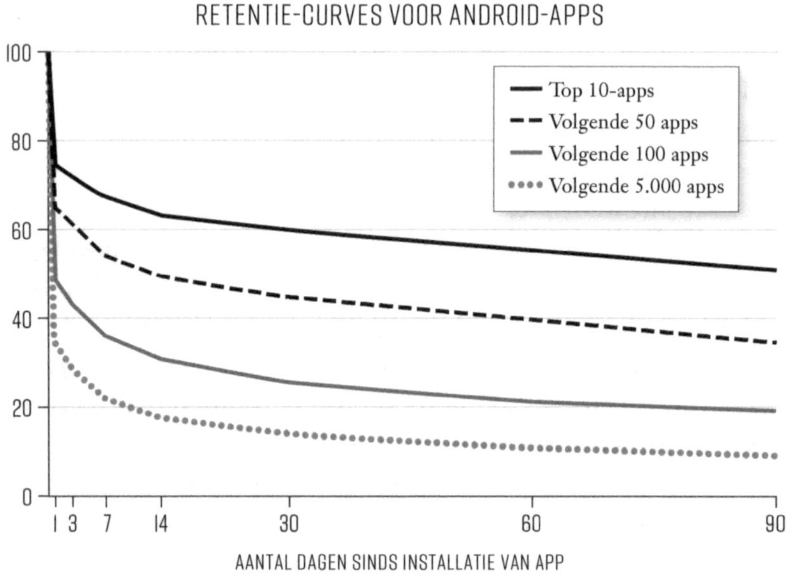

Gebruikersretentie voor Android-apps (bron: Quettra)

vergelijkbaar zijn met de jouwe om zo, indien mogelijk, tot een gemiddelde retentieratio te komen waaraan je die van jou kunt afmeten. Volgens gegevens verstrekt door het bedrijf Quettra, houden bijvoorbeeld de meeste apps slechts 10 procent van hun publiek na één maand nog binnenboord, terwijl bij de beste apps meer dan 60 procent van hun gebruikers één maand na het installeren ervan nog klant is.[12]

Producten voor het bedrijfsleven, zoals *Software as a Service* (SaaS), doen het veel beter met jaarlijkse retentiegraden van boven de 90 procent, aldus een onderzoek van particuliere SaaS-ondernemingen uitgevoerd door Pacific Crest in 2013.[13] En bij fastfoodrestaurantketens zit de maandelijkse retentieratio van hun klanten ergens tussen de 50 en 80 procent. Zo zag bijvoorbeeld McDonald's in 2012 78 procent van zijn klanten elke maand naar zijn restaurants terugkomen.[14] Uit een onderzoek uit 2013 bleek dat creditcardbedrijven in de VS een jaarlijks verloop van ruwweg 20 procent kennen, terwijl dat percentage bij Europese mobiele-telefoonproviders ergens tussen de 20 en 40 procent ligt.[15]

DE MUST-HAVE-STATUS BEREIKEN

Als je product voor deze tests is geslaagd, en er dus een duidelijke indicatie is dat een significant aantal klanten het aha-moment heeft ervaren, is het tijd om met in hoog tempo uitgevoerde groei-experimenten te beginnen. Als je hebt vastgesteld dat het product níét de vereiste retentieratio heeft gehaald, moet je direct ophouden met iets wat maar al te voor de hand liggend lijkt: speculeren over welke ongrijpbare eigenschap je product aantrekkelijker voor je klanten kan maken. Met je slimste assistenten in een kantoor gaan zitten en ideeën voor verbeteringen spuien, lijkt misschien dé manier om het probleem op te lossen, maar geloof ons: dat instinct is niet meer dan een hersenspinsel. Het is essentieel dat je in plaats daarvan praat met gebruikers (op een dieper niveau dan dat je bereikt via de eerder aangehaalde enquête) om te begrijpen wat nu echt het succes van jouw product in de weg zit. Doe je dat niet, dan loop je het risico dat je je beperkte hulpbronnen en tijd in een kostbare valse start stopt, zoals bijvoorbeeld de toevoeging van een nieuwe feature die totaal niets oplevert. Het toevoegen van nieuwe features mag dan misschien de meest voor de hand liggende oplossing lijken om het product te verbeteren, maar iedere productontwikkelaar moet zich scherp bewust zijn van 'feature-inflatie'. Dat is het steeds maar nieuwe features en eigenschappen toevoegen die niet echt intrinsieke waarde toevoegen en die producten vaak onnodig ingewikkeld maken. In veel gevallen ontstaat verbetering juist door wat je verwijdert, niet door wat je toevoegt. Dat was bijvoorbeeld het geval bij Yelp, dat zich uiteindelijk alleen nog op reviews richtte.

Het is dus cruciaal dat je heel analytisch te werk gaat bij het achterhalen waarom dat aha-moment nog niet is bereikt – en hoe je het wel kunt bereiken – en niet te vertrouwen op vermoedens. Hiervoor bestaan drie methodes, die je samen moet toepassen:

- uitgebreid klantonderzoek, waaronder interviews en praten met klanten en toekomstige klanten;
- efficiënt experimenteel testen van productwijzigingen en het communiceren daarover;
- een diepgaande analyse van je gebruikersgegevens.

Het team moet de verantwoordelijkheid voor het uitvoeren van deze diagnoses toewijzen op grond van de specifieke talenten van ieder lid van het groeiteam. De specialisten op het gebied van marketing en productontwerp binnen het team hebben de benodigde expertise voor het uitvoeren van interviews en enquêtes; programmeurs weten hoe ze productwijzigingen moeten implementeren en hoe ze experimentele tests binnen het product opzetten; en data-analisten weten hoe ze zich moeten verdiepen in gebruikersgedrag, om zo tot inzichten te komen die verder gaan dan die welke de standaardprogramma's opleveren. Laten we eens kijken hoe je elk van deze ontdekkingsprocessen aanpakt.

STAP DE ANALOGE WERELD IN

Zoals Steve Blank, een van de invloedrijkste vernieuwers op het gebied van klantontwikkeling, benadrukt, is het in elke bedrijfstak nodig dat je uit je glazen kooi stapt om erachter te komen wat je klanten echt van jou en je product verwachten. Veel technieken voor het afnemen van interviews bij klanten zijn online te vinden. Welke je ook kiest, het belangrijkste principe daarbij is dat je niet te betrokken bent bij je product. De feedback zal waardeloos zijn als je de hele tijd alleen maar aan het verkopen bent. Je moet luisteren en observeren, en niet pitchen.

Ook belangrijk is het principe dat daden meer zeggen dan woorden. De beste manier is om het product, of het prototype, voor de leeuwen te gooien, zodat je exact kunt zien hoe toekomstige gebruikers erop reageren. Dat kan aan het licht brengen dat features waarvan jij denkt dat ze fantastisch zijn, in wezen te ingewikkeld zijn of totaal niet aanslaan. Het kan je er ook van bewust maken dat de gebruikers een probleem ervaren dat jij helemaal niet had voorzien. Gebruikers kunnen je zelfs op ideeën brengen die van onschatbare waarde zijn voor veranderingen aan het product waar jij en je team nooit op gekomen zouden zijn.[16]

Dat was bijvoorbeeld het geval bij de online marktplaats Etsy. Het bedrijf heeft inmiddels een succesvolle beursintroductie achter de rug, waarbij het ruim 287 miljoen dollar ophaalde, en het is meer dan 1 miljard dollar waard. Het idee van de oprichters om een site te ontwikkelen waar je handgemaakte producten, vervaardigd door individuen of kleine ambachtelijke bedrijfjes, kunt kopen en verkopen, lijkt dus duidelijk in een behoefte te voorzien. Maar die behoefte was niet altijd zo duidelijk. De aanvankelijke groei van het bedrijf werd dan ook voor een groot deel gevoed door intensief veldwerk. Zoals Danielle Maveal, de brand- en community-hacker van Etsy, uitlegt 'deed [Etsy] iets wat werkt en vaak over het hoofd wordt gezien. We keken ook verder dan het internet.'[17]

Er werden teams naar kunstnijverheidsbeurzen overal in het land gestuurd om zo potentiële verkopers naar de site en naar zijn klanten te lokken, en zo ontdekte Etsy de netwerkkracht van 'Stitch 'n Bitch'-groepjes, bestaande uit vrouwelijke ambachtslieden die een sleutelrol vervulden bij de groei van deze beweging. Etsy was zo slim om invloedrijke artiesten, handwerkslieden en vintage-verzamelaars te benaderen en zelfs met hen te gaan lunchen om hun motivatie beter te leren begrijpen, dat wil zeggen welk aspect van de verkoopervaring zij als belangrijkste beschouwden, en welk soort aha-moment er nodig was om hen ertoe over te halen die ervaring op Etsy te delen. Etsy wist niet alleen veel van deze handwerkslieden ervan te overtuigen om een winkeltje op de site te beginnen, het bedrijf faciliteerde ook de creatie van een community, want diezelfde invloedrijke personen hadden aangegeven dat dit van cruciaal belang was. Etsy kwam er verder achter dat veel groepjes ambachtslieden zich verenigden rond bepaalde publicaties, zoals het feministische tijdschrift *BUST*, en rond allerlei blogs. Daarop besloot het bedrijf online forums te hosten die bijdroegen aan het community-gevoel. Etsy's forums fungeerden niet alleen als een plek waar verkopers tips konden vinden om meer te verkopen, ze waren ook bedoeld om nieuwe verkopers aan te trekken en ze fungeerden als discussieplatform voor de feministische ambachtelijke beweging.

Deze 'met de poten in de modder'-aanpak was voor de Etsy-medewerkers niet alleen cruciaal om te ontdekken hoe Etsy een must have moest worden, het wees hun ook de weg naar de strategieën die ze vervolgens zouden gebruiken om de groei te stimuleren. Dat ging voornamelijk via het promoten van organische mond-tot-mondreclame en *online community building* en niet door grote, traditionele (en dus dure) marketingcampagnes. Aan de hand van deze early-adopterfeedback gebruikte het team zijn tijd voor het creëren van middelen en methodes om verkopers succesvol te maken, zoals voornoemde forums en het *Seller Handbook*-blog, en voor het ontwikkelen van hulpmiddelen en partnerschappen om verkopers te helpen met de communicatie met hun klanten, het afwikkelen van bestellingen en meer. Ze zorgden er ook voor dat de winkeltjes en homepages van hun verkopers vol stonden met links naar social media, om het zo voor de verkopers en potentiële klanten makkelijker te maken om hun handgemaakte waar te delen op hun Facebook-pagina's, hun blogs en hun Pinterest-borden.

Het resultaat was, zoals een analist schreef, dat het bedrijf 'zo goed als niets' spendeerde aan klantenacquisitie om de groei te bewerkstelligen die tot de beursgang leidde en dat ook nu nog organische kanalen als social media, e-mailmarketing en organische zoekacties zorgen voor 87 tot 91 procent van Etsy's handel, terwijl betaalde advertenties daar slechts 2 tot 7 procent aan bijdragen.[18] Dat uit de glazen kooi stappen werkte dus: eind 2014, vlak voor zijn beursgang, was Etsy gegroeid tot meer dan 54 miljoen leden en een omzet van 1,93 miljard dollar.[19]

Een voorbeeld van een andere productgroep die slim inspeelde op het groeipotentieel van een al bestaand netwerk door eropuit te trekken om deze doelgroep in de echte wereld te ontmoeten, is dating-app Tinder. Die slaagde erin om ondanks sterke concurrentie van veel andere populaire datingsites toch in slechts dertig maanden omhoog te schieten naar 24 miljoen maandelijks actieve gebruikers.[20]

Toch stond Tinder bij het aantrekken van early adopters voor een unieke uitdaging die bij Etsy geen rol speelde: mensen zijn alleen maar geïnteresseerd in mogelijke dates in de nabije omgeving, terwijl makers van ambachtelijke producten en hun klanten ook over grote afstand zaken kunnen doen, zelfs wereldwijd. Als de gebruikers van Tinder dus konden worden gelokaliseerd, zo was de slimme gedachte, zou dat tot een eerste groeispurt leiden. Het Tinder-team besloot zich te richten op studentenverenigingen, want die kennen al sterk verweven netwerken, wat de mond-tot-mondreclame zou bevorderen. Bovendien zijn hun leden *social influencers*: zij zijn niet alleen informatieve onderzoeksobjecten, maar ze trekken ook early adopters aan die zouden kunnen helpen bij het neerzetten van het merk als dé plek voor veelbelovende dates. Whitney Wolfe, een van de eerste teamleden, deed het veldwerk en ging daadwerkelijk langs bij campussen. Ze hield presentaties bij studentenverenigingen voor vrouwen, haalde leden binnen en kreeg direct en een-op-een feedback van echte gebruikers van de app. Als Wolfe vervolgens de straat overstak naar nabijgelegen verenigingen voor mannen en daar liet zien welke studentes er onlangs waren toegevoegd aan de app, was het niet bepaald moeilijk – zoals je je kunt voorstellen – om hen ook over de streep te trekken. En zo werd de lokale datingpool snel uitgebreid.[21]

De interesse was groot en daarna, zoals oprichter Sean Rad het zich herinnert, vond de groei op een organische manier zijn weg naar buiten. 'Het gebeurde ergens in januari. We waren de campussen langs geweest en daarna ging iedereen naar huis en vertelden ze het aan neven en nichten en oudere broers en vrienden, en plotseling begon Tinder zich als een virus te verspreiden.'[22] Het bedrijf hoefde niet zwaar te investeren in reclame of in de acquisitie van e-maillijsten, en door zich te focussen op een harde kern van gebruikers was het in staat om het product voortdurend te verfijnen met door de gebruikers gewaardeerde verbeteringen. Maar dat zou nooit gelukt zijn als ze niet de echte wereld in waren getrokken om zo een beter inzicht te krijgen in hun aanvankelijke doelgroep.

EEN COMMUNITY VINDEN OM TE ONDERZOEKEN

Je kunt al bestaande community's waar je je op wilt richten om inzicht te krijgen in hoe je het aha-moment kunt bereiken, natuurlijk ook digitaal identificeren. Dat was het geval bij PayPal en eBay, om maar een bekend voorbeeld te noemen. Toen PayPal werd gelanceerd, viel het het team op dat enkelen van de eerste vaste gebruikers mensen waren die spullen op eBay kochten en verkochten. Dus besloten ze om te onderzoeken hoe die mensen PayPal nu precies gebruikten en hoe ze meer van deze enthousiaste veilinggangers konden bereiken. Een verzoek van een verkoper om het PayPal-logo op zijn veilingaccount te mogen gebruiken, prikkelde de nieuwsgierigheid van het team van PayPal en het besloot nader te onderzoeken hoe men PayPal gebruikte op eBay. Verkopers konden in die tijd op eBay geen creditcards gebruiken als betaalmiddel, en omdat ze begrijpelijkerwijs het liefst direct hun geld zagen in plaats van te moeten wachten op een cheque of een bankopdracht, wilden ze maar al te graag PayPal promoten als het ideale betaalmiddel. Het PayPal-team stroopte eBay-veilingen af om te begrijpen hoe verkopers PayPal gebruikten, bijvoorbeeld hoe ze er in hun accounts aandacht aan gaven. Ze gebruikten ook feedback en inzichten die verkopers op de discussieforums van eBay deelden, om beter hun behoeften te begrijpen. Dit leidde uiteindelijk tot het toevoegen van AutoLink – de tool waar we het al eerder over hadden – aan het PayPal-logo, plus een korte tekst waarmee kopers werden aangemoedigd om bij al hun veilingaankopen met PayPal te betalen.[23] Dat bleek zo effectief dat eBay, dat inzag hoe waardevol PayPal was voor zijn eigen groei, het bedrijf uiteindelijk overnam.[24]

Tegenwoordig is de verscheidenheid aan online platforms waarmee je de doelgroep voor je product kunt vinden bijna onbegrensd, van de grote sociale netwerken als Facebook en Instagram tot de appstores van Apple en Google, tot WordPress- en Meetup-groepen van elke vorm en omvang. Het aanboren van deze specifieke platforms kan je helpen bij het vinden van early adopters die waarschijnlijk het probleem hebben dat door jouw product wordt opgelost, en ze kunnen via hun feedback aangeven of dat wat jij voor hen gebouwd hebt een aha-moment oplevert.

Het uitvoeren van onderzoeken en interviews kan enorm tijdrovend lijken, maar vaak krijg je al kristalheldere inzichten door bescheiden aantallen reacties op je onderzoek en door maar een paar interviews. Je hoeft ook niet per se een heel ingewikkelde vragenlijst op te stellen. Vaak zijn een paar elementaire vragen al voldoende. Josh Elman had het bijvoorbeeld over slechts vier vragen die het Twitter-team stelde aan slapende gebruikers die terugkeerden: (1) Kun je ons vertellen waarom je eigenlijk een account bij ons hebt genomen? (2) Wat werkte er niet voor jou? Waarom hield je het voor gezien (3) Wat maakte dat je terugkeerde en het opnieuw probeerde? (4) Wat werkte er nu wel?

En hoewel onderzoek inderdaad heeft aangetoond dat het kostbare proces van het opzetten van focusgroepen behoorlijk ineffectief en tijdrovend is, kunnen de simpele gebruikersonderzoeken zoals die waar ik (Sean) gebruik van maakte om erachter te komen dat gebruikers van LogMeIn niet geloofden dat het echt een gratis dienst was, heel snel en eenvoudig worden toegepast, zonder dat er enige technische kennis voor is vereist. En in de meeste gevallen zijn een paar honderd reacties al voldoende om een goed inzicht te krijgen in de onderliggende motieven van het gedrag dat jij bij je duik in de data bent tegengekomen. Zo kun je een grondig inzicht verkrijgen in waar je echte groeikansen liggen en dus waar je je groei-experimenten op zou moeten richten.

EFFICIËNT EXPERIMENTEREN

De groei van goedkope en makkelijk te gebruiken methodes van data-analyse en online marketingtechnologie heeft het enorm veel eenvoudiger gemaakt om te experimenteren met zowel het product als de boodschap om de juiste combinatie te vinden van klantenbestand en features die je nodig hebt om die drempel naar must have te passeren. Sommige tests zijn opmerkelijk makkelijk en snel te doen, ze vereisen weinig tot geen technische kennis en er zijn nauwelijks kosten aan verbonden. De wat substantiëlere experimenten daarentegen kunnen behoorlijk veel tijd en geld kosten, zeker als er technici voor nodig zijn om een nieuwe feature of eigenschap te creëren of een verregaande aanpassing te implementeren. Je moet rigoureus de knoop doorhakken over welke experimenten er gedaan moeten worden en de meeste groeiteams hanteren daartoe een zogenaamde *minimal viable test* (MVT), het minst kostbare experiment om adequaat een idee te toetsen. Als de MVT succesvol is, zal het team investeren in een wat robuustere vervolgtest of een wat gestroomlijndere implementatie van het concept.[25]

Om de snelheid van experimenteren hoog te houden – altijd een vereiste voor growth hacking – moet het team eigenlijk een mix gebruiken: het testen van de wat gecompliceerdere productveranderingen die het wil uitproberen en het veel eenvoudiger uit te voeren testen van de boodschap en de marketing. In de volgende twee paragrafen zullen we beide soorten tests wat nader bekijken.

IS DIT BETER OF IS DAT BETER?

Zoals Sean ontdekte toen hij LogMeIn hielp met groeien, wordt groei soms niet belemmerd door het feit dat er te weinig waarde aan het product of de dienst wordt toegekend, maar eerder door hoe je die waarde communiceert naar bestaande en potentiële klanten. Gelukkig heeft de opkomst van online marketing het bijslijpen van de boodschap tot een alom aanvaarde wetenschap gemaakt die groeiteams in staat stelt om het uitdragen van de boodschap extreem snel en tegen weinig of geen kosten aan te passen en te testen – zelfs voor producten die niet online gaan.

Een bijzonder krachtige en ook weer goedkope methode is A/B-testen, waarbij twee verschillende varianten – bijvoorbeeld twee verschillende koppen in een online nieuwsbrief of twee verschillende ontwerpen voor een landingspagina (de pagina waarop je terechtkomt als je op een link klikt) – worden getest op twee of meer willekeurige groepen mensen om zo vast te stellen welke de beste respons oproept. Soms onthullen deze tests dat de simpelste aanpassingen, zoals het gebruiken van een andere onderwerpregel in een e-mail of het veranderen van de tekst op een button of het veranderen van de woordkeuze op een online formulier, tot enorme winst kunnen leiden. Neem het geval van Highrise, een managementproduct voor een betere klantrelatie dat Basecamp lanceerde als aanvulling op zijn populaire projectmanagementsoftware. Een A/B-test van de tekst op de downloadpagina onthulde dat het simpel veranderen van 'Schrijf je in voor een gratis proefperiode' in 'Zie opties en prijzen' tot 200 procent meer inschrijvingen leidde.[26] Dat lijkt misschien raar, maar dat is het niet; bij de bedrijven waarmee wij hebben gewerkt, hebben we honderden voorbeelden gezien van andere al even simpele veranderingen – onthuld met A/B-testen – die de klant het aha-moment hebben bezorgd, wat vervolgens weer tot een enorme toename in de aanvaarding van het product leidde.

Nu duidelijker is geworden wat de waarde is van dit soort experimenten, komen softwarebedrijven als Optimizely en Visual Website Optimizer met oplossingen die het voor bedrijven makkelijker en goedkoper dan ooit maken om zonder veel hulp van het technische team experimenten met hun websites uit te voeren. Deze producten stellen ieder teamlid dat delen van een website beheert in staat om snel opeenvolgende A/B-testen uit te voeren op koppen, taglines, beelden, video's, buttons en meer – waardoor ze sneller en soepeler kunnen testen, terwijl de technici zich ondertussen kunnen bezighouden met het ontwerpen van diepgravender tests.

Eén waarschuwing is hier op haar plaats: A/B-testen mogen dan eenvoudig toe te passen zijn, de hoeveelheid data die ze opleveren is beperkt. Dat komt doordat ze zijn gebaseerd op oppervlakkige maatstaven, zoals welke button meer clicks krijgt, in plaats van op de vraag of de mensen die de button aanklikken uiteindelijk blijvende gebruikers worden. Iedereen die weleens een onweerstaanbare nieuwskop heeft aangeklikt, om vervolgens teleurgesteld te worden door het bijbehorende artikel, begrijpt dat een click een slechte indicator is voor langdurige klantenloyaliteit. Om dit probleem op te lossen, is het essentieel dat je met jouw data-analyse de participanten in een A/B-test kunt blijven volgen van het klikmoment tot langdurig gebruik.

A/B-testen moet ook niet beperkt blijven tot de taal en het ontwerp van landingspagina's en marketingcampagnes. Bedenk dat een van de kernelementen van growth hacking juist het experimenteren is door de hele funnel heen: niet alleen traffic en acquisitie, maar ook activatie, retentie en referral. Toen Morgans team bij Inman News met behulp van A/B-testen de prijsstelling en looptijd van de abonnementen testte, was het in staat om de retentieratio significant te verbeteren door een maandelijks abonnement te veranderen in een driemaandelijks abonnement.

Technici kunnen ideeën aandragen voor extra testmogelijkheden dieper in de funnel, die vaak technisch gecompliceerder zijn en die daarom buiten het gezichtsveld vallen van de niet-technische teamleden. Zo hebben we in het vorige hoofdstuk gezien hoe de technici van het Pinterest-groeiteam het leerprogramma Copytune ontwikkelden om daarmee een enorme boost te geven aan de snelheid waarmee geëxperimenteerd werd met kopij in dertig talen in talloze e-mails om bestaande Pinterest-gebruikers vast te houden. Dit is een voorbeeld van wat een multivariabele test wordt genoemd. Daarbij worden niet slechts twee alternatieven met elkaar vergeleken, maar elke mogelijke combinatie van elk element van een boodschap, om zo de best werkende permutatie te vinden. Of neem bijvoorbeeld de techniek die *multi-armed bandit* wordt genoemd, een wat gecompliceerder testschema dat gebruikt wordt door bedrijven om sneller de beste resultaten te vinden. Verderop in dit boek zullen we nog wat dieper ingaan op andere soorten tests die je zou kunnen gebruiken.

EXPERIMENTEN BINNEN HET PRODUCT

De gecompliceerdere tests, die veel tijd kosten om te ontwikkelen, zijn meestal die welke met veranderingen van het product zelf te maken hebben.

Hoewel dit soort experimenten vooral gebruikt wordt voor internet- en softwareproducten, zijn ze ook heel goed toepasbaar op fysieke producten. Het simpelste prototype bouwen en gebruikers vragen het te testen, of video- of computerdemo's ontwikkelen die laten zien hoe een nieuwe feature kan werken en dan kijken hoe klanten reageren, zijn nog maar twee varianten waarbij teams die bezig zijn met fysieke producten voordeel kunnen halen uit het leren via experimenteren.

Aanpassingen die al eerder hebben bewezen de resultaten en de gebruikerservaring te verbeteren, moeten prioriteit krijgen. Denk daarbij aan het vergroten van de reactiesnelheid van een winkelwagentje of het verbeteren van het inschrijfproces. Maar andere, minder uitgeteste veranderingen, zoals een substantieel nieuw ontwerp of het ontwikkelen van nieuwe producteigenschappen, moeten alleen worden geprobeerd op basis van een sterke hypothese, die tot stand gekomen is door de analyse van gebruikersonderzoek en -data. Voor tests die tijds- en arbeidsintensief zijn, moeten teams het risico van een investering in dit soort pogingen om te beginnen minimaliseren door logisch na te denken en bredere, riskantere initiatieven te combineren met zaken waar ze wat zekerder van zijn. Het team zal zich er op die manier van verzekeren dat het de juiste balans vindt tussen wilde experimenten en gestage verbeteringen die leiden tot een consistente groei.

EEN DUIK IN DE DATA NEMEN

Er zijn voor groeiteams meer data beschikbaar dan ooit tevoren, maar al deze data zijn in wezen nutteloos als je er geen nuttige inzichten aan kunt ontlenen. Het gaat dus niet om het simpelweg bekijken van data die voorhanden zijn; om te ontdekken wat jouw product tot een must have maakt (of zal maken) moet je de juiste data voor jouw product verzamelen. Vervolgens moet je de diverse bronnen met elkaar verweven, zoals bijvoorbeeld je e-mailmarketingdatabase en je *point of sale*-systeem, zodat je een compleet plaatje krijgt. Daarna heb je een data-analist nodig die op zoek kan gaan naar patronen in deze databronnen en naar inzichten die kunnen leiden tot groeiideeën om mee te experimenteren. Tegenwoordig houden de meeste bedrijven, zelfs de prilste, armlastigste start-ups, bij welke analytische gegevens beschikbaar zijn voor hun websites en producten, zoals bijvoorbeeld die welke worden gevonden door Google Analytics. Maar hoewel het van belang is om maatstaven als het aantal bezoeken aan je webpagina en *bounce rates* te verzamelen, vormen die nog maar het begin van het verhaal over hoe klanten omgaan met jouw product. Dat komt doordat dit heel oppervlakkige maatstaven zijn die meestal niet leiden tot een dieper inzicht in wat klanten nu echt waardevol vinden aan jouw product en of je een goede product/market fit hebt gerealiseerd.

Het is essentieel dat je team data heeft over elk stukje klantervaring – data die verder gaan dan hoe vaak klanten je website bezoeken en hoe lang ze daar blijven – zodat je tot in detail kunt analyseren hoe mensen je product echt gebruiken, in tegenstelling tot hoe jij had gepland dat ze het zouden gebruiken. Dit betekent dus dat de marketeers, data-analisten en technici moeten samenwerken om de juiste tracking toe te voegen aan websites, apps, point-of-salesystemen, e-mailmarketing en klantenbestanden. Is de juiste tracking aanwezig, dan moeten al die uiteenlopende bronnen van gebruikersinformatie aan elkaar gekoppeld worden om je een gedetailleerd en gedegen beeld te geven van het gebruikersgedrag, dat jouw datateam kan analyseren.

Wat jij wilt creëren, is datgene wat vaak een *data lake* of *data warehouse* wordt genoemd: één enkele locatie waar alle klanteninformatie wordt opgeslagen en waar je echt in kunt duiken en kenmerkende groepen gebruikers kunt onderscheiden die het product misschien anders gebruiken dan andere groepen. Het geeft je ook de mogelijkheid om het gebruik van het product te onderzoeken op het 'atomische' niveau van de individuele gebruiker. Je kunt dan onderzoeken hoe bijvoorbeeld een buitengewoon actieve gebruiker zijn of haar tijd doorbrengt op jouw website of met jouw app, of wat een gebruiker die op het punt stond een aanzienlijke aankoop te doen ertoe bewoog om vervolgens toch niet op de button 'kopen' te klikken. Misschien zie je dan dat hij of zij net op het moment van aankoop werd weggelokt door een pop-up met een speciale aanbieding. Hoewel dit soort informatie vooral iets zegt over die ene gebruiker, kan het je wel de weg wijzen naar gebieden die rijp zijn voor verdere analyse en groei-experimenten. Als de data op de juiste manier worden verzameld, wordt het ook voor data-analisten een stuk eenvoudiger om de resultaten te delen van het spervuur aan experimenten die jij uitvoert als onderdeel van je groeispurt.

WAT DOEN ACTIEVE GEBRUIKERS?

De eerste stap bij het verzamelen van gegevens, om die vervolgens te zeven op zoek naar bruikbare inzichten, is het volgen van de bepalende acties van je gebruikers of klanten. Dat wordt gedaan met *event tracking*. Met de meeste analytische platforms kun je bepalende events in je systeem identificeren, zoals wanneer een gebruiker op een button klikt, naar een video kijkt, een document downloadt, een formulier invult, een liedje beluistert, vrienden toevoegt, een bestand deelt, enzovoort. Groeiteams moeten echter event tracking gebruiken voor alle activiteiten van de klant, tijdens al zijn ervaringen. Dat gaat dus om het moment waarop hij van een bezoeker verandert in een nieuwe klant, en van een nieuwe klant in een vaste, trouwe klant. Kun je het complete pad volgen van wat een klant doet vanaf het moment dat hij voor het eerst je fysieke winkel of je website bezoekt tot aan de eerste aankoop en de eventueel daaropvolgende? Als daar gaten in zitten, zijn dat de events die het waard zijn om als eerste te volgen.

Je hoofddoel in deze fase is om te zoeken naar de gedragingen die de klanten die jouw product een must have vinden – degenen dus die het regelmatig gebruiken of kopen – onderscheiden van degenen die dat niet vinden. Analisten zouden in het bijzonder moeten kijken naar features die het meest worden gebruikt door de echt actieve gebruikers, en naar eventuele andere onderscheidende aspecten van hun gedrag met betrekking tot het product. Door je klantgegevens te differentiëren naar de diverse kenmerken van de klant, zoals demografische info (woonplaats, leeftijd, geslacht) en andere kenmerken als hun functie, bedrijfstak of het mobiele apparaat dat ze gebruiken, zul je correlaties vinden tussen deze kenmerken en hun gedrag en meer aankopen, meer betrokkenheid en langduriger gebruik. Je kunt verder kijken naar de manier waarop ze jouw product gebruiken, bijvoorbeeld of ze enthousiaste gebruikers zijn of het alleen maar af en toe gebruiken; en je kunt bekijken welke keuzes ze maken, zoals voor welke producten ze winkelen of welke diensten ze benutten. Toen Netflix bijvoorbeeld onderzoek deed naar de films en shows waar klanten naar keken, ontdekte het bedrijf dat films en politieke dramaseries met Kevin Spacey enorm populair waren bij hun klanten. Dat inzicht gaf het bedrijf het vertrouwen om het groene licht te geven voor de ontwikkeling van *House of Cards*, wat niet alleen een enorm succes werd, maar ook een must-have-ervaring voor veel abonnees.[27]

Bij RJMetrics, een business-intelligencebedrijf, ontdekte het team dat bij gebruikers die tijdens hun gratis proefperiode een grafiek bewerkten, de kans twee keer zo groot was dat ze een betalende klant werden als bij gebruikers die dat niet hadden gedaan. Dat getal werd nog hoger als een gebruiker van de proefversie twee grafieken bewerkte. Dus wat deed RJMetrics? Ze maakten van het bewerken van een grafiek een belangrijke stap in hun nieuwe benadering van de gebruiker.[28]

DE OMMEZWAAI DOOR HET ONVERWACHTE

Deze specifieke gedragingen en voorkeuren zijn vaak moeilijk te achterhalen, onder andere omdat ze soms zo onverwacht zijn; je weet paradoxaal genoeg vaak niet waar je naar zoekt, totdat je het vindt. Een voorbeeld is hoe Yelp ontdekte dat zijn meest enthousiaste gebruikers naar de site werden getrokken omdat die hun toestond reviews te schrijven: ze wisten niet dat ze op zoek waren naar een manier om reviewactiviteiten te koppelen aan herhaald gebruik. Dat was een inzicht dat ontstond door het doorploegen van bergen websitedata. Dergelijke onverwachte ontdekkingen zijn ook de beweegreden om te investeren in het op voorhand verzamelen van gegevens en in het snelle en niet-aflatende experimenteren waar growth hacking om vraagt: hoe meer je test, hoe meer data je hebt om te analyseren, en hoe meer data je analyseert, hoe meer patronen zich zullen openbaren.

Instagram is een ander leerzaam voorbeeld. De populaire fotodeel-app begon als Burbn, was bedoeld als een op locatie gebaseerd sociaal netwerk en was vernoemd naar het favoriete alcoholische drankje van oprichter Kevin Systrom (minus een paar klinkers). Maar Systrom geeft toe dat zelfs hij wist dat het product in het begin veel te ingewikkeld was, of zoals Keith Sawyer opmerkt in zijn boek *Zig Zag: The Surprising Path to Greater Creativity:* 'een wirwar aan features die het verwarrend maakte'. Maar Systrom bleef de data bestuderen om te begrijpen hoe gebruikers het product gebruikten. En wat hij ontdekte, was dat mensen veel van de features van de app helemaal niet gebruikten, behalve een: de foto's. Systrom en medeoprichter Mike Krieger realiseerden zich dat het maken en delen van foto's de aha-ervaring was waaromheen ze hun app moesten opbouwen. Zoals Sawyer schrijft: 'Mike en Kevin zagen een mogelijkheid om zich tussen Hipstamatic [een populaire fotobewerking-app] en Facebook in te nestelen, door een eenvoudig te gebruiken app te ontwikkelen die het delen van foto's simpel maakte. Ze kleedden Burbn helemaal uit, maar behielden de foto-, commentaar- en like-features.' Na het product te hebben teruggebracht tot de essentie brachten ze de dienst opnieuw op de markt, dit keer met de naam Instagram, en 400 miljoen gebruikers en een overname van 1 miljard dollar door Facebook later groeit het bedrijf nog steeds sterk en haalde het in 2016 een omzet van meer dan 1 miljard dollar uit advertentie-inkomsten.[29]

Instagram is niet het enige succesvolle bedrijf dat in het begin een virtuele ommezwaai van 180 graden maakte, gebaseerd op een nauwkeurige analyse van de data die tot de ontdekking van zijn aha-moment leidde. Pinterest, dat in zijn oorspronkelijke incarnatie Tote heette en een commerciële app was, gooide het roer helemaal om en werd een ontdekkings- en *sharing*-site toen Ben Silbermann zag dat Tote-gebruikers niet de beoogde aankopen deden, maar in plaats daarvan enorme verzamelingen aanlegden van dingen in de app waar ze naar smachtten. Met deze kennis besloot Silbermann een product te ontwerpen dat het makkelijk maakte om deze gekoesterde collecties op internet te delen. Brian Cohen, Silbermanns eerste investeerder, zei dat deze ommezwaai 'een rechtstreeks uitvloeisel was van wat hij dankzij zijn eerste onderneming had geleerd'[30] en dat dit mogelijk was gemaakt door te onderzoeken op welke manier actieve gebruikers waarde aan het product ontleenden.

Ook Groupon stond in het begin een keer aan de rand van de afgrond, toen een grondige analyse van het gebruikersgedrag oprichter Andrew Mason wees op een cruciaal punt. Oorspronkelijk was de dienst ontworpen als een fundraisingsite voor zaken en groepen van allerlei aard, genaamd The Point, waar mensen campagnes konden steunen die alleen van de grond kwamen als er genoeg mensen meededen, maar dit werkte zo slecht dat Mason op het punt stond zijn investeerders terug te betalen. Totdat het bedrijf bij het bekijken van zijn data ontdekte dat de campagnes die een groep gebruikers de mogelijkheid gaven om een betere deal te krijgen, het meeste succes hadden. Daarop besloot het team om dagelijkse deals mogelijk te maken, waarvoor Mason de slagzin 'Get Your Groupon.com' muntte.[31]

Het is tegenwoordig misschien nauwelijks te geloven, maar YouTube begon eigenlijk als een video-datingsite, om vervolgens dankzij een enorme ommezwaai de thuishaven voor alle online video te worden. Dat gebeurde pas toen de oprichters zagen dat gebruikers niet alleen videoprofielen uploadden om dates te vinden, maar alle mogelijke video's met elkaar deelden.

Medeoprichter Jawed Karim zei: 'Onze gebruikers waren ons één stap voor. Zij begonnen YouTube te gebruiken om allerlei soorten video's te delen. Hun hond, de vakantie, wat dan ook. Wij vonden dat hoogst interessant. We zeiden: "Waarom laten we de gebruikers niet definiëren waar het bij YouTube om gaat?" Rond juni hadden we de website volledig gerestyled en er een meer open en algemene site van gemaakt. Het werkte.'[32]

Al deze omslagpunten benadrukken het belang van het eerst verzamelen en analyseren van zowel kwalitatieve als kwantitatieve data over hoe de klanten jouw product gebruiken en hoe ze denken over de sterke en zwakke punten ervan, voordat je veel geld en tijd gaat investeren in het aanjagen van groei. Hadden deze bedrijven alles ingezet op het stimuleren van het gebruik voordat ze hun ommezwaai maakten, dan zouden we waarschijnlijk nooit meer iets van ze gehoord hebben. In plaats van de grote doorbraak te bewerkstelligen, zouden ze kostbare financiën en tijd hebben verspild aan pogingen om producten te verkopen die gewoon nog geen must have waren.

Natuurlijk kan een grondige analyse van klantgedrag er ook op duiden dat niet het product of de dienst – of zelfs maar de boodschap – het probleem is, maar eerder hoe het product werd geïntroduceerd bij de doelgroep. Dat was het geval bij HubSpot, dat klantrelatiemanagement- en marketingsoftware verkoopt aan ondernemingen. Door het rigoureus analyseren van gebruikersgegevens ontdekte het bedrijf dat het veel langer klanten kon vasthouden als die van tevoren een producttraining hadden gevolgd. Dus veranderde het bedrijf zijn salespolitiek door een producttraining een verplicht onderdeel van de nieuwe klantervaring te maken.

Het idee dat klanten wordt gevraagd om een extra bijdrage voor een cursus in software die ze al hebben gekocht, druiste volkomen in tegen wat op dat moment als beste aanpak werd gezien. Bedrijven vreesden dat zoveel extra toevoegen aan de kosten van de software een barrière zou zijn voor prijsbewuste klanten. Maar het HubSpot-team vertrouwde op de data en hield vast aan de verplichte training vooraf.[33] Dit is een prachtig voorbeeld van wat Chamath Palihapitiya bedoelt als hij zegt dat de verantwoordelijkheid van een groeiteam is om 'traditionele ideeën [over producten en markten] te weerleggen' en alleen pogingen tot groei te ondernemen die worden gesteund door empirisch bewijs. Voor HubSpot resulteerde een en ander in een snelgroeiend gebruikersbestand dat het bedrijf in 2014 een succesvolle beursgang opleverde.

TOT HET AHA-MOMENT KOMEN

Bedenk dat al dit geëxperimenteer en geanalyseer moet zijn gericht op het ontdekken van het aha-moment dat jij de klant biedt, of kunt bieden. Als eenmaal de voorwaarden voor die magische ervaring zijn geïdentificeerd, moet de focus van het groeiteam zijn: meer klanten dat moment zo snel mogelijk laten ervaren. We hebben gezien dat zodra het groeiteam bij Facebook besefte dat het aha-moment voor zijn gebruikers bestond uit de opwinding die ze voelden als ze met steeds meer vrienden in hun netwerk verbonden waren (gebaseerd op data die onthulden dat mensen die in hun eerste tien dagen minstens zeven vrienden toevoegden, meestal actieve gebruikers bleven), het team al zijn inspanningen richtte op het zó aanpassen van de site dat mensen werden gemotiveerd om met meer mensen 'bevriend' te raken. Een van de belangrijkste veranderingen die ze aanbrachten was het updaten van de *new user experience* (NUX) om zich vooral te concentreren op het helpen van gebruikers bij het vinden van vrienden. In de oorspronkelijke versie van de NUX was de vindvriendenstap slechts één onderdeel van de algehele uitleg over hoe je Facebook moest gebruiken; nu werd die tot de belangrijkste stap gemaakt. Het groeiteam voerde talloze experimenten uit waarbij steeds meer irrelevante informatie werd geëlimineerd van de startpagina's voor nieuwe gebruikers en waarbij het zich steeds meer focuste op manieren om dat nieuwe lid te helpen bij het snel van de grond krijgen van zijn of haar netwerk. Je kunt daarbij denken aan het importeren van iemands e-mailcontacten om vrienden te vinden die de dienst al gebruiken en het elimineren van andere informatie die nieuwe gebruikers alleen maar in de weg zat bij het vinden van vrienden. Het team gebruikte ook advertentieruimte op Facebook om gebruikers ertoe aan te zetten nieuwe vrienden te vinden en daarmee in contact te komen. Het gebruikte die ruimte om mensen suggesties aan te reiken voor anderen met wie ze waarschijnlijk in contact zouden willen komen.

Twitter gaf zijn aanvankelijke groei een boost met een vergelijkbare tactiek om gebruikers te laten ervaren wat voor hen de kernwaarde van de dienst was. Toen de data uitwezen dat het aha-moment voor Twitter-gebruikers was dat ze nieuws ontvingen van vrienden en mensen die ze respecteerden, zoals beroemdheden en politici, ontwierpen Josh Elman en het team een geheel nieuwe 'onboarding' die erop gericht was om mensen zo snel mogelijk dertig Twitter-gebruikers te laten volgen. Ze implementeerden een feature die suggesties over te volgen mensen tot het belangrijkste aspect van de aanmeldingsprocedure maakte. Ze kwamen met aanbevelingen voor bepaalde accounts gebaseerd op de interesses die de gebruikers kozen als ze zich aanmeldden, zoals die van beroemdheden en atleten waar ze mogelijk in geïnteresseerd waren. En toen we bij Qualaroo hadden ontdekt dat mensen die minstens vijftig reacties kregen op hun enquête vaker actieve, betalende gebruikers werden, begonnen we bij gebruikers van de trial suggesties te doen voor enquêtes die een grotere kans maakten om die drempel van vijftig reacties te halen.

Bedrijven gebruiken allerlei tactieken om gebruikers dat aha-moment te laten krijgen, zoals virtuele rondleidingen, e-mailcommunicatie, speciale aanbiedingen et cetera, en we zullen in latere hoofdstukken verder ingaan op de vraag hoe je dit soort zaken zo goed mogelijk kunt implementeren.

Omdat het beleven van het aha-moment zo cruciaal is voor het creëren van een stevig fundament voor verdere groei, investeren bedrijven vaak enorm veel tijd en moeite om dit voor elkaar te krijgen. James Currier, een succesvolle ondernemer en groei-expert die durfkapitalist werd, oppert dat technici binnen een bedrijf een derde van hun tijd moeten spenderen aan het op orde krijgen van de NUX. Facebook, Twitter en Pinterest benaderen deze NUX zelfs als een apart product naast hun hoofdproduct, en hebben toegewijde teams met ontwerpers, productmanagers, technici en groei-experts die zich specifiek richten op het perfectioneren van de ervaring van deze ene gebruiker.

Heb je eenmaal een markt met enthousiaste gebruikers en heb je je aha-moment ontdekt – als dus de product/market fit klopt – dan kun je op basis hiervan beginnen met het creëren van een krachtige, in hoog tempo opererende groeimachine. De rest van het boek biedt specifieke hacks en strategieën om dat te realiseren.

3
HET IDENTIFICEREN VAN JE GROEI-AANJAGERS

Een product aantrekkelijk genoeg maken om voor de must-have-test te slagen, is een noodzakelijke voorwaarde voor een snelle en duurzame groei, maar op zich is het nog niet voldoende. Zelfs echt fantastische producten die door een kern van early adopters worden omarmd, zullen het vrijwel zeker niet redden zonder een gerichte en krachtige stimulatie van de groei. De media-aandacht gaat bij mislukkingen vaak uit naar die producten die als 'the next big thing' werden gezien, maar die het niet voor elkaar kregen om een onweerstaanbare intrinsieke waarde te bieden aan een markt groter dan die van de early adopters. Dat was bijvoorbeeld het geval bij het eerdergenoemde Google Glass of de enorm gehypete Segway. Minder aandacht wordt besteed aan de meer verbijsterende mislukkingen: die van producten die wel een aantrekkelijke intrinsieke waarde bieden en waarvoor een grote potentiële markt is die nog niet wordt gedomineerd door bestaande bedrijven. Hier is het probleem vaak het ontbreken van een degelijke en goed uitgevoerde strategie voor het aanjagen van groei.

Neem bijvoorbeeld Everpix, een van de meest gewaardeerde foto-apps uit de recente geschiedenis. De app was bedoeld voor gebruikers die genoeg hadden van het gedoe bij het organiseren van grote hoeveelheden foto's op hun verschillende apparaten. Everpix maakte het tot een moeiteloos proces. Het was een briljant ontwerp en de app werd alom geprezen. Je kon er direct mee uit de voeten en het bedrijf had naar eigen zeggen een rating van gemiddeld 4,5 sterren. TechCrunch juichte: 'Het beste aan Everpix is misschien wel het motto: "Installeren en klaar is Kees." Na de installatie en configuratie hoef je verder niets te doen.'[1] De aanvankelijke 55.000 gebruikers waren ook zeer actief; ongeveer de helft ervan gebruikte de app minstens één keer per week. De oprichters kozen voor een freemium-businessmodel – de basisversie van de app was gratis, met de optie om te upgraden naar een betaalde pro-versie die 49 dollar per jaar kostte – en de conversieratio naar de betaalde versie was een buitengewone 12,4 procent, ver boven de gebruikelijke conversieratio van ongeveer 1 procent.[2] De oprichters deden bijna alles goed. Maar ze maakten één fatale fout: ze verzuimden hun aandacht te richten op een manier om het enthousiasme van hun early adopters te gebruiken om een veel snellere groei te verwezenlijken.

Hoewel het enthousiasme voor het product en de hoge conversieratio bijna een garantie leken voor succes, was de start-up in feite een tikkende tijdbom. De oprichters moesten het aantal betalende klanten enorm zien op te schroeven, en bovendien moest dat snel gebeuren. Anderhalf jaar na de lancering bedroegen de bedrijfskosten in totaal 480.674 dollar, terwijl de inkomsten uit abonnementen maar net iets meer dan 250.000 dollar bedroegen. En de oprichters hadden bijna de complete 1,8 miljoen dollar aan startkapitaal al uitgegeven. De geldkist was leeg en met een rekening van 35.000 dollar van Amazon Web Services in het verschiet was het enige wat de oprichters nog konden doen meer geld binnenhalen – zo niet, dan was het einde verhaal.

Ze hadden diverse growth hacks overwogen om zo een grotere acceptatie van hun product te bewerkstelligen. Zo dachten ze erover om mensen aan wie gebruikers foto's stuurden ook te verplichten een account te nemen voordat ze de foto's konden downloaden. Daar zagen ze toch weer van af omdat ze bang waren dat het irritatie zou opwekken. Maar we hebben gezien dat growth hacking meer is dan kiezen uit een menu met hacks; het is eerder een proces van voortdurend experimenteren om er zeker van te zijn dat die hacks ook echt het gewenste resultaat opleveren. Als de oprichters van Everpix echt growth hacking in praktijk hadden willen brengen, zouden ze een test hebben uitgevoerd om vast te stellen of hun aanname al dan niet klopte. Maar in plaats daarvan bleven ze zich focussen op het verbeteren van het product, bijvoorbeeld door een feature aan te bieden waarbij gebruikers een e-mail kregen toegestuurd met foto's die ze vorig jaar op dezelfde dag hadden genomen. Dat zorgde voor een flinke toename van gebruikers die de app dagelijks bezochten. Maar aangezien het doel was om meer inkomsten te genereren, was dat toegenomen dagelijkse gebruik niet de maatstaf waar ze zich op moesten richten. De urgentste eis was dat het aantal betálende gebruikers toenam, en niet dat de gebruikers die ze al hadden actiever werden.

Ze hadden gehoopt dat ze uit hun geldproblemen zouden geraken door meer kapitaal aan te trekken. Maar zonder krachtigere maatstaven voor groei mislukte de ene na de andere poging. Toen ze er eindelijk in slaagden een lening van 500.000 dollar af te sluiten, huurden ze een traditionele marketingspecialist in, die een nieuwe tagline verzon: 'Solving the Photo Mess', in de hoop dat dit de groei zou stimuleren, maar ook dat werkte niet.[3]

De Everpix-tragedie toont aan hoe belangrijk het is om niet alleen maar te focussen op groei, maar ook op de juiste aanjagers van groei op het juiste moment. De conversieratio en de positieve feedback waren duidelijke indicatoren dat ze al een fantastisch product hadden en een solide bestand van actieve gebruikers; wat de oprichters van Everpix nodig hadden, was het verleggen van de aandacht van het maken van een prettig product naar het behalen van meer winst. Met andere woorden: ze moesten hun aanzienlijke ontwerp- en softwaretalent inzetten om meer gebruikers tot betalende klanten te maken. Hadden ze dat gedaan, dan was het nu misschien een heel lucratieve business geweest.

JE GROEISTRATEGIE HACKEN

Een aha-moment creëren en daar meer mensen kennis mee laten maken is het uitgangspunt voor growth hacking. De volgende stap is bepalen wat je groeistrategie wordt. Je moet heel goed weten hoe je de groei gaat aanjagen – wat je groei-aanjagers zijn en of het de juiste zijn om de gewenste resultaten te bereiken – voordat je overstapt op het in hoog tempo testen van groeiideeën. Dat maakt het verschil tussen een krachtige, duurzame groei die ook echt inkomsten genereert en een denkbeeldige groei die uitdooft als een nachtkaars.

Je moet heel rationeel bepalen welk soort groei jij nodig hebt en welke aanjagers die zullen stimuleren. Met name in de eerste fase van groei moet je een heel gedisciplineerde koers uitzetten voor experimenten die sterk focussen op de belangrijkste aanjagers om je doelen te bereiken. Snelheid van testen is op zich niet het doel; in het wilde weg experimenteren is een garantie voor het verspillen van tijd en moeite, zelfs als je je tests in hoog tempo uitvoert. Growth hacking is niet het tegen de muur gooien van ideeën en dan maar kijken wat blijft hangen; het gaat over het razendsnel uitvoeren van experimenten om de kansrijkste opties te vinden en te optimaliseren.

In de beginfase van de groei moet je een strategie ontwerpen om experimenten uit te voeren die de meeste impact op groei hebben, en dat in een zo kort mogelijke tijd. Hoe gerichter je inspanningen in het begin zijn, hoe doelgerichter je experimenten zullen zijn en hoe meer impact ze zullen hebben. Grote bedrijven kunnen het zich misschien veroorloven om de ene test na de andere uit te voeren, gericht op kleine segmenten van hun enorme publiek, voor kleinere bedrijven brengt elk experiment significante kosten met zich mee en dus moet je streven naar een grote impact per test. Natuurlijk kun je van tevoren niet weten of je die impact haalt en je moet aannemelijk kunnen maken dat het experiment dat je uit wilt voeren echt het geschiktst is.

Behalve dat ze je een grotere kans bieden op succes, zullen tests met een grote impact ook sneller definitieve resultaten opleveren. Dat kan misschien wat onlogisch overkomen. Andy Johns, voormalig lid van het groeiteam van Facebook en Twitter, ontwierp het voorbeeld hieronder om dit punt te illustreren. Hij zette de resultaten van drie verschillende experimenten op een rijtje die allemaal gericht zijn op het verbeteren van de conversie van nieuwe bezoekers van een product naar gebruikers ervan, beginnend bij een conversieratio van 3 procent.[4]

IMPACT EXPERIMENT BEÏNVLOEDT SNELHEID

	BASIS-CONVERSIE	% VERANDERING T.O.V. CONTROLEGROEP	VEREISTE STEEKPROEF/ VARIANT	VEREIST AANTAL TESTDAGEN
VOORBEELD A	*3%*	*5%*	*72.300*	*72*
VOORBEELD B	*3%*	*10%*	*18.500*	*18*
VOORBEELD C	*3%*	*30%*	*2.250*	*2*

Laten we zeggen dat experiment A een kleine verandering test, bijvoorbeeld de kleur van de registratiebutton. Als de resultaten binnenkomen, wordt duidelijk dat de groei van het aantal nieuwe bezoekers dat zich als gebruiker registreert heel klein is: het levert slechts 5 procent meer registraties op dan bij de originele knop. Behalve dat blijkt dat het veranderen van de kleur van de registratiebutton niet de bepalende factor is die nieuwe gebruikers ervan weerhoudt een account aan te maken, is het ook een indicatie dat je het experiment een behoorlijk lange tijd moet volhouden, wil je voldoende data hebben om tot een gedegen conclusie te komen. Zoals je in de grafiek hierboven ziet, heb je een schrikbarende 72.300 bezoekers per variant nodig om statistisch significante resultaten te krijgen. Je moet dus 72 dagen wachten voordat je doorslaggevende resultaten hebt. Zoals Johns in een interview met *First Round Review* stelde: 'Dat is zo ongeveer levenslang als je een start-up bent!' Wat een start-up in een geval als dit zou moeten doen, is snel weer van het experiment afstappen en aan een volgend beginnen, een met een in potentie grotere impact.

Heel veel experimenteren met kleine veranderingen, zoals de kleur van een button, is niet de manier om met het growth-hackingproces aan de gang te gaan. Kleine teams moeten zich in plaats daarvan eerst focussen op die tests die de grootste kans op impact beloven. Johns is daar nogal uitgesproken in: 'Echt hoor, durf groots te handelen. Verander niet alleen maar een button op een pagina, want uitgaande van het feit dat je nog maar weinig bezoekers hebt, en dus nog maar weinig respons, moet je die test maanden en misschien wel jaren volhouden. Zorg voor een dramatische verandering als je een jonge start-up bent.'[5] En als je gebruikers- of klantenbestand dan groeit, kun je het je veroorloven te experimenteren op meerdere gebieden tegelijk. Als het aantal klanten groeit, kan het uitgebreid testen van zelfs de kleinste veranderingen voor een enorme winst zorgen.

Hoe kom je erachter hoe je je inspanningen strategisch kunt richten op de experimenten die waarschijnlijk de grootste impact hebben? Dat is precies wat we in dit hoofdstuk zullen behandelen.

DE MAATSTAVEN DIE ERTOE DOEN

De eerste stap bij het bepalen van je groeistrategie en waar je op moet focussen, is dat je begrijpt welke maatstaven het belangrijkst zijn voor de groei van jouw product. De beste manier om dat te doen, is het creëren van wat Johns de 'fundamentele groeiformule' van een bedrijf noemt. Dat is een simpele formule met daarin alle sleutelfactoren die gezamenlijk jouw groei aanjagen; met andere woorden: jouw essentiële set aanjagers. Deze formule is voor elk product en elke bedrijfstak anders. Hier volgt een voorbeeld van het bedrijf dat Morgan leidt, Inman News, een nieuwssite voor de onroerendgoedbranche.

(WEBSITEVERKEER × E-MAILCONVERSIERATIO × AANTAL ACTIEVE GEBRUIKERS × CONVERSIE NAAR BETAALD ABONNEMENT) + RETENTIERATIO ABONNEES + TERUGGEKEERDE ABONNEES = GROEI INKOMSTEN ABONNEES

Voor eBay is de formule:

AANTAL VERKOPERS MET ITEMS × AANTAL OPGENOMEN ITEMS × AANTAL KOPERS × AANTAL SUCCESVOLLE TRANSACTIES = BRUTO-GROEI HANDELSVOLUME

Johns gebruikte deze formule zelfs voor Amazon, ter illustratie van de waarde van deze formules:[6]

VERTICALE EXPANSIE × PRODUCTVOORRAAD PER LAAG × VERKEER PER PRODUCTPAGINA × CONVERSIE NAAR AANKOOP × GEMIDDELDE WAARDE AANKOOP × HERHAALD AANKOOPGEDRAG = GROEI INKOMSTEN

Terwijl alle producten de gebruikelijke aanjagers voor groei delen, zoals de acquisitie van nieuwe gebruikers, meer activatie en betere retentie, heeft elk product of bedrijfstak een specifiekere combinatie van factoren die uniek is. Bij Uber bijvoorbeeld is het aantal chauffeurs een cruciale factor, want er moeten er op elke locatie genoeg van zijn om dat aha-moment te kunnen bieden van een auto die snel voor je deur staat. Het aantal klanten is ook cruciaal, niet alleen om voldoende inkomsten te genereren, maar ook om ervoor te zorgen dat er genoeg vraag is naar de chauffeurs, zodat zij die zich inschrijven ook blijven rijden. Dat is de reden dat het groeiteam van Uber zich specifiek richt op verbetering van deze twee kerndoelen. Voor Yelp zijn de kernfactoren het aantal bedrijven dat reviews krijgt en het aantal reviews per bedrijf. Voor Facebook zijn het aantal items die door gebruikers worden gedeeld en de tijd besteed aan het bekijken van het nieuwsoverzicht sleutelfactoren omdat nieuwe, gedeelde content het nieuwsoverzicht bereikt en resulteert in meer tijd gespendeerd aan het browsen ervan, wat vervolgens weer cruciaal is voor het aantrekken van adverteerders. Dus hoewel de gebruikelijke maatstaven die door middel van traditionele marketing en voorgeprogrammeerde data-dashboards worden bijgehouden – zoals het aantal webbezoekers, pageviews, nieuwe en terugkerende bezoekers, het aantal nieuwe abonnees en de tijd die ze aan jouw website spenderen – waardevol zijn, is het toch van groter belang om de specifieke maatstaven te identificeren die uniek zijn voor het product waarmee of de bedrijfstak waarin jij probeert te groeien.

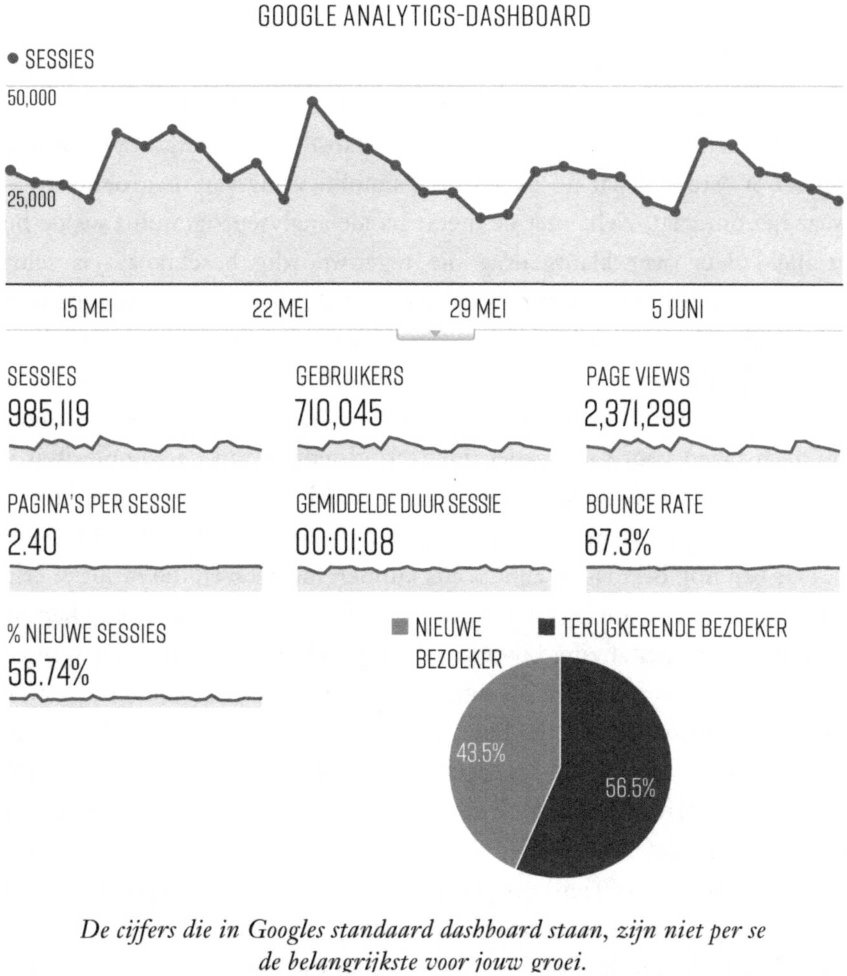

De cijfers die in Googles standaard dashboard staan, zijn niet per se de belangrijkste voor jouw groei.

De manier om je essentiële maatstaven vast te stellen, is de acties definiëren die het duidelijkst correleren met gebruikers die de intrinsieke waarde van jouw product ervaren. Bij Facebook zijn dit bijvoorbeeld hoeveel mensen gebruikers uitnodigen om vrienden te worden, hoe vaak ze de site bezoeken, hoeveel posts en comments ze plaatsen en hoeveel tijd ze aan de site besteden. Je wilt op zijn minst de maatstaven bijhouden voor elke stap die gebruikers moeten zetten om het aha-moment te bereiken en hoe vaak ze deze stappen zetten. Neem bijvoorbeeld Uber, waar de essentiële maatstaf voor klanten het aantal voltooide ritten is. Dus behalve het aantal nieuwe mensen dat de app downloadt, zal het bedrijf ook het aantal geboekte ritten, het aantal klanten dat terugkeert en opnieuw boekt, en de frequentie waarmee ze nieuwe ritten boeken, willen bijhouden.

Bovenstaande formules lijken misschien overdreven gesimplificeerd. Er zijn natuurlijk veel meer factoren die maken dat een onderneming functioneert, zoals investeringen in R&D, materiaalkosten, verzendkosten, voorraadbeheer et cetera. Maar juist die sterke simplificering van de groeiformule is waar het om gaat. Zelfs met de meest basale analyseprogramma's is de hoeveelheid data over klantgedrag die tegenwoordig beschikbaar is schrikbarend, met het ene na het andere scherm vol buitengewoon gedetailleerde informatie. Google Analytics bijvoorbeeld komt met honderden grafieken en datapunten die, hoewel gedegen, ook voor verwarring kunnen zorgen als het materiaal niet gebruikt wordt ten dienste van het traceren van de belangrijkste maatstaven voor jouw groei. Het terugbrengen van de complexiteit van jouw zakelijke activiteiten tot een basisformule kan het groeiteam enorm helpen bij het focussen op de júíste signalen in deze oceaan van dataruis.

Dat kan nog best lastig zijn. Soms kunnen maatstaven die intuïtief cruciale aanjagers voor jou lijken, waaronder enkele die gedurende een bepaalde periode 'de' maatstaf zijn, bijvoorbeeld dagelijks actieve gebruikers, in feite heel weinig impact hebben op echt duurzame groei. Josh Elman legt uit dat als je in de reisbranche actief bent, zoals Airbnb, het aantal dagelijks actieve gebruikers – hoewel het er op papier misschien goed uitziet – een onzinnige maatstaf is. Waarom? Hoe leuk men de dienst ook vindt, niemand boekt elke dag een vakantie. Zelfs Airbnbs actiefste gebruikers boeken waarschijnlijk niet meer dan drie of vier keer per jaar een verblijf. En ook voor een reviewsite als Yelp is dagelijks gebruik onwaarschijnlijk. Het één of twee keer per week bekijken van de site kan duiden op enthousiast, regelmatig gebruik.

Deze producten hebben simpelweg een ingebouwd plafond als het gaat om hoe vaak één enkele gebruiker hun diensten nodig heeft. Of je nu matrassen of hypotheken verkoopt, of luxe diners of zakelijke diensten aanbiedt, regelmatig gebruik heeft voor elk product een andere betekenis.

Toch is voor sommige bedrijven, zoals Facebook, het aantal dagelijks actieve gebruikers wel een enorm belangrijke maatstaf, want – zoals je misschien uit eigen ervaring weet – er is vrijwel geen (of op zijn minst een alarmerend hoge) grens aan het aantal keren dat je Facebook op één dag kunt bezoeken, en bij zijn op advertenties gebaseerde inkomstenmodel gaat Facebook uit van heel veel bezoekers die een aanzienlijke tijd op de site doorbrengen. Een maatstaf die niets betekent voor het ene bedrijf kan dus voor het andere de belangrijkste groei-aanjager zijn. Josh Elman werkte in de begindagen voor LinkedIn. Hij benadrukt dat het totaal aantal accounts een essentiële maatstaf was voor de zakelijke-netwerksite. Voor veel bedrijven kan het aantal aanmeldingen misleidend zijn, want als de mensen die zich inschrijven nauwelijks actief zijn, zijn ze niet echt van waarde. Maar voor LinkedIn vormde het grote bestand van mensen die hun werkprofiel hadden geüpload, zelfs als ze de site verder nauwelijks bezochten, de fundamentele basis voor de waarde van de site. Dat kwam doordat de inkomsten van LinkedIn kwamen uit het posten van vacatures en uit de betaalde abonnementen van recruiters die een betere manier zochten om potentiële sollicitanten te vinden en met hen in contact te komen. En de beste manier om meer recruiters aan te trekken – en zo dus meer inkomsten te genereren – was ervoor zorgen dat voldoende mensen hun digitale cv postten. Bovendien resulteerden meer profielen op de site in meer zoekacties via Google van mensen die op zoek waren naar beroepsmatige contacten, en dat maakte dat nog meer mensen het aha-moment beleefden van het leggen van een belangrijk contact of het vinden van een mogelijke werknemer.[7]

Bij eBay daarentegen is een van de belangrijkste maatstaven niet het aantal dagelijkse bezoekers of nieuwe bezoekers, maar het aantal items dat te koop wordt aangeboden. Hoe meer items er op de site staan, hoe meer potentiële kopers het aha-moment ervaren van precies datgene vinden waarop ze willen bieden en hoe meer verkopers het aha-moment van het verkopen van hun spullen krijgen. Hoe meer van dat soort momenten de site aan gebruikers biedt, hoe vaker die waarschijnlijk zullen terugkeren en hoe meer koopwaar zal worden verhandeld. Dus hoewel eBay het aantal potentiële kopers op zijn site wil vergroten, is het minstens even belangrijk om verkopers ertoe te bewegen zo veel mogelijk spullen op de site te zetten, zo niet belangrijker. Daar moet dus het overgrote deel van de groei-experimenten op gericht zijn. EBay besloot dat het aantal verkochte items zo belangrijk is voor de groei dat het bedrijf het bruto merchandise-volume bestempelde tot belangrijkste maatstaf.[8] Binnen de growth-hackingcommunity staat een dergelijke maatstaf bekend als de *North Star Metric.*

EEN POOLSTER KIEZEN

Om je groeiformule aan te scherpen en je focus te vernauwen, kun je het beste één ultieme maatstaf voor succes kiezen, waar vervolgens alle groeiactiviteiten op zijn afgestemd. Dat helpt teams enorm om hun tijd zo productief mogelijk te gebruiken en het voorkomt het verspillen van hulpbronnen door het lukraak uitvoeren van groei-experimenten. Sommigen in de groeicommunity verwijzen naar deze cruciale maatstaf als de 'One Metric That Matters', terwijl anderen het de North Star of Poolster noemen. Wij prefereren die laatste term, want die benadrukt dat deze maatstaf een leidende ster wordt die ervoor zorgt dat het team zijn blik gericht houdt op het ultieme doel van het growth-hackingproces in plaats van te gefixeerd te raken op een kortetermijnhack waarvan het gecharmeerd is; een die misschien ongelooflijk slim is, of zelfs een tijdelijke of denkbeeldige groei aanjaagt, maar die in wezen niet bijdraagt aan duurzame groei op de lange termijn.

De Poolster zou díé maatstaf moeten zijn die het accuraatst de intrinsieke waarde representeert die je voor je klanten creëert. Om te bepalen welke dat is, moet je jezelf de vraag stellen: welke van de variabelen in de groeiformule is het meest representatief voor het leveren van die must-have-ervaring die je voor jouw product hebt vastgesteld? Om bij eBay te blijven: het bruto merchandise-volume is bij dat bedrijf een belangrijke indicator voor klanttevredenheid, voor zowel kopers als verkopers. Hoe meer items er worden verkocht, hoe meer kopers dat aha-moment ervaren van het vinden van iets waarop ze willen bieden, en hoe meer verkopers kopers voor hun spullen hebben gevonden.

Laten we ook nog wat andere voorbeelden bekijken. Bij WhatsApp ontstaat het aha-moment als je in staat bent om onbeperkt berichten te sturen aan vrienden en familie, waar ter wereld ze zich ook bevinden en zonder dat je je enige zorgen hoeft te maken over de kosten. WhatsApps Poolster was daarom het aantal verzonden berichten en niet zozeer het aantal dagelijks actieve gebruikers, want als een gebruiker elke dag actief is op de app maar slechts één bericht verstuurt, is het niet waarschijnlijk dat WhatsApp zijn voorkeur heeft bij zijn communicatie met zijn netwerk. Dagelijks actieve gebruikers zijn daarom geen maatstaf voor het leveren van intrinsieke waarde aan klanten. Voor Airbnb was de Poolster het aantal geboekte overnachtingen. Het team kon nog zoveel accounts binnenhalen of nog zoveel gebruikers registreren, maar als dat niet leidde tot meer werkelijk geboekte overnachtingen, vergrootte het niet het aantal aha-momenten die gebruikers ervoeren. Voor gasten was het aha-moment dat ze verbleven op een plek die ze prettig vonden, en voor de aanbieders ontstond dat moment als ze geld aan hun huis verdienden.

NIEUWE MAATSTAVEN VASTSTELLEN

Als het bedrijf groeit en de oorspronkelijke doelen zijn gehaald, kan de Poolster op een gegeven moment veranderen. Toen Facebook leerde hoe het gebruikers actiever aan zich kon binden, raakte de aanvankelijke maatstaf van maandelijks actieve gebruikers achterhaald en werden dagelijks actieve gebruikers de betere maatstaf. Bij Zillow is de Play de Poolster, en elk jaar wordt er een nieuwe geselecteerd, afhankelijk van de veranderende behoeften van de bedrijfstak.

Als bedrijven groeien, creëren ze ook meer product- en groeiteams, die allemaal hun eigen Poolster hebben, zelfs als het bedrijf nog steeds één overkoepelende maatstaf heeft. LinkedIn richt zich nu bijvoorbeeld op initiatieven op vijf terreinen: netwerkgroei, zoekmachineoptimalisatie/zoekmachinemarketing, onboarding, internationale groei en retentie. Voor elk van deze terreinen hebben ze een specifiek team. Hoewel bij Facebook de oorspronkelijke strategie was om al het mogelijke te doen om nieuwe gebruikers ertoe te bewegen om zo snel mogelijk met minstens zeven mensen in tien dagen 'vrienden' te worden, veranderde dat toen het bedrijf groeide en de prioriteiten verschoven. De focus kwam toen ook te liggen op bijvoorbeeld een toename van het aantal adverteerders dat de site gebruikte en het vergroten van het internationale gebruikersbestand middels initiatieven als de vertaalmachine en Facebook Lite.

DE BESTE KANSEN BELICHTEN

In de film *An American Werewolf in London* worden twee jonge Amerikaanse rugzaktoeristen door een man in een plaatselijke pub (met de toepasselijke naam The Slaughtered Lamb) gewaarschuwd om 'op de gebaande paden te blijven, niet in het moeras verzeild te raken en bij vollemaan op je hoede te zijn'. Als de twee vrienden weer op weg zijn, gaan ze na enige tijd zo op in hun gesprek dat ze toch in een nacht met vollemaan in het moeras belanden en natuurlijk wordt een van de twee vervolgens aangevallen door een weerwolf. In de film leidt dat tot allerlei hilarische, zij het nogal gruwelijke, verwikkelingen. Bij het op de markt brengen van producten is het afwijken van de koers verre van amusant.

Als je op jacht bent naar groei, kun je makkelijk verzeild raken in het moeras en werk je als een idioot aan het verbeteren van een maatstaf die er uiteindelijk niet toe doet. De juiste Poolster kiezen helpt je bij het heroriënteren van je groei-inspanningen op optimalere oplossingen, want het kan je duidelijk maken dat de focus van je experimenten niet de resultaten produceert die jij nodig hebt.

Besluiten om de koers te verleggen of van een experiment af te stappen, kan heel moeilijk zijn, zeker als teamleden nogal overtuigd zijn van de door hen gekozen aanpak. Als je voor 100 procent achter een idee staat, kan door spanning en emoties je beoordelingsvermogen worden aangetast. De eerste leider van Facebooks groeiteam, Chamath Palihapitiya, kwam tijdens een toespraak met de volgende wijze woorden: 'Als je niet extreem klinisch bent en emotioneel gezien extreem veel afstand neemt van wat jij creëert, zul je deze enorme fouten maken en zal er geen groei zijn, omdat jij niet begrijpt wat er is gebeurd.'[9]

Om te verhelderen hoe het verbeteren van je Poolster-maatstaf je helpt bij het nemen van moeilijke beslissingen over je gebruik van tijd en middelen, zullen we eens bekijken hoe de oprichters van Airbnb besloten een experiment uit te voeren waarvan zij dachten dat het meer geboekte overnachtingen zou kunnen genereren: hun Poolster.

Om te beginnen keken ze naar hun data om markten te identificeren waarop de boekingen achterbleven, om tot hun verrassing te ontdekken dat New York ondermaats presteerde. New York is een van de belangrijkste toeristenbestemmingen, dus doken ze er samen met een van hun eerste investeerders, Paul Graham van Y Combinator, in om te analyseren waarom er niet meer boekingen waren. Bij het bekijken van de appartementen die in de stad werden aangeboden, zo herinnert medeoprichter Joe Gebbia zich, bleek dat 'de foto's echt beroerd waren. Ze waren vaak gemaakt met smartphones en dat leverde afbeeldingen van Craigslist-kwaliteit op. Zo raar was het dus niet dat niemand boekte, want je kon niet zien waar je voor betaalde.' Graham kwam met het idee om de boekingen te verbeteren door te experimenteren met een hack die lowtech was en veel werk vergde, maar je kon hem snel uitvoeren en hij bleek uiteindelijk ongelooflijk effectief. De oprichters en Graham namen daarop het vliegtuig naar New York. Gebbia en zijn medeoprichter Brian Chesky huurden een camera van 5.000 dollar, gingen van deur tot deur en namen professionele foto's van zo veel mogelijk adressen in de stad. Vervolgens vergeleken ze het aantal boekingen voor de adressen met de verbeterde foto's met de rest van de adressen in New York. Daarbij bleek dat de nieuwe foto's leidden tot twee tot drie keer zoveel boekingen, terwijl de inkomsten uit New York in één keer verdubbelden.[10]

Nu hun hypothese dat fotokwaliteit van invloed was op boekingen was bewezen, breidden ze snel hun inspanningen om betere foto's te produceren uit naar andere belangrijke steden die ook ondermaats presteerden: Parijs, Londen, Vancouver en Miami. Het bleek overal voor verbetering te zorgen en om een zo hoog mogelijk aantal boekingen te bereiken, besloot Airbnb een fotoprogramma te creëren dat gastheren in staat stelde om een professionele fotograaf in te huren voor het fotograferen van hun huis.[11] In de zomer van 2010 werd begonnen met twintig fotografen, een aantal dat in 2012 was uitgegroeid tot meer dan 2.000 freelancefotografen die foto's namen van 13.000 adressen op zes continenten. Was het goedkoop? Nee, maar de verbeterde lijsten leidden tot een tweeënhalf keer hogere boekingsratio wereldwijd.

Gebbia en Chesky hadden ook kunnen proberen het aantal boekingen te vergroten door zich te focussen op een sterke groei van het aantal mensen dat naar een overnachting in New York zocht. Ze hadden bijvoorbeeld meer promotie-e-mails kunnen sturen met daarin populaire bestemmingen in New York, of ze hadden kunnen kiezen voor betaalde advertenties die zouden verschijnen als mensen bestemmingen googelden. Dat zou misschien iets meer verkeer naar de site hebben gelokt, maar het aantal boekingen zou nog steeds beperkt zijn vanwege het ontbreken van aantrekkelijke foto's. Door hun focus te houden op het verbeteren van het uiteindelijke doel, namelijk het vergroten van het aantal geboekte overnachtingen, vergrootten ze niet alleen het aantal mensen dat boekte, maar maakten ze ook de eventueel toekomstige groei van het aantal bezoekers van de site lucratiever.

Zoals het heel makkelijk is om je Poolster uit het oog te verliezen en in het moeras verzeild te raken bij het najagen van denkbeeldige of irrelevante groeimaatstaven, kun je al even makkelijk verdwalen in de wildgroei aan data en de analyse daarvan, en het gevoel van urgentie verliezen om te experimenteren met manieren die echt de groei stimuleren. Alex Schultz merkt op dat het team dat werkte aan Facebooks aanvankelijke poging om één cruciale maatstaf te verbeteren – volgens Zuckerberg de maandelijks actieve gebruikers – het groeiteam hielp bij het vermijden van de valkuil van de 'analyse-paralyse'. Steeds meer data-analyses uitvoeren kan heel verleidelijk zijn; omdat je verdiepen in data wetenschappelijk oogt, leidt dat al snel tot de overtuiging dat je heel gedegen bezig bent en je niet verliest in experimenten zonder bewezen kans op succes. Een van Schultz' favoriete citaten als hij praat over het groeiproces is dat van generaal George Patton, die zei: 'Een goed plan waar je nu volledig voor gaat, is beter dan een perfect plan voor morgen.'[12] De helderheid van het Poolster-doel draagt ertoe bij dat je bij je data-analyse strak gefocust blijft, zodat je zo snel mogelijk je experiment met de grootste impact van de grond krijgt.

HET DATAGEBOD

Om je groeiformule te bepalen en je Poolster te benoemen, is het een eerste vereiste dat je in staat bent om zowel data over klantgedrag te verzamelen als het succes van het product en de resultaten van experimenten te meten. Pas dan kun je weten of je aannames daarover aansluiten op hoe mensen je product in de praktijk gebruiken. Jack Dorsey, de oprichter van Twitter, noemt het zó opzetten van je data-tracking dat je tot bovenstaande in staat bent 'instrumentatie'. Zoals een vliegtuig niet kan vliegen zonder instrumenten die voortdurend informatie verschaffen over hoogte, luchtdruk en windsnelheid, zo zal ook je groeiteam niet weten welke richting het op moet zonder de juiste data onder handbereik.[13]

Je moet niet alleen de specifieke set maatstaven bepalen die, uitgaande van jouw specifieke groeiformule, het belangrijkst zijn voor jouw groei, je moet ook de tijd nemen om je databronnen te bundelen en je analytische capaciteiten zo af te stemmen dat je tot een verfijndere analyse kunt komen van informatie over en gedrag van de klant/gebruiker. Ook dit behelst vaak meer dan wat de standaard, kant-en-klare data-apps als Google Analytics je bieden. Deze instrumenten dienen zeker hun doel, maar als je op het punt staat om echt aan een agressieve groeispurt te beginnen, is het belangrijk dat je iedere gebruiker kunt volgen, van zijn eerste bezoek tot aan alle interacties van die persoon met het product, van hoe ze het hebben ontdekt tot het ervaren van het aha-moment, tot wanneer ze ophouden met het gebruik ervan. De meeste bedrijven, zowel start-ups als gevestigde bedrijven, gebruiken allerlei softwareprogramma's om klantgegevens te verzamelen, op te slaan en te analyseren. Ze zullen een webanalyseprogramma hebben om het gebruikersgedrag op hun website en binnen hun product (als dat op internet gebaseerd is) te volgen, een klantrelatiemanagementprogramma (CRM) om met e-mails en mobiele berichten de betrokkenheid te meten, en een systeem om betalingen te monitoren, om er maar enkele te noemen.

Zoals we al hebben besproken in hoofdstuk 2 is het combineren van al je data, zodat je je klanten gedetailleerd kunt volgen door de hele funnel heen, cruciaal om erachter te komen hoe je je product tot een must have kunt maken. Als je in dat stadium niet al je data hebt gebundeld, dan zul je de tijd moeten nemen om dat nu te doen.

Zo'n samengebundelde datapool wijst je niet alleen op terreinen waarop je moet experimenteren, zoals besproken in hoofdstuk 2, hij stelt je ook in staat om betere experimenten te ontwerpen die specifiek gefocust zijn op het verbeteren van wat jij hebt geïdentificeerd als je cruciale groei-aanjagers. De beste groeiteams nemen de tijd om hun datacollectie en -analyse op orde te krijgen. Het groeiteam van Facebook besloot dat een beter inzicht in de data zo belangrijk was dat het in januari 2009 de dramatische stap zette om alle groei-experimenten te stoppen en één volledige maand lang alleen maar bezig te zijn met het verbeteren van het volgen, verzamelen en bundelen van de data. Naomi Gleit, de eerste productmanager van Facebooks groeiteam, vertelt dat 'we in 2008 niet wisten welke kant we op moesten wat betreft het optimaliseren van groei'. Na het project was het dataplaatje compleet en konden ze zien wat iedere afzonderlijke gebruiker deed op de site; ze verkregen zo een veel uitgebreider beeld van hoe mensen Facebook gebruikten en waar problemen betreffende de ervaring van het product zich voordeden. Dit maakte dat het groeiteam met gerichtere experimenten kon komen voor het testen en aanjagen van groei.[14]

Het goede nieuws is dat het combineren van alle data dan misschien een enorme klus is voor een gróót bedrijf – wat Facebook toen al was, of Walmart toen dat met dit proces aan de gang ging – maar dat het makkelijker te realiseren is voor kleinere bedrijven of projecten. Die hebben namelijk een hele reeks aan hulpmiddelen en diensten ter beschikking die het eenvoudiger maken om data te verzamelen en de diverse bronnen met elkaar te combineren. Zo heeft marketingspecialist Rob Sobers een simpele methode geschetst om met kant-en-klare softwareprogramma's een systeem van data-tracking te creëren dat (op het moment van schrijven) slechts 9 dollar per maand kost. (We zullen hier niet verder in details treden, maar in de noten achter in dit boek vind je een link naar meer uitleg.[15])

HET GAAT NIET ALLEEN MAAR OVER CIJFERS

Gebruikersdata hebben hun grenzen, zelfs heel gedetailleerde data. Zelfs de meest verfijnde analyse kan je tenslotte alleen maar definitief uitsluitsel geven over wát gebruikers doen, niet waaróm ze zich op die manier gedragen. Soms kunnen gedragspatronen je heel simpel wijzen op een reden voor gebruikersgedrag. Als je bijvoorbeeld ziet dat een significant aantal mensen wegvlucht van jouw website als ze een bepaalde feature proberen – bijvoorbeeld een videospeler – zul je vaak in staat zijn om een fout te vinden in de werking ervan; productontwerpers noemen dat een bruikbaarheidsprobleem. In het geval van de videospeler zul je misschien, na nadere analyse van de data, ontdekken dat dit vaker gebeurt bij gebruikers met een Android-telefoon. Vervolgens kom je erachter dat de manier waarop de videospeler op Android-apparaten functioneert, maakt dat het laden van video's langer duurt. Dergelijke bruikbaarheidsproblemen zijn als laaghangend fruit. Andere kwesties die mensen ervan weerhouden je product enthousiast te gebruiken, zijn vaak heel wat moeilijker te achterhalen, en het achterhalen van het waarom van wat er gaande is, vereist het uitvoeren van een paar gebruikersenquêtes of -interviews, of allebei.

Hoewel het praten met gebruikers in de eerste ontwikkelingsfase van het testen van een prototype een wijdverbreide praktijk is, raakt dat bij te veel start-ups en gevestigde bedrijven nogal in de vergetelheid als het product eenmaal gelanceerd is. Het is uitermate belangrijk om ook tijdens het proces van in hoog tempo experimenteren uit deze cruciale bron te blijven putten.

De daardoor verkregen feedback wijst je namelijk vaak de weg naar de krachtigste experimenten die je kunt uitvoeren. Veel van de kwantitatieve analyses die je uitvoert moeten, met andere woorden, worden aangevuld met dergelijk kwalitatief onderzoek.

ONTWERP TOEGANKELIJKE RAPPORTAGE

Nog een laatste punt over data: het enorme belang van het zo simpel en toegankelijk mogelijk rapporteren over de resultaten van je data-analyses (en vervolgens over de experimenten die je gaat uitvoeren). Je mag dan alle relevante maatstaven hebben bekeken en alle relevante cijfers hebben gekraakt, als niemand in het team (behalve de data-analisten) jouw bevindingen begrijpt, zullen die waarschijnlijk niet tot zinvolle acties leiden. Indrukwekkende spreadsheets met gebruikersgegevens, databaseanalyses en technische hoogstandjes – die van enorm veel waarde kunnen zijn voor ervaren data-analisten – kunnen afschrikwekkend, zo niet verlammend werken op andere teamleden. Daarom is het ook belangrijk om de tijd te nemen voor het opstellen van rapporten die duidelijk jouw vorderingen illustreren met betrekking tot je groei-aanjagers en je Poolster-maatstaf – met gebruikmaking van wat algemeen bekendstaat als 'dashboards'.

Wij zijn enorme fans van dashboards omdat ze helpen de aandacht van de teamleden te richten op cruciale trends of maatstaven en ze je de kans geven om de bevindingen met het hele bedrijf te delen, wat weer aanmoedigt tot meer participatie in het groeiproces. Toen ik (Sean) iedereen bij GrowthHackers (en ook vertrouwde adviseurs en leden van de raad van bestuur) uitnodigde om te brainstormen over hoe we de community konden laten groeien, ontvingen we een stroom aan fantastische nieuwe ideeën, waarvan er veel een mooie boost voor de groei bleken.

Door de data voor de hele organisatie toegankelijker te maken, zorg je er ook voor dat de Poolster en andere belangrijke maatstaven bij het hele bedrijf de eerste prioriteit blijven, en moedig je datagedreven gedrag aan bij alle teams, en niet alleen bij het groeiteam. Toen Willix Halim, de voormalige onderdirecteur Groei van Freelancer.com, in de praktijk testte wat voor impact het tonen van dashboards op de werkvloer had op het presteren van de teams, ontdekte hij dat een constante zichtbaarheid van de cijfers waar het team verantwoordelijk voor is, het team significant beter in staat stelt om positieve invloed uit te oefenen op de maatstaven waar het verantwoordelijk voor is.[16]

Hoe waardevol een toegankelijke rapportage kan zijn, blijkt als we kijken naar hoe complex de spreadsheets vaak zijn die groeiteams opstellen om de relevante maatstaven te monitoren. De afbeelding hieronder kregen we van Dan Wolchonok, een senior productmanager bij HubSpot. Ze bevat een schat aan uiterst waardevolle informatie, maar kan nogal intimiderend overkomen op mensen die geen ervaring hebben met het nauwgezet lezen van dergelijke rapporten en met het ondernemen van actie op grond van dit soort presentaties.

TYPISCH GROWTH-HACKINGREPORT

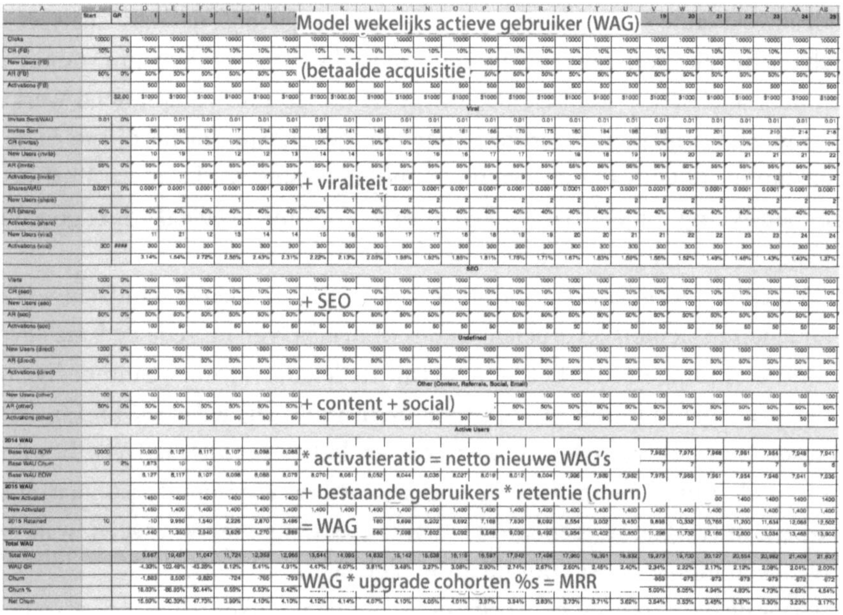

En kijk nu eens hoe eenvoudig het is om significante trends te onderscheiden in de hiernavolgende grafieken van Pinterest, gepresenteerd door groei-ingenieur John Egan, in een post op zijn eigen blog over de zevenentwintig cruciale maatstaven die Pinterest monitort.

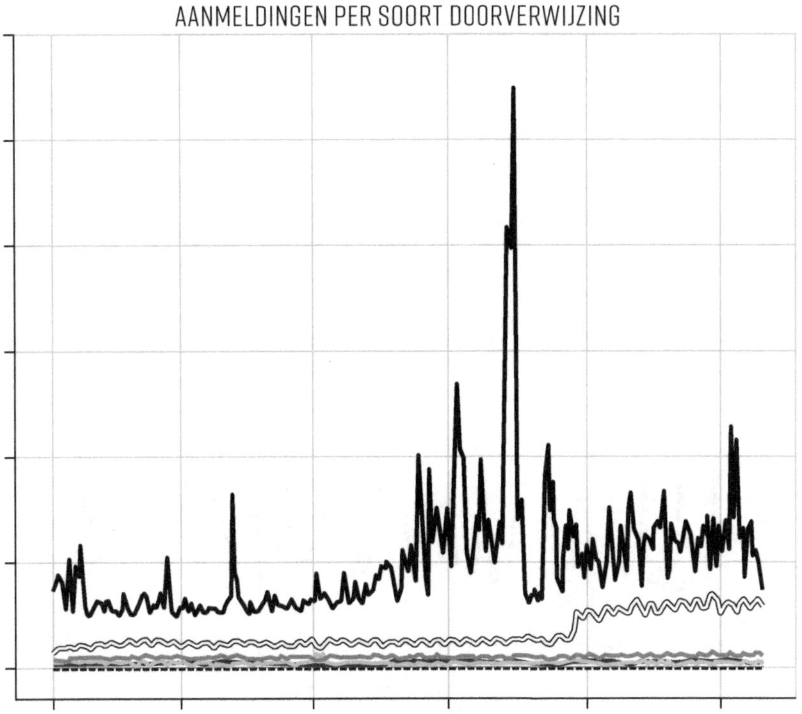
AANMELDINGEN PER SOORT DOORVERWIJZING

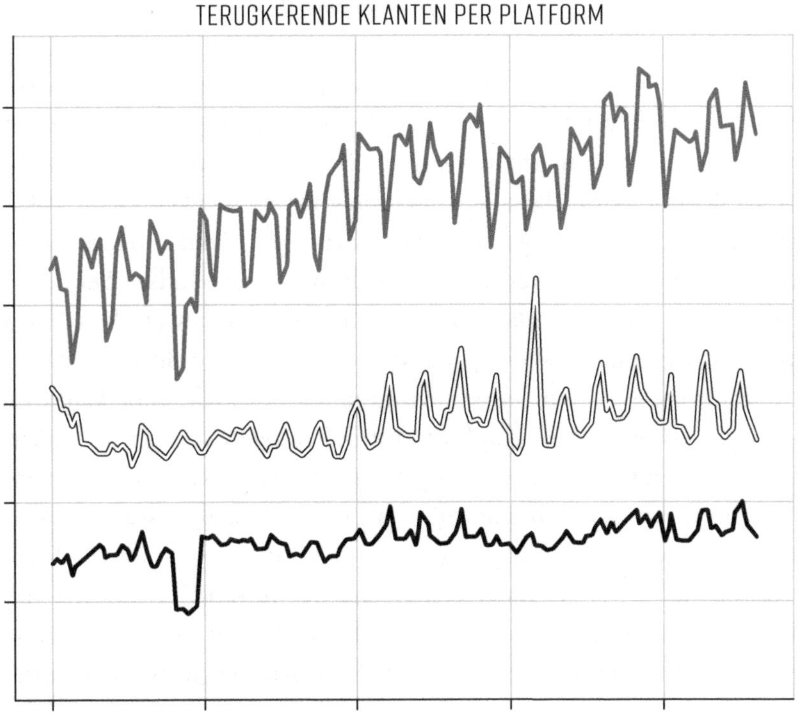
TERUGKERENDE KLANTEN PER PLATFORM

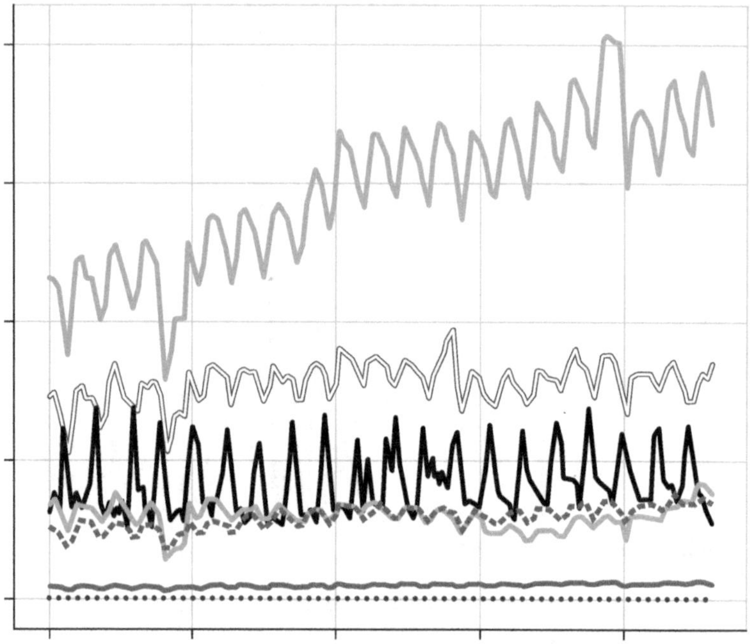

Pinterest groei-dashboards[17]

In elke grafiek zijn in één oogopslag duidelijke trends zichtbaar, hoewel we niet precies weten welke dat zijn omdat Egan om redenen van vertrouwelijkheid de details uit bovenstaande versies heeft weggelaten. Het delen van data moet in elk geval oordeelkundig gebeuren – zoveel is zeker – en je zult heel zorgvuldig moeten overwegen welke rapporten je ook naar mensen buiten je groeiteam stuurt, en al zeker welke je deelt met derden buiten het bedrijf.

Het creëren van dergelijke simpele dashboards is trouwens helemaal niet zo moeilijk. Er bestaan talloze programma's waarmee je slimme data-visualisaties kunt creëren, van simpele programma's bedoeld voor kleine start-ups, zoals Geckoboard en Klipfolio, tot oplossingen voor grote bedrijven, zoals Tableau en Qlik Sense, en nog tientallen meer. Te veel rapporten behelzen niet meer dan 'data kotsen', zoals Google Analytics-expert Avinash Kaushik dat noemt.[18] Het te pas en te onpas maatstaven spuien, leidt vooral tot verwarring. Het doel moet echter zijn het verschaffen van helderheid over de maatstaven die er het meest toe doen. Om dat te bereiken, moeten dashboards alleen rapporteren over de belangrijkste maatstaven, die aansluiten bij jouw groei-aanjagers. Nadat je het rapporteren hebt teruggebracht tot dat wat er echt toe doet, is de volgende stap informatie zodanig presenteren dat er actie op kan worden ondernomen. Maatstaven moeten daarom worden gepresenteerd naar ratio in plaats van als statische getallen. Het rapporteren over het totaal aantal verworven gebruikers is bijvoorbeeld statisch en vertelt je verder weinig, maar het aantal nieuwe gebruikers dat per dag of week wordt verworven, is veel beter, want dat kan worden vergeleken met vorige periodes, zodat je kunt kijken of dat aantal toeneemt of terugloopt. Getallen moeten ook worden vergezeld van een indicator als ze het beter, slechter of hetzelfde doen als eerder. Dat kun je doen door de percentuele verandering gedurende de vorige periode te laten zien of door een indicator zoals kleur te gebruiken om het team te laten weten wanneer een getal beter is dan of achterblijft bij wat het eigenlijk zou moeten zijn.

Getallen kunnen ook worden vergeleken met een vooraf gesteld doel. Zo zet het team bij Inman de groeimaatstaven betreffende de abonnees af tegen de maandelijks te halen targets, om zo te zien of het die voorblijft dan wel erbij achterblijft. Dashboards zouden teamleden moeten helpen bij het bepalen of er een gezonde groei is in het bedrijf, en bij het snel en duidelijk beantwoorden van vragen met de informatie die ze leveren. Hoewel het ontwerpen van datavisualisatie een ingewikkelde zaak is, kan een getalenteerde data-analist in samenwerking met de leider van het groeiteam een aantal inzichtelijke en praktische dashboards creëren waarmee het team de maatstaven die er het meest toe doen, kan monitoren.

ALLES SAMENVOEGEN

Om te illustreren hoe het identificeren van groei-aanjagers, het uitvoeren van diepgravende analyses en het rapporteren daarover, en dat aanvullen met onderzoeken onder klanten, kunnen worden gebruikt om een mogelijkheid tot groei te vinden en die vervolgens te optimaliseren, zullen we eens kijken naar de manier waarop Josh Elman en het groeiteam van Twitter ontdekten dat mensen die minstens dertig andere gebruikers volgden enthousiaste, langdurige gebruikers werden. Elman deed een eerste ontdekking door een zogenaamde cohortenanalyse uit te voeren. Daarbij worden je klanten of gebruikers onderverdeeld in afzonderlijke groepen met een gemeenschappelijk kenmerk. Bij Twitter zou je de gebruikers bijvoorbeeld kunnen onderverdelen naar de maand waarin ze van de dienst gebruik gingen maken. Daar kun je tamelijk eenvoudig achter komen, maar met een grote en gedetailleerde datacache zou je in staat zijn om veel nauwkeuriger groepen te onderscheiden, bijvoorbeeld mensen die tot vijf keer per dag op Twitter zitten maar nooit twitteren, mensen die alleen in de weekends twitteren, mensen die per week tien of meer nieuwe volgers toevoegen, enzovoort.

In die tijd was het grootste probleem van Twitter het vasthouden van gebruikers; heel veel mensen registreerden zich maar vertrokken vervolgens weer, terwijl tegelijkertijd een veel kleinere groep juist behoorlijk actief werd. Dus begonnen Elman en het team met het onderverdelen van gebruikers in cohorten gebaseerd op het aantal dagen per maand dat ze Twitter bezochten. Vervolgens vergeleken ze dat met het aantal keren dat deze gebruikers in de daaropvolgende maand Twitter bezochten. Ze deden een opzienbarende ontdekking: van diegenen die minstens zeven keer per maand Twitter bezochten, bleef een heel hoog percentage de volgende maand terugkomen: tussen de 90 en 100 procent.

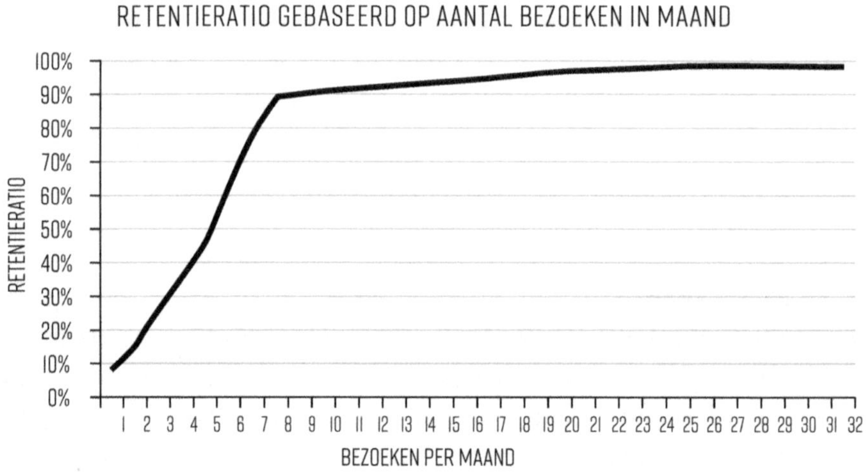

Vervolgens verdeelde hij de gebruikers in drie groepen: enthousiaste gebruikers, die Twitter minstens zeven keer per maand bezochten; incidentele gebruikers, die er minder vaak gebruik van maakten; en 'dode' gebruikers, die na hun eerste bezoek nooit meer terugkwamen. Zo kon het team vaststellen dat slechts 20 procent van de bezoekers een enthousiaste gebruiker werd.

Het team dook nog dieper in de data en voerde een correlatieanalyse uit, waarbij wordt gekeken naar mogelijke overeenkomsten in gedrag binnen een bepaalde groep gebruikers die niet bij andere groepen worden aangetroffen. Uit de analyse van de enthousiaste gebruikers bleek dat deze mensen over het algemeen rond de dertig andere gebruikers volgden; sommigen van hen volgden er veel meer, maar dertig leek een 'kantelpunt' voor de mensen die terugkwamen voor meer.

Maar daarmee hield het voor Elman en zijn team nog niet op. Ze kenden de mantra van statistische analyse, namelijk dat correlatie niet hetzelfde is als oorzakelijkheid. Ze hadden, op dit punt aangekomen, kunnen proberen om het aantal mensen dat gebruikers volgden een boost te geven en het daarbij te laten. En dat zou ook tot acceptabele resultaten hebben geleid. Maar wat als het verlangen om een significant aantal mensen te volgen nou eens niet de enige onderliggende reden was voor het feit dat het volgen van dertig mensen het product zo onweerstaanbaar maakte? Het groeiteam verdiepte zich nog verder in de data en ontdekte daarbij al snel een andere correlatie. Of mensen al dan niet actieve gebruikers werden, had ook te maken met hoeveel van deze dertig of meer mensen die ze volgden op hun beurt ook hen volgden. Maar in tegenstelling tot wat je zou verwachten, was het niet zo dat hoe meer mensen dat deden, hoe groter de kans was dat ze Twitter trouw bleven. Zij die werden gevolgd door slechts een derde van de mensen die ze zelf volgden, bleken loyale gebruikers te worden. Maar waarom? Hier bood het vergaren van inzichten door het interviewen van Twitter-gebruikers uitkomst. Door gebruikers te bellen en hen te interviewen, ontdekte het team dat als veel meer dan een derde van de mensen die jij volgde ook jou ging volgen, Twitter veel weg begon te hebben van een gewoon sociaal netwerk. De onderscheidende waarde van het product was dan niet duidelijk. Als mínder dan een derde van de mensen die jij volgde jou ging volgen, leek Twitter meer op een nieuwssite, waarvan er al duizenden bestonden. De unieke productwaarde van Twitter als een plek waar mensen kunnen ontdekken wat er in hun wereld gebeurt, werd pas duidelijk in het gebied tussen een derde en twee derde.

Het team gebruikte de interviews ook om meer te weten te komen over een ander onderscheidend cohort gebruikers: zij die 'comateus' waren geworden, gebruikers die een tijdje verdwenen om dan plotseling terug te keren en weer actief te worden. Door letterlijk de telefoon te pakken en deze mensen te bellen, leerde het team wat er nu precies aan de hand was: toen deze mensen voor het eerst Twitter gingen gebruiken, dachten ze dat de site vooral bedoeld was om tweets te versturen, als een soort zender, en dan met name voor promotionele doeleinden. Daar hadden ze geen belangstelling voor en dus haakten ze weer af. Maar toen vertelde een kennis over iemand die hij volgde – een beroemdheid misschien of iemand op zijn werk of in zijn gemeenschap voor wie hij respect had – en zagen deze Twitter-ontvluchters plotseling de waarde van de site in als een middel om met anderen in contact te komen en van hen te leren. De conclusie was duidelijk: het aantal mensen dat een gebruiker volgde en het aantal volgers van die gebruiker, waren de maatstaven waar ze zich op moesten focussen om groei aan te jagen. Ze gebruikten deze informatie bovendien om op een nog geraffineerdere manier suggesties te doen aan gebruikers over mensen die ze konden volgen.[19]

Zoals het voorbeeld van Twitter laat zien, is een essentiële en krachtige eerste stap voor succesvolle growth hacking dat je je groeiformule bepaalt en kijkt naar welke belangrijke maatstaven je moet verbeteren. Je moet verder het juiste instrumentarium en de juiste wijze van datacollectie kiezen, en een manier van rapporteren met daarbij inbegrepen de feedback van klanten, om zo je cruciale groei-aanjagers te ontdekken. Nu ben je er klaar voor om je groeimachine in werking te stellen. Dit is ook het moment om het stap-voor-stapproces te introduceren dat wij hebben ontwikkeld voor het achtereenvolgens aanscherpen van de beste ideeën om te testen, het ervoor zorgen dat de tests zo efficiënt mogelijk worden uitgevoerd, het houden van gedisciplineerde groeimeetings, en het blijven leren van en voortbouwen op je bevindingen om je groeimachine in de hoogste versnelling te krijgen.

4
IN HOOG TEMPO TESTEN

In 2007 eindigde het footballteam van de Baylor University opnieuw als laatste in de twaalf teams tellende competitie. Het team had al ruim tien jaar de play-offs niet meer gehaald. Toen nam Art Briles het over als hoofdcoach en al snel scoorden de Baylor Bears gemiddeld een opmerkelijke 64 punten per wedstrijd en bereikten ze elk jaar als een van de hoogst geklasseerde teams de play-offs. De sleutel tot deze omslag was een nieuwe, in hoog tempo uitgevoerde en compromisloze manier van aanvallen die de tegenstander naar adem deed happen in zijn poging het tempo van de wedstrijd bij te houden. Een sportverslaggever noemde Baylors tactiek een 'niet te stoppen systeem'. De snelheid van aanvallen van Baylor stelde het team niet alleen in staat om de opponenten te overrompelen, elke wedstrijd leerde het team weer meer over hoe je kunt winnen.

Door acties sneller uit te voeren en de tijd tussen de acties te verkorten, was Baylor ook in staat ongeveer dertien offensieve acties per wedstrijd meer uit te voeren dan zijn concurrenten. Deze dertien extra acties betekenden een toename van 20 procent ten opzichte van het gemiddelde aantal acties van *college*-teams per wedstrijd. In een seizoen van tien wedstrijden kom je dan op het equivalent van bijna twee volledige extra wedstrijden.[1] Dat vertaalde zich in meer ervaringskennis, in het heetst van de strijd, over welke acties het beste werken en in welke omstandigheden.

Meer leren door sneller leren is ook het doel – en het grote voordeel – van het *high-tempo* growth-hackingproces.

De bedrijven die het snelst groeien, zijn ook de bedrijven die het snelst leren. Hoe meer experimenten je doet, hoe meer je leert. Het is eigenlijk heel simpel. Het hoge volume is ideaal omdat de meeste experimenten niet de resultaten geven waar jij op hoopt. Andere leveren wel enige indicatie voor succes op, maar zijn niet doorslaggevend; ze geven geen resultaten die significant genoeg zijn om de geteste verandering ook echt door te voeren. Sommige leveren kleine maar geen verpletterende successen op. Er zijn maar heel weinig tests die echt enorm profijtelijk zijn. Het vinden van successen, groot of klein, is dus een kwestie van aantallen.

Bedenk dat grote successen bij growth hacking over het algemeen voortkomen uit een reeks kleinere, in de loop van de tijd op elkaar gestapelde succesjes. Elk stukje opgedane kennis leidt tot betere resultaten en betere ideeën om te testen, wat weer leidt tot meer successen, en uiteindelijk resulteren al die kleine verbeteringen in een doorslaggevend voordeel ten opzichte van de concurrentie.

Peep Laja, een erkend expert op het gebied van *conversion rate optimalization* – de wetenschap die zich bezighoudt met de vraag hoe je meer bezoekers van een website of app ertoe kan overhalen klant te worden – illustreert de kracht van kleine vorderingen graag door erop te wijzen dat een verbetering van 5 procent van de conversieratio per maand leidt tot een verbetering van 80 procent per jaar, dankzij het feit dat kleine winsten de neiging hebben om te stapelen. Als jij bezoekers aantrekt door middel van zoekadvertenties, zou de daaruit voortvloeiende toename in conversies je advertentiekosten per klant ongeveer tot de helft terugbrengen. Ditzelfde principe gaat overal in een bedrijf op. Kleine toenames in retentie kunnen zelfs nog krachtiger zijn. Een team onderzoekers van Bain & Company en Harvard Business School ontdekte dat een verbetering van de retentie met 5 procent leidt tot een winstgroei van tussen de 25 en 95 procent. Als klanten langer blijven hangen, leiden kleine verbeteringen van de retentie al tot een gestapelde groei van de inkomsten.[2]

In dit hoofdstuk zullen we bespreken hoe je het soort snel opeenvolgende experimenten moet uitvoeren die resulteren in dit soort gestapelde verbeteringen.

HET TEMPO NEEMT IN DE LOOP VAN DE TIJD TOE

Het volume en het tempo van experimenten die groeiteams kunnen uitvoeren, variëren enorm, afhankelijk van de omvang van het bedrijf en de middelen die beschikbaar zijn om het testen te ondersteunen. Veel van de betere groeiteams doen vaak twintig tot dertig experimenten per week, en sommige doen er nog veel meer. Jonge start-ups zijn misschien tot slechts één of twee tests per week in staat, om dat aantal dan langzaam op te voeren. Start-ups in een latere fase en grote, gevestigde bedrijven zijn daarentegen vaak in staat om met een veel groter aantal te beginnen. Wat ook de omvang van het bedrijf of het team is, als je het aantal experimenten dat je kunt uitvoeren en de winst die dat oplevert wilt optimaliseren, is het cruciaal dat je een zeer gedisciplineerd proces volgt dat je in staat stelt een pijplijn vol goede ideeën te creëren en daar efficiënt prioriteiten voor vast te stellen. Dat zorgt ervoor dat je continu en met de grootst mogelijke snelheid kunt blijven testen zonder slordig te worden in de uitvoering ervan, want dat leidt tot niet-valide testresultaten of tot het verzanden in tijdrovend brainstormen over welke ideeën je nu weer eens zult gaan testen.

We adviseren teams om langzaam te beginnen en het tempo op te voeren naarmate het team vertrouwder raakt met het nieuwe proces. Als je al direct vanaf het begin te veel experimenten opzet, kan dat leiden tot een slechte implementatie van de tests, verwarring in het team en ontmoediging omdat targets niet worden gehaald. Slecht ontworpen, lukrake tests kunnen meer kwaad dan goed doen. Zoals je ook geen triatlon moet proberen te volbrengen zonder een goede training en warming-up, zo moet je je ook niet zomaar halsoverkop op het growth-hackingproces storten. Dat is vragen om ellende.

We hebben een uit vier delen bestaande cyclus ontwikkeld, plus een set simpele maar krachtige instrumenten, om ervoor te zorgen dat een groeiteam opereert als een goed getrainde, goed afgestelde machine die experimenten in hoog tempo kan uitvoeren. We zullen hier in dit hoofdstuk verder op ingaan.

DE GROWTH-HACKINGCYCLUS

De stadia van het proces zijn, zoals eerder genoemd: data-analyse en inzicht vergaren, ideeën genereren, prioriteiten voor experimenten vaststellen, de experimenten uitvoeren, om daarna terug te keren naar de analyse om de resultaten te beoordelen en de volgende stap te bepalen, en dat steeds weer. Welk product of welk aspect ervan je ook test, elke doorloop van deze cyclus moet met vaste tussenpozen worden volbracht, liefst in één of twee weken (bij GrowthHackers gaan we uit van een cyclus van één week). De cyclus wordt gemonitord door een wekelijkse, één uur durende meeting van het groeiteam om de resultaten te bekijken en te beslissen over de experimenten die in de daaropvolgende week zullen worden geïmplementeerd.

HET GROWTH-HACKINGPROCES

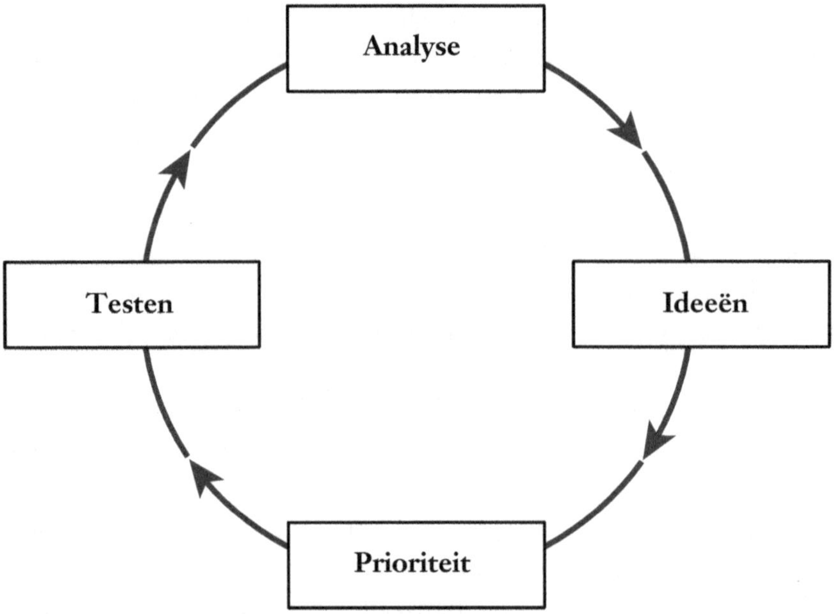

Om te illustreren hoe dit proces van start tot finish werkt, zullen we een hypothetische case gebruiken van een groeiteam dat net is samengesteld bij een grote supermarktketen. We hopen dat al snel duidelijk zal worden dat dit proces voor elk team of bedrijf kan werken – klein of groot – en voor elk product of project, van een nieuw softwareprogramma tot een online winkel, tot een mediaproduct, tot een hardwarebedrijf, en tot zelfs een blog of één enkele advertentie of pr-campagne. We zullen beschrijven wat ieder teamlid in elk van de stadia moet doen en we zullen een model-agenda introduceren die tot in detail aangeeft hoe de cruciale groeimeeting moet worden gehouden.

VOORBEREIDING VOOR DE START

Voordat je met de cyclus begint, zul je een teammeeting willen beleggen om aan iedereen uit te leggen hoe het proces in zijn werk zal gaan. De leider van het team moet daarbij duidelijk maken wat de rol van ieder teamlid is en hoe er van hem wordt verwacht dat hij zowel individueel als gezamenlijk aan het werk van het team bijdraagt. Ook moet worden uitgelegd wat de methodes zijn om ideeën te genereren en er prioriteit aan te geven, iets waar we later in dit hoofdstuk verder op in zullen gaan. De leider van het team vraagt vervolgens aan de data-analist om de resultaten van de van tevoren uitgevoerde analyse te delen, en presenteert daarna de cruciale groei-aanjagers, de Poolster-maatstaf en de gebieden of doelen waar het team zich op moet focussen. Het team moet vervolgens het volume en het tempo bepalen van de experimenten die ze elke week opzetten: hoeveel tests denken ze redelijkerwijs te kunnen ontwerpen en implementeren. Het zijn over het algemeen de data-analisten en technici die de expertise hebben om een eerste inschatting te maken, en in de loop van het proces zullen onvermijdelijk aanpassingen moeten worden doorgevoerd.

Laten we ervan uitgaan dat het groeiteam van de hypothetische supermarkt de taak heeft gekregen om meer verkopen te genereren via de nieuwe app van het bedrijf. De app, die een aantal maanden eerder met een grote, traditionele marketingcampagne is gelanceerd, heeft inmiddels een flink aantal early adopters: honderdduizend mensen hebben de app op hun telefoon gedownload. Maar dat heeft tot nu toe niet geleid tot al te veel bestellingen. In plaats van nog weer een grote reclamecampagne op poten te zetten, heeft het bedrijf besloten om growth hacking te proberen.

Het productteam heeft een mooie app gebouwd. Ze hebben het juiste analytische instrumentarium ingebouwd om zo nuttig mogelijke feedback te krijgen over het gedrag van gebruikers van de app. Ze hebben de app in de ontwikkelingsfase ook getest bij potentiële gebruikers en de feedback gaf aan dat hij goed is ontworpen. Hij biedt heel veel aantrekkelijke features, zoals het zoeken naar items, aanbevolen items, voorraad en verkrijgbaarheid, gezonde recepten en de optie om de ingrediënten daarvoor met één klik te kopen. Er is verder een calorieënteller waarmee de klant snel kan zien hoeveel calorieën elk product – en trouwens ook de hele maaltijd – bevat. Het productteam had ook bedacht dat klanten een feature zouden waarderen waarmee ze snel konden zoeken op alleen glutenvrije, koosjere of biologische producten. De app is al met al een indrukwekkend staaltje werk. Het is dus niet goed te begrijpen dat hij niet tot meer bestellingen leidt.

Om dit probleem tot op de bodem uit te zoeken, heeft het bedrijf een ervaren groeiteamleider aangetrokken. Zijn eerste stap is mensen van de afdelingen Marketing, Software, Productontwikkeling en Data-analyse aan zijn team toevoegen. Vervolgens zal het team erachter moeten zien te komen wat het aha-moment is voor de mensen die de app gebruiken en wat hen en hun gebruik onderscheidt van de niet-gebruikers. Laten we zeggen dat een eerste onderzoek van het team aantoont dat het aha-moment ligt in het gemak van het bestellen van boodschappen via je telefoon, en het feit dat ze de volgende dag bij je thuis worden bezorgd. Ter voorbereiding op de eerste groeiteammeeting denkt de teamleider samen met de marketing- en datateamleden na over de groeiformule van de app, en ze besluiten dat die is:

AANTAL GEÏNSTALLEERDE APPS × AANTAL MAANDELIJKS ACTIEVE GEBRUIKERS × AANTAL KOPERS × GEMIDDELDE GROOTTE BESTELLING × HERHAALDE AANKOPEN = MATE VAN GROEI

Ze besluiten dat hun Poolster de maandelijkse opbrengst per klant moet zijn, want het uiteindelijke doel is tenslotte het genereren van meer verkopen. Ze willen niet alleen meer mensen ertoe bewegen om de app te gebruiken, ze willen ook een groot bestand van actieve klanten opbouwen die regelmatig aanzienlijke aankopen doen. Met het aha-moment bij de hand, de data-analyse op orde, de cruciale maatstaven bepaald en het team samengesteld, is het nu tijd om het in hoog tempo uitgevoerde growth-hackingproces te starten.

Bij de eerste groeimeeting zul je nog geen besluiten nemen over welke tests er moeten worden gedaan. De teamleden zullen de daaropvolgende week gebruiken om te brainstormen en ideeën te filteren over welke experimenten er in de eerste cyclus moeten worden uitgevoerd; deze zullen worden besproken en definitief worden geselecteerd in de groeimeeting van de volgende week. Wij zullen door dit hele hoofdstuk heen bij dit team blijven om te bekijken met welke ideeën ze komen en hoe het testproces nu precies gestalte moet krijgen.

FASE I: ANALYSE

In deze fase duikt de teamleider samen met zijn data-analist in de door de initiële golf gebruikers verschafte data om specifieke groepen te identificeren. Ze beginnen met het scheiden van de regelmatige bezoekers van degenen die de app na het downloaden nauwelijks of nooit meer gebruiken. Om te peilen waar zich eventuele groeimogelijkheden kunnen voordoen, formuleren ze een stel vragen die richting geven aan hun analyse. Dat gaat als volgt:

HOE IS HET GEDRAG VAN MIJN BESTE KLANTEN?

- Welke features gebruiken ze?
- Welke schermen in de app bezoeken ze?
- Hoe vaak openen ze de app?
- Welke items kopen ze?
- Wat is de gemiddelde omvang van hun bestellingen?
- Op welk tijdstip van de dag winkelen ze en op welke dagen?

WAT ZIJN DE KARAKTERISTIEKEN VAN MIJN BESTE KLANTEN?

- Hoe zijn ze bij ons terechtgekomen? Was dat via een advertentie, een promotie-e-mail naar het klantenbestand van de keten of op een andere manier?
- Welke apparaten gebruiken ze?
- Wat is hun demografische achtergrond, inclusief leeftijd, inkomen et cetera?
- Waar wonen ze?
- Hoe dichtbij is voor hen de winkel of andere winkels?
- Welke andere apps gebruiken ze nog?

WAT MAAKT DAT GEBRUIKERS DE APP VERLATEN?

- Welke schermen veroorzaken het meeste verloop?
- Zijn er fouten of storingen die gebruikers weerhouden van een bepaalde actie?
- Hoe zijn de producten geprijsd ten opzichte van andere diensten?
- Welke acties ondernemen zij niet die gebruikers die kopen wel ondernemen?
- Hoe manoeuvreren ze door de app, en hoeveel tijd brengen ze op de app door alvorens die weer te verlaten?

Terwijl de data-analist zich stort op het verwerken van de getallen, voert de marketingexpert van het team een aantal gebruikersenquêtes en een aantal interviews uit. Bij het ene onderzoek is het doel flink veel demografische en psychografische informatie over gebruikers vergaren. Bij een andere enquête wordt gebruikers gevraagd naar hun online en offline winkelgewoontes. En ten slotte wordt gebruikers gevraagd naar hun favoriete apps en hoe ze hun mobiele apparaten gebruiken.

De resultaten van de data-analyse en de respons uit enquêtes en interviews worden samengevat in de rapporten van de data-analist en het marketinglid, die aan het team worden toegestuurd voorafgaand aan de eerste groeimeeting, die een week later is gepland. Ter voorbereiding op die meeting maakt de teamleider een samenvatting van de bevindingen tot nu toe, waarbij hij een aantal interessante karakteristieken benoemt betreffende de reguliere bezoekers, vergeleken met die van diegenen die nooit gewinkeld hebben of slechts enkele aankopen hebben gedaan.

Het eerste wat opvalt is dat de groep van enthousiaste bezoekers gemiddeld voor meer dan 50 dollar bestelt, wat net boven de grens ligt voor gratis bezorging. Bovendien koopt een groot deel van de geregelde bezoekers vaak dezelfde items, die dus duidelijk tot hun vaste pakket behoren. Ten slotte komt een groot deel van de actiefste bezoekers op de app terecht via de mobiele website van de supermarkt.

Het team heeft op grond van de analyse al een flink aantal groei-ideeën in gedachten en is nu klaar voor de eerste meeting. Daarbij zullen de teamleden de bevindingen tot nu toe bespreken, de aanvankelijke ideeën om deze bevindingen te gebruiken evalueren en een koers uitzetten om te gaan experimenteren met manieren om via een eerste reeks tests een grotere omzet te halen uit de groep gebruikers van de app.

FASE 2: IDEEËN

Ideeën zijn de raketbrandstof voor groei. En je hebt er voldoende nodig om voor een gestage stroom te zorgen. Zoals Linus Pauling al zei: ‘De beste manier om een goed idee te krijgen, is om er heel veel te hebben.’ Daarom is ongebreidelde ideeënvorming ook zo cruciaal voor het growth-hackingproces. Dat betekent niet dat je ze ook ongebreideld gaat tésten; bij het testen moet je rigoureus prioriteiten stellen. Maar je wilt het groeiteam aanmoedigen om uit zijn creativiteit te putten en niet terughoudend te zijn bij het opperen van ideeën. Dat zorgt ervoor dat je het volume aan ideeën genereert dat nodig is om de paar parels in de modder te vinden.

In de vier dagen volgend op de teammeeting moeten alle leden zo veel mogelijk ideeën aandragen voor hacks die mogelijk de inkomsten afkomstig van de appgebruikers verbeteren. Zelfcensuur is uit den boze en niets is hierbij te gek. De teamleden hebben in eerste instantie de opdracht om ideeën aan te dragen die gebaseerd zijn op hun specifieke expertise, maar dat wil niet zeggen dat ze zich tot dat domein moeten beperken. De user experience designer kan bijvoorbeeld veranderingen voorstellen wat betreft het design van bepaalde schermweergaven, terwijl het marketinglid zich zou kunnen focussen op de verschillende manieren om gebruikers aan te moedigen hun eerste aankoop te doen. En de technici kunnen komen met ideeën om de app sneller te laten werken.

De teamleider moet een projectmanagementsysteem opzetten voor de coördinatie van zowel het indienen en het managen van ideeën als het bijhouden van en rapporteren over de resultaten. Bedenk dat cross-functionele samenwerking en het delen van informatie basisprincipes van growth hacking zijn; daarom is het van cruciaal belang dat iedereen in het groeiteam toegang heeft tot de groeiende voorraad ideeën en daar ook te allen tijde ideeën aan kan toevoegen. Bij GrowthHackers hebben we ons eigen softwareprogramma gecreëerd, Projects genaamd, dat iedereen die daartoe gerechtigd is in staat stelt om zowel ideeën aan te dragen als experimenten en hun resultaten te volgen, te becommentariëren en te evalueren. Er zijn allerlei softwarepakketten voor projectmanagement die je kunt gebruiken om het managen van experimenten en de communicatie tussen de leden over de status van de experimenten te vergemakkelijken.

Ideeën zouden moeten worden toegevoegd aan een 'ideeënpijplijn', volgens een vast stramien. Het is belangrijk om dat format te standaardiseren, zodat ideeën snel kunnen worden geëvalueerd, zonder dat het team eerst allerlei vragen hoeft te stellen. In plaats van vage suggesties als: 'Onze manier van registreren is te moeilijk; we zouden het makkelijker moeten maken', moeten de bijdragen heel precies verwoorden welke verandering er getest moet worden, moet met redenen omkleed zijn waarom die verandering de resultaten zou kunnen verbeteren en moet er een uitleg zijn over hoe de resultaten moeten worden gemeten.

Om een illustratie te geven van de juiste manier waarop ideeën zouden moeten worden aangedragen, keren we terug naar het team dat aan de app voor de supermarktketen werkt. Ideeën die in die eerste week worden gegenereerd, tussen de eerste en tweede groeimeeting in, kunnen bijvoorbeeld draaien om een van de verschillende methodes om meer aankopen te stimuleren. Sommige ideeën kunnen erop gericht zijn om mensen die de app hebben gedownload maar nog geen aankoop hebben gedaan, ertoe te bewegen om de stap te wagen en een eerste aankoop te doen. Andere hacks kunnen gericht zijn op mensen die al iets gekocht hebben, ofwel in een poging om hen vaker te laten kopen, ofwel om de gemiddelde waarde van hun bestelling bij volgende aankopen te vergroten. En ten slotte zou het team pogingen kunnen doen om via de website van het bedrijf nog meer nieuwe klanten voor de app aan te trekken – de data tonen tenslotte aan dat diegenen die van de site komen vaak de beste kopers zijn.

Laten we zeggen dat de productmanager in het appteam met het idee komt om een 'boodschappenlijstje' in de app in te bouwen, met daarin een lijst met eerdere aankopen van de klanten, zodat ze die eenvoudig opnieuw kunnen bestellen. Het idee zou in dit format moeten worden aangeleverd:

NAAM IDEE: Wij hebben gemerkt dat als je een idee een korte naam geeft, de discussie makkelijker en efficiënter wordt. We beperken die naam bij GrowthHackers tot maximaal vijftig karakters, om zo bondigheid en helderheid af te dwingen. We zullen het idee in dit voorbeeld 'boodschappenlijst' noemen.

OMSCHRIJVING IDEE: De beste manier om na te denken over hoe de omschrijving van het idee eruit zou moeten zien, is door een korte samenvatting te geven van het wie, wat, waar, wanneer, waarom en hoe van het idee. Op wie richten we ons: alle bezoekers, alleen nieuwe gebruikers, terugkerende gebruikers of gebruikers die via een specifieke route bij de app zijn uitgekomen? Wat moet er worden gecreëerd: is dat een nieuwe marketingtekst of een nieuwe feature? Waar zal de nieuwe tekst of feature worden geïmplementeerd: op de homepage van de app of ergens anders misschien? Wanneer krijgt de gebruiker het onder ogen: bijvoorbeeld op de landingspagina, als een bezoeker voor het eerst op de site komt? Verder moet de omschrijving het waarom bevatten (de redenering achter het idee) en het hoe: een aanbeveling voor het soort tests dat moet worden gedaan, bijvoorbeeld een A/B-test, of voor een nieuw te bouwen feature of voor een nieuwe reclamecampagne.

Voor de boodschappenlijst zou de omschrijving van de productmanager er als volgt uit kunnen zien: 'Als je het makkelijker maakt om eerder gekochte items te zien en opnieuw te bestellen, zal dat het aantal mensen vergroten dat opnieuw een aankoop doet en zal het in potentie ook het tempo waarin ze aankopen doen, versnellen. Het verbeteren van het gemak van opnieuw bestellen zal aanzetten tot vaker opnieuw bestellen. Het boodschappenlijstje, dat in de navigatie van de app moet worden opgenomen en beschikbaar moet zijn voor iedere gebruiker, zal het voor gebruikers gemakkelijker maken om hun favoriete items op te slaan en opnieuw te bestellen. Deze feature moet worden getest bij een groep early adopters alvorens hij voor alle gebruikers beschikbaar komt.'

HYPOTHESE: Zoals bij elk soort experiment moet de hypothese een simpele propositie zijn van verwachte oorzaak en gevolg. Algemene bewoordingen en vage uitkomsten zijn ook hier weer uit den boze. De verklaring 'Er komen niet voldoende mensen terug om herhaalde aankopen te doen; we moeten hen aansporen om dat wel te doen' bestaat alleen maar uit de vaststelling van een probleem en een oppervlakkige suggestie voor verbeteringen. Een betere hypothese zou zijn: 'Door het voor klanten makkelijker te maken om eerder gekochte items te zien en opnieuw te bestellen, zal het aantal personen dat herhaalde aankopen doet met 20 procent stijgen.'

Sommige teams zullen ervoor kiezen om in hun hypothese een te verwachten toename op te nemen, terwijl andere dat misschien niet zullen doen. Het voordeel van dat wel doen is dat het team een duidelijk idee krijgt van hoe succes eruitziet. Als ze een toename van 40 procent verwachten terwijl dat uiteindelijk maar 5 procent is, weten ze dat er nog werk aan de winkel is. Aan de andere kant is het van tevoren voorspellen van de resultaten van een test niet echt wetenschappelijk, en sommige teams zullen er daarom niet aan beginnen. Bij GrowthHackers benoemen we een verwachte stijging, die wordt berekend op grond van eerdere vergelijkbare experimenten, markante online beschikbare data en ruwe schattingen gebaseerd op het aantal mensen dat het experiment en de verwachte impact op hun huidige gedrag waarschijnlijk onder ogen krijgt.

TE HANTEREN MAATSTAVEN: De maatstaven die moeten worden aangehouden om de uitkomst van de test te evalueren, moeten worden gespecificeerd. De meeste experimenten zouden meer dan één maatstaf moeten hanteren, want soms gaan verbeteringen bij de ene maatstaf ten koste van die bij andere. Stel dat je een nieuw aanmeldingsformulier voor je homepage wilt testen. Je ontdekt dan misschien dat het nieuwe ontwerp het aantal nieuwe mensen dat zich aanmeldt vergroot, omdat je het makkelijker hebt gemaakt om dat te doen. Je ontdekt echter ook dat deze nieuwe bezoekers minder betrokken zijn dan vorige nieuwe bezoekers omdat ze niet precies hebben begrepen waarvoor ze zich hebben aangemeld. Uiteindelijk kan dat een serieuze belemmering voor groei zijn.

Identificeer welke maatstaven je moet gebruiken door te kijken naar de maatstaven 'stroomafwaarts' van het experiment die zullen worden beïnvloed. Voor de boodschappenlijst zijn de maatstaven die moeten worden bekeken: het aantal klanten dat de feature gebruikt, het aantal items dat in elke lijst wordt opgeslagen, het aantal herhalingsaankopen, de tijd tussen twee bestellingen en de gemiddelde omvang van elke bestelling. Deze maatstaven zullen het groeiteam helpen bij het evalueren van het experiment en van de impact daarvan op de maatstaven die van belang zijn. Er moet worden gemeten hoeveel mensen de nieuwe feature gebruiken en ook wat de impact van de feature is op hun koopgedrag, want dat maakt aan het team duidelijk of het experiment de belangrijkste maatstaf – namelijk de opbrengst per klant – heeft verbeterd en of de hypothese van het experiment al dan niet correct was, bijvoorbeeld of het heeft geleid tot meer herhalingsaankopen bij de appgebruikers die de nieuwe feature gebruikten.

Bedenk dat hoe meer ideeën de pijplijn in gaan, hoe groter je kansen zijn om winnaars te vinden die groei aanjagen. In de volgende fase van de cyclus zul je een proces implementeren om het (hopelijk) gigantische volume aan gegenereerde ideeën uit te ziften en vast te stellen welke je nu, later of helemaal niet zult testen.

EEN GROEI-IDEE IN PROJECTS

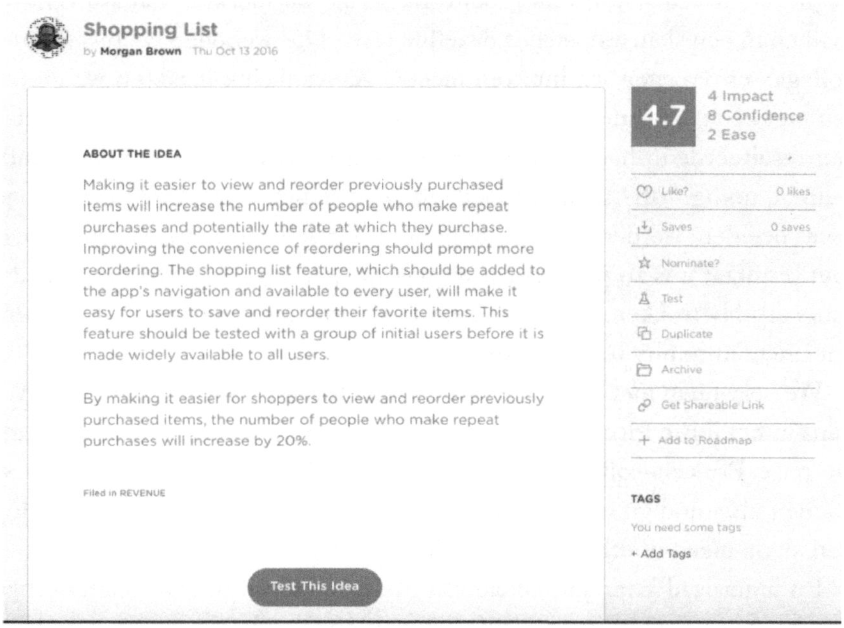

Nog één laatste opmerking. Aangezien het doel is om zo veel mogelijk ideeën te genereren, zul je uiteindelijk ook ideeën van mensen buiten het team, door het hele bedrijf heen, willen ontvangen. Het salesteam kan bijvoorbeeld waardevolle inzichten hebben over pijnpunten bij klanten, en de marketeers hebben misschien een nieuw promotieplatform ontdekt om te experimenteren met klantenacquisitie. Hoewel je aanvankelijke inspanningen bedoeld zijn om de creativiteit van mensen binnen het bedrijf een zetje te geven, zul je na verloop van tijd moeten overwegen om de roep om ideeën ook uit te breiden naar externe leveranciers en partners. Buitenstaanders kunnen vaak verrassend nuttige suggesties doen die teams helpen los te komen van vooropgezette ideeën over het soort dingen dat ze zouden moeten uitproberen. Met name adviseurs die bij een vergelijkbaar bedrijf als het jouwe hebben gewerkt, kunnen ervaring hebben met een tactiek die elders een grote impact had. Je klanten – en dan zeker je meest gepassioneerde gebruikers – vragen om met ideeën te komen, kan ook enorm verhelderend zijn. Ze vinden het vaak prachtig als ze gevraagd worden en ze hebben mogelijk een stuk meer ervaring met het in de praktijk gebruiken van jouw product dan jouw team (jammer genoeg).

Bij GrowthHackers beperkten we het proces van ideeënvorming in het begin tot de leden van ons groeiteam. Maar we merkten dat we verstrikt raakten in een sleur van steeds dezelfde tests. Dus wendden we ons tot onze collega's en vroegen we hun om ideeën. Aanvankelijk maakten we de fout om niet de groei-aanjagers en maatstaven voor de targets met hen te delen, wat resulteerde in heel veel vage reacties als: 'Waar hebben jullie eigenlijk hulp bij nodig?' of: 'Als ik iets bedenk, hoor je het wel.' Maar toen we onze focus deelden, werden we overstelpt door een schat aan fantastische ideeën. Het resultaat was zo positief dat we daarna ook onze investeerders en adviseurs erbij betrokken, om vervolgens ook vertrouwde leden van de growthhackingcommunity te benaderen.

We begonnen met het binnenhalen van ideeën via e-mail, om die vervolgens in het juiste format te gieten en aan onze pijplijn toe te voegen. Nadat we onze Projects-software hadden ontwikkeld, gaven we iedereen die we hadden uitgenodigd om ideeën aan te dragen de mogelijkheid om in te loggen en op eigen houtje die ideeën toe te voegen.

En inderdaad kwamen enkele van de beste ideeën die ons team ooit getest heeft van buiten het bedrijf. Een van onze actiefste community-leden kwam bijvoorbeeld met de aanbeveling om op de site vraag-en-antwoordsessies te houden met gerenommeerde groei-experts, en dat heeft inmiddels geleid tot meer verkeer en betrokkenheid op de site. En nadat een van onze adviseurs een paar optimalisatie-tactieken voor zoekmachines met ons had gedeeld die het op zijn site goed deden, ontdekten we dat toen we die toepasten, ze er enorm aan bijdroegen dat we bij Google hoog in de zoeklijst kwamen. Dit zijn maar twee van de tientallen succesvolle ideeën die van buiten het team kwamen.

De laatste stap voordat je een idee aandraagt, is het een numerieke score geven zodat de rest van het team het in fase 3 kan vergelijken met andere ideeën voor experimenten. We zullen in de volgende fase verder ingaan op dit scoresysteem en op hoe het wordt gebruikt om hacks in deze fase te ordenen en te kiezen.

FASE 3: PRIORITEITEN

Voordat een idee rijp is om door het team te worden overwogen, moet het een bepaalde score halen. Dit helpt het team bij het vergelijken van ideeën met elkaar en bij het bepalen wat er wordt getest en wanneer. Ideeën krijgen een score toegekend door degene die het idee heeft aangedragen en dat gebeurt voordat het idee wordt toegevoegd aan de verzameling hacks die mogelijk voor een test in aanmerking komen.

Bij GrowthHackers ontwikkelde Sean het zogenaamde ICE-scoresysteem, waarbij ICE staat voor *impact*, *confidence* en *ease*, als een manier om de ideeën die worden gegenereerd tijdens het proces van ideeënvorming in de cyclus, te ordenen. Hieronder leggen we uit hoe dat werkt.

DE ICE-SCORE

Bij het aandragen van ideeën moet degene die ermee komt elk idee een score geven op een schaal van 1 tot 10, op elk van de volgende drie criteria: de mogelijke impact van het idee, het vertrouwen van de indiener in hoe effectief het zal zijn en hoe makkelijk het is om het te implementeren. Vervolgens wordt het gemiddelde van die scores genomen om zo voor elk idee tot een definitieve score te komen. Het hele bestand aan ideeën wordt dan gerangschikt op de behaalde score en het team begint zijn experimenten met de ideeën die het best scoren in het door het groeiteam gekozen aandachtsveld. Een hoog scorend idee voor klantenacquisitie zal het dan bijvoorbeeld afleggen tegen een lager scorend idee voor het vasthouden van gebruikers, als de focus van het groeiteam op dat moment ligt op het verbeteren van de retentie.

Hier volgt een voorbeeld van hoe wij de resultaten van de ideeën van het supermarktgroeiteam zouden rangschikken. Je kunt deze ranking uitvoeren in een spreadsheet of met behulp van je projectmanagementsoftware. Je kunt zien hoe de ranking heeft geleid tot duidelijkheid over welke twee ideeën het best als eerste kunnen worden getest. Hoewel de score van een idee niet altijd doorslaggevend hoeft te zijn bij het bepalen welke ideeën er worden geselecteerd en in welke volgorde – het team kan na het bespreken ervan in de teammeeting bijvoorbeeld besluiten dat er redenen zijn om voor een lager scorende optie te kiezen – biedt het wel een prima uitgangspunt.

IDEE	IMPACT	VERTROUWEN	GEMAK	GEMIDDELD
TOEVOEGEN BOODSCHAPPENLIJST VOOR MEER HERHALINGS-AANKOPEN	*4*	*8*	*2*	*4,67*
PREMIE VAN 10 DOLLAR BIJ EERSTE AANKOOP	*7*	*4*	*8*	*6,33*
GRATIS LEVERING BIJ ORDERS VANAF 50 DOLLAR BENADRUKKEN	*6*	*7*	*6*	*6,33*
AANBEVELINGEN DOEN VERGEMAKKELIJKEN	*4*	*6*	*3*	*4,33*

Het is waar dat het geven van een score aan je eigen ideeën lastig kan zijn, want het vereist een zekere objectiviteit en je probeert daarmee in zekere zin de toekomst te voorspellen. Maar door ervaring en oefening zul je al snel leren hoe je data, resultaten uit eerdere experimenten en de benchmarks voor jouw bedrijfstak kunt gebruiken om de waarde van jouw idee in te schatten. En hoe meer ideeën je getest ziet worden en hoe vaker je ziet tot welke resultaten die leiden, hoe meer 'gevoel' je krijgt voor de potentie van een bepaald idee. Het helpt trouwens ook om een goed begrip te krijgen van wat die drie criteria nu precies behelzen en hoe je ze moet evalueren. Laten we ze dus eens wat nader bekijken.

IMPACT: Dit is de verwachte mate waarin de ideeën de maatstaf zullen verbeteren waarop jij je focust – in het geval van de supermarktketen-app de opbrengst per gebruiker. Je zult misschien denken dat alleen ideeën met een heel grote impact het waard zijn om ingediend te worden, maar bedenk dat een team een mix moet selecteren van experimenten met een grote impact – wat over het algemeen meer werk zal zijn – en een paar die makkelijker te implementeren zijn maar ook een goede, zo niet grote kans hebben om nuttige resultaten op te leveren. Het doel is om zoveel tests met een grote impact te kiezen als maar mogelijk is, maar als sommige daarvan weken – of nog langer – voorbereiding nodig hebben voordat ze kunnen worden gelanceerd, moeten er ook wat simpelere tests in de planning worden ingepast. Dat is de reden dat het gemak waarmee getest kan worden ook een component is van de ICE-score.

VERTROUWEN: Hierbij wordt gemeten hoe sterk de aandrager van het idee gelooft dat het idee ook de verwachte impact zal opleveren. Deze score moet niet alleen worden gebaseerd op een inschatting, maar ook op enige vorm van empirisch bewijs, of die nu komt uit data-analyse, het vergelijken van benchmarks binnen de bedrijfstak, gepubliceerde casestudies of kennis van voorgaande experimenten.

Het vertrouwen zou hoger moeten zijn als een test een herhaling is van een eerdere succesvolle test, wat een goede aanpak is en wat binnen de growth-hackinggemeenschap *doubling down* wordt genoemd. Stel dat een e-mailaanmeldingsformulier waarbij een gratis productdemonstratie wordt aangeboden op een homepage gepromoot via een advertentie op Facebook een heleboel nieuwe e-mailadressen heeft opgeleverd. Je zou dan kunnen proberen diezelfde homepage te promoten via andere bronnen, zoals Google. Je vertrouwen in het eerste experiment was misschien relatief laag, een score van 4 bijvoorbeeld, omdat je dacht dat het aanmeldingsformulier de mensen zou ontmoedigen om de demo te proberen. Maar bij de volgende test is je score vanwege het succes van het eerste experiment gestegen tot 8. Een hoge score voor vertrouwen kan ook een gevolg zijn van het feit dat een ander team met succes een experiment heeft uitgevoerd, of dat nu een team binnen je eigen bedrijf was of niet.

GEMAK: Gemak gaat over de tijd en de middelen die nodig zijn om het experiment uit te voeren. Ideeën als het grondig herontwerpen van de new user experience of het vernieuwen van de functie van het winkelwagentje kunnen een grote impact hebben, maar het zijn over het algemeen geen makkelijke klussen en ze vergen vaak weken of maanden van voorbereiding voordat ze kunnen worden gelanceerd. De gemakscore biedt het groeiteam niet alleen een realitycheck voor overambitieuze ideeën, maar helpt ook enkele 'laaghangend fruit'-tests te identificeren die je tijdens het growth-hackingproces kunt uitvoeren.

Voorafgaand aan de teammeeting moeten de scores worden geëvalueerd door de teamleider, die misschien oog heeft voor aspecten die de indiener van het idee over het hoofd heeft gezien of niet op waarde heeft geschat. De teamleider kan aanpassingen in de score voorstellen op basis van zijn eerdere ervaringen en van overleg met andere teamleden. Het is belangrijk dat het team niet verzandt in pogingen om de score te veel te preciseren. De score moet worden gebruikt voor een relatieve rangschikking en zal nooit perfect zijn. Gaan de teamleden bijvoorbeeld kibbelen over de impactscore van een test, dan kan de meeting makkelijk ontsporen. Het team zou de score moeten gebruiken als een waardevolle leidraad en niet als de ultieme maatstaf voor welke tests prioriteit moeten krijgen. Als er onzekerheid of bezorgdheid is over de score, moet de teamleider zijn eigen oordeel in de strijd gooien en besluitvaardig optreden om het team op koers te houden.

Dit scoresysteem is natuurlijk niet onfeilbaar en de testresultaten zullen vaak de verwachtingen tarten. Sommige van de slechtst scorende experimenten zijn soms de succesvolste. Bij GrowthHackers deden we een keer een simpel experiment dat ging over het verplaatsen van de locatie van een aanmeldingsformulier voor het ontvangen van onze wekelijkse e-mailnieuwsbrief. We hadden het formulier oorspronkelijk onder aan onze homepage geplaatst omdat we dachten dat gebruikers eerst de inhoud van de site zouden willen beoordelen – oftewel zouden willen scrollen door de feed aan *trending posts* die wij op de homepage bieden – voordat ze konden besluiten of ze zich voor de nieuwsbrief wilden aanmelden. Toen stelde Morgan voorzichtig voor om de uitnodiging boven aan de pagina te zetten zodat ze meer zichtbaarheid kreeg. Hij was eerlijk gezegd zelf niet al te overtuigd van de impact die deze verandering zou hebben, want hij gaf die een score van 4. Wij besloten het toch te testen, want hij gaf het experiment een 9 voor gemak, gebaseerd op feedback van het tech-team, dat zei dat het relatief eenvoudig was om het te implementeren. Bovendien gaf hij een score van 8 voor zijn vertrouwen dat door de grotere zichtbaarheid het aantal aanmeldingen per e-mail enigszins zou toenemen. De resultaten waren verbijsterend. Tot onze grote verbazing zagen we een toename van 700 procent in het aantal aanmeldingen en dat overtrof onze stoutste verwachtingen over de mogelijke impact van het experiment op onze groei.

We vertellen dit verhaal niet om op te scheppen over Morgans vaardigheid om met goede testideeën te komen – hij heeft trouwens ruimschoots zijn aandeel geleverd – maar meer om aan te tonen dat onze verwachtingen van onze ideeën niet onfeilbaar zijn, en om ervoor te waarschuwen dat je niet zomaar alle ideeën met lage scores weg moet gooien.

Hoewel wij zelf graag met het ICE-systeem werken, bestaan er nog vele andere, door onze collega-growth hackers ontworpen scoresystemen. Bryan Eisenberg, die wel wordt beschouwd als de godfather van de conversieoptimalisatie, beveelt zijn TIR-systeem aan, wat staat voor *time*, *impact* en *resources*.[3] Een ander systeem is PIE, voor *potential*, *importance* en *ease*.[4] Veel teams ontwikkelen zelf een systeem, om zo aan hun eigen specifieke behoeften tegemoet te komen. Hoewel de details kunnen verschillen, zijn al deze methodes gericht op het bereiken van hetzelfde overkoepelende doel: ideeën beoordelen op een kwantitatieve manier die het makkelijker maakt om de opties uit te ziften en te bepalen wat er als volgende getest gaat worden.

Zelfs na het doorlopen van het scoreproces en het verkorten van de lijst met experimenten waarvan je weet dat je ze wilt proberen, zul je waarschijnlijk nog steeds met meer ideeën blijven zitten dan je gedurende de komende week kunt testen. Sommige ideeën vereisen ook meer voorbereiding dan je in één week kunt realiseren, bijvoorbeeld die welke vérgaande softwareontwikkeling of ontwerpwerk nodig hebben. Voor dergelijke ideeën moet een latere testdatum bepaald worden, een en ander in overleg met de mensen die het meest betrokken zijn bij de gang van idee naar lancering van het experiment. Heeft het werk bijvoorbeeld te maken met softwareprogrammering, dan moeten de programmeur en de productmanager aan het groeiteam een schatting geven van het tijdschema, terwijl als het experiment gaat over het testen van een nieuw kanaal voor klantenacquisitie, het marketingteam verantwoordelijk is voor planningsadviezen aan het groeiteam.

Alle ideeën die niet in de huidige week kunnen worden gelanceerd, moeten worden opgeslagen in de pijplijn met experimenten. Je kunt besluiten sommige ervan naar de volgende week door te schuiven, terwijl andere misschien nog weer later opnieuw worden bekeken. Waar het om gaat, is dat het team zijn prioriteiten zo stelt dat het optimaal gebruikmaakt van de beschikbare tijd en middelen, en dat die gericht zijn op de urgentste behoeften van het bedrijf in het door de teamleider bepaalde aandachtsveld.

Om te zien hoe deze selectieprocedure werkt, zullen we terugkeren naar het appteam van de supermarktketen, dat als doel heeft om de opbrengst per gebruiker te vergroten. Stel dat ze aan de hand van de door hen verzamelde ideeën overeenstemming hebben bereikt en er op grond van de hoge scores voor zowel impact als gemak voor hebben gekozen twee dingen te testen: de premie bij een eerste aankoop en het benadrukken van het aanbod van gratis levering.

IDEE	IMPACT	VERTROUWEN	GEMAK	GEMIDDELD
TOEVOEGEN BOODSCHAPPENLIJST VOOR MEER HERHALINGS-AANKOPEN	*4*	*8*	*2*	*4,67*
PREMIE VAN 10 DOLLAR BIJ EERSTE AANKOOP	*7*	*4*	*8*	*6,33*
GRATIS LEVERING BIJ ORDERS VANAF 50 DOLLAR BENADRUKKEN	*6*	*7*	*6*	*6,33*
AANBEVELINGEN DOEN VERGEMAKKELIJKEN	*4*	*6*	*3*	*4,33*

Het marketingteamlid zal waarschijnlijk de leiding krijgen over het managen van de premie bij een eerste aankoop en de productontwerper zal belast worden met de test betreffende de gratis levering.

Stel dat het team ook besluit dat het experiment met het boodschappenlijstje een poging waard is. Omdat het creëren van deze feature tamelijk complex zal zijn, kan de teamleider de productmanager opdracht geven om te overleggen met het productteam over wanneer dat het werk in zijn planning kan inpassen. Het groeiteam zal op grond van de daaruit verkregen informatie overwegen wanneer het het experiment zal inplannen.

Wij adviseren om van het selecteren van experimenten een gezamenlijk proces te maken. Eén dag voor de groeimeeting moet de teamleider de teamleden erop wijzen dat het tijd is om de ideeënpijplijn te bekijken en de experimenten te kiezen die zij als de meest veelbelovende kandidaten zien (dat kunnen de nieuw aangedragen ideeën zijn, maar ook ideeën die al in de pijplijn zaten). Deze nominaties zullen bepalen welke ideeën in de groeimeeting worden besproken, waarna het team tot een collectief besluit komt over welke experimenten er worden gelanceerd en wanneer. Nominaties kunnen worden gedaan per e-mail of, als het systeem dat jij gebruikt dat toestaat, door ze in de pijplijn te markeren. Bij GrowthHackers Projects kunnen teamleden ideeën een ster geven en die worden in een afzonderlijk rijtje gezet, waar de teamleider ze allemaal kan bekijken om te bepalen welke er in de komende meeting worden besproken. Om het aantal ideeën waarover gediscussieerd zal worden enigszins hanteerbaar te houden, mag ieder teamlid per week maximaal drie testkandidaten aandragen.

Deze 'finalisten' onder de ideeën zullen tijdens de groeimeeting worden bekeken en besproken en op grond daarvan worden de uit te voeren experimenten gekozen. Hieronder zetten we uiteen hoe dat gaat.

FASE 4: TESTEN

Zodra de experimenten voor de testcyclus van de komende week zijn gekozen, worden ze verplaatst naar wat wij de 'wachtrij' noemen (dat kan iets zo simpels als een spreadsheet zijn, of als je projectmanagementsoftware gebruikt, kunnen deze experimenten in een speciale wachtrij of lijst binnen het systeem worden geplaatst). Dit is het moment dat de mensen die de leiding hebben over de experimenten samen met de andere leden van het groeiteam en/of met collega's van de afdelingen die er ook een bijdrage aan leveren, de experimenten gaan voorbereiden en uitvoeren.

Nu gaat de cross-functionele samenwerking ook echt een rol spelen. Om maar weer eens terug te keren naar onze vertrouwde supermarktapp: het teamlid Marketing kan nu samen met ontwerp- en e-mailteams gaan werken aan de graphics en marketingtekst voor de promotie van een eerste-aankooppremie. Hij zal ook samenwerken met de data-analist om zowel de controlegroep – de groep gebruikers die niet aan het experiment wordt blootgesteld – als de experimentgroep te bepalen, en om ervoor te zorgen dat de resultaten op de juiste manier worden verwerkt.

Als de experimenten op het punt staan te beginnen, zal de groeileider een notificatie rondsturen in het bedrijf waarin staat dat ze worden gelanceerd, zodat er geen verrassingen zijn voor andere teams die ook aan het product werken. Als zich problemen voordoen bij het lanceren van bepaalde experimenten (bijvoorbeeld als de tech-mensen al aan een ander groot initiatief werken en de komende weken geen tijd hebben om de growth hack te coderen), moet het verantwoordelijke teamlid direct de teamleider informeren, zodat kan worden bekeken of in plaats daarvan andere experimenten uit de wachtrij kunnen worden uitgevoerd.

VUISTREGELS VOOR HET TESTEN

Elk experiment gaat ten koste van een andere kandidaat. Het is daarom belangrijk dat er aandacht wordt besteed aan de selectie van het idee en aan de manier waarop het wordt getest. Een armzalige test betekent een gemiste kans om te leren, het vertraagt het team en slechte data kunnen het team de verkeerde kant op sturen. Daarom is het ook zo cruciaal dat elk experiment zo wordt opgezet dat het statistisch valide resultaten oplevert. De richtlijnen voor het garanderen van betrouwbare resultaten moeten stevig zijn verankerd en de data-analist in het team moet zorgen voor naleving van deze regels bij lopende experimenten. De details van het testontwerp vallen buiten het bestek van dit boek, maar we willen toch graag twee vuistregels voor het testen bespreken die wij bijzonder nuttig vinden.

ZORG VOOR EEN STATISTISCHE VALIDITEIT VAN 99 PROCENT: Veel softwareprogramma's stellen automatisch het validiteitsniveau van tests in, of laten jou dat instellen. Gebruikelijke percentages zijn 95 en 99 procent. Dat verschil van vier percentagepunten lijkt misschien niet veel, maar vanuit statistisch oogpunt is het zeker significant. Een percentage van 95 betekent dat een 'winnende' test nog steeds in 5 procent van de gevallen de verkeerde kan blijken te zijn. Dat wil dus zeggen dat één op de twintig tests die als succesvol worden gezien in werkelijkheid is mislukt. Bij een percentage van 99 wordt maar één op de honderd tests ten onrechte als positief gezien, een veel meer valide resultaat dus. Houd het daarom bij twijfel op die 99 procent, want dan beperk je voor een groot deel het risico dat je een experiment kiest op basis van een vals-positief resultaat.

BEHEERSING WINT ALTIJD: Als een experiment duidelijk is mislukt, is het voor een team meestal niet zo moeilijk om aan de hand van de data tot die conclusie te komen. Consensus daarover bereiken is penibeler als de resultaten van een test niet duidelijk positief en ook niet duidelijk negatief zijn, met name als de uitvoering veel tijd en inspanning heeft gekost. Niemand vindt het fijn om een hoop werk voor niets te hebben gedaan en teamleden zullen dan misschien veel langer doorgaan met testen dan kosteneffectief is, in de hoop dat daarmee de huidige trend toch nog wordt omgebogen. We begrijpen best dat dit verleidelijk is als de resultaten niet doorslaggevend zijn, maar de beste aanpak is toch om vast te houden aan de oorspronkelijke versie. De resultaten mogen dan misschien niet doorslaggevend zijn, maar de nieuwe variant kan op de lange termijn heel goed een mislukking blijken en dat kan een kostbare zaak zijn. Anders gezegd: in het geval van een 'gelijkspel' moet de 'winst' gaan naar de oorspronkelijke versie.[5]

TERUG NAAR FASE 1: ANALYSEREN EN LEREN

De analyse van de testresultaten moet worden gedaan onder leiding van ofwel de analist ofwel de teamleider, als hij of zij die expertise heeft. De resultaten moeten worden samengevat in een testrapport dat het volgende moet bevatten:

- De naam en omschrijving van de test, inclusief de gebruikte varianten en de doelgroep (werd de test gedaan via een marketingkanaal, gericht op alleen mobiele gebruikers of op betalende abonnees, et cetera?).
- Het soort test: was het een test van een productfeature, van een verandering in de marketingtekst op een webpagina of scherm in een app, of een test van een nieuw uit te voeren marketingtactiek?
- Elementen die de test beïnvloedden: dat kunnen zaken zijn als de screenshots van waar op de site of in de app de test werd uitgevoerd, of een kopie van de experimentele billboard-, tv- of radioreclame.
- Cruciale maatstaven: wat waren de maatstaven die je met de test probeerde te verbeteren?
- Timing van de test, inclusief begin- en einddatum van de test.
- De hypothese betreffende de test en de resultaten, inclusief de oorspronkelijke ICE-score, grootte van de steekproef, statistische validiteit en statistische kracht.
- Potentieel verwarrende zaken, zoals in welke tijd van het jaar de test werd gedaan, of misschien andere acties die het gedrag van de bezoeker kunnen hebben beïnvloed.
- De getrokken conclusies.

Dit rapport moet vervolgens via de e-mail worden gedeeld met het groeiteam, samen met een memo met daarin een korte synopsis van wat de test ons heeft geleerd. Het moet verder worden toegevoegd aan een database waarin alle testrapporten worden opgeslagen. We noemen dit het kennisbestand. Dat kan zoiets simpels zijn als een speciale map op een gedeelde fileserver die voor iedereen in het team toegankelijk is, of misschien een pagina op de bedrijfswiki of het intranet. In GrowthHackers Projects is het kennisbestand een speciaal stuk software waarmee je kunt aangeven of de test een winnaar, een verliezer of onbeslist was. Hoe de rapporten ook worden opgeslagen, het is essentieel dat de resultaten van elk experiment makkelijk terug te vinden zijn, zodat teams ze nog eens kunnen bekijken en variaties kunnen overwegen. Ze kunnen zich er ook van vergewissen dat ze geen tests herhalen, wat maar al te makkelijk kan gebeuren, zeker als je in hoog tempo opereert.

Behalve dat ze een kennisbestand creëren, sturen veel teams ook regelmatig communiqués naar alle afdelingen van het bedrijf of, indien meer van toepassing, naar de afdeling, om ervoor te zorgen dat werknemers tempo blijven houden in het groeiproces. Jouw bedrijfscultuur en -normen bepalen welke stijl van communiceren voor jou het beste werkt, maar hier volgen een paar voorbeelden die je zou kunnen proberen:

- Maak een e-maildistributielijst met 'winnende' tests, zodat de ontvangers ervan regelmatig updates krijgen over welke experimenten succes hebben gehad, en welke impact dat op het bedrijf had. Wij hebben dat bij Inman gedaan en de mails gaan naar twintig personen die allemaal hebben aangegeven dat ze op de hoogte gehouden willen worden. Er zijn ook bedrijven die een e-mail met álle uitgevoerde tests sturen, met daarin dus ook de resultaten van mislukte of onbeslechte tests.
- Teams die instantmessagingsoftware gebruiken (bijvoorbeeld Slack), zouden kunnen overwegen om een kanaal of chatroom te creëren voor het delen van testresultaten en de discussie daarover. Wij hebben bij Inman een testkanaal in het Slack-account van ons bedrijf dat we alleen gebruiken voor het communiceren over nieuw te lanceren tests en over de resultaten van recent afgesloten tests – zowel succesvolle als niet-succesvolle.
- Publiceer testresultaten op bedrijfsdashboards. Als het bedrijf geen dashboards gebruikt, dan is het printen en verspreiden van de tests in de open-

bare ruimtes van het bedrijf een effectieve, lowtech manier om ze bekend te maken.

DE GROEIMEETING

Aangezien het hierboven beschreven proces nauw is verweven met de cadans van de groeimeetings, is het nuttig om een format te hebben voor hoe die meeting moet worden geleid. Wij adviseren om één keer per week een groeimeeting te houden, maar sommige teams zullen dat misschien liever tot één keer per twee weken beperken, afhankelijk van de tijd die ze aan het proces kunnen besteden. Het doel van de meeting is om strikt te focussen op de genomineerde ideeën en het eens te worden over het experimenteerplan. De meeting moet nadrukkelijk niet worden gebruikt voor het brainstormen over ideeën; dat moet al gebeurd zijn ruim voordat het hierboven beschreven proces wordt gestart. Teams zullen soms wel aanvullende brainstorm-meetings willen houden, bijvoorbeeld één keer per maand.

Hieronder volgt het protocol voor het houden van een meeting zoals wij dat bij GrowthHackers hebben ontwikkeld en dat hoogst effectief is gebleken. Voel je vrij om de details toe te snijden op de behoeften van je eigen team, maar het overkoepelende proces is zo ontworpen dat het voor elk team of bedrijf, groot of klein, werkt.

De groeimeeting wordt gehouden op dinsdag, zodat het team aan het begin van de week één dag heeft om nog wat noodzakelijk voorbereidend werk af te maken. Op maandag bekijken de leden de op dat moment lopende experimenten om te zien welke eventueel kunnen worden afgerond, of om data te verzamelen om het team tijdens de meeting van de recentste informatie te kunnen voorzien. De groeiteamleider zorgt voor een overzicht van de activiteiten van de week ervoor, door:

- Te kijken naar het aantal met succes gelanceerde experimenten en dat te vergelijken met het door het team gestelde doel voor snelheid.
- Te overleggen met de data-analist voor een update van alle cruciale maatstaven die gevolgd worden, zodat hij het team daarover kan briefen, eventueel door het ronddelen van rapporten.
- Het verzamelen van de data over tests die zijn afgerond.
- Een diepgaande evaluatie van de activiteiten en resultaten van de vorige

week, inclusief een samenvatting van de middels de experimenten aangetoonde positieve en negatieve effecten op groei.
- Deze informatie te bundelen en als document aan de agenda van de meeting toe te voegen, zodat het team er al van tevoren kennis van kan nemen. Sommige teams maken van dit document een bestand in de cloud, bijvoorbeeld in Google Docs of Dropbox, terwijl andere teams een interne wikipagina gebruiken in Google Sites, Confluence of op het intranet van het bedrijf.

Op de dag van de meeting komt het groeiteam een uur lang bij elkaar en werkt het de hiernavolgende agenda af. Bedenk dat het de verantwoordelijkheid van de teamleider is om ervoor te zorgen dat het team deze agenda strikt volgt, en om de vergadering ook verder in goede banen te leiden.

15 MINUTEN: MAATSTAVEN EVALUEREN EN AANDACHTSGEBIED UPDATEN

De teamleider geeft een overzicht van de nieuwste data betreffende de Poolster-maatstaf en de andere cruciale groeimaatstaven, zoals de vorderingen op de korte termijn van de groeidoelen binnen het aandachtsgebied van het team. Het appteam van de supermarktketen zou bijvoorbeeld kunnen kijken naar de gemiddelde opbrengst van die week per klant, naar het aantal bezoekers dat ook echt een aankoop doet, enzovoort. Zo wordt voor iedereen duidelijk of de zaken al of niet goed gaan, wat er werkt in deze bedrijfstak en wat beter zou kunnen.

De teamleider zal daarnaast de volgende informatie expliciet noemen:

CRUCIALE POSITIEVE FACTOREN: Verbeteringen van maatstaven die voortvloeien uit experimenten, of misschien uit factoren die buiten het werkterrein van het team vallen, zoals meer herhalingsbestellingen na het implementeren van het idee van de boodschappenlijst in de app, of een toestroom van nieuwe appgebruikers als gevolg van een door het marketingteam gelanceerde promotiecampagne in de winkels.

CRUCIALE NEGATIEVE FACTOREN: Inzakkende prestaties en een overzicht van zaken die de groei belemmeren. Het aantal personen dat de app gebruikt is bijvoorbeeld drastisch teruggelopen, het aantal aankopen vertoont een dip, of een geplande marketinginspanning voor de app leverde niet veel op of is uitgesteld.

AANDACHTSGEBIED: Op welk deel van de gebruikerservaring of de groeiaanjager richt het team zich? Zijn er ook kortetermijndoelen waar het team naartoe moet werken? Als de focus hetzelfde blijft, is dat een simpele bevestiging. Als de focus verandert, bijvoorbeeld van de acquisitie naar het vasthouden van gebruikers of naar kapitalisering, zal er een discussie moeten plaatsvinden over het nieuwe aandachtsgebied en over de beweegredenen daarvoor. Kortetermijndoelen ten dienste van deze doelen moeten ook worden aangekaart, bijvoorbeeld een kortetermijndoel om een bepaald percentage van de appgebruikers ertoe te bewegen items in hun boodschappenlijst op te slaan.

10 MINUTEN: EVALUATIE VAN DE TESTACTIVITEITEN VAN DE AFGELOPEN WEEK

Een overzicht van de resultaten van de inspanningen van de vorige week, inclusief een evaluatie van:

HET TEMPO: Het aantal gestarte experimenten in de vorige week, vergeleken met het door het team gestelde doel.

HOEVEEL TESTS UIT DE WACHTRIJ DE AFGELOPEN WEEK NIET ZIJN GESTART: Deze discussie zou duidelijk moeten maken waarom tests werden uitgesteld.

15 MINUTEN: CRUCIALE LESSEN UIT DE GEANALYSEERDE EXPERIMENTEN

De teamleider en de data-analist buigen zich samen met eventuele verantwoordelijken voor een specifiek experiment, zoals de productmanager die de ontwikkeling van een nieuwe feature begeleidt, over de voorlopige resultaten van de gelanceerde tests, alsmede over de definitieve resultaten van experimenten die al volledig geanalyseerd zijn. Ze beantwoorden vragen, noteren suggesties voor verdere analyse en registreren de evaluatie van het team en de eventuele implicaties daarvan voor verdere actie.

15 MINUTEN: GROEITESTS SELECTEREN VOOR HUIDIGE CYCLUS

Het team bespreekt de nominaties voor de volgende reeks te lanceren tests. De teamleider vraagt alle leden om een kort overzicht van de ideeën die ze hebben genomineerd, gevolgd door een korte discussie in het team over de merites van deze experimenten. Het doel is om consensus te bereiken, maar als er meningsverschillen zijn, neemt de teamleider uiteindelijk de definitieve beslissing. De experimenten worden vervolgens toegewezen aan teamleden, die dan de 'eigenaar' worden van dat experiment en er verantwoordelijk voor zijn dat de test op gang komt. De teamleider zal eigenaars benoemen op grond van de expertise van het lid dat het geschiktst is om het experiment te managen. Een nieuwe feature van het product zal bijvoorbeeld worden toegewezen aan een productmanager, terwijl een nieuwe videoreclamecampagne kan worden toegewezen aan het marketinglid, enzovoort. Experimenten die het waard worden geacht om te testen maar de komende week nog niet haalbaar zijn, worden doorgeschoven naar een latere datum, afhankelijk van hoe lang de relevante teams nodig denken te hebben voordat ze de test kunnen lanceren.

5 MINUTEN: GROEI IDEEËNPIJPLIJN CHECKEN

De teamleider rapporteert over het aantal ideeën dat wacht op een beoordeling of dat is doorgeschoven naar een latere datum. Als er weinig ideeën in de pijplijn zitten, moet de teamleider het team aanmoedigen om de komende week meer ideeën toe te voegen. Het benoemen van de beste bijdragen van de vorige week is een prima manier om het team te inspireren tot het blijven aandragen van verse ideeën.

GROEI BINNEN ENKELE WEKEN

De snelheid waarmee het growth-hackingproces significante verbeteringen kan opleveren, is verbazingwekkend. Soms kan een hack binnen slechts een paar weken uitgroeien van een eerste aanzet tot groei-aanjager, inclusief de tijd die gespendeerd wordt aan de voorbereidende data-analyse en de eerste teammeeting.

Zo is het bijvoorbeeld heel goed mogelijk dat het team dat aan de supermarkt-app werkt al direct overtuigende resultaten krijgt uit de twee experimenten die voor de eerste week testen zijn geselecteerd. En dat zou ertoe kunnen leiden dat een daarvan het implementeren van een significante verbetering van de app ondersteunt, die dan bijna onmiddellijk kan worden ontworpen en geïmplementeerd. Stel dat het aantal bezoekers dat overging tot een eerste aankoop met ongeveer 15 procent is toegenomen dankzij de premie van 10 dollar voor een eerste aankoop. Vanwege dit goede resultaat besluit het groeiteam om die premie onderdeel te maken van elke eerste ervaring van nieuwe gebruikers van de app, waarna de 15 procent verbetering van de conversieratio aanhoudt en vervolgens leidt tot honderdduizenden dollars aan extra inkomsten van appbezoekers die voor het eerst een aankoop doen.

Dankzij het succes van dit simpele experiment kan het gebeuren dat het team een significante ontdekking doet die weer een andere goede hack oplevert om te testen. Misschien dat het team, bij het nauwgezet evalueren van de resultaten, merkt dat de bestellingen van nieuwe kopers in omvang kleiner zijn dan die van de gemiddelde gebruiker. Het team kan dan besluiten wat experimenten uit te voeren die gericht zijn op het vergroten van de waarde van aankopen gedaan door deze nieuwe kopers. Ze voegen aan de pijplijn bijvoorbeeld het idee toe om een korting aan te bieden die groter wordt naarmate de nieuwe koper meer bestelt.

Een van de mooie dingen van growth hacking is dat zelfs mislukte experimenten in een ongelooflijk kort tijdsbestek kunnen leiden tot belangrijke kennis. Stel dat het andere experiment een mislukking is gebleken: de zichtbaarheid van het aanbod van het gratis thuisbezorgen bij bestellingen boven de 50 dollar bleek tot geen enkele toename te leiden qua volume van de aankopen. Het team kan dan tot de slotsom komen dat 50 dollar een te hoge drempel is en besluiten een test aan de pijplijn toe te voegen met een drempel van 40 dollar, die de daaropvolgende week zal worden uitgevoerd. Misschien leidt ook dat niet tot een merkbare verbetering van de grootte van de bestelling, maar als ze blijven testen, zou kunnen blijken dat een bestelling van minimaal 35 dollar wel werkt. Binnen nog eens twee weken heeft het team een tweede krachtige manier gevonden om de groei van de app te stimuleren.

Nu je de datapuzzel hebt opgelost, het team hebt samengesteld en het growth-hackingproces op de rails hebt, wordt het tijd voor deel 2 van dit boek: Het growth-hackinghandboek. In dit deel zullen we een hoofdstuk wijden aan elke belangrijke aanjager van groei – gebruikersacquisitie, activatie, retentie en kapitalisering – en reiken we je de strategieën en hacks aan die groeiteams kunnen gebruiken om op elk van deze terreinen nieuwe groei te realiseren. We zullen dat doorspekken met verhalen over succesvolle groeiteams en hoe zij op elk van die terreinen ontdekkingen deden en oplossingen vonden die veel winst opleverden. We blijven ook de vorderingen volgen van ons team van de supermarkt-app, om je zo stap voor stap te leiden door het toepassen van het growth-hackingproces.

DEEL 2

HET GROWTH-HACKINGHANDBOEK

5
ACQUISITIE HACKEN

Het winnen van nieuwe klanten is natuurlijk voor elk bedrijf van enorm belang. Maar als het aantrekken van die klanten je meer kost dan ze je gaan opleveren, nou ja, dan heb je dus een probleem. Toch trappen heel veel bedrijven in deze val en spenderen ze veel te veel aan het lokken van potentiële nieuwe klanten. En dat lijkt alleen nog maar erger te worden: de kosten van online advertenties zijn in de vs verdubbeld sinds 2010,[1] en daar komt nog bij dat in elk geval in de vs, Canada en West-Europa de groei van het aantal webbezoekers afneemt, wat in wezen betekent dat bedrijven meer geld uitgeven (en zullen blijven uitgeven) aan de jacht op minder potentiële klanten.[2]

Voordat Sean en het team van Dropbox de referralfunctie implementeerden, gaf het bedrijf bijna 400 dollar uit per nieuw aangetrokken klant, en de abonnementsprijs van het premiumpakket was slechts 99 dollar. Drew Houston kwam er al snel achter dat dit een onhoudbare toestand was, maar helaas realiseert niet elk bedrijf zich dat tijdig. Neem bijvoorbeeld Fab, een *flash-sale* site voor bijzondere designproducten. Ooit gelauwerd als het 'Amazon voor design' en uitgeroepen tot de nieuwste Silicon Valley-unicorn, vergrootte het bedrijf zijn klantenbestand in razend tempo. Het enige probleem was dat het 40 miljoen dollar per jaar uitgaf aan reclame en klantenacquisitie – meer dan 35 procent van de opbrengsten.[3] Onnodig te zeggen dat dit het bedrijf al gauw opbrak en leidde tot de dramatische implosie van de start-up, die vervolgens voor een schijntje werd overgenomen.

Dat wil niet zeggen dat veel geld uitgeven, zelfs miljoenen dollars, aan het verbeteren van de klantenacquisitie altijd verkeerd is. Een business-to-business softwarebedrijf zal bijvoorbeeld van tevoren al flinke investeringen moeten doen in een grote salesafdeling, wil er wat schot komen in het aantrekken van klanten. En voor een onderneming in een 'winner takes all'-situatie, waarbij het waarschijnlijk is dat een van de bedrijven enorm dominant zal worden (zoals vaak het geval is bij netwerkbedrijven als LinkedIn of WhatsApp) kan het een briljante strategie zijn om van tevoren veel geld te steken in landjepik om dominantie te garanderen. Ook als een bedrijf in een nek-aan-nekrace zit met een sterke concurrent, zoals voor Uber en Lyft gold, kan er geen andere keuze zijn dan heel veel investeren in acquisitiepogingen. Op voorwaarde natuurlijk dat het bedrijf voldoende reserves heeft om die investeringen te bekostigen, plus een solide plan om ze later terug te verdienen.

Voor het bedrag dat een bedrijf aan klantenacquisitie moet uitgeven, bestaat geen vaste formule; het hangt af van veel variabelen die weer afhankelijk zijn van het businessmodel, de concurrentiepositie en de groeifase van het betreffende bedrijf. Gevestigde bedrijven met grote financiële buffers kunnen zich een veel kostbaardere tactiek van klantenacquisitie veroorloven – denk aan reclame op tv en in bladen – terwijl start-ups met een beperkt budget goedkopere methodes moeten zoeken, die dan misschien minder bereik hebben, maar weinig tot niets kosten. Dit gezegd hebbende, is het natuurlijk altijd een goede zaak om acquisitiepogingen zo kosteneffectief mogelijk te maken, en elk bedrijf zou moeten streven naar een krachtige mond-tot-mondreclame, om zo de kosten van het aantrekken van nieuwe klanten te reduceren. Het growth-hackingproces is bedoeld om te helpen bij het vinden van de kosteneffectiefste manieren om nieuwe klanten aan te trekken, om vervolgens deze inspanningen zo te optimaliseren dat ze groei aanjagen.

Heb je eenmaal je groeiteam samengesteld, je belangrijkste groei-aanjagers bepaald en voldoende getest om vast te stellen dat jouw product een must have is, dan ben je er klaar voor om het eerste stadium van de funnel te hacken: de klantenacquisitie. We hebben al eerder geadviseerd dat je je pas ten volle moet storten op het op grote schaal acquireren van klanten als je de juiste product/market fit hebt: als je hebt vastgesteld dat je niet alleen een goed product hebt, maar dat je product ook je doelgroep aanspreekt.

(Hoewel bij netwerkbedrijven de gebruikersacquisitie altijd samen moet gaan met productontwikkeling.)

De eerste fase van het opschalen van je klantenacquisitie moet worden gewijd aan het bereiken van twee andere combinaties: de taal-marktcombinatie, oftewel hoe goed de manier waarop jij de voordelen van je product omschrijft weerklank vindt bij je doelgroep, en de kanaal-productcombinatie, die aangeeft hoe effectief de door jou geselecteerde marketingkanalen zijn bij het bereiken van het voor jouw product bedoelde publiek – denk daarbij aan betaalde zoekresultaten of virale of contentmarketing.

In dit hoofdstuk zullen we je laten zien hoe je het growth-hackingproces kunt gebruiken om deze combinaties te vinden en hoe je door een spervuur aan tests de effectiefste en kostenefficiëntste methodes om je beoogde markt zowel te bereiken als vast te houden, kunt identificeren. Eerst zullen we bekijken hoe je je marketingtaal kunt aanscherpen om zo goed mogelijk over te brengen dat jouw aanbod niet alleen waardevol maar ook speciaal is. Vervolgens zullen we het hebben over hoe je één of twee kanalen kiest om je op te focussen, en over manieren om dat kanaal voor optimale groei in te zetten. Daarna gaan we onderzoeken hoe je slimme hacks kunt vinden om klanten aan te trekken via virale mechanismen, zoals referralfuncties, die in het product zelf zijn ingebouwd.

EEN MEESLEPENDE BOODSCHAP FORMULEREN

De term 'taal-marktcombinatie' werd gemunt door James Currier (die we in de inleiding al hebben leren kennen) en verwijst naar hoe goed de taal die jij gebruikt om je product te beschrijven en te vermarkten, bij je potentiële klanten aanslaat en hen motiveert om het product een kans te geven. Het gaat daarbij om alle aspecten van de marketingcampagne – van e-mails tot mobiele berichten, tot gedrukte en online advertenties – en in het geval van digitale en mobiele producten de berichtgeving die in het product zelf wordt gebruikt: niet alleen de tagline en de geschetste waarde van het product op de landingspagina, maar ook de begeleidende tekst bij elke feature, elk scherm of elke pagina van het product. Dit is van cruciaal belang voor de klantenacquisitie van elk bedrijf, niet alleen voor internetbedrijven, want tegenwoordig moet elk product vertegenwoordigd zijn op het internet en aangezien gebruikers langs veel verschillende routes de weg naar jouw product kunnen vinden, zou de eerste pagina waarop ze belanden weleens niet die kunnen zijn die jij speciaal hebt ontworpen om hen te begroeten.[4]

Hoe een potentiële klant jouw product ook ontdekt – of dat nu is via advertenties, artikelen of reviews – de eerste tekst die hij onder ogen krijgt, moet snel de juiste boodschap overbrengen. En dat moet tegenwoordig een stuk sneller dan een paar jaar geleden. Onderzoek heeft aangetoond dat de gemiddelde aandachtsspanne (hoe lang we focussen op een nieuw stukje informatie online) van mensen nu acht seconden is. In 2000 was dat nog twaalf seconden en we hebben dus inmiddels een aandachtsspanne die korter is dan die van een goudvis.[5] Met zo weinig tijd om indruk te maken op mensen, is het van het grootste belang dat ze bijna onmiddellijk begrijpen wat jouw product voor hen kan betekenen. Dat betekent dat de taal die je gebruikt direct en overredend moet zijn en moet aansluiten bij een al aanwezige behoefte of verlangen, wil je hen zover krijgen – in acht seconden of nog minder! – dat ze jou nog enkele ogenblikken gunnen om hen ervan te overtuigen dat ze bij jou moeten zijn. Je moet een taal spreken die heel beknopt overbrengt wat de intrinsieke waarde van jouw product is – wat het aha-moment inhoudt – en die de simpele vraag beantwoordt die bij iedere consument op de lippen bestorven ligt: 'Hoe gaat dit ding waar jij mee komt mijn leven verbeteren?'

Een van de mooiste voorbeelden van een onweerstaanbare productbeschrijving is de taal die Steve Jobs gebruikte om de eerste iPod te introduceren. Toen het product in 2001 werd gepresenteerd, wemelde het op de markt van de mp3-spelers en het zou voor Jobs heel verleidelijk zijn geweest om alleen maar uit te leggen waarom zijn versie anders en beter was. Maar in plaats daarvan kwam hij met het briljante idee om de taal die werd gebruikt om mp3-spelers en hun nut te beschrijven volkomen te negeren. Hij wierp een geheel nieuw licht op de aantrekkingskracht van draagbare muziekdragers, met de simpele en fascinerende slogan: '1.000 Songs in Your Pocket.' Jobs begreep, met andere woorden, dat hij zijn tijd niet moest verdoen met proberen zijn product van andere te onderscheiden wat betreft prijs en features, maar dat de intrinsieke waarde van zijn product, de magische aha-ervaring, was dat je altijd en overal je hele muziekbibliotheek bij je had, en dat zonder ingewikkelde toestanden. Natuurlijk zijn we niet allemaal van die briljante geesten als Steve Jobs, maar met de juiste teststrategieën kunnen we een heel eind komen!

Voor ons gewone stervelingen is het formuleren van aanlokkelijke taal vaak uiterst moeilijk. De menselijke respons op taal is zeer emotioneel, en grotendeels onbewust. Woorden die bij de een weerklank vinden, kunnen bij de ander niets teweegbrengen, of zelfs mensen wegjagen. Marketeers wringen zich in allerlei bochten om briljante taglines en reclameteksten te produceren, en zelfs die missen vaak de boot. Dat maakt beroemde slogans als 'It's the Real Thing' en 'Just Do It' ook zo indrukwekkend. Ze zijn niet bepaald poëtisch of onderscheidend, maar in al hun simpelheid zijn ze zowel krachtig als memorabel. Waarom vonden ze zoveel weerklank? Reclamegoeroes en marketingexperts zouden er ongetwijfeld lange verhandelingen over kunnen schrijven, maar de kans is groot dat er nog geen twee met hetzelfde antwoord komen. Marketingkopij schrijven is geen exacte wetenschap. Daarom is growth hacking ontworpen om de onverbiddelijkheid van wetenschappelijk experimenteren in het creatieve proces in te bedden. Dat betekent dus dat je niet per se een marketinggenie als Steve Jobs hoeft te zijn om tot de juiste taal-marktcombinatie te komen; het growth-hackingproces zal je daarbij helpen.

Een andere reden waarom het uptempo growth-hackingproces zo geschikt is voor deze uitdaging, is het feit dat taal het uitvoeren van A/B-testen enorm vergemakkelijkt. Websitekopij kan relatief gemakkelijk worden afgewisseld en getest met programma's als Optimizely en Visual Website Optimizer, die een klein stukje code installeren op je website of app dat random verschillende versies toont aan je bezoekers, om daarna de reacties te meten en te vergelijken. De meeste e-mailmarketingsystemen, zoals Salesforce Marketing Cloud en MailChimp, maken het makkelijk om specifieke stukjes e-mailkopij te testen, zoals de onderwerpregel of de call to action. Online advertentieplatforms als Facebook en Google laten je ook veel verschillende versies van advertenties testen. Geen van deze diensten vereist technische expertise, maar mocht je toevallig over technisch talent beschikken, dan kun je zelfs je eigen systeem ontwerpen, zoals Upworthy deed.

Upworthy, inmiddels een van de grootste mediasites op het internet, kende een bliksemsnelle groei die voor een groot deel te danken is aan het naarstig zoeken naar een taal-marktcombinatie voor elk verhaal dat de site publiceert. De kracht schuilt in het opnieuw presenteren van content die op het web te vinden is, maar dan met koppen die zo pakkend zijn dat ze vaak direct viraal gaan. Niet dat Upworthy's redacteuren nu per se zo briljant of creatief zijn; het geniale is dat ze creativiteit niet aan het toeval overlaten, maar dat ze die hacken. Het proces van het selecteren van koppen begint met een medewerker die minstens vijfentwintig mogelijke koppen voor elk artikel schrijft. Uit deze vijfentwintig kiest een curator een handvol favorieten en vervolgens bepaalt de hoofdredacteur welke er getest gaan worden. Hun methode van testen kan niet simpeler. Het enige wat ze daarvoor nodig hebben zijn Facebook, Bitly (een gratis online dienst die traceerbare URL's voor webcontent genereert) en een ouderwetse timer. Ziehier hoe ze dat doen.

Ze pikken er twee veelbelovende koppen voor hetzelfde verhaal uit en geven die elk hun eigen Bitly-URL. Vervolgens verdelen ze hun Facebookfans in segmenten om twee steden te vinden met vergelijkbare demografische omstandigheden en populaties – bijvoorbeeld een groep in Minneapolis en een andere in Milwaukee – en ze wijzen elke groep één Bitly-link toe. Daarna stellen ze simpelweg de timer in en wachten ze, ondertussen de clicks en shares tellend die binnenrollen. Als de tijd voorbij is, wint de kop met de meeste clicks en de meeste shares. Behalve dat het specifieke artikel hierdoor een virale boost krijgt, draagt het testen ook bij aan een steeds grotere kennis van de aantrekkelijkste woorden en formuleringen, waar de medewerkers dan weer uit kunnen putten bij elke volgende kop die ze schrijven. Gegeven het feit dat – volgens Eli Pariser, de oprichter van de site – 'een goede kop het verschil kan maken tussen duizend en 10 miljoen lezers' is het extra werk dus zeker de moeite waard.[6]

Of je product nu een nieuwsartikel of een app of een webwinkel is, ook jij kunt deze methode gebruiken om je boodschap te optimaliseren. En als je denkt dat je een team van doorgewinterde marketingexperts nodig hebt die tientallen potentieel virale taglines kunnen genereren, denk dan eens hieraan: terwijl je groeiteam werkt aan het creëren van tekst voor experimenten, zijn er diverse bronnen waaruit je kunt putten om woorden en zinnen te vinden die een goede kans maken op een flinke weerklank. Een daarvan is de taal die je klanten gebruiken; die kun je overnemen om je product en de voordelen ervan te beschrijven in posts op social media en in online reviews. Een andere mogelijkheid is het voortborduren op de opmerkingen uit de klantenenquêtes die je hopelijk hebt uitgevoerd om te bepalen of je product een must have is. Je kunt zelfs de telefoon pakken en je klanten rechtstreeks bellen; gewoon vragen hoe zij je product en de waarde ervan omschrijven aan hun vrienden of collega's, zal ongetwijfeld enkele potentieel sterke termen of zinsneden opleveren. Praten met leden van het klantenserviceteam kan ook heel verhelderend zijn; net zoals het lezen van de transcripties van telefoontjes naar de klantenservice en het uitvlooien van forums en online productreviews je een idee kunnen geven van het soort taal dat jouw doelgroep gebruikt.

BEGIN BESCHEIDEN

Vaak zijn het de kleinste veranderingen in de taal die de meeste impact hebben op het aantrekken van nieuwe klanten. Dat is ook de reden dat het proces van experimenteren het efficiëntst is als je de kans krijgt om snel veel verschillende varianten te testen. Kijk maar eens hoe Tickle – in 1999 opgericht door James Currier – erin slaagde twee doorbraken te realiseren door te experimenteren met kleine veranderingen in de taal die zijn sociale netwerk en fotosharingproducten beschreef. Toen de respons op de oorspronkelijke webpagina, die de fotodienst beschreef als een manier om 'je foto's online op te slaan', zo goed als nihil was, bedacht Currier dat de gebruikers hun ervaringen mogelijk niet deelden, omdat ze een opslagruimte voor afbeeldingen niet de moeite waard vonden om te delen. Dus experimenteerden Currier en zijn team met een kleine verandering in de taal en werd het: 'Deel je foto's online.' Het kostte nauwelijks tijd om de test te implementeren en de resultaten waren direct verbluffend. De verandering van één woord, van 'opslaan' naar 'delen', veranderde volkomen de perceptie van de gebruikers van wat het product was en hoe ze het moesten gebruiken. Plotseling begonnen ze als een gek foto's te uploaden en te delen en binnen nog geen zes maanden had Tickle er 53 miljoen gebruikers bij.

Enthousiast gemaakt door dit succes haalde het team kort daarna een vergelijkbare truc uit met een dating-app. De oorspronkelijke app voerde de tagline 'Find a Date' en ook nu weer was de groei beroerd. De teamleden dachten dat ze de groei alsnog konden aanjagen door de app te positioneren als een sociaal product, dus niet alleen als een plek waar mensen eenvoudig een date konden vinden, maar als een hub om singles met elkaar in contact te brengen via de netwerken van hun vrienden. Dus veranderden ze de tagline in 'Help People Find a Date', en inderdaad begonnen de gebruikers uitnodigingen met hun vrienden te delen en stuurden ze die zelfs naar getrouwde stellen omdat die tenslotte hun single vrienden ook konden helpen bij het vinden van dates. De dienst voegde binnen acht maanden na die ene verandering 29 miljoen gebruikers aan zijn bestand toe.[7]

Dus als je wilt beginnen met het testen van je eerste hacks, start dan met de taal en ga van daaruit verder.

DE JUISTE TAAL HELPT NIET ALLEEN BIJ HET VERFIJNEN VAN JE BRANDING, MAAR OOK VAN JE PRODUCT

Soms leidt een gewijzigde formulering tot bijkomende veranderingen, niet alleen in je kopij, maar in je algehele branding en misschien zelfs in de aard van het product zelf. Het is een van de redenen dat growth-hackingteams zouden moeten bestaan uit zowel productontwikkelaars en technici als marketeers, die de data vrijelijk met elkaar delen. Want hoewel het mogelijk is dat het aanpassen van een paar woorden in een advertentie of op een webpagina tot verbazingwekkende resultaten kan leiden, zoals bij Tickle het geval was, is het evengoed mogelijk dat ze totaal geen impact hebben – en dan is het zaak om dieper te graven en te experimenteren met substantiëlere veranderingen. Het is zeer wel mogelijk dat je tijdens dit proces ontdekt dat een heel nieuwe aanpak van je positionering noodzakelijk is. Maar maak je geen zorgen: houd in gedachten dat veel fantastische producten een dergelijke grondige revisie nodig hebben gehad om succes te hebben. Proctor & Gambles Febreze bijvoorbeeld, was in potentie een baanbrekend product: een chemisch mengsel dat luchtjes echt elimineert in plaats van ze alleen maar te maskeren door middel van een prettig geurtje. Dus toen P&G het op de markt bracht, benadrukten ze begrijpelijkerwijs deze unieke eigenschap in hun communicatie, en wel met de zin: 'Febreze verwijdert voorgoed akelige luchtjes uit stoffen.'[8] Toch bleef de verkoop beneden peil, totdat P&G zich realiseerde – op basis van marktonderzoek met onder andere videobeelden van hoe enthousiaste mensen het product gebruiken – dat het beter kon worden gepositioneerd als weer een product dat je kon gebruiken als onderdeel van je gebruikelijke schoonmaakroutine, en dat het bovendien een net schoongemaakte kamer vulde met een prettige geur.[9] Dus voegde P&G er geur aan toe en herpositioneerde het het product in een grote reclamecampagne waarbij vrouwen werden getoond die de geur die ze roken heerlijk vonden, en waarbij een formulering werd gebruikt als: 'Voor een frisheid die je als nooit tevoren omhult.'[10]

Sophia Amoruso, oprichtster van Nasty Gal, een merk vrouwenkleding dat in het begin enorm populair was bij millennials, herinnert zich nog dat het uitzoeken van welke taal het meeste weerklank vond bij haar doelgroep, niet alleen cruciaal was voor het aantrekken van nieuwe klanten, maar voor de ontwikkeling van de hele identiteit van haar merk. Toen ze begon met het verkopen van tweedehandskleding op eBay zocht ze urenlang het internet af op zoek naar de verlokkelijkste beschrijvingen van vergelijkbare items. Om ideeën op te doen bekeek ze populaire zoektermen om meer te leren over de trends van dat moment, die ze vervolgens gebruikte als inspiratie voor het definiëren van haar merk. Zoals journalist Molly Young van het tijdschrift *New York* schreef in een verhaal over Amoruso's succes: 'Vleermuisvleugels, lamé en houthakkershemden waren helemaal in in 2007; sierknoopjes, architectuur en origami in 2008.' Met deze kennis struinde Amoruso lommerds af met hun enorme voorraden tweedehandskleding, die ze vervolgens verkocht op eBay. Ze zette een uniek, altijd trendy merk neer dat zijn weerklank vond bij millennial-fashionista's.[11] Amoruso vertelt in haar boek *#GIRLBOSS*: 'Ik werd elke week sneller, slimmer en me meer bewust van wat vrouwen wilden.' De woorden waarop haar koopsters het best reageerden, hielpen haar beseffen dat haar merk moest gaan over empowerment, over vrouwen helpen bij het versterken van hun zelfbeeld en gevoel van eigenwaarde. Dat was wat het merk zo onderscheidend maakte en wat voor de buitengewone groei zorgde. Helaas kon het bedrijf die eerste groei-explosie niet bestendigen en na een aantal slechte zakelijke beslissingen ging het in 2016 op de fles.

HET JUISTE KANAAL VINDEN IS NIET HETZELFDE ALS PORTFOLIOMANAGEMENT

Als het gaat over het investeren in aandelen zijn de experts het erover eens dat je je geld het best kunt beleggen in een breed palet aan soorten bedrijven en sectoren. Maar dat is niet de juiste strategie als het gaat om het vinden van de kanalen voor de marketing en de distributie van je product (die bij internetbedrijven vaak een en dezelfde zijn). Marketeers denken vaak ten onrechte dat een grote variatie aan kanalen het beste is voor groei. Het gevolg is dat ze per kanaal te weinig middelen kunnen inzetten en zich niet voldoende focussen op het optimaliseren van dat ene kanaal of die paar kanalen die waarschijnlijk het effectiefst zijn. Het is over het algemeen beter, zoals Google-oprichter en CEO Larry Page zei, om 'meer hout voor minder pijlen te gebruiken'. Of zoals Peter Thiel, medeoprichter van PayPal en Palantir en de eerste externe investeerder in Facebook, oprichters van start-ups voorhoudt: 'De kans is groot dat één kanaal optimaal is. De meeste ondernemingen krijgen nul distributiekanalen aan de praat. Slechte distributie – niet een slecht product – is de belangrijkste oorzaak van falen. Eén goed werkend distributiekanaal is al voldoende voor een uitstekend lopend bedrijf. Als je er verschillende probeert maar nooit het juiste vindt, kun je het vergeten.'[12]

Aan de andere kant trappen te veel bedrijven in de val van het kuddegedrag en gebruiken ze dezelfde kanalen als alle andere, bijvoorbeeld betaalde advertenties in Google of op Facebook. Ze experimenteren niet met opties die effectiever zouden kunnen zijn voor hun specifieke product, en die ook nog goedkoper zijn. Het is een begrijpelijke reflex. Het vinden van de juiste kanalen om je op te focussen kan een nogal ontmoedigende taak zijn, niet alleen omdat je er zonder uitgebreid testen moeilijk achter komt welke kanalen de beste zullen zijn voor jouw bedrijf, maar omdat er tegenwoordig zoveel kanalen zijn om uit te kiezen en er ook nog steeds nieuwe bij komen. Experimenteren middels het growth-hackingproces biedt je de gelegenheid om relatief snel jouw optimale één of twee kanalen te vinden, idealiter voordat je concurrenten ze vinden.

HET SPEELVELD BEPERKEN

Er zijn twee stadia waarin je op je beste kanalen moet inzoomen: ontdekking en optimalisatie. In de ontdekkingsfase moet het groeiteam experimenteren met een scala aan opties, en dat betekent niet dat je maar van alles moet proberen om te bekijken wat beklijft. Kanalen moeten grondig worden bekeken. Vervolgens moeten er prioriteiten gesteld worden – welke kanalen worden uitgekozen om mee te experimenteren? – en we zullen een simpele maar enorm nuttige methode introduceren om dat op het juiste moment te doen. Heb je eenmaal die één of twee passende kanalen gevonden, dan kun je overgaan naar de tweede fase (optimalisatie), waarbij je zowel de kosteneffectiviteit als het bereik van jouw kanalen moet aanpakken. Maar laten we eerst eens bekijken hoe dat stellen van prioriteiten in zijn werk gaat.

Om te beginnen moet je een idee krijgen van alle kanalen die voor jou het overwegen waard zijn. Sommige zullen duidelijk ongeschikt zijn voor jouw product en die moeten dan snel worden geëlimineerd. Als jij zakelijke ontwikkelingssoftware verkoopt, zal het weinig zin hebben om op populaire sites te adverteren. Je zult je dan liever willen focussen op kanalen gericht op businessprofessionals, zoals nieuwsbrieven voor het bedrijfsleven. Om enige orde te scheppen in de almaar uitdijende verzameling van opties, hebben groei-experts als Justin Mares, Gabriel Weinberg, Andrew Chen en James Currier de belangrijkste kanalen in drie basiscategorieën onderverdeeld: viraal / mond tot mond, organisch en betaald. Wij hebben op basis van hun categorieën de volgende (representatieve, maar niet uitputtende) set opties samengesteld.

DE DRIE CATEGORIEËN KANALEN

VIRAAL / MOND TOT MOND	ORGANISCH	BETAALD
SOCIAL MEDIA (FACEBOOK, PINTEREST, SNAPCHAT)	*ZOEKMACHINEOPTIMALISATIE*	*OFFLINE ADVERTENTIES (TV, PRINT, BILLBOARDS)*
IN TE BOUWEN WIDGETS	*PR EN PRESENTATIES*	*ONLINE ADVERTENTIES (GOOGLE ADWORDS, FACEBOOK, YOUTUBE)*
REFERRALFUNCTIES NAAR VRIENDEN	*CONTENTMARKETING*	*AFFILIATE ADVERTISING*
ONLINE VIDEO	*APPSTOREOPTIMALISATIE*	*INFLUENCER-CAMPAGNES*
COMMUNITY ENGAGEMENT	*GRATIS TOOLS*	*RADIO*
PRIJSVRAGEN EN GESCHENKEN	*E-MAILMARKETING*	*RETARGETING*
PLATFORMINTEGRATIE	*COMMUNITY BUILDING*	*ADVERTENTIENETWERKEN*
CROWDFUNDING	*STRATEGISCHE SAMENWERKINGSVERBANDEN*	*SPONSORING (BLOGS, PODCASTS)*
SPELLETJES, QUIZZEN	*BIJDRAGEN VAN ANDEREN*	*NATIVE CONTENT-ADVERTENTIES*
	WEBSITE-MERCHANDISING	

Natuurlijk zijn er binnen elk van deze kanalen veel specifieke tactische opties beschikbaar. Voor contentmarketing stelde GrowthHackers-lid Pulsar Gaikwad deze nuttige lijst met een aantal types samen, die vanzelfsprekend niet uitputtend is en die voortdurend wordt uitgebreid en aangepast:

DE BELANGRIJKSTE TYPES CONTENTMARKETING

CASESTUDIES	*HOW-TO-GIDSEN*	*PERSBERICHTEN*
INFOGRAPHICS	*SPECIALE VERSLAGEN*	*ARTIKELEN*
PDF'S EN E-BOOKS	*WEBFORUMS*	*REVIEWS*
VIDEO'S	*POWERPOINT-PRESENTATIES*	*BEELDEN EN FOTO'S*
INTERVIEWS	*LIJSTEN*	*Q&A-PAGINA'S*
PINTEREST	*INSTAGRAM*	*FACEBOOK*
SNAPCHAT	*TUMBLR*	*LINKEDIN PULSE*
TWITTER	*LIJSTEN MET LOKALE BEDRIJVEN*	*PODCASTS*
ASK ME ANYTHING-SERIES	*QUIZZEN*	*GRATIS TOOLS*
MEDIUM-POSTS	*BUZZFEED*	*TESTIMONIALS*

Een lijst opstellen van alle specifieke opties voor elk kanaal en de ins en outs van elk daarvan bespreken vallen buiten het bereik van dit boek – daar zouden meerdere boeken voor nodig zijn. Maar online is een rijkdom aan gedetailleerde informatie voorhanden over hoe je al deze opties het best kunt inzetten, zowel van de bovengenoemde experts als van vele anderen. Waar het ons om gaat is dat het verkennen ervan de eerste stap moet zijn in het proces van prioriteiten stellen. Daarna moet je er een paar uitkiezen om efficiënt mee te experimenteren en dat kun je doen met de hieronder volgende methode.

EEN EERSTE SCHIFTING

Een eerste selectie is meestal eenvoudig uit te voeren door te kijken naar de specifieke eisen van jouw businessmodel. Als je bijvoorbeeld een product verkoopt aan andere bedrijven (business-to-business) zul je vaak een salesteam en steun van de afdeling Sales nodig hebben om de zaak aan te zwengelen, aanwezigheid op een handelsbeurs, waar de salesmedewerkers toekomstige klanten kunnen ontmoeten, en een contentmarketingstrategie die helpt bij het definiëren van de expertise van een bedrijf. Het businessmodel van een internetwinkel heeft als kern om zo veel mogelijk potentiële kopers naar je site te krijgen en dus zijn advertenties in zoekmachines en SEO (zoekmachineoptimalisatie) de voor de hand liggende kanalen, terwijl marktplaatsbedrijven als Uber en eBay hun inspanningen moeten verdelen over kanalen die leveranciers inbrengen en kanalen die op kopers zijn gericht.

Dat betekent beslist niet dat ondernemingen zich strikt tot deze twee voor de hand liggende kanalen moeten beperken, zeker niet als ze blijven groeien. Een groeiend e-commercebedrijf zou bijvoorbeeld kunnen ontdekken dat community building, wat een viraal kanaal is, ook een goede methode is voor het stimuleren van groei. Denk aan Amazons overname van Goodreads, de community van boekenliefhebbers. Een booming sociaal netwerk dat zich op nieuw terrein begeeft en daarvoor flink wat risicokapitaal heeft aangetrokken, zoals Instagram en Snapchat hebben gedaan, kan besluiten om te investeren in tv-, radio- en gedrukte reclame om zijn deel van het territorium te verstevigen, in plaats van alleen maar te vertrouwen op virale mechanismen. In elk geval moet je je eerst focussen op het optimaliseren van de kanalen die voor jou de kosteneffectiefste zijn.

Een volgende stap in het selecteren van je opties is kijken naar de karakteristieken en gedragingen van je gebruikers. Dat betekent dat je de gedragingen moet identificeren die ze al vertonen, zoals hun manier van zoeken op Google, de plekken waar ze winkelen en de sociale netwerken die ze gebruiken. Beantwoordt jouw product aan een behoefte of lost het een probleem op waar mensen op dit moment oplossingen voor zoeken? Dan zijn kanalen waarlangs mensen actief naar antwoorden zoeken (zoals zoekmachines) een goede optie. Als je niet kunt verifiëren dat er een behoorlijk aantal mensen is dat zoekt naar wat jij aanbiedt, zullen er andere manieren voor nodig zijn om ze daar bewust van te maken. Dat was het geval bij Dropbox. Diensten die mensen hielpen bij het makkelijk online opslaan en delen van bestanden waren gloednieuw toen het bedrijf begon, dus mensen zochten op Google niet naar de oplossingen die Dropbox bood en dat was de belangrijkste reden dat de effectiviteit van betaalde advertenties in zoekmachines zo beperkt was. De referralfunctie bleek de oplossing voor dit probleem. Als je weet dat je doelgroep een grote afnemer is van een bepaald product dat complementair is aan het jouwe, kan een *brand partnership* of cross-promotie ook een oplossing zijn.

Aatif Awan, de onderdirecteur Groei & Internationale Producten bij LinkedIn die hielp bij de groei van het bedrijf van 100 miljoen naar meer dan 400 miljoen gebruikers, bedacht onderstaande handige tabel van soorten gebruikersgedrag die je kunt gebruiken als leidraad bij het nemen van deze beslissingen.[13]

GEBRUIKERSGEDRAG	TE VERKENNEN KANALEN
GEBRUIKEN MENSEN EEN ZOEKMACHINE BIJ HET ZOEKEN NAAR OPLOSSINGEN?	*ZOEKMACHINEOPTIMALISATIE (SEO) OF ZOEKMACHINEMARKETING (SEM)*
DELEN BESTAANDE GEBRUIKERS JOUW PRODUCT VIA MOND-TOT-MONDRECLAME?	*VIRALITEIT OF REFERRALPROGRAMMA'S*
VERBETERT DE ERVARING ALS ER MEER GEBRUIKERS ZIJN?	*VIRALITEIT*
GEBRUIKT JE DOELGROEP AL EEN ANDER PLATFORM?	*INTEGRATIE EN SAMENWERKINGSVERBANDEN*
HEB JE VEEL DUURZAME GEBRUIKERS?	*BETAALDE ACQUISITIE*

Als je groeiteam met behulp van bovenstaande stappen eenmaal een paar kanalen heeft gekozen om mee te experimenteren, is het tijd om voor elk kanaal een aantal specifieke tactieken voor te stellen om mee te experimenteren en om prioriteiten te stellen.

EXPERIMENTEREN OM TOT EEN KANAAL-PRODUCTCOMBINATIE TE KOMEN

Wij adviseren een methode voor het stellen van prioriteiten die gebaseerd is op die van Brian Balfour, HubSpots voormalige hoofd Groei. Hij bedacht een simpel schema om kanalen te rangschikken aan de hand van zes factoren:

- Kosten – hoeveel verwacht je uit te geven om het experiment in kwestie uit te voeren?
- Doelgroep – hoe makkelijk is het om het beoogde publiek te bereiken en hoe specifiek kun je aangeven wie je met jouw experiment bereikt?
- Controle – hoeveel controle heb je over het experiment? Kun je veranderingen aanbrengen als het experiment eenmaal gaande is? Kun je het

makkelijk stoppen of het aanpassen als het niet naar behoren verloopt?

- Inputtijd – hoeveel tijd kost het het team om het experiment op te starten? Het filmen van een tv-reclame heeft een veel langere inputtijd dan het opstellen van een Facebook-advertentie.
- Outputtijd – hoeveel tijd kost het om resultaten te krijgen als het experiment eenmaal loopt? Experimenten met zoekmachineoptimalisatie of social media hebben een langere outputtijd dan radioreclames.
- Schaal – hoe groot is het publiek dat je kunt bereiken met je experiment? Televisie heeft een veel groter bereik dan adverteren op thematische blogs.[14]

Balfour adviseert om elk kanaal een hoge, gemiddelde of lage score te geven voor elk van de factoren, zoals in onderstaande tabel. Hij merkt daarbij op dat kanalen, afhankelijk van jouw product of soort bedrijf, hoger of lager kunnen scoren op deze factoren. Als bijvoorbeeld de zoektermen die jij wilt gebruiken voor een SEM-campagne zeer competitief zijn, zul je er meer voor moeten betalen, wat betekent dat SEM voor jou relatief hoog zal scoren wat betreft kosten, vergeleken met iemand wiens product nog zo nieuw is dat het de strijd nog moet aangaan. Als jouw product een zeer specifiek deel van de bevolking met een groot netwerk moet aanspreken, bijvoorbeeld studenten, dan zul je qua doelgroep hoog scoren wat betreft virale inspanningen. Als je echter een product verkoopt dat bedoeld is voor een zeer breed publiek, kan het moeilijk zijn om je op een doelgroep te richten en dan zul je op dat punt dus laag scoren.

PRIORITEITEN STELLEN VOOR DISTRIBUTIEKANALEN

	KOSTEN	DOEL-GROEP	CONTROLE	INPUT-TIJD	OUTPUT-TIJD	SCHAAL
SEM	*HOOG*	*HOOG*	*HOOG*	*LAAG*	*LAAG*	*LAAG*
SEO						
VIRAAL						
SALES						

Wij bouwen voort op Brians methode om een prioriteringsproces voor het experimenteren met kanalen te ontwikkelen. We geven elk kanaal dat het groeiteam aandraagt om te testen een score van 1 tot 10, met 10 als de best mogelijke score en 1 als de minst gunstige score (bedenk dat lagere kosten en minder input- en outputtijd een hoger – dus geen lager – cijfer krijgen, aangezien lage kosten en een korte input- en outputtijd natuurlijk de voorkeur hebben). We nemen vervolgens simpelweg het gemiddelde van alle scores en bepalen op grond van die uitkomsten welke experimenten prioriteit krijgen. Hier volgt een voorbeeld van de tabel die wij gebruiken voor de rangorde (je kunt een sjabloon hiervoor downloaden op growthhackers.com/resources):

	KOSTEN	DOELGROEP	CONTROLE	INPUTTIJD	OUTPUTTIJD	SCHAAL	GEMIDDELDE
SEO	*7*	*2*	*2*	*4*	*2*	*9*	*5.33*
E-MAIL	*5*	*8*	*8*	*6*	*8*	*8*	*7.17*
SOCIAL							
TV							

Om te illustreren hoe deze methode werkt, zullen we terugkeren naar het al in vorige hoofdstukken besproken team dat zich met de app voor de supermarktketen bezighoudt en bekijken hoe zij de methode gebruikten om prioriteiten te stellen voor hun eerste ronde van experimenteren met kanalen en deze te optimaliseren.

Je herinnert je misschien nog dat het supermarktteam, dat voldoende financiële middelen heeft, een agressieve reclamecampagne op de radio en in de gedrukte media voerde die leidde tot een imposante honderdduizend eerste downloads van de app. Maar omdat maar weinig mensen ook echt iets kóchten met de app, besloot het team zich te focussen op het genereren van meer inkomsten per actieve appgebruiker in plaats van op het aantrekken van meer potentiële kopers. Laten we zeggen dat ze er inmiddels in geslaagd zijn om de gemiddelde opbrengst per actieve appgebruiker te verbeteren en dat de missie nu is (en altijd zou moeten zijn) om winstgevendere kanalen te vinden.

Om te beginnen voeren ze nog een analyse uit van hun gebruikersdata. Ze hebben de data natuurlijk voortdurend gemonitord en daarbij vooral de maatstaven die er het meest toe doen goed in de gaten gehouden. Maar wanneer een team de focus verlegt naar een nieuwe groei-aanjager, is het belangrijk om met een frisse blik in de data te duiken en te zoeken naar inzichten die specifiek zijn voor de nieuwe missie. Bedenk dat ze eerder al hadden ontdekt dat een groot deel van hun beste klanten van de website van de supermarktketen afkomstig waren, en dat geldt nog steeds. Dus besluiten ze dat ze zich zullen focussen op organische manieren om de website nog nadrukkelijker tot het belangrijkste kanaal te maken. Ze zullen bovendien experimenteren met nieuwe kanalen om zo ook meer gebruikers aan te trekken die geen regelmatige bezoeker van de website zijn, zoals ook bij de eerste lancering werd gedaan. Adverteren op Facebook en Google is een voor de hand liggende optie, dus doen ze onderzoek om erachter te komen hoeveel van hun bestaande gebruikers op deze platforms zitten, en hoeveel vergelijkbare gebruikerstypen via adverteren bereikt kunnen worden. Ze ontdekken dat het merendeel van hun gebruikers op beide sites behoorlijk actief is, dus graven ze dieper en bestuderen ze rapporten uit hun bedrijfstak op zoek naar benchmarkdata over waar hun potentiële kopers nu precies hun tijd online doorbrengen. Ze zoeken ook uit wat hun concurrenten hebben uitgegeven aan reclamecampagnes op Facebook en Google en in hoeverre dat een succes is geweest.

Gewapend met kennis over het online gedrag van hun gebruikers komen ze tot de hypothese dat Google AdWords niet zo'n goede optie is, omdat mensen op het internet niet specifiek naar supermarktproducten zoeken; ze raadplegen daarvoor de websites van de supermarkten zelf. Facebook daarentegen stelt hen in staat om zich heel bewust te richten op demografische groepen en hun interesses, en ze hebben enorm veel demografische data over hun klanten, dus besluiten ze Facebook-advertenties in hun prioriteitentabel te zetten.

Het team besluit verder om nog wat extra marktonderzoek te doen en wat feedbackenquêtes uit te voeren op de website van het bedrijf en in de app. Daarnaast wordt ook een aantal bestaande klanten geïnterviewd. Van de bezoekers van de website willen ze weten of ze de app hebben gedownload en zo niet, wat hen dan tegenhield. Van de bestaande appgebruikers willen ze weten wat een reden zou zijn om de app bij hun vrienden aan te bevelen.

Door deze enquêtes komen ze erachter dat een significant aantal van de websitebezoekers niet van het bestaan van de app af wist, en diegenen die de app wel kenden, waren tevreden met het bestellen via de laptop en zagen het nut van de app niet in. Een flink deel van de appgebruikers zei dat ze hem bij anderen zouden aanbevelen en dat nog sneller zouden doen als ze korting kregen bij hun volgende bestelling.

Het team komt vervolgens met onderstaande mogelijke hacks:

ORGANISCH

- app-merchandising op website verbeteren;
- regelmatige kopers met klantenkaarten die de app echter nog niet hebben gedownload, mailen over de voordelen van winkelen met de app;
- een paginagrote pop-up die de app promoot en die verschijnt als mensen de website via hun smartphone bezoeken.

BETAALD

- advertenties op Facebook om de app te installeren;
- een aantal radioreclames gebaseerd op het succes bij hun eerste campagne;
- websitebezoekers opnieuw benaderen met advertenties om de app te downloaden, oftewel: een reclamecampagne op internet die alleen wordt getoond aan eerdere websitebezoekers.

VIRAAL

- voor bestaande klanten een referralfunctie naar vrienden inbouwen die inspeelt op hun verlangen naar meer kortingen in ruil voor het uitnodigen van vrienden.

Maar welke hack moeten ze nu eerst proberen? Er is voor allemaal veel te zeggen, gezien het gebruikersonderzoek van het team, en ze hebben stuk voor stuk geleid tot grote successen voor veel bedrijven. Bovendien hebben teamleden vaak een voorliefde voor hun eigen ideeën en dat maakt het objectief stellen van prioriteiten extra lastig. Daarom is het scoresysteem ook van zo'n onschatbare waarde. De teamleden die met suggesties zijn gekomen, kennen ieder een aanvankelijke score toe aan hun eigen idee, waarna het team tijdens de groeimeeting de scores gebruikt als een richtlijn om te bepalen welke ideeën als eerste zullen worden uitgeprobeerd. Discussies over de scores van ideeën en of het ene nu beter scoort dan het andere, moeten door de teamleider worden geleid. De teams moeten de scores niet zien als allesbepalend, maar meer als een richtlijn en als een van de punten om hun beslissingen op te baseren.

Laten we ervan uitgaan dat we de volgende scores hebben gekregen:

	KOSTEN	DOEL-GROEP	CON-TROLE	INPUT-TIJD	OUTPUT-TIJD	SCHAAL	GEMID-DELDE
FACEBOOK-ADVERTENTIES	*6*	*9*	*9*	*9*	*9*	*6*	*8.0*
WEBSITE-MERCHANDISING	*10*	*10*	*10*	*9*	*9*	*3*	*8.5*
RADIORECLAME	*4*	*7*	*2*	*6*	*2*	*9*	*5.0*
KLANTENKAART-HOUDERS MAILEN	*10*	*10*	*10*	*7*	*7*	*3*	*7.83*
BEZOEKERS OPNIEUW BENADEREN	*6*	*9*	*9*	*9*	*9*	*4*	*7.7*
POP-UP	*9*	*10*	*5*	*3*	*7*	*3*	*6.2*
REFERRAL-FUNCTIE	*5*	*4*	*2*	*3*	*2*	*6*	*3.7*

Het is duidelijk dat er een aantal koplopers is. De beste kans op onmiddellijke groei van de klantenacquisitie hebben twee organische ideeën: betere website-merchandising van de app en e-mails naar de klantenkaarthouders over het downloaden van de app; en twee betaalde kanalen: Facebook-advertenties en het opnieuw via advertenties benaderen van websitebezoekers, om hen er nog eens toe aan te zetten om de app te downloaden.

Maar hoe zit het met de andere opties? Bij het bespreken van de scores tijdens de wekelijkse groeimeeting debatteert het team over de waarde van experimenteren met een referralfunctie, want de enquêterespons lijkt erop te wijzen dat dit behoorlijk succesvol zou kunnen zijn. Maar de totale score is laag, onder andere doordat het een relatief lange tijd zal duren om het te realiseren en vervolgens resultaten te krijgen. Het team besluit dus uiteindelijk deze optie achter de hand te houden en ernaar te streven dat de functie over acht weken doorgevoerd kan worden.

Ook de radiocampagne wordt naar de pijplijn verwezen. Die scoort laag omdat, ondanks de relatief goede mogelijkheden om je op een specifieke doelgroep te richten en ondanks het feit dat eerdere radioreclames behoorlijk effectief waren, het team niet in staat zou zijn om even gedetailleerde analyses van de resultaten uit te voeren als bij de Facebook-advertenties en het opnieuw benaderen van websitebezoekers. Radio is ook relatief duur en er is veel voorbereiding voor nodig om een nieuwe campagne te lanceren. Het team maakt zich verder zorgen over het negatieve effect dat de paginagrote pop-up kan hebben op de rangorde in zoekmachines en over de irritatie die hij kan oproepen. De optie scoort echter wel tamelijk goed, dus ook die zal vooraan in de pijplijn belanden.

JE EXPERIMENTEN OPTIMALISEREN

We spoelen nu even door naar de eerste groep experimenten die het team uitvoert, waaruit blijkt dat de Facebook-advertenties bijzonder effectief waren bij twee van de zes demografische doelgroepen: de ene bestond uit nieuwe moeders en de andere uit winkelpubliek van begin twintig uit twee specifieke steden. Bij deze stadsbewoners wijzen de data uit dat twintigers die 75.000 dollar per jaar of meer verdienen en die via de advertenties bij de app belanden, deze in bijzonder groten getale downloaden en installeren. De advertenties gericht op eerdere bezoekers tonen daarentegen teleurstellende resultaten, dus concludeert het groeiteam dat het deze strategie nog eens moet heroverwegen en dat het zich nu moet richten op het optimaliseren van de Facebook-advertenties. Het zal daartoe experimenteren met aanvullende advertenties, waarvan het ene deel specifiek is gericht op nieuwe moeders en het andere op twintigers uit de twintig populairste steden die meer dan 75.000 dollar per jaar verdienen.

Wat betreft de organische opties blijkt de actie gericht op de klantenkaarthouders een groot succes: bijna 4 procent van alle e-mailontvangers installeert de app. De nieuwe promotie op de website vertoont echter een interessant patroon: die genereerde een heleboel clicks, maar een teleurstellend aantal daaropvolgende downloads. De teamleden besluiten dus dat ze ook prioriteit zullen geven aan het optimaliseren en uitbreiden van de op klantenkaarthouders gerichte promotie, en ze zullen gaan experimenteren met nieuwe optimalisaties ter stimulering van het aantal downloads nadat mensen via de websitepromoties hebben doorgeklikt.

Het proces heeft hen geholpen bij het snel identificeren van twee zeer veelbelovende manieren van promotie waar ze op moeten inzoomen en waar ze verder mee moeten experimenteren. Ze zijn een flink eind onderweg om succesvolle manieren te identificeren om nieuwe klanten aan te trekken.

BLIJF NIEUWE DINGEN PROBEREN

Met het toenemen van het aantal mogelijke kanalen om gebruikers te bereiken, groeit ook het aantal potentiële strategieën om met deze kanalen meer mensen voor je product te winnen. Het stadium van ideeënvorming in het growth-hackingproces moet een rijke bron aan nieuwe ideeën opleveren om uit de meest veelbelovende kanalen ook het meeste te halen. De recente trend van het aanbieden van gratis online tools is een prachtig voorbeeld van hoe de tactieken voor het optimaliseren van bestaande kanalen – in dit geval contentmarketing – zich blijven ontwikkelen. Neem bijvoorbeeld HubSpots Website Grader, een gratis online tool waarmee klanten naar een URL kunnen gaan en dan automatisch inzicht krijgen in de aspecten van een bepaalde website die het goed deden en andere die verbeterd zouden moeten worden. Nieuwe tools als deze – en er zijn nog talloze andere voorbeelden – geven bedrijven de kans om de aandacht te trekken ondanks de stortvloed van gratis content, van blogs en witboeken tot infographics en videohandleidingen, die het internet dezer dagen overspoelt. Behalve dat ze in het oog springen, is een van de mooie eigenschappen van deze tools dat ze een 'evergreen' kunnen zijn: ze vereisen maar weinig onderhoud om, soms wel jarenlang, een effectieve nieuwe klantenmagneet te zijn. Andere nieuwe tactieken die je kunt proberen, zijn het opbouwen van een community, zoals wij met GrowthHackers.com hebben gedaan, of ervoor zorgen dat je de eerste bent die een nieuw populair platform, zoals de volgende Snapchat, gebruikt.

Het punt is dat zelfs als je een kanaal of een aantal tactieken hebt gevonden die werken, er altijd weer nieuwe opties opduiken. Je moet dan ook altijd blijven uitkijken naar innovatieve mogelijkheden om mee te experimenteren. Het is trouwens precies vanwege al die nieuwe opties, zowel voor kanalen als voor specifieke acquisitietactieken, dat de growth-hackingmethode zo efficiënt en effectief is: de datagedreven, prioriterende en experimentele benadering helpt je door die oceaan aan opties en zorgt ervoor dat je op slimme wijze je inspanningen, en je marketingdollars, focust.

Het toevoegen van extra kanalen zal zelfs nog belangrijker zijn als je groei eenmaal begint. Een van de redenen daarvoor is dat je bijna onvermijdelijk met elk kanaal een natuurlijk plafond bereikt, waarna het je gewoon niet meer lukt om er nog zoveel nieuwe klanten uit te slepen dat het de moeite loont. Als je hetzelfde publiek maar blijft bestoken met advertenties op Facebook, haken ze op een gegeven moment af en zakt het aantal clicks tot onder de ondergrens en schieten je kosten omhoog. En je kunt je klantenkaarthouders ook niet met acties om de oren blijven slaan, want op een gegeven moment belanden je e-mails in hun spamfolder. Als je deze maximumcapaciteit hebt bereikt, zul je extra kanalen moeten aanboren om te blijven groeien.

Zoals gezegd moeten groeiteams periodiek hun focus verleggen naar het volgende stadium van de funnel, en van acquisitie naar activatie en vervolgens naar retentie gaan. We zullen in het volgende hoofdstuk zelf ook de stap naar activatie zetten. Maar eerst is het van belang dat we nog eens goed kijken naar virale gebruikersacquisitie, want dat is nauw verbonden met het growth-hackingproces. Soms wordt zelfs gesteld, weliswaar ten onrechte, dat growth hacking alleen maar gaat over het creëren van 'virale loops' om gebruikers binnen te halen, waarbij dan mechanismen als referralfuncties worden bedoeld. Zulke virale mechanismen kunnen bijzonder krachtig zijn, zoals we bij Dropbox hebben gezien, maar er bestaat een aantal misvattingen, zowel over de manier waarop je ze creëert als over het soort groei dat je ervan kunt verwachten.

Dus voordat we naar de volgende stap gaan en bekijken hoe we dat nieuwe klantenbestand dat jij hebt opgebouwd kunnen activeren, willen we eerst waarheid en waan van elkaar scheiden en je laten zien hoe de diverse soorten virale loops eruitzien en hoe je moet experimenteren zodat ze voor jou optimaal werken.

KLANTENLOOPS ONTWERPEN

Door het snelle succes van growth hacks die gebruikmaken van virale loops – zoals de regel in Hotmail-e-mails die de ontvangers ervan aanmoedigde om een account bij Hotmail te nemen, en het Dropbox-aanbod van gratis extra opslagruimte in ruil voor doorverwijzingen – zou je misschien kunnen gaan denken dat het creëren van dergelijke krachtige incentives voor gebruikers om je product te delen met hun persoonlijke netwerken een stuk makkelijker is dan het in werkelijkheid vaak is. Een van de mythes over de virale loop is dat je die 'alleen maar hoeft te creëren en klaar', en dat de mond-tot-mondreclame verder al het acquisitiewerk voor jou doet. Maar de realiteit is minder idyllisch. Het is belangrijk om te beseffen dat niet alle virale loops even makkelijk te realiseren zijn. Het creëren van effectieve loops is voor het ene product nu eenmaal veel makkelijker dan voor het andere. Makkelijk is het bijvoorbeeld voor een product als Venmo, een app voor mobiel betalen die onderdeel is van PayPal. Een product dat mensen geld oplevert, heeft duidelijk een pre. Wie wil er nu niet een account om daarmee het geld te ontvangen dat op je ligt te wachten? Bij de meeste andere producten is het echter een stuk lastiger om gebruikers ertoe te bewegen uitnodigingen te sturen en te accepteren, en iets triggeren wat ook maar een beetje in de buurt komt van virale groei vereist eerst heel veel experimenteren en daarna voortdurend optimaliseren.[15] Er bestaat helaas geen magische formule, maar er zijn wel methodes om strategieën te vinden die voor jou werken.

Dit is een goed moment om even in herinnering te brengen wat we in hoofdstuk 2 hebben geleerd over het creëren van een must have: als jouw product geen toegevoegde waarde heeft, als het niet tot het aha-moment leidt, zal geen enkele virale-loopstrategie jou helpen. Denk ook aan wat we schreven over de nieuwssite Upworthy, die via briljante koppen viraliteit wist te genereren. Hun succes is voor een groot deel te danken aan hun besef dat de inhoud van een artikel net zo belangrijk is voor het creëren van virale aandacht. 'Wij vinden het prima als mensen door middel van een truc de content zien die zij leuk vinden,' zegt oprichter Eli Pariser. 'Maar als ze het niet leuk vinden, zullen ze het ook niet delen. Viraliteit staat of valt met het juiste evenwicht tussen een goede verpakking en een goede inhoud.'[16] Waarmee maar gezegd wordt dat het van vitaal belang is om de woorden te vinden die mensen aanspreken, maar dat ook het leveren van echte waarde een noodzakelijk ingrediënt is, wil je virale groei bereiken.

Een andere grote misvatting over virale groei behelst de betekenis van de term zelf. Zo is het bijvoorbeeld belangrijk om onderscheid te maken tussen de verschillende types viraliteit: het ene is de traditionele mond-tot-mondvariant en het andere een in een product ingebouwde feature die gebruikers een mechanisme geeft om meer gebruikers binnen te halen. Dat wordt vaak de 'instrumentele viraliteit' genoemd. Een product kan heel goed dankzij beide types groeien en het kan gebeuren, zoals eerder opgemerkt, dat producten die voornamelijk door instrumentele viraliteit lijken te zijn gegroeid – Facebook is daar een mooi voorbeeld van – in feite vooral groeiden door mond-tot-mondreclame. Chamath Palihapitiya vertelde al dat hij het groeiteam voorhield in het begin vooral niet aan instrumentele groei te denken en zich met name te focussen op het bouwen van een fantastisch product. Wat ons bij een belangrijk punt brengt: als je je wel focust op instrumentele viraliteit, is het belangrijk dat je hetzelfde basisprincipe volgt als bij het creëren van je product: je moet ervoor zorgen dat de ervaring van het delen van het product met anderen een must have is, of op zijn minst zo gebruiksvriendelijk en fijn als mogelijk. Hotmails link in e-mails naar een account was bijvoorbeeld het schoolvoorbeeld van een goede gebruikerservaring: één klik en een heel kort aanmeldingsproces en je hebt gratis e-mail. En ook Sean werkte bij Dropbox intensief aan het referralprogramma om de stappen leuk en gemakkelijk te maken, van het uitnodigende design van het programma tot het gemak waarmee uitnodigingen konden worden verstuurd en geaccepteerd. Het design van het programma maakte het al met al niet alleen makkelijk om vrienden uit te nodigen, maar ook gewoon leuk. Het resultaat was in beide gevallen dat de virale loops zo effectief waren dat mensen er niet alleen aan deelnamen, maar dat ze het ook een prettige ervaring vonden en er enthousiast over praatten met eenieder die maar wilde luisteren.

Een andere veelvoorkomende misvatting over virale groei komt voort uit de definitie van een viraal product zoals die meestal wordt gehanteerd in de growth-hackingcommunity. Die stelt dat als een product echt viraal wil zijn, het een virale coëfficiënt (of K-factor) groter dan 1 moet hebben. Dat betekent dat iedere nieuwe gebruiker die zich aanmeldt één of meer nieuwe mensen moet aanbrengen. Deze viraliteitratio wordt echter zeer zelden gehaald en als het wel lukt, is dat vaak voor maar een heel korte periode. Om te begrijpen hoe onrealistisch een dergelijk doel is, zullen we hieronder kort uitleggen hoe de virale coëfficiënt wordt berekend. Maak je geen zorgen: hij wordt bepaald aan de hand van een heel simpele formule.[17]

VIRALE COËFFICIËNT (K) = UITNODIGINGEN VERSTUURD DOOR KLANTEN × PERCENTAGE DAT DE UITNODIGING ACCEPTEERT

Stel dat je 25.000 gebruikers hebt en met een referralfunctie komt, en dat 25 procent van je gebruikers die gaat gebruiken. Het gemiddeld aantal mensen dat ze een uitnodiging sturen is 5, en gemiddeld 10 procent van de geïnviteerde mensen accepteert de uitnodiging. Dat zou dus 3.125 nieuwe gebruikers betekenen, wat 50 procent is van de groei, met slechts één doorloop van de virale loop. Een dergelijke respons zou voor elke marketingactie een enorm succes zijn en toch is de virale coëfficiënt van dit verwijzingsprogramma slechts 5 x 10% = 0,5, en dus bij lange na niet de 1,0 die staat voor ware viraliteit.

We zullen deze technische uitweiding verder laten voor wat ze is. Waar het om gaat is dat groeiteams níét moeten proberen virale groei te forceren; ze kunnen beter wat praktischer zijn bij het inschatten van de virale potentie. We moedigen teams aan om te experimenteren met het creëren van loops voor virale betrokkenheid en dus te werken aan het creëren van een aantal van die loops voor elk product. Het team moet daarbij wel uitgaan van realistische verwachtingen en die ook communiceren, zowel binnen het team als naar het management.

In plaats van dat je je zorgen maakt over je virale coëfficiënt (die vluchtig is, zoals we hebben aangetoond, en die ook niet bepalend is voor de sleutelfactoren voor virale groei), kun je beter zorgen voor een nuttige inschatting van de mate van viraliteit die je waarschijnlijk wél kunt realiseren. Dat kun je doen door gebruik te maken van een heel simpele formule die is bedacht door Sean Parker, medeoprichter van Napster en voormalig directeur van Facebook. Hij leerde de eerste medewerkers van het sociale netwerk dat de viraliteit van elk product afhankelijk is van drie factoren: *payload*, conversieratio en frequentie. Dit wordt uitgedrukt in de volgende formule:

VIRALITEIT = PAYLOAD × CONVERSIERATIO × FREQUENTIE

Payload is het aantal mensen aan wie de gebruiker in één keer de promotie (of link, widget et cetera) zal doorsturen. In het geval van Hotmail zullen de meeste gebruikers e-mails sturen aan slechts één ontvanger, met een veel kleiner deel dat e-mails aan kleine groepen stuurt, en maar heel weinig persoonlijke e-mails gaan naar een lange lijst ontvangers. Dus de payload van Hotmails link was laag. De tweede factor is de conversieratio van de uitnodiging, die voor Hotmail heel hoog was omdat in die tijd gratis e-mail nog ongehoord was en dus heel aantrekkelijk. De laatste factor is de frequentie waarmee mensen worden blootgesteld aan de uitnodigingen (dat wil zeggen hoe vaak er e-mails zullen worden verstuurd). In het geval van Hotmail was ook die hoog omdat de meeste mensen tamelijk vaak mails versturen aan vrienden, familie en mensen met wie ze werken. Dus zelfs met een lage payload maakten de hoge conversieratio en frequentie Hotmails link toch extreem viraal. Jouw doel bij het creëren van een virale loop is het optimaliseren van de drie variabelen, om zo groei te bewerkstelligen.

Als je gaat besluiten met welk soort virale loop je gaat experimenteren, zul je een paar cruciale beslissingen moeten nemen. Om te beginnen zul je moeten bepalen hoe de uitnodigingen worden overgebracht. In de beste virale loops is die overdracht een natuurlijk resultaat van het gebruik van het product. Dat was bij Hotmail het geval, waar gebruikers alleen maar hun e-mails hoefden te versturen en verder niets. De uitnodiging om ook een account te nemen, was ingebed in de e-mail zelf, dus de doorverwijzing was volkomen passief. Zo weinig van de gebruikers vragen is echter niet altijd mogelijk; je zult gebruikers vaak een incentive moeten aanbieden. Het beste werkt een ‘tweezijdige incentive’, oftewel een die iets aanbiedt aan zowel de afzender als de ontvanger. Als je een hoge payload hebt, heb je waarschijnlijk niet per se een onweerstaanbare incentive nodig om goede resultaten te krijgen, want zelfs een klein aantal reacties zal dan al flink aantikken. Maar als je payload laag is, zul je waarschijnlijk een aantrekkelijker aanbod nodig hebben, voor beide partijen, om je conversieratio en frequentie te verhogen.[18]

Een bekende valkuil voor bedrijven die proberen een loop te optimaliseren, is dat ze manieren verzinnen om het aantal mensen aan wie verwijzingen worden doorgestuurd op te krikken, en dan wel in een dergelijke mate dat gebruikers, en degenen aan wie ze de doorverwijzingen hebben gestuurd, geïrriteerd raken. Iedereen die weleens per ongeluk een uitnodiging om een app te downloaden heeft doorgestuurd aan alle contacten in zijn smartphone, begrijpt hoe ergerlijk dat kan zijn. Experts op het gebied van gebruikerservaring noemen deze trucs om gebruikers tot een actie te bewegen die ze anders nooit zouden ondernemen 'duistere patronen', en hoewel die op de korte termijn soms werken, zal de weerzin van gebruikers je groei op langere termijn juist belemmeren. De negatieve commentaren en slechte gevoelens die dit soort trucs oproept, kunnen zelfs voldoende zijn om ook de beste producten te torpederen – we hebben het zien gebeuren.

Hieronder volgt een aantal best practices voor wanneer je gaat experimenteren met het creëren van loops, die je zullen helpen bij het vermijden van deze valkuilen.

BEKIJK DE MOGELIJKHEDEN VAN NETWERKEFFECTEN

De beste loops zijn die waarbij gebruikers worden gemotiveerd om meer gebruikers aan te brengen, want dat zal ook hun eigen ervaring met het product verbeteren, zoals bij Facebook en LinkedIn. Producten met netwerkeffecten hebben daarom ook een groot natuurlijk voordeel wat betreft virale groei: ze worden beter naarmate meer mensen ze gebruiken, dus zijn mensen geneigd om anderen ertoe aan te sporen om ook mee te doen. Sociale netwerken en berichten-apps zijn daar goede voorbeelden van, en dat geldt ook voor grote marktplaatsen waar kopers direct met verkopers in contact komen, zoals eBay en Etsy, want meer mensen die de site gebruiken, betekent heel simpel: meer potentiële klanten voor de verkoper en meer keuze voor de koper.

Sommige producten hebben die eigenschap nu eenmaal niet, zoals ook de app van de supermarktketen. Als je bijvoorbeeld je buurman verwijst naar de app, zal dat geen impact hebben op jouw eigen gebruikerservaring. Maar veel bedrijven hebben in potentie wel enig netwerkeffect waar ze op kunnen en moeten inspelen, zelfs als dat in eerste instantie niet direct zo lijkt te zijn. Hoe meer bestanden ik bijvoorbeeld bij Dropbox heb opgeslagen, hoe groter de kans dat ik mensen zal uitnodigen om ook Dropbox te gaan gebruiken, want hoe meer bekenden Dropbox gebruiken, hoe makkelijker het zal worden om bestanden te delen.

Als je gebruik wilt maken van virale groei die gedreven wordt door netwerkeffecten, is het dan ook essentieel dat je leert hoe jouw klanten je product gebruiken en waar potentiële loops kunnen worden gecreëerd en geoptimaliseerd.

Eventbrite is een bedrijf dat een sterke virale loop heeft gecreëerd door gebruik te maken van zijn potentiële netwerkeffect. Het bedrijf is een hub voor het promoten van events en het verdient zijn geld doordat het een percentage krijgt van de via zijn site verkochte tickets. Het heeft op een slimme manier een sociaal gedreven loop ingebouwd waarbij kopers van tickets worden aangemoedigd om aan hun vrienden te vertellen dat ze naar een event gaan. Dit is natuurlijk een goede manier om meer gebruikers te krijgen en de kaartverkoop te stimuleren, maar het biedt de ticketkopers ook iets extra's, want als er meer vrienden het event bijwonen waar jij naartoe gaat, versterkt dat de beleving. Deze loop heeft Eventbrite ook geholpen bij het aantrekken van meer organisatoren van events, want hij zorgt er tenslotte voor dat organisatoren meer tickets verkopen. Eventbrite ontdekte dat elke keer dat een event gedeeld werd, dat $ 3,23 aan extra inkomsten genereerde voor de organisatoren.[19]

CREËER EEN INCENTIVE DIE DE INTRINSIEKE WAARDE VAN JOUW PRODUCT VERSTERKT

Als een incentive geen inherent onderdeel is van de gebruikerservaring, zul je die incentive misschien moeten creëren, meestal door een of andere beloning aan te bieden. Maar het is cruciaal dat wat voor beloning de gebruikers ook ontvangen voor hun doorverwijzing, die relevant is voor de intrinsieke waarde van het product. Als de app van de supermarkt een gratis bloemenvaas zou aanbieden bij minstens drie doorverwijzingen, zal een aantal klanten dat misschien aantrekkelijk vinden, maar bij velen zou het vreemd overkomen: het zou niet stroken met wat ze van een supermarkt verwachten. Maar als de supermarktketen ook bloemen in het assortiment heeft, zou het aanbod goed bij het gepromote product aansluiten. We hadden het al eerder over de taal-marketingcombinatie en de product-kanaalcombinatie; je kunt dit zien als een product-incentivecombinatie.

Dat was ook het geniale van de referralfunctie van Dropbox. Het product behelsde zowel het opslaan van bestanden als het makkelijk delen van die bestanden met anderen. Dus strookte het aantrekken van meer mensen die Dropbox gebruiken niet alleen volkomen met de belangen van de gebruikers, meer gratis opslag was ook een incentive die volledig aansloot bij de intrinsieke waarde van het product. Een goede vuistregel: of je nu een dienst of een fysiek product verkoopt, of informatie of een bepaalde content, de waarde van je incentive moet daar zo goed mogelijk op aansluiten.

Geldelijke aanbiedingen kunnen ook werken, maar voor een zo goed mogelijk effect is het belangrijk dat ook die gerelateerd zijn aan de intrinsieke waarde van het product. Airbnb stelt 25 dollar in het vooruitzicht voor zowel de aanbieder als de gebruiker, te gebruiken bij een toekomstige boeking via Airbnb. Ook hier is het belangrijk dat de boodschap wordt toegesneden op het product of het merk. Airbnb gebruikt daarvoor bewoordingen die suggereren dat de klant de prachtige, door Airbnb geleverde ervaring van leven als een local deelt, in plaats van dat het alleen maar geld aanbiedt.

Voor onze supermarkt-app geldt hetzelfde. Een referralfunctie aanbieden waarbij iedere potentiële klant die de app gebruikt een korting van 10 dollar krijgt bij zijn volgende bestelling, is een goed idee, want dat voelt als een eenmalige korting bij de aankoop. De keerzijde van het aanbieden van geld, zelfs in de vorm van een korting, is dat je heel makkelijk kunt uitrekenen wat de waarde ervan is in relatie tot wat jij ervoor moet doen, en dat kan het moeilijk maken om mensen te motiveren zonder dat je steeds grotere bedragen moet gaan aanbieden. Vergelijk bijvoorbeeld de 10 dollar met de 250 gratis megabytes aan opslag bij Dropbox. Hoeveel is dat laatste waard? Het is voor een gebruiker moeilijk om daar een waarde aan te koppelen – het vóélt heel waardevol – maar voor Dropbox betekent het nauwelijks of geen kosten.

MAAK VAN DE UITNODIGING OM TE DELEN EEN INTEGRAAL ONDERDEEL VAN DE GEBRUIKERSERVARING

Het uitnodigen van gebruikers om hun ervaring met anderen te delen, luistert nogal nauw: je wilt niet al te opdringerig overkomen, want dat kan irritatie opwekken, maar je wilt wel dat gebruikers het zíén. De beste manier om dit wankele evenwicht te bewaren, is de oproep zo naadloos mogelijk in de gebruikerservaring integreren. Te veel bedrijven voegen referralfuncties als een soort postscriptum aan hun producten toe (ook weer een reden om productmanagers, ontwerpers en technici bij het groeiteam te betrekken, zodat ze rekening kunnen houden met deze overwegingen bij het creëren van het product). Ze worden op webpagina's en schermen geplaatst die zelden worden bezocht en deze beperkte zichtbaarheid maakt dat er helaas nooit voldoende gebruikers zijn om de virale loop een kickstart te bezorgen. Het is veel beter om de oproep te plaatsen op plekken waar veel meer internetverkeer is, zoals bij de new user experience, of op de homepage. Bij ScoreBig, een ticketsite voor *live events* waar Morgan voor werkte, zag het team een enorme toename in uitnodigingen aan vrienden toen het de referralfunctie integreerde in de new user experience, terwijl die daarvoor alleen toegankelijk was via een onbeduidende link ergens in een hoekje van de homepage van de website.

Kijk maar eens naar de websites en apps die jij bezoekt en gebruikt, en dan zul je al gauw merken welke dit wel effectief doen en welke niet. LinkedIn roept je al direct als je je aanmeldt op om te bekijken met wie je bent verbonden en om je e-mailcontacten te importeren om zo je netwerk uit te breiden. De incentive om je vrienden uit te nodigen staat bij Uber prominent op het scherm met de details van je huidige rit. Bij nadere bestudering blijkt dat de meeste bedrijven die enige mond-tot-mondgroei hebben gegenereerd, er hard aan hebben moeten werken om het instrumentarium voor hun virale loops goed zichtbaar te maken terwijl ze tegelijkertijd intuïtief overkomen en aantrekkelijk zijn voor hun klanten.

ZORG ERVOOR DAT DE INVITEES EEN GOEDE ERVARING KRIJGEN

Een andere veelvoorkomende fout is vergeten de ervaring te optimaliseren die invitees krijgen als ze ingaan op de uitnodiging. Zo is het bijvoorbeeld geen goed idee om ze botweg te verzoeken een account aan te maken terwijl ze nog helemaal niet weten waar de site over gaat en of het wel de moeite waard is.

Vergelijk dit met de ingenieuze en aanlokkelijke ervaring die Airbnb voor nieuwe invitees heeft gecreëerd. In de uitnodiging staan de naam en een foto van de persoon die jou heeft uitgenodigd, met daarbij een gepersonaliseerde boodschap over de incentive, die ten tijde van het schrijven van dit boek luidde: 'Jouw vriend Morgan heeft je een korting van 25 dollar gegeven op je eerste trip met Airbnb, de beste manier om te reizen. Je mag die vriend daar best voor bedanken!' De call to action is ook prominent en simpel: een duidelijke tekstballon met 'Eis je tegoed op'. De voordelen hier zijn tweeledig. Niet alleen zullen de invitees eerder geneigd zijn om te reageren, ze zullen ook ontvankelijker zijn om zelf weer een aanbeveling door te sturen omdat ze weten dat ze hun vrienden niet lastigvallen met een nutteloze of vervelende, opdringerige uitnodiging.

EXPERIMENTEREN EN NOG EENS EXPERIMENTEREN

Bedenk dat de meeste 'instantsuccessen' uitgebreid experimenteren vereisten en dat dit voor virale loops niet anders is. De briljante strategieën waarover je in dit hoofdstuk hebt gelezen, kwamen niet uit de lucht vallen. Ze waren het gevolg van heel veel testen en optimaliseren en dat ging gepaard met flink wat verrassingen voor het groeiteam. Bij Dropbox ontdekten Sean en het team tot hun grote verbazing bijvoorbeeld dat als uitnodigingen om een bestand te delen ook de waarde van online opslagruimte promootten, dat juist averechts werkte op de conversieratio. Toen op de pagina waarop invitees werden verwelkomd de nadruk werd gelegd op hoe de dienst samenwerking en het delen van bestanden vergemakkelijkte, schoot de conversieratio omhoog. Waarom? Deze invitees hadden nog niet het verlangen ervaren om online opslagruimte te hebben; het vooruitzicht om zo makkelijk bestanden te kunnen delen met de mensen die hen op de dienst hadden gewezen, en met iedereen eigenlijk, was onmiddellijk interessant. Achteraf lijkt dat ook logisch, maar als het groeiteam niet had geëxperimenteerd, had het dit inzicht misschien nooit gekregen.

LinkedIn was al even verrast toen het ontdekte dat zijn invitatieprogramma effectiever werkte als de inviterende partij werd gestimuleerd om méér uitnodigingen te versturen dan waar oorspronkelijk om was gevraagd – maar ook weer niet te veel. In het begin was er de suggestie om twee andere mensen uit te nodigen. Maar in plaats van het daarbij te laten, onderzocht het team wat er gebeurde als het gebruikers vroeg om nog een paar uitnodigingen te versturen: dat deden ze. Bij zes uitnodigingen begon de respons echter af te nemen. Het groeiteam ontdekte dat het optimale aantal uitnodigingen vier was.[20]

Het punt is: veel van de beste hacks zijn onvoorziene ontdekkingen. De methodes waar jij in dit hoofdstuk over gelezen hebt, zijn bedoeld om je te helpen die te vinden – strategisch, efficiënt en tegen lage kosten.

Oké, we hebben onderzocht hoe je massa's nieuwe gebruikers kunt binnenhalen; laten we nu eens kijken naar hoe je ervoor kunt zorgen dat ze ook actief worden.

6
ACTIVATIE HACKEN

Je hebt hard gewerkt om al die potentiële klanten aan te trekken, maar hoe zorg je er vervolgens voor dat je ze zover krijgt dat ze je product ook echt gaan gebruiken, oftewel – in growth-hackingtaal – hoe krijg je ze geactiveerd? Helaas is dit iets wat bij veel bedrijven fout gaat: 98 procent van het verkeer op websites leidt niet tot activatie en de meeste apps verliezen al binnen drie dagen tot 80 procent van hun gebruikers.[1]

Het verbeteren van de activatie gaat in de kern over het vergroten van de mate waarin je nieuwe gebruikers het aha-moment beleven. Hoe meer bezoekers ervaren wat jouw product tot een must have maakt, hoe meer van hen je trouw blijven. Het growth-hackingproces voorziet in een rigoureus stappenplan om de ins en outs van de aha-ervaring te doorgronden, om vervolgens te experimenteren met hacks voor verbetering van de activatie. Dé formule om de activatie te verbeteren bestaat niet; jouw inspanningen moeten op jouw product worden toegesneden, en je ideeën voor experimenten moeten voortvloeien uit een analyse van de voor jou relevante data. Gelukkig biedt het growth-hackingproces je daartoe een handleiding.

In dit hoofdstuk zullen we eerst de drie essentiële stappen introduceren die elk groeiteam moet zetten om te bepalen welke activatie-experimenten de hoogste impact hebben. Daarna zullen we een aantal praktijken introduceren die al zeer succesvol werden geïmplementeerd door snelgroeiende bedrijven. In een laatste paragraaf zullen we nader ingaan op een van de effectiefste, maar vaak misbruikte tactieken: het gebruik van triggers, bedoeld om gebruikers ertoe over te halen om een product nog eens te proberen. We zullen de ins en outs bespreken van de netelige kwestie van het gebruik van de juiste triggers.

DE ROUTE NAAR HET AHA-MOMENT PLANNEN

De eerste stap bij het hacken van activatie is het gedetailleerd in kaart brengen van de reis van je klant naar het aha-moment. We gaan ervan uit dat je al hebt bepaald, in het proces van het omvormen van je product tot een must have, waar dit magische moment uit bestaat. Laten we ook nu weer de app van de supermarktketen als voorbeeld nemen. Zoals je je misschien nog herinnert uit hoofdstuk 3 heeft het team besloten dat de aha-ervaring ontstaat als de potentiële klant zich realiseert dat hij de app kan gebruiken om heel simpel en snel zijn boodschappen te bestellen, op die momenten dat hij even tijd overheeft, of als hij zich plots herinnert dat hij een bepaald item nodig heeft.

Het volgende wat het team moet doen, is een lijst opstellen van alle stappen die nieuwe gebruikers moeten nemen om die ervaring te beleven. Ze moeten de app downloaden; ze moeten items vinden die ze willen; ze moeten die aan hun winkelwagentje toevoegen; ze moeten een account aanmaken en daarbij hun naam, creditcard- en leveringsgegevens vermelden; en ten slotte moeten ze dan nog de aankoop doen. En om het echt tot een must-have-ervaring te maken, moet hun complete bestelling ook keurig thuis worden afgeleverd.

Als je deze stappen leest, begrijp je ook dat er allerlei manieren zijn waarop gebruikers hun interesse kunnen verliezen of gefrustreerd kunnen raken, waarna ze de app weer verlaten in plaats van dat ze een aankoop doen. De app kan irritant traag zijn; gebruikers kunnen het zoeken naar items te veel gedoe vinden; ze kunnen het aanmaken van een account veel te ingewikkeld vinden. Maar bij growth hacking is het cruciaal dat je er nooit genoegen mee neemt dat gebruikers zich gedragen zoals ze doen; je moet altijd harde data over hun gedrag bestuderen en hen dan ondervragen op basis van de door jou gedane observaties, om zo je experimenten zo efficiënt mogelijk toe te spitsen op veranderingen die de grootste potentiële impact hebben. Ook al dénk je te begrijpen wat de obstakels voor activatie zijn, dan nog kan het echte verhaal behoorlijk verrassend zijn.

Heb je eenmaal de stappen geïdentificeerd die naar het aha-moment leiden, dan is de volgende stap om je te richten op struikelblokken voor klanten en uitzoeken waar die door worden veroorzaakt het berekenen van de conversieratio voor elke stap op weg naar het aha-moment of – met andere woorden – het percentage bezoekers dat elk van die stappen zet op het pad naar succes.

EEN RAPPORT OPSTELLEN OVER CONVERSIES EN UITVALLERS

Een van de beste manieren om de conversieratio te meten, is middels een 'funnelrapport', een hulpmiddel dat aangeeft in hoeverre mensen die op jouw product afkomen elk van de cruciale stappen in de reis van de klant afleggen (en ook waar ze het voor gezien houden). Hieronder volgt een hypothetisch rapport gecreëerd door Kissmetrics, dat een heel gebruikelijke uitval laat zien tussen het eerste bezoek en het aanmaken van een account.

Natuurlijk zullen de stappen waarvoor jij percentages berekent specifiek zijn voor jouw product. Bij dit hypothetische product waren die stappen: eerste bezoek, account, activatie en aankoop. Voor een ander bedrijf – bijvoorbeeld Uber – zou het rapport kunnen aantonen hoeveel mensen de app downloaden, vervolgens hoeveel er de app openen, hoeveel er een nieuw account aanmaken, hoe vaak mensen een rit boeken, hoe ze hun chauffeur beoordelen, et cetera. Voor andere bedrijven kunnen die stappen zijn het uitnodigen van vrienden, het downloaden van een witboek, het kijken naar een video of het bezoeken van een winkel. Punt is dat wat jouw product ook is, je altijd alle essentiële stappen van de klantenreis naar dat moment van activatie moet monitoren.

Behalve dat het rapport de conversieratio van de belangrijkste stappen monitort, moet het ook traceren via welke route of kanalen bezoekers bij het product belanden, of dat nu gebeurt via de Google-zoekmachine of AdWords, via Facebook of Twitter, via online banners, via referralprogramma's of hoe dan ook. Verrassende verschillen in de mate van activatie per kanaal kunnen leiden tot ontdekkingen met een grote impact die je ertoe kunnen nopen om op je schreden terug te keren en nog eens te experimenteren met enkele van de acquisitiekanalen die je aan de hand van de stappen uit het vorige hoofdstuk hebt uitgekozen. Als deze data eenmaal beschikbaar zijn, ga je zoeken naar verschillen tussen actieve klanten, zij die actief

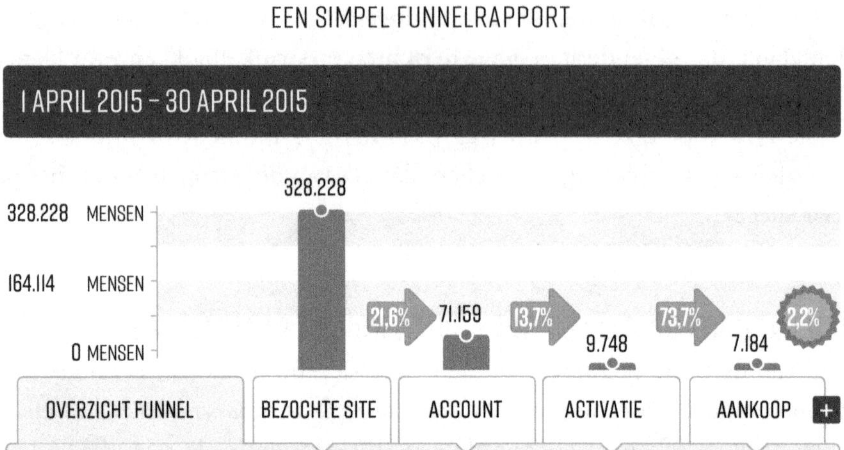

KANAAL	328.228 (100%)	71.159 (21,6%)	9.748 (3%)	7.184 (2,2%)
ORGANISCH: GOOGLE	130.636 (100%)	25.898 (20%)	3.427 (3%)	3.136 (2,4%)
DIRECT	95.344 (100%)	18.256 (19,1%)	2.534 (3%)	2.177 (2.3%)
SOCIAL: TWITTER	83.581 (100%)	11.630 (14%)	2.113 (3%)	755 (0,9%)
BETAALD: FACEBOOK	10.542 (100%)	8.527 (81%)	936 (9%)	585 (5,5%)
BETAALD: ADWORDS	8.125 (100%)	6.848 (84,2%)	738 (9%)	531 (6,5%)

Funnelrapport van Kissmetrics

waren maar daarna niets meer deden en zij die nooit actief zijn geworden. Dit rapport geeft je in wezen een gedetailleerd overzicht van wat de klanten als knelpunten bij de diverse kanalen ervaren, wat vervolgens kan worden gebruikt om het percentage nieuwe klanten die actieve klanten worden te verbeteren.

Laten we eens bekijken hoe het appteam van de supermarktketen het in dit stadium van het proces doet. De data-analist van het groeiteam zal een funnelrapport opstellen dat de cijfers voor het downloaden en het openen van de app berekent, plus de mate waarin mensen zoeken naar items om te kopen, de mate waarin mensen items aan hun winkelwagentje toevoegen en, ten slotte, of ze een account aanmaken en ook daadwerkelijk een aankoop doen. Daarnaast zullen ook belangrijke andere stappen worden gemonitord.

Dat kan bijvoorbeeld zijn de mate waarin mensen tot activatie overgaan dankzij speciale aanbiedingen of promoties, zoals het experiment met de 10 dollar korting op een eerste aankoop. Stel dat het team verder is gegaan met het maken van een boodschappenlijstje, iets wat ze als experiment in hun ontwikkelingsplannen opnamen en wat inmiddels een paar maanden beschikbaar is. Het team zal nu ook willen berekenen in hoeverre mensen items op hun lijstje zetten en ook de mate waarin ze vervolgens de items op die lijst bestellen.

Deze funnelrapporten over activatie kunnen vaak heel simpel zijn, vooropgesteld dat jouw team de stappen uit hoofdstuk 3 heeft gezet om op de juiste manier maatstaven te definiëren en manieren heeft bedacht waarop die gemonitord moeten worden. Veel analytische pakketten als Kissmetrics, Mixpanel, Google Analytics en Adobe Omniture SiteCatalyst bieden de mogelijkheid om deze funnels toe te spitsen op specifieke gevallen en ze leveren een diversiteit aan creatieve en nuttige visualisatie- en monitoringtools. De zaken kunnen soms ook wat gecompliceerder liggen, met name als voor jouw activatiefunnel meerdere databronnen moeten worden gecombineerd. Maar een data-expert zal in staat zijn de juiste databronnen te identificeren en het funnelrapport samen te stellen, zelfs als data zich op andere plekken bevinden (nog weer een reden waarom elk groeiteam een data-analist nodig heeft!).

Bij het bekijken van de data doen de leden van het appteam een reeks intrigerende ontdekkingen. Ze komen erachter dat een groot deel van de appgebruikers items aan zijn winkelwagentje toevoegt en vervolgens vertrekt voordat hij zijn creditcardinformatie doorgeeft. Ze zien ook dat een behoorlijk aantal gebruikers maar naar weinig items zoekt en verder dat de mensen die het actiefst zijn in de eerste week na het downloaden van de app bij hun eerste bezoek maar weinig items bekijken. Ten slotte valt op dat een groot percentage van de bezoekers die items op hun boodschappenlijstje zetten die vervolgens ook koopt, en dat veel van deze kopers herhalingsaankopen doen.

Dankzij deze data wordt het duidelijk dat de check-outervaring een belangrijk struikelblok is. Het team zal dus gaan experimenteren met het makkelijker maken van het check-outproces, misschien door een nieuwe manier van betalen te ontwikkelen die makkelijker en sneller te voltooien is. Aangezien het aantal zoekacties laag is onder nieuwe gebruikers, moeten ze ook experimenten overwegen die gericht zijn op het aanmoedigen van nieuwe bezoekers om meer items te bekijken. Dat zou kunnen door het eenvoudiger te maken om vanaf de homepage van de app naar items te zoeken, of door het zoeken aanlokkelijker te maken door speciale aanbiedingen te benadrukken, of door nadrukkelijk bepaalde onderdelen van de app aan te bevelen (bijvoorbeeld een scherm voor 'populairste producten').

Ze hebben dus heel veel opties om uit te kiezen. Maar voordat ze beginnen met experimenteren, moeten ze nog één stap zetten wat betreft het uitpluizen van data. Ze moeten 'het veld in' en enkele enquêtes en interviews afnemen om achter de redenen te komen voor het door de data onthulde gebruikersgedrag. Dat zal hen enorm helpen bij het scherper focussen en het vinden van de hacks die het grootste potentieel hebben.

Het groeiteam bij Qualaroo, het online enquêtebedrijf dat Sean oprichtte, volgde ditzelfde proces om op ideeën te komen voor mogelijke hacks om de activatie een boost te geven. Door een diepgaande analyse van onze gebruikersdata, waarbij we keken naar verschillen in de ervaringen van mensen die Qualaroo gratis gebruikten en het vervolgens kochten versus degenen die het product probeerden maar het uiteindelijk niet kochten, ontdekten we dat de meeste mensen die het product uiteindelijk kochten eerst diverse proefenquêtes hadden uitgevoerd die minstens vijftig reacties opleverden. In de wetenschap dat het aha-moment voor het product was dat enquêtes je nuttige gebruikersfeedback opleveren, stelden we vast dat vijftig enquêtereacties het kantelpunt was waarna de waarde van de dienst duidelijk werd.

Dus om meer gebruikers dat aha-moment te bezorgen, probeerden we vele experimenten uit die gericht waren op het vergroten van de waarschijnlijkheid dat nieuwe gebruikers minstens die vijftig reacties kregen. Deze bestonden onder andere uit een aantal pogingen om de klanten te leren welke enquêtes ze moesten gebruiken. Dat deden we door een aangepaste e-mailtekst en met behulp van lesvideo's over de types enquêtes die je moet uitvoeren wil je informatie over bepaalde onderwerpen krijgen en suggesties voor waar je ze moet uitvoeren. We veranderden ook de reeks enquêtes die we bij nieuwe gebruikers aanbevolen in enquêtes die breder inzetbaar waren en een betere respons opleverden, zoals *net promoter score*-enquêtes. Ten slotte gaf ik (Sean) het klantensuccesteam de taak om proactief richting de bezoekers te zijn en hun tips te geven over hoe je enquêtes inzet. Al deze experimenten tezamen leidden tot een enorme toename van de activatieratio bij klanten, zelfs toen we de prijs van het product verdrievoudigden!

DE DO'S-AND-DON'TS VAN ENQUÊTES

Je kent vast wel die pop-ups met klantenenquêtes in een app of website, net als jij druk aan het browsen bent of op het punt staat om iets te kopen. Dat kunnen heel effectieve tools zijn voor growth hackers, maar ze kunnen ook behoorlijk irritant zijn voor gebruikers. Wil je zo nuttig mogelijke reacties krijgen en tegelijk voorkomen dat een enquête een afknapper is voor klanten, dan moet hij heel kort zijn en in de volgende twee gevallen aan gebruikers worden voorgelegd: als hun activiteit op verwarring duidt, zoals te lang bij één pagina blijven hangen, of het scherm of de pagina op de app of de site verlaten; of direct nadat ze de stap hebben gezet die veel anderen níét zetten, zoals het aanmaken van een account of het doen van een aankoop. Dit kan waardevolle inzichten opleveren in de beweegredenen van die klant om de volgende stap te zetten – of niet.

Wij adviseren om hoogstens één of twee vragen te stellen. Dat kunnen zowel open vragen als meerkeuzevragen zijn. Wij hebben een voorkeur voor open vragen, want die sturen mensen niet in de richting van jouw hypotheses over wat de problemen zijn die gebruikers tegenkomen. De mensen laten reageren met wat ze ook maar willen delen, maakt dat ze je kunnen verrassen. Zo zal het supermarktteam er misschien van overtuigd zijn geweest dat potentiële klanten hun aankoop niet afrondden, omdat de manier van betalen te ingewikkeld was, terwijl uit de enquêtes misschien wel blijkt dat een veel belangrijkere factor was dat kopers niet zeker wisten of ze voor de bezorging van hun bestelling moesten betalen of dat die gratis was, of misschien dat ze de code waren vergeten van de korting op hun eerste aankoop. Dat is het soort kwalitatieve informatie dat je niet uit harde data alleen kunt halen, wat ook de reden is dat het ondervragen van klanten zo'n belangrijk deel van het proces uitmaakt.

Als je de contactinformatie van deze klanten hebt, kun je de informatie simpelweg verkrijgen door hen te mailen of te bellen en hun deze vragen rechtstreeks te stellen.

Voor diegenen die je website hebben bezocht en daarna zijn afgehaakt zonder enige contactinfo te hebben achtergelaten, kan er een enquête worden geprogrammeerd die als pop-up verschijnt op het moment dat hun browsepatroon aangeeft dat ze op het punt staan de pagina of het scherm te verlaten (bedrijven als Bounce Exchange, Qualaroo en Qualtrics bieden software aan die dit kan doen). Je zult er nog versteld van staan hoeveel mensen dan toch eerst jouw vragen beantwoorden (en door je enquête zo kort mogelijk te houden, zal het aantal reacties toenemen). In dit geval wil je weten waarom ze ophielden met browsen en stel je vragen als:

- Is er iets wat jou ervan weerhoudt om op dit moment een account aan te maken?
- Wat houdt je precies tegen om je bestelling af te ronden?
- Als je vandaag geen aankoop hebt gedaan, kun je ons dan ook vertellen waarom niet?
- Welke informatie zou jij nodig hebben om vandaag nog een account aan te maken?

Het klinkt misschien wat tegenstrijdig, maar de beste informatie over de redenen waarom mensen van jouw product afzien, in welke fase dan ook, komt soms van mensen die het níét opgaven. Om er bijvoorbeeld achter te komen waarom veel bezoekers van de supermarkt-app hun aankopen niet afronden, zou het team mensen moeten ondervragen die net wél een aankoop hebben gedaan. Deze kopers zullen tenslotte ook de obstakels zijn tegengekomen waardoor anderen zijn tegengehouden – en zij zullen misschien duidelijk kunnen maken waarom zij ervoor kozen om desondanks door te gaan waar anderen dat niet deden. Het team zou dus een korte enquête kunnen tonen op het scherm waarop de bestelling moet worden bevestigd, met de vraag: 'Is er één bepaalde reden waarom je bijna afzag van het afronden van je bestelling?' Wij hebben ontdekt dat het vragen naar die ene reden een groot aantal reacties oplevert, reacties die bovendien vaak een openbaring zijn. Natuurlijk zullen de vragen die je stelt afhangen van het moment van uitvallen waar je naar vraagt. Andere mogelijke vragen zijn:

- Wat hoopte je op deze pagina te vinden?
- Bevat deze pagina de informatie waar je naar op zoek was?
- Wat wilde je vandaag precies op onze site / in onze app doen?
- Wat overtuigde je ervan vandaag je aankoop af te ronden?
- Op dit scherm lijk ik in staat te zijn om…
- Was er iets aan het check-outproces wat beter kan?

Als het supermarktteam dit allemaal heeft gedaan, hebben ze nu zowel de data als het gekleurde commentaar van klanten die ze nodig hebben om een eerste reeks ideeën voor experimenten te evalueren. Laten we zeggen dat ze twee experimenten hebben uitgekozen om mee te starten. Aangezien uit enquêtes is gebleken dat klanten vaak vóór het doen van een aankoop vertrokken omdat ze hun kortingscode waren vergeten, zou het team kunnen proberen om de code voor de korting op de eerste aankoop automatisch aan de check-outpagina toe te voegen. Dat zou waarschijnlijk niet alleen de resultaten verbeteren, het zou ook beduidend sneller en goedkoper zijn dan een compleet nieuw ontwerp voor het winkelwagentje in de app.

Het feit dat heel veel mensen die items aan hun boodschappenlijst hebben toegevoegd die ook daadwerkelijk kopen, kan het team ertoe brengen te experimenteren met het wat nadrukkelijker promoten van deze feature op de homepage van de app nadat deze geïnstalleerd is.

En daarmee is de eerste stap gezet. Maar ze zullen waarschijnlijk nog heel wat experimenten moeten uitvoeren voor elk van beide ideeën, en ook voor andere, om de activatie te optimaliseren. Bij growth hacking bestaat er nu eenmaal niet zoiets als een 'gouden ei' en zelfs ideeën die op het eerste gezicht fantastisch lijken, kunnen op niets uitlopen.

BLIJF VOLHOUDEN, DAN KOMT HET RESULTAAT VANZELF

Om te illustreren hoe verrassend de ontdekkingen die je dankzij dit proces doet vaak kunnen zijn, zullen we wat nader ingaan op de experimenten die het groeiteam van HubSpot uitvoerde om zijn nieuwe product Sidekick te promoten. Dat is een tool die salesmensen in staat stelt om de effectiviteit van hun e-mails te volgen. Sidekick zat op dat moment met een probleem dat je wel vaker ziet bij nieuw gelanceerde producten: ze zagen een heel sterke, organische acceptatie dankzij mond-tot-mondreclame, maar de activatie hield niet over. Om dit tot op de bodem uit te zoeken, verdiepte het Sidekick-team zich eerst in de data om de verschillen te vinden tussen gebruikers die het product probeerden en het ook bleven gebruiken, en zij die Sidekick installeerden en vervolgens verdwenen.

De teamleden begonnen met het verdelen van hun gebruikers in segmenten met vergelijkbare eigenschappen, beginnend met de meest voorkomende verschillen, zoals de bronnen waar de gebruikers vandaan kwamen, bijvoorbeeld Google en Facebook. Daarna groeven ze dieper en onderzochten ze nieuwe gebruikers aan de hand van hun functie, het soort e-mails dat ze verstuurden, of ze Sidekick gebruikten voor salesonderzoek of voor een groter pr-bereik of voor andere doelen, en de e-maildienst die ze gebruikten, bijvoorbeeld Gmail of Outlook. Een van de ontdekkingen die de teamleden deden, was dat gebruikers die een account aanmaakten via hun zakelijke e-mailadres in plaats van hun privéadres, een hogere activatieratio hadden. Dus was hun eerste stap experimenteren met manieren om mensen zover te krijgen dat ze hun zakelijke adres gingen gebruiken. (Bij Qualaroo vonden we vergelijkbare resultaten met niet-werkgerelateerde mailadressen, dus gebruikten we tekst op het aanmeldingsformulier om gebruikers te instrueren hun werkadres op te geven en lieten we niet toe dat mensen een account aanmaakten met een e-mailadres dat eindigde op @gmail.com, @hotmail.com et cetera.)

Een andere ontdekking die ze deden, was dat de meeste mensen die niet uitgroeiden tot actieve gebruikers nooit meer dan één enkele e-mail verstuurden nadat ze de app hadden geïnstalleerd. Om erachter te komen waarom dat zo was, begon het team feedback te verzamelen van gebruikers die ophielden met het gebruiken van het product. En toen ontdekten ze tot hun schrik dat mensen het voor gezien hielden omdat ze niet begrepen hoe ze de app moesten gebruiken. Het team was ervan overtuigd geweest dat het een fluitje van een cent was om hem te begrijpen en te gebruiken. Sidekick werkte na installatie namelijk simpelweg op de achtergrond, maar de data vertelden een ander verhaal. Dus concludeerden de teamleden dat ze moesten gaan experimenteren met manieren om bezoekers vertrouwd te maken met de app.

Het team probeerde diverse soorten uitleg uit op de landingspagina waarop bezoekers terechtkwamen zodra ze de app hadden geïnstalleerd, en experimenteerde met video's die demonstreerden hoe het product moest worden gebruikt. Ze lieten ook een voorbeeld zien van het soort rapport dat gebruikers ontvangen over de activiteit die de door hen verstuurde e-mails opleveren. Maar tot hun verbazing zorgde geen van deze tests voor een betere acceptatie. Het team voerde uiteindelijk élf afzonderlijke experimenten uit, maar er gebeurde nog steeds niets. Het verbijsterde groeiteam besloot toen dat het een stap terug moest doen en nog een keer in de data moest duiken. Misschien dat meer uitleg niet de oplossing was, maar moesten mensen eerder het aha-moment beleven. Als ze in plaats van na installatie naar de landingspagina te worden gedirigeerd nu eens simpelweg een bericht te zien kregen met daarin de mededeling dat de app succesvol was geïnstalleerd en dat ze vanaf nu e-mails konden versturen? Dit experiment bleek uiteindelijk te werken. Het bericht bleek een doorslaggevende factor om mensen ertoe te bewegen de app ook daadwerkelijk te gebruiken. En daarna zagen ze al snel het nut ervan in. Dus voegde het groeiteam het bericht toe, waarna de activatieratio drastisch verbeterde.

Maar dat was nog niet alles. Het team voerde nog eens zes experimenten uit. Sommige werkten, sommige niet, en veel ervan leidden tot nog meer verrassingen, maar ze leverden allemaal inzichten op die leidden tot een significante toename van de activatie: een perfect voorbeeld van het op de juiste manier toepassen van growth hacking.[2]

Waar het hier om gaat, is dat je niet van tevoren kunt weten welke experimenten het effectiefst zullen zijn. Je moet gewoon alert en datagedreven blijven: voortdurend experimenten toesnijden op de ontdekkingen die je doet en je dan snel aanpassen en andere benaderingen proberen als experimenten niet werken zoals verwacht.

Er is beslist een aantal uitgelezen manieren om de activatie te verbeteren, en die zullen we ook gaan bespreken, maar je moet ze niet zozeer zien als een draaiboek dat je kunt volgen, maar eerder als een aantal voorbeelden en bronnen van ideeën voor mogelijke experimenten. Bedenk dat elk product anders is en dat je niet ver zult komen als je je alleen maar focust op problemen die wijdverbreid zijn maar die niet de kern vormen van dat wat de activatie van jouw specifieke klanten belemmert.

De crux is: er zijn geen shortcuts. Maar als je de drie stappen volgt die we hierboven hebben beschreven, zul je snel ideeën en inzichten vergaren die tot een drastische verbetering leiden van de activatie voor jouw product. Die stappen zijn: breng alle stappen in kaart die gebruikers tot het aha-moment brengen; stel een funnelrapport op dat de conversieratio voor elk van deze stappen verduidelijkt en verdeel gebruikers in segmenten op basis van het kanaal dat ze bij jouw app heeft gebracht; neem enquêtes en interviews af bij zowel gebruikers die elke stap aflegden terwijl er toch veel uitvallers waren als diegenen die op dat moment vertrokken, om zo de oorzaak van de uitval te achterhalen. Die informatie kun je vervolgens gebruiken om tot nieuwe, ambitieuze ideeën met een grote impact te komen, waar je mee kunt experimenteren teneinde de resultaten te verbeteren.

Laten we nu eens kijken naar de meest voorkomende obstakels bij activatie, en naar hoe je experimenten ontwerpt voor hacks om die te vermijden.

FRICTIE WEGWERKEN

'Frictie' is de term die wordt gebruikt om te verwijzen naar irritante obstakels die iemand ervan weerhouden om de actie waarmee hij bezig is te voltooien, zoals advertenties die als pop-up verschijnen terwijl je een artikel aan het lezen bent of overdreven vervormde letters in een captcha die je dwingen tot herhaalde pogingen om ze met succes in te voeren alvorens je een formulier kunt versturen. Bij een fysiek product als een koffiezetapparaat kan dat een veel te ingewikkelde procedure zijn om de timer in te stellen. De ongelooflijke irritatie die frictie oproept, is voor iedereen duidelijk; wie heeft er niet ooit mee te maken gehad? Het grote probleem is echter dat hoewel we heel goed de frictie zien bij de producten die we gebruiken, we vaak niet de bronnen van die frictie onderkennen bij de producten waarbij we zelf betrokken zijn bij de creatie of de marketing ervan. Misschien komt dat doordat we zelf zó vertrouwd zijn met de werking ervan dat onze hersenen gewoon de tekortkomingen niet meer zien. Ontwerpers die mensen zien stuntelen met de producten waaraan zij hebben gewerkt, zijn vaak geschokt. Er is heel veel aandacht besteed aan het wegnemen van frictie bij de gebruikerservaring van online producten, en toch is die overal, van de check-out-formulieren bij e-commerce die vereisen dat je eerst een account aanmaakt voordat je een aankoop kunt doen, tot pop-ups die je vragen een app te beoordelen voordat je de kans hebt gehad om die te leren kennen, tot vakjes die bepaalde postcodes niet herkennen.

Bij elke irritante hobbel die een gebruiker moet nemen, denkt hij: is dit het wel waard? En als de waarde van je product niet duidelijk en verleidelijk genoeg is, kan zelfs de geringste ergernis maken dat mensen het voor gezien houden, vaak zelfs voorgoed.

Sean ontwikkelde een simpele formule die laat zien dat je het belang van het voortdurend zoeken naar vermindering van frictie niet uit het oog mag verliezen:

VERLANGEN – FRICTIE = CONVERSIERATIO

De formule geeft aan dat hoe meer bezoekers jouw product wensen, hoe meer ze over het algemeen bereid zijn de frictie voor lief te nemen. Dat is ook de reden dat early adopters zo'n godsgeschenk zijn voor nieuwe of ontluikende producten: zij zijn vaak bereid je product te gebruiken, en er zelfs voor te betalen, ook al heeft het een paar ernstige tekortkomingen. Morgan heeft een benijdenswaardig Gmail-adres omdat hij ten tijde van de bètaversie bereid was om naar eBay te gaan en te bieden op een alom begeerde uitnodiging voor de dienst, alleen omdat hij zo het Gmail-adres kon krijgen dat hij wilde. Klanten met een dergelijk groot verlangen (je zou het ook kunnen beschouwen als een vorm van krankzinnigheid) zullen vaak het ongemak van fouten en ergernissen tolereren, maar dat geldt niet voor de rest.

Om de activatie te verbeteren, kun je ofwel het verlangen van je klanten vergroten ofwel de frictie die ze ervaren verminderen – en een aantrekkelijker product maken is vaak heel wat moeilijker dan het ontdekken en elimineren van bronnen van frictie. Frictie elimineren is het lager hangende fruit, en dat is ook de reden dat veel van de succesvolste groeiteams daar zoveel aandacht aan besteden.

Zie je funnelrapport als je wegenkaart naar de bron van frictie tijdens de reis van je klant. Soms kan het nauwkeurig bestuderen van momenten dat er een grote uitval is al duidelijk maken wat de belemmeringen zijn waarmee je moet gaan experimenteren. Lange downloadtijden en haperende winkelwagentjes zijn bekende voorbeelden, maar misschien ligt het meest problematische frictiepunt al aan het begin van de reis van de klant, bij de new user experience (NUX).

DE NEW USER EXPERIENCE OPTIMALISEREN

De eerste regel bij het ontwerpen en optimaliseren van je NUX is die behandelen als een unieke, eenmalige kennismaking met je product; je zou het wat dat betreft moeten zien als een product op zich. Dat betekent dat je er een speciale ervaring van moet maken, een die gebruikers verleidt om het product te omarmen en te waarderen wat het te bieden heeft. Een groot voordeel van het creëren van deze afzonderlijke ervaringen – dat wil zeggen: een afzonderlijke reeks pagina's of schermen binnen het product als dat een webproduct is of op de site van het bedrijf of het merk als dat het niet is – is dat het het experimenteren met de NUX makkelijker maakt voor het groeiteam omdat het zich er geen zorgen over hoeft te maken dat de tests botsen met de ervaring van de huidige gebruikers.

De tweede regel is dat de eerste landingspagina van de NUX drie fundamentele zaken voor elkaar moet krijgen: relevantie communiceren, de waarde van het product aantonen en voorzien in een duidelijke call to action. Bryan Eisenberg, die alom wordt gezien als de godfather van conversieoptimalisatie, verwijst naar deze drie factoren als de 'conversie-drie-eenheid'. Relevantie staat voor hoe goed de pagina aansluit bij de bedoeling en de wens van de bezoeker – is dit waarvoor hij gekomen is? De waarde aantonen doe je door het onmiddellijk, duidelijk en beknopt beantwoorden van de vraag: 'Wat heb ik eraan?' De call to action ten slotte gaat vergezeld van een verleidelijke volgende stap voor de bezoekers. Het lijkt allemaal nogal voor de hand liggend, maar helaas ontbreekt het bij de meeste landingspagina's vaak aan een van deze, zo niet alle, must haves.

Het optimaliseren van deze pagina's vereist meestal het uitvoeren van veel experimenten met de taal, en dan dus niet alleen de taglines en de call to action, maar ook de tekst bij afbeeldingen en in subsecties van de pagina. Niet alleen de boodschap is hier trouwens van belang, maar ook de vormgeving. Je zult dus willen experimenteren met afmetingen, de positionering en de verhouding tussen tekst en beeldmateriaal. Experimenteren met het vereenvoudigen van de pagina – het weghalen van tekst of beeldmateriaal – is evenzeer van belang, terwijl het soms ook belangrijk kan zijn om juist meer verklarende teksten en/of beeldmateriaal toe te voegen.

Het gaat er dus om dat alle elementen van de NUX nauwkeurig moeten worden onderzocht op problemen, maar er zijn twee tactieken die een heel krachtig middel blijken te zijn bij het verwijderen van frictie en die van toepassing zijn op een breed palet aan bedrijven en producten.

HET AANMELDEN VERGEMAKKELIJKEN

Het aanmeldingsproces versimpelen is een van de belangrijkste factoren om mee te experimenteren, want het reduceren van de hoeveelheid informatie die mensen aan het begin moeten geven, kan vaak resulteren in een grote groei van het aantal mensen dat ervoor kiest om een account aan te maken. Dat is een stuk eenvoudiger geworden sinds onder andere Facebook, Twitter, LinkedIn en Google simpele inlog-applicaties beschikbaar hebben gesteld aan softwareontwerpers, die het hun gebruikers mogelijk maken zich met hun bestaande accounts aan te melden – een functie die bekendstaat als *single sign-on*, of ook wel *social sign-on*. Deze technologie kan een doorbraak betekenen als het gaat om het reduceren van frictie bij het aanmeldingsproces: met één simpele klik een nieuw account creëren kan de conversieratio drastisch verbeteren, met name op mobiele apparaten, waar het invoeren van gegevens vaak nogal een gedoe is.

Hoewel single sign-on vooral wordt gebruikt bij bedrijven die gebruiksartikelen aanbieden, kan het ook werken voor B2B-bedrijven. Dat ondervond het groeiteam van Kissmetrics toen ze 'Registreer je met je Google-account' testten als enige call to action op hun homepage. Er was geen optie om een e-mailadres of wachtwoord in te voeren; het was je Google-account of niets. En bijna van het ene op het andere moment, zo schreef medeoprichter Neil Patel, nam het aantal aanmeldingen toe met een verbijsterende 59,4 procent.[3] Maar waar we al eerder voor waarschuwden: wat werkt voor het ene product hoeft niet per se voor alle andere te werken. Dus hoe verleidelijk het ook is om deze verandering door te voeren, je zult haar eerst moeten testen. Bij Inman, waar Morgans team experimenteerde met het verwíjderen van de single sign-on, zagen ze de conversieratio met 24,8 procent toenemen. Daaruit blijkt maar weer dat er bij growth hacks geen eenduidige oplossingen bestaan.

DE FUNNEL OMKEREN

Een heel rigoureuze manier om de frictie te verminderen die je klanten ervan weerhoudt om snel het aha-moment te ervaren, is de funnel omkeren. Dat wil zeggen dat je je bezoekers in staat stelt de geneugten van jouw product te ervaren vóórdat je hun vraagt een account aan te maken. Hello Bar, een tool die het voor webmarketingteams makkelijk maakt om belangrijke kortetermijnberichten te tonen aan de bezoekers van hun website, gebruikte deze tactiek om veel winst te boeken bij het vergroten van de activatie. Ze lieten gebruikers gewoon eerst hun Hello Bar-bericht creëren en pas als dat klaar was – dat wil zeggen: nadat de gebruiker tijd had geïnvesteerd in het creëren en op maat maken van zijn eerste bericht – vroeg het bedrijf hun een account aan te maken. De activatie nam toe met 52,11 procent.[4]

Ook Stripe, een bedrijf dat online betalingen faciliteert, staat zijn klanten toe om de dienst alvast uit te proberen en vraagt pas om een account als het tijd is om echt geld over te maken. Dat maakt dat meer potentiële klanten met dit product experimenteren – en het aha-moment ervaren – voordat ze overgaan tot het aanmaken van een account. En deze techniek werkt evengoed voor niet-internetgerelateerde producten. Warby Parker, het trendy brillenmerk, stuurt iedereen een set van vijf monturen voordat men tot een aankoop hoeft over te gaan, om zo gebruikers te helpen bij de beslissing welke bril ze leuk vinden en willen aanschaffen. Elk van deze bedrijven heeft de funnel op een belangrijk punt aangepast en daarmee frictie in het proces geëlimineerd.

OPTIMALISEREN IS SPELEN MET FRICTIE

Bij je pogingen om de activatie van nieuwe gebruikers te verbeteren, zul je vaak enige frictie moeten toevoegen om hen zover te krijgen dat ze de volgende stappen zetten. Een mooi voorbeeld van hoe je dit delicate evenwicht moet bewaren tussen het leiden van de klanten door een proces dat uiteindelijk activatie tot gevolg heeft en toch niet zoveel extra werk creëren dat ze afhaken, is een reeks experimenten die Airbnb deed toen uit zijn data bleek dat de meeste bezoekers die zich aanmeldden dat pas op het allerlaatste moment deden, als ze op het punt stonden daadwerkelijk een kamer te boeken. Het team wilde dat mensen al eerder actief werden, als ze zich alleen nog maar op kamers oriënteerden, zodat het meer kon leren over hen en over het soort locaties en kamers waar ze het meest in waren geïnteresseerd. Zo kon het team werken aan manieren om de getoonde huizen beter toe te snijden op de wensen van de bezoekers als die uiteindelijk echt gingen zoeken met de bedoeling om te boeken. Het team verwachtte dat dit het aantal boekingen zou vergroten, en ook de algehele tevredenheid over het gebruik van Airbnb.

Het team startte met een heel summier en nogal grofmazig experiment (bedenk dat het bij het kiezen van experimenten loont om klein te beginnen), waarbij onder aan de website prominent een tekst werd getoond waarin enigszins werd uitgelegd wat de voordelen van een account waren. Als bezoekers deze call to action negeerden, kregen ze op de volgende pagina die ze bezochten opnieuw een aansporing te zien om zich aan te melden, en zo ging het door voor elke daaropvolgende pagina.

De resultaten van dit eerste experiment waren intrigerend. Er was een flinke toename van aanmeldingen, maar ook een vermindering van het aantal boekingen. De aansporingen leken frictie te veroorzaken die mensen ervan weerhield om verder te gaan met zoeken en boeken. Maar toen de teamleden de data verder analyseerden, zagen ze dat het toegenomen aantal aanmeldingen leidde tot waardevolle extra's. Er bleken bijvoorbeeld meer uitnodigingen te worden verstuurd aan potentiële nieuwe gebruikers, en nieuwe gebruikers voegden meer huizen toe aan hun wensenlijstje, wat informatie opleverde over de bij gebruikers populaire boekingen. Dus besloot het team vervolgens om te experimenteren met het verminderen van de frictie die werd veroorzaakt door de aansporingen, in een poging om het beste van twee werelden te vinden: meer aanmeldingen én meer boekingen.

Ze focusten op het optimaliseren van de aansporingen, inclusief het design en de frequentie waarmee ze verschenen. Bij een van de experimenten toonden ze de oproep om je aan te melden niet op elke pagina, maar beperkten ze die tot één op de vijf pagina's die een bezoeker bekeek. Hierdoor verloren ze slechts 4 procent van het in eerste instantie toegenomen aantal aanmeldingen en elimineerden ze de negatieve invloed op het aantal boekingen volkomen. Het team testte ook het toevoegen van meer tekst rond de call to action, in de hoop zo aanmelding aan te moedigen. Ze plaatsten een testimonial van een blije Airbnb-klant en ook wat tekst over de waarde van een account. En dat leidde pas echt tot verbazing. Ze ontdekten dat deze extra tekst het aantal aanmeldingen juist deed áfnemen en ze concludeerden dat die de gebruikers alleen maar afleidde.[5] Dit is een voorbeeld van een wat subtieler soort frictie, die niet per se wordt gezien als irritant, maar die bezoekers of gebruikers er toch van weerhoudt de actie te ondernemen die jij wilt. Alleen door te experimenteren kun je erachter komen of dit soort frictie ook echt aanwezig is – en hoeveel invloed ze heeft op je activatieratio.

Het Airbnb-team voerde nog veel meer experimenten uit om deze ervaring te optimaliseren. Ze testten alle elementen van de call to action, van de kleur van de aanmeldbalk op de homepage tot de styling van de buttons op het aanmeldingsformulier, en zo vonden ze uiteindelijk de sleutel tot het verbeteren van het aantal aanmeldingen en van andere belangrijke maatstaven.

DE KRACHT VAN POSITIEVE FRICTIE

Een van de grote tegenstrijdigheden bij het verbeteren van de activatie is dat niet alle frictie slecht is. Mensen zo snel mogelijk en zonder enige context of begrip opzadelen met je product is niet altijd optimaal; soms wil je hen met enige 'positieve frictie' confronteren. Positieve frictie creëren is een subtiele aangelegenheid waarbij je je bezoekers beheersbare, aantrekkelijke stappen voorzet waardoor ze begrijpen wat de waarde van je product is en waarmee ze met grotere voorspelbaarheid tot het aha-moment komen. Ontwikkelaars van videogames zijn hier ware meesters in. Zij staan voor een bijzondere uitdaging als zij gebruikers rijp moeten maken voor nieuwe games, want de regels van het spel moeten worden geïntroduceerd (gebruikers zullen tenslotte nooit het aha-moment bereiken – het plezier van het spelen – als ze niet weten hoe je succesvol kunt zijn in het spel) en in veel gevallen zijn de regels en strategieën behoorlijk gecompliceerd. Om dat probleem op te lossen, hebben ontwikkelaars gebruikgemaakt van inzichten uit psychologisch onderzoek om tot een aanlokkelijke introductie van de game te komen.

Een van de belangrijkste ontdekkingen die ze daarbij deden, was gebaseerd op een klassiek boek van psycholoog Robert Cialdini, getiteld *Influence: The Psychology of Persuasion*. In een aantal door hem aangehaalde onderzoeken werd aangetoond dat als mensen eenmaal actie ondernemen, hoe gering ook, en als die ervaring niet bezwarend is, ze meer geneigd zijn om ook in de toekomst actie te ondernemen. De verklaring hiervoor is volgens hem dat ze door het ondernemen van actie een soort psychologische commitment zijn aangegaan, en mensen hebben een neiging om dergelijke commitments te honoreren met verdere acties, vaak ongeacht de verandering of de omvang van het verzoek. Gamedesigners zagen in dat ze in plaats van instructies te geven over het spelen van het spel, mensen meer betrokken moesten zien te krijgen; ze moesten ervoor zorgen dat die gingen spelen door kleine, simpele stapjes die hun duidelijk maakten wat het spel inhield.

Gamedesigners gebruikten nog veel meer krachtige inzichten uit de psychologie. Een daarvan is het alom bekende principe van het belonen van mensen om hen te conditioneren zodat ze tot een bepaald gedrag overgaan. Een ander is het profiteren van de enorme bevrediging die mensen voelen als ze in een zogenaamde flow zitten, een theorie waarmee psycholoog Mihaly Csikszentmihalyi pionierde. Hij toonde aan dat mensen in deze optimale toestand komen als ze zich precies voldoende uitgedaagd voelen door een taak die ze onderhanden hebben; niet zo uitdagend dat ze gefrustreerd raken, maar wel uitdagend genoeg om zich niet te vervelen. Mensen die in een flow zitten, zijn zo betrokken dat ze alle gevoel voor tijd verliezen: drie uur werken aan een schilderij, een tekst of het coderen van een app kan aanvoelen als veel minder en als die mensen dan opkijken van hun werk, zijn ze verbaasd over hoeveel tijd er al verstreken is. Iedereen die ooit van een speler van een videogame te horen kreeg: 'Nog tien minuutjes!' – en vervolgens nog eens tien minuten, en nog eens – weet hoe makkelijk gamers in zo'n flow raken.

Gamedesigners combineerden al deze kennis om new user experiences te creëren die mensen heel geleidelijk games binnenloodsen, beginnend met simpele uitdagingen die je snel onder de knie hebt, aangevuld met beloningen voor elke genomen horde. Ondertussen worden hun ook de regels bijgebracht. Vervolgens verhogen de designers de moeilijkheidsgraad en de beloningen door subtiele aanpassingen (waar ze eerst heel veel mee hebben geëxperimenteerd), zodat gebruikers steeds meer willen en in een flow raken. En dit werkt niet alleen voor videogames; ontwerpers van allerlei andere online producten hebben vergelijkbare tactieken geïncorporeerd om new user experiences te creëren die de activatieratio enorm verhogen. Ze proberen gebruikers tot een aantal acties te bewegen die laten zien hoe het product werkt, om vervolgens een of andere beloning uit te loven als ze die acties ook uitvoeren. Als Facebook bijvoorbeeld nieuwe gebruikers aanspoort om hun profiel in te vullen en een foto van zichzelf en wat biografische informatie toe te voegen, verzamelt het niet alleen persoonlijke data die waardevol zijn voor analyse en voor het verkopen van advertentieruimte (hoewel dat zeker een van de doelen is), maar creëert het ook commitment – 'Nu ik toch al zoveel tijd heb besteed aan dat uitzoeken van een foto en die persoonlijke gegevens, kan ik net zo goed doorgaan' – en een psychologische beloning: de bevrediging van een compleet profiel. En zoals iedereen weet die uren heeft besteed aan het opstellen van zijn of haar Facebook-profiel, is er iets aan dat proces wat een uitermate bevredigende toestand van flow oproept. In dat proces brengt Facebook mensen dichter bij het ontdekken van het aha-moment, want de intrinsieke waarde van de site is gebaseerd op het vinden van vrienden – wat gebruikers alleen kunnen doen nadat iedereen zijn of haar profiel volledig heeft ingevuld.

Hoe meer informatie mensen in het product stoppen, hoe groter hun commitment wordt, dankzij een concept dat 'opgeslagen waarde' wordt genoemd. Net zoals bij geld dat je op een spaarrekening zet, geeft ook het investeren van informatie in een dienst gebruikers direct een gevoel van bezit, en een neiging om die waarde te vergroten en te koesteren. Dus hoewel het vragen om informatie een bron van frictie kan zijn, kan het als het op de juiste manier wordt gedaan – op een manier die bevredigend is en via acties die langzaam de mate van commitment vergroten – ook een katalysator zijn voor activatie en groei.

EEN LEER-FLOW BEWERKSTELLIGEN

Hoewel de new user experience gevoelig is voor frictie, biedt hij ook veel kansen. Dat komt doordat de eerste ervaring die mensen hebben met jouw product ook het moment is waarop ze de meeste moeite doen om erachter te komen wat jouw product behelst. Zoals voormalig groeileider bij Twitter Josh Elman, die we al eerder tegenkwamen, zei over de new user experience: 'Dit is jouw moment. Je hebt meer aandacht dan je ooit nog van die gebruiker zult krijgen, en dat moment moet je aangrijpen om hun te leren wat jouw product echt inhoudt, om ervoor te zorgen dat ze het product op een zinvolle manier leren kennen.' Elmans team bedacht iets wat hij de 'leer-flow' noemde, waarmee Twitter van al die aandacht kon profiteren. Leer-flow is Elmans definitie van een new user experience die op meer is gericht dan op alleen maar extra aanmeldingen en die nieuwe gebruikers doelbewust iets over het product, de voordelen ervan en de waarde wil bijbrengen, en hun leert hoe ze dat in het proces moeten gebruiken. Dit NUX-design doet zijn voordeel met de overdaad aan aandacht en geduld die nieuwe gebruikers je gunnen bij dat eerste bezoek, en zorgt ervoor dat ze tegen de tijd dat ze klaar zijn, rijp zijn voor activatie. Voor Twitter betekende dat niet alleen dat nieuwe gebruikers een account aanmaakten, maar ook dat ze te zien kregen wat Twitter precies was. De ontwerpers ontwikkelden een leer-flow die gebruikers liet zien hoe de Twitter-tijdlijn werkt, ze deden suggesties voor categorieën om te volgen (zoals mode, sport en nieuws), ze spoorden mensen aan om interessante accounts te volgen en om vervolgens hun profiel compleet te maken. Aan het einde van deze leer-flow heb je niet alleen een volwaardig account, je hebt ook je profiel aangepast en je hebt een Twitterfeed vol met nieuws dat jij belangrijk vindt. Met één bezoek heeft Twitter je zover gekregen dat je je committeert aan de dienst, dat je het aha-moment ervaart en dat je opgeslagen waarde hebt opgebouwd. Niet slecht voor maar één bezoekje.[6]

Omdat Twitter zo'n totaal nieuwe dienst aanbood – een die van mensen verlangde dat ze een nieuwe gewoonte omarmden – was het noodzakelijk dat aan de nieuwe gebruikers duidelijk werd gemaakt wat het nut was van het volgen van mensen en hoe je Twitter moest gebruiken. Voor sommige producten is een dergelijke uitleg niet nodig. Bij e-commercesites willen mensen meestal alleen maar zo snel mogelijk beginnen met browsen door de producten en vaak hebben ze al een duidelijk idee van waar ze naar op zoek zijn. Elke poging om mensen door een of ander gearrangeerd proces te leiden zal dan dus alleen maar irritatie oproepen. Bij weer andere producten is de vraag of je gebruikers door een aantal stappen moet leiden moeilijker te beantwoorden. Ze mogen dan misschien wel enig idee hebben van hoe je het product moet gebruiken, informatie van hen krijgen en hen wegwijs maken in de manier waarop het product werkt, een en ander toegespitst op hun specifieke situatie, maakt misschien dat ze het product beter op waarde kunnen schatten. Om deze vraag te beantwoorden, zijn natuurlijk weer experimenten nodig. Pinterest is daar een mooi voorbeeld van.

Zoals Twitter mensen moest leren wat een 'tweet' was en wat dat vreemde proces van 'tweeten' eigenlijk inhield, zo moest Pinterest bij gebruikers het concept van 'pins' introduceren en hun laten zien hoe je die maakt. Het groeiteam werkte hard aan het opvoeden van nieuwe gebruikers met behulp van drie mobiele leer-flowschermen die lieten zien hoe je gepinde content kon vinden, hoe je je eigen pins kon toevoegen en hoe je 'borden' kon creëren (verzamelingen van items die gebruikers samenstellen om pins op te slaan en te delen). Als ze deze drie schermen hadden doorlopen, kregen nieuwe gebruikers een stream van de populairste onderwerpen op Pinterest en vanaf dat moment waren ze op zichzelf aangewezen.

In alle opzichten een solide NUX dus. Maar zoals het goede growth hackers betaamt, besloten de teamleden toch nog verder te gaan met experimenteren. Ze beseften dat de populairste content niet voor iedere gebruiker relevant hoefde te zijn, dus besloten ze een wat meer gepersonaliseerde new user experience te testen op de app. Nieuwe gebruikers kregen nu eerst één scherm te zien, waarbij hun werd gevraagd om vijf onderwerpen te selecteren die ze zouden willen volgen, bijvoorbeeld kamperen, bruiloften, motorsport en woninginrichting. Nadat ze hun selectie hadden gemaakt, kregen ze via de app een feed met alleen maar dat soort content, om te oefenen met het pinnen en bewaren van items. Deze verandering resulteerde in een toename van de activatieratio met 20 procent, een enorme winst.[7]

Als je besluit om wat positieve frictie te introduceren, zijn er twee tactieken die behoorlijk succesvol zijn gebleken: vragenlijsten en de *gamification* van de new user experience.

DE KUNST VAN HET VRAGEN STELLEN

Neil Patel, een expert op het gebied van growth hacking, benadrukt de effectiviteit van het voorleggen van een aantal vragen aan mensen als je hen verwelkomt. Het moet duidelijk zijn dat de vragen worden gesteld om de gebruiker beter van dienst te kunnen zijn, bijna als een soort mini-enquête. Een mooi voorbeeld dat Patel aanhaalt, is een vragenlijst die online golfshop Revolution Golf als onderdeel van het aanmeldingsproces voorlegde aan gebruikers, wat het bedrijf dankzij de daaruit voortvloeiende hogere activatieratio 20 miljoen dollar op jaarbasis opleverde. Er wordt bijvoorbeeld gevraagd naar je geslacht, je leeftijd, de gemiddelde afstand die je met een slag overbrugt, je gemiddelde score voor achttien holes en wat je grootste problemen zijn met je swing. Toen Patel vergelijkbare vragen testte bij zijn eigen bedrijf Hello Bar, was hij in staat om het aantal gegenereerde leads met 21 procent te doen toenemen.[8]

Klanten vragen naar hun interesses of de problemen waar ze een oplossing voor zoeken, schept onmiddellijk een soort betrokkenheid, want het kost hun maar weinig tijd om te reageren terwijl ze tegelijkertijd een diepere persoonlijke band hebben gesmeed met jou en je product. Ze merken bovendien dat je in hen persoonlijk bent geïnteresseerd en dat je hun zo goed mogelijk van dienst wilt zijn. En net zoals bij Pinterests methode om gebruikers binnen te halen door hun pins te tonen die aansluiten bij hun specifieke interesses, stelt het je ook in staat om hun ervaring met jouw product tijdens de kennismaking te beïnvloeden.

De tactiek werkt het best als het de klant duidelijk is dat het toesnijden van het product op zijn behoeften en verlangens in zijn voordeel is. In een tijd waarin mensen steeds bevreesder worden voor big data (of big brother, zoals sommigen het noemen), is het op maat maken van je product niet altijd een plus. Toen mensen ontdekten dat Google de zoekresultaten onderwierp aan een ingewikkeld algoritme waarin veel informatie was verwerkt over eerdere zoekresultaten van de gebruiker, stuitte dat veel mensen tegen de borst en kreeg het bedrijf veel kritiek in de pers te verduren.

Een belangrijke waarschuwing wat dit betreft is dan ook dat je niet te veel vragen moet willen stellen. Patel adviseert om het bij hoogstens vijf vragen te houden en zegt dat je beter multiplechoicevragen dan open vragen kunt stellen, met niet meer dan vier mogelijke antwoorden per vraag. Beeldmateriaal toevoegen zal waarschijnlijk de betrokkenheid vergroten. En net als bij alle hacks moeten ook deze vragenlijsten een proces van rigoureus experimenteren doorlopen.

DE VOOR- EN NADELEN VAN GAMIFICATION

Gamification betekent in wezen het bieden van beloningen, zoals extraatjes en voordelen die niet voor iedereen beschikbaar zijn, aan klanten als dank voor de acties die ze ondernemen. Adobe gebruikte bijvoorbeeld gamification bij het hacken van activatie om zo het aantal mensen te vergroten dat Adobe Photoshop gratis probeerde en vervolgens het product kocht. Het bedrijf kwam met LevelUp voor Photoshop, een new user experience die saaie handleidingen veranderde in 'missies' die gebruikers van de gratis versie moesten voltooien. De missies hielpen de gebruikers bij het ontdekken van de grootste voordelen van de software en lieten ook zien hoe je er het meest uit kon halen. Men voegde incentives toe voor het voltooien van de missies, en nieuwe levels die konden worden ontsloten als je bepaalde taken voltooide. Het leverde Adobe vier keer zoveel mensen op die van de gratis naar de betaalde versie overstapten.[9]

Door een leuk en uitdagend element toe te voegen, en ook zinvolle beloningen uit te reiken, kan gamification een krachtige tool zijn voor activatie, maar het kan ook averechts werken. Als de beloningen niets extra's bieden, of iets met weinig relevantie op het gebied van door gebruikers ervaren intrinsieke waarde (als ze dus geen product-incentivecombinatie hebben), dan kan de tactiek als schaamteloos manipulatief of gewoon als heel raar overkomen. Dat was het geval bij de gamification die schoenwinkel Zappos lanceerde voor zijn vipprogramma. Het bedrijf wilde een nieuwe standaard creëren voor mensen die vaak terugkeerden op de site. Het probeerde de winkelervaring in een spelvorm te gieten door een soort badge aan te bieden voor zaken als het aanbevelen van een model schoen en het kopen van meerdere paren, maar de badges hadden weinig waarde – geen hogere kortingen of andere voordelen – en verwarden de klant alleen maar. Zappos besloot er uiteindelijk mee op te houden.[10]

Brian Wong, de oprichter van Kiip, een bedrijf dat apps helpt bij het geven van beloningen aan gebruikers, zegt dat gamification moet worden gezien als een gereedschapskist met opties waaruit je kunt kiezen, en niet als een vooraf vastgelegde set tactieken die voor alle bedrijven werken. Je kunt als je het toepast kiezen voor een subtiele of een meer uitgesproken aanpak; zoals bij alles moet je experimenteren met wat het beste is voor je product en je klanten. Wong raadt aan om je te focussen op drie belangrijke aspecten van gamification: zinvolle beloningen; het uitlokken van verrassing en blijdschap door te variëren met hoe beloningen kunnen worden verdiend en hoe ze worden gepresenteerd; en een element van directe bevrediging. Behalve dat je ervoor moet zorgen dat de beloningen relevant zijn en dat ze echt van nut zijn voor gebruikers, zijn er verder weinig harde regels voor welke extraatjes je moet bieden. LinkedIn maakt gebruik van een lichte vorm van gamification, waaronder een progressiemeter op de profielpagina van de gebruiker die laat zien hoe compleet zijn profiel is en die hem aanspoort om meer informatie te geven. De beloning ligt in de directe bevrediging die een compleet profiel oplevert en in het feit dat je de impliciete goedkeuring krijgt van degenen die je profiel bekijken. Khan Academy, een online-onderwijssite, kiest voor de meer uitgesproken benadering en biedt punten en beloningen aan als gebruikers meer cursussen volgen, en dat zorgt voor verrassing en opgetogenheid als gebruikers een nieuwe mijlpaal bereiken. Het bedrijf waakt er echter voor om dit tot het belangrijkste onderdeel van de gebruikerservaring te maken, want het is zich ervan bewust dat dergelijke expliciete beloningen een ondermijning kunnen zijn van datgene waar het echt om gaat: het leren van nieuwe vaardigheden.

Een wel heel uitgesproken benadering zijn de loyaliteitsprogramma's die bijvoorbeeld Starbucks en restaurants hanteren. Gabe Zichermann, een expert op dit gebied, heeft ontdekt dat de effectiefste beloningen bij gamification te maken hebben met status, toegang, macht en materiële zaken (waarbij je moet denken aan financiële incentives of tastbare geschenken).[11]

Programma's van creditcards, zoals American Express Membership Rewards, maken gebruik van al deze elementen, van een verhoogde status door meer uit te geven tot macht, toegang tot speciale events en reisaanbiedingen, en natuurlijk gratis spullen, die kunnen worden verkregen met de verdiende punten. Het vergelijkbare Starbucks Rewards-programma beroemt zich op meer dan 12 miljoen leden die een Starbucks-bonuskaart of de app van het bedrijf gebruiken om 'sterren' te verdienen elke keer dat ze een kop koffie bestellen. Deze sterren kun je omzetten in gratis koffie en Starbucks-merchandise. Hoe meer sterren je verdient, hoe groter de beloningen, plus dat je ook nog opschuift in rang en meer status opbouwt als lid van de Starbucks-community. Het programma is zo succesvol dat het bedrijf nu meer dan 1 miljard dollar heeft binnengehaald via de van tevoren aangeschafte bonuskaarten en de app.[12]

DE INS EN OUTS VAN TRIGGERS

Terwijl gamification niet voor elke situatie geschikt is, zijn triggers alom aanwezig. En zelfs nog meer dan bij gamification vereist het gebruik van triggers om de activatie te verbeteren veel aandacht, zodat je ze op de juiste manier gebruikt. Triggers zijn aansporingen die een respons van mensen teweegbrengen, zoals mededelingen in e-mails, mobiele meldingen en – minder opdringerig – calls to action op een landingspagina. Het valt niet te ontkennen dat het inzetten van triggers een van de krachtigste tactieken is om het gebruik van je product te doen toenemen. Maar er kleven ook veel potentiële nadelen aan. Mensen zijn tegenwoordig het doelwit van zoveel triggers – van Facebook-notificaties dat een vriend een foto heeft geliket tot LinkedIn-e-mails over een nieuw connectieverzoek tot Amazon-updates over de verzending van een pakket – dat je heel makkelijk de grens passeert van nuttig naar ergerlijk. Wie is er niet af en toe wanhopig geworden van die gestage stroom berichten die je allemaal hetzelfde toeschreeuwen: 'Kom terug!', 'Weet je zeker dat je niet terug wilt komen?', 'We zouden je echt heel graag zien terugkomen!' Vaak zijn ze afkomstig van bedrijven waarvan we het product allang hebben afgeschreven, en dat maakt ze des te irritanter. Het geeft bovendien de indruk dat het bedrijf wanhopig is. Je moet dus voorzichtig omgaan met triggers en er met zorg mee experimenteren.

De kracht van triggers schuilt in twee cruciale factoren: in hoeverre ze gebruikers motiveren om de actie te ondernemen die jij wilt en hoe makkelijk het voor gebruikers is om dat te doen op het moment dat ze de trigger ontvangen. B.J. Fogg, een psycholoog aan Stanford, ontwikkelde het handige model op de volgende pagina voor het maken van effectieve triggers. De gebogen lijn geeft de scheidslijn aan tussen het al dan niet ondernemen van een bepaalde actie, wat voornamelijk afhangt van de combinatie van motivatie en wat Fogg de haalbaarheid noemt om die actie te ondernemen, wat dus in wezen betekent hoe gemakkelijk het is om de actie uit te voeren.[13]

Nir Eyal, auteur van *Hooked: How to Build Habit-Forming Products*, gebruikt het scenario van het krijgen van een telefoontje om dit samenspel tussen factoren te illustreren. Of je de telefoon opneemt, hangt ervan af of de telefoon bij de hand is en of je de tijd hebt om hem op te nemen – de haalbaarheid – en van motiverende factoren als het herkennen van de naam van de beller, of je hem of haar wenst te spreken en of je misschien interesse hebt in informatie die hij of zij bezit. De trigger is in dit geval duidelijk de telefoon die overgaat. Als je hem hoort overgaan wanneer je gemotiveerd en beschikbaar bent, dan neem je op.

Omdat triggers zo'n inbreuk kunnen zijn, is het zaak heel voorzichtig te zijn met het gebruiken ervan en er zorgvuldig mee experimenteren. Om de zaken nog wat ingewikkelder te maken: je moet de regels volgen die gedicteerd worden door het platform waarop je de triggers wenst te gebruiken. De regels voor mobiele meldingen zijn bij Apple bijvoorbeeld anders dan bij Android. Terwijl Apple-gebruikers duidelijk moeten aangeven of ze notificaties willen ontvangen, krijgen Android-gebruikers automatisch notificaties, waarvoor ze zich wel kunnen afmelden. Deze zogenaamde opt-inregels zijn ook vastgelegd in wetten inzake het versturen van e-mails, zoals bijvoorbeeld de CAN-SPAM-wet in de VS.

Bij opt-innotificaties zal de impact van een trigger grotendeels afhangen van het aantal gebruikers dat ervoor kiest ze te ontvangen. De opt-inafspraken kunnen heel erg verschillen voor producten en productcategorieën. Bij mobiele notificaties bijvoorbeeld kan de mate van opt-in uiteenlopen van 0 procent voor diensten als carpoolen tot 39 procent voor nieuws en media-aanbiedingen, volgens Kahuna, een bedrijf dat zich toelegt op mobiele berichtgeving.[14]

GEDRAGSMODEL VAN FOGG

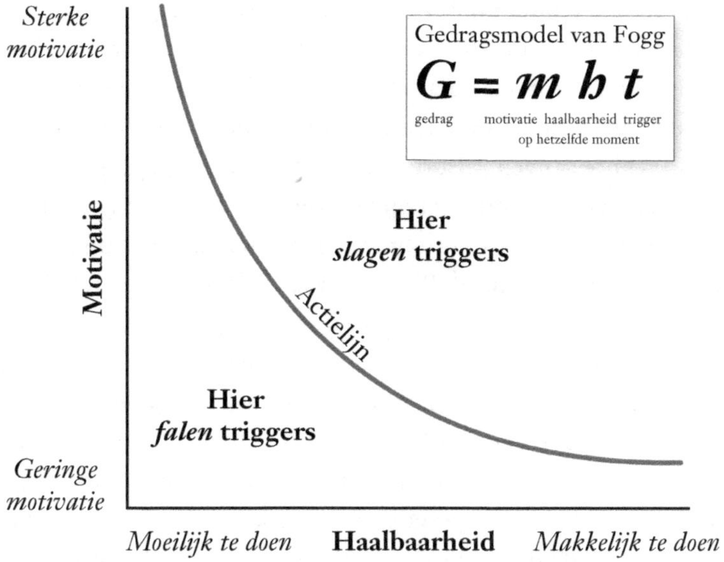

IOS-OPT-INCIJFERS PER BEDRIJFSTAK

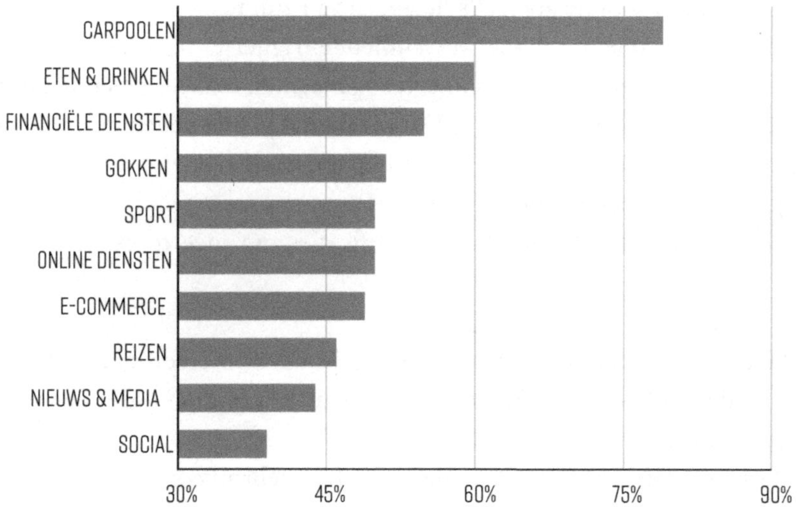

BRON: KAHUNA

Een van de grootste fouten die bedrijven maken, is dat ze bezoekers te snel vragen om in te stemmen met het ontvangen van triggers zoals notificaties en e-mails, vaak als een noodzakelijke eerste stap om toegang te krijgen tot het product. Dat kan mensen afschrikken omdat ze nog geen idee hebben, of hoogstens een vaag vermoeden, waarom ze deze berichten zouden moeten willen. Veel bedrijven misbruiken triggers in een poging om de gebruikersstatistieken van hun product op te vijzelen – dat is een truc die een gunstig beeld geeft van de kortetermijnactivatie, maar die niet bijdraagt aan het creëren van langdurig gebruik (hij heeft vaak zelfs een negatief effect omdat mensen afhaken, de meldingen uitzetten of de app wissen).

Een goede vuistregel voor het toepassen van triggers is dat je beweegreden om in contact te komen met gebruikers moet zijn dat je hen wilt wijzen op iets wat duidelijk een meerwaarde voor hen heeft. Het appteam van de supermarkt zou bijvoorbeeld notificaties kunnen sturen als een item dat iemand op zijn boodschappenlijst heeft gezet in de uitverkoop gaat, als er tijdelijk gratis bezorgd wordt of als de keten speciale aanbiedingen heeft voor de feestdagen. Gebruikers zullen dit soort triggers zinvol vinden omdat ze betrekking hebben op de intrinsieke waarde van de shopping-app. Maar wekelijks notificaties sturen over nieuwe aanbiedingen of productspecificaties die niet echt relevant zijn voor de klant, kan snel tot irritatie leiden en maken dat hij de meldingen uitzet of de app zelfs helemaal van zijn telefoon verwijdert.

Bij het experimenteren met verschillende triggernotificaties is het van belang om een aantal gebruikers in een zogenaamde *holdout*-groep te plaatsen, die buiten de experimenten valt. Dat maakt dat je niet alleen de effecten van nieuwe triggers met elkaar kunt vergelijken, maar ook ziet wat het effect is als je helemaal geen triggers gebruikt.[15]

Een aantal gebruikelijke triggernotificaties om mee te experimenteren, zijn:

- Het creëren van accounts: moedig gebruikers die een app hebben gedownload of een website hebben bezocht aan om definitief een account aan te maken.
- Berichten betreffende aankopen: stimuleer gebruikers om een aankoop te doen door tijdelijke kortingen aan te bieden.
- Reactivatiecampagne: nodig gebruikers die je app of website al een tijdje niet hebben bezocht uit om dat weer te gaan doen.

- Het aankondigen van nieuwe ontwikkelingen: deel het nieuws over updates van het product.
- Incentives voor je beste gebruikers: laat fervente gebruikers van je product weten dat ze speciaal zijn en moedig een grotere affiniteit en meer gebruik aan.
- Activiteit of verandering van de status: meld het als een vriend een actie onderneemt of als een item in een winkelwagentje anders wordt geprijsd.[16]

Je kunt natuurlijk ook je eigen triggers verzinnen. Het kan daarbij nuttig zijn om kennis te hebben van een indeling van de soorten triggers die B.J. Fogg introduceerde. Hij onderscheidt drie elementaire types, gebaseerd op de mate van haalbaarheid voor en de motivatie van de gebruiker: een 'faciliteringstrigger', die mensen met een sterke motivatie maar met een geringe haalbaarheid helpt bij het ondernemen van actie; een 'signaaltrigger', die ervoor zorgt dat mensen met een sterke motivatie en een grote haalbaarheid op koers blijven en die herhaalde actie aanmoedigt; en een 'vonk', die mensen met een grote haalbaarheid maar een zwakke motivatie aanspoort om actie te ondernemen. Veel e-mail- en mobiele notificaties vallen in deze laatste categorie, maar dat wil niet zeggen dat je die als enige moet overwegen.[17]

Het appteam van de supermarktketen zou bijvoorbeeld een faciliteringstrigger kunnen ontwerpen die als pop-up verschijnt als een gebruiker wel op de check-outpagina is geweest maar al een tijdje geen aankopen meer heeft gedaan en die vraagt of de creditcard die hij eerder gebruikte ook voor deze aankoop kan worden gebruikt. De teamleden zouden ook kunnen experimenteren met een signaaltrigger en die zou dan bijvoorbeeld een bericht op het scherm kunnen zijn dat een gebruiker erop wijst hoeveel hij of zij kan besparen door een aantal producten tegelijk te kopen. Een vonk die ze zouden kunnen proberen, is het aanbieden van een zeer hoge korting op een favoriet item van een gebruiker die is ingelogd maar die na een bepaalde periode nog steeds geen items naar het winkelwagentje heeft verplaatst, om zo te proberen die eerste cruciale aankoop te stimuleren.

Bij het verzinnen van triggers om uit te proberen, zijn ook de zes grondregels van verleiding uit Robert Cialdini's boek *Influence* van onschatbare waarde. Een hebben we er al eerder genoemd toen we het over zijn inzicht hadden dat zodra mensen een actie ondernemen, van welke aard ook, ze meer geneigd zijn om die actie nogmaals te ondernemen. Hier is het volledige lijstje:

- Wederkerigheid: mensen zullen eerder iets doen als hun een gunst is verleend, ongeacht de aard van die gunst en de taak die ze nu krijgen voorgelegd.
- Commitment en duurzaamheid: mensen die een actie hebben ondernomen, zullen eerder een andere ondernemen, ongeacht de omvang of het verschil in actie.
- Sociale stimulatie: onzekere mensen zullen naar de acties van anderen kijken voordat ze hun eigen beslissingen nemen.
- Autoriteit: mensen kijken naar personen met autoriteit om te bepalen welke acties ze moeten ondernemen.
- Sympathie: mensen zullen eerder zakendoen met personen en bedrijven die ze aardig vinden dan met personen en bedrijven die ze niet aardig vinden of waar ze onverschillig tegenover staan.
- Schaarsheid: mensen zullen actie ondernemen als ze bang zijn dat ze anders in de toekomst niet meer de gelegenheid krijgen.

Een trigger kan gebruikmaken van het principe van wederkerigheid door gebruikers iets gratis aan te bieden, zoals een te downloaden witboek of gratis verzending. HubSpots Website Grader is daar een goed voorbeeld van. Het gebruik van het principe van duurzaamheid en commitment wordt geïllustreerd door de manier waarop het campagneteam van Obama het verzoek om donaties op zijn website opdeelde in een aantal kleinere stappen in plaats van ze allemaal op één pagina te plaatsen. Als ze de eerste paar kleine stappen hadden gezet, waren de gebruikers meer geneigd om ook de volgende stappen te zetten en dat leidde tot een toename van 5 procent van het aantal mensen dat reageerde met donaties, en tot miljoenen dollars extra voor het campagnebudget.[18]

Triggers kunnen het principe van autoriteit incorporeren door te laten zien dat invloedrijke mensen, of bedrijven, hun voorgegaan zijn bij acties die ze hun gebruikers willen laten nemen, wat natuurlijk ook de beweegreden is achter het inzetten van beroemdheden. Het laten zien van de logo's van gereputeerde bedrijven die een dienst hebben gebruikt of testimonials van gerespecteerde individuen, kan ook dienen als trigger. Het verzekert de bezoeker ervan dat mensen en bedrijven die ze kennen en respecteren een vergelijkbare beslissing hebben genomen.

Veel triggers maken gebruik van het principe van sympathie, zoals de berichten die Airbnb stuurt met daarin de naam van een vriend die jou op de dienst heeft gewezen, of Nasty Gal, waar oprichtster Sophia Amoruso bijhield op welke modellen klanten het best reageerden (oftewel wie de meeste merchandise leek te verkopen), om die vervolgens te koppelen aan items die niet goed liepen.

We hebben ongetwijfeld allemaal weleens notificaties ontvangen die gebaseerd zijn op het principe van schaarsheid, bijvoorbeeld als we gewaarschuwd worden dat een uitverkoop op zijn eind loopt, of dat er nog maar enkele tickets over zijn voor de show of het concert dat we overwegen te bezoeken, of dat er nog maar enkele plaatsen zijn voor een vlucht die wij denken te boeken. Booking.com maakt veel gebruik van deze tactiek en laat websurfers zien hoeveel mensen er actief op zoek zijn naar hotelkamers in dezelfde regio en hoeveel kamers er nog beschikbaar zijn op de site. Ook Amazon laat zien hoe weinig items er nog op voorraad zijn, om bezoekers aan te sporen om alsnog tot aankoop over te gaan.

De laatste (en krachtigste) trigger is die van het interne soort, die zonder dat ze het willen bij je klanten aanwezig is; deze is gebaseerd op gewoontes en stimuleert tot langdurig gebruik. Er zijn maar weinig mensen die een externe trigger nodig hebben om Facebook of Instagram te bezoeken; we doen dat inmiddels omdat we het zelf willen. Hetzelfde kan gezegd worden over onze favoriete kledingzaak, waarvan we de website regelmatig checken op zoek naar nieuwe aanbiedingen of aanwinsten, over de nieuwssite die we elke ochtend bezoeken of over dat zaakje waar we elke ochtend op weg naar ons werk koffie halen. Wat je product ook is, deze gewoontes liggen aan de basis van een sterke band met je klanten. We zullen daar in de volgende hoofdstukken verder op ingaan.

De boodschap is: experimenteer met triggers, want ze kunnen uitermate effectief zijn, maar bedenk wel dat ze vooral ten dienste moeten staan van je gebruikers. Is dat niet zo, dan zullen ze gebruikers niet activeren of de band met hen versterken, maar is de kans groot dat ze hen juist van je vervreemden.

Over het opbouwen van een relatie met je klanten gesproken: laten we een stapje verder gaan op het pad van de gebruikerservaring en eens bekijken hoe groeiteams het growth-hackingproces hebben gebruikt om met veel succes klanten te binden.

7
RETENTIE HACKEN

De legendarische businessexpert Peter Drucker schreef vele jaren geleden dat het doel van een onderneming was om een klant te creëren en te behouden.[1] Maar hoewel niemand deze beroemde uitspraak zal bestrijden, is het een feit dat voor de meeste bedrijven de mate waarin ze nieuwe gebruikers verliezen – de churnratio – schrikbarend is.

Dat is vervelend, want een goede retentie is over het algemeen de beslissende factor voor een goede winstgevendheid, voor elk soort bedrijf. Zoals we in hoofdstuk 4 al aanstipten, heeft onderzoek door Frederick Reichheld van Bain & Company aangetoond dat een verbetering van de retentieratio van klanten van 5 procent de winst doet toenemen met ergens tussen de 25 en 95 procent.[2] De keerzijde is dat het verliezen van klanten enorm kostbaar is. Een van de redenen daarvoor is, zoals we in hoofdstuk 5 hebben geleerd, dat het heel veel geld kost om een nieuwe klant aan te trekken, zeker in een tijd waarin de advertentiekosten de pan uit rijzen als gevolg van de plotseling enorm toegenomen concurrentie voor online opslag in het topsegment. En hoe meer je moet uitgeven om nieuwe klanten te winnen, hoe kostbaarder het verlies van iedere klant wordt – wat het vasthouden van klanten des te crucialer maakt, zowel om je uitgaven voor dure reclamecampagnes te kunnen beperken als om te voorkomen dat klanten overlopen naar de concurrent.

Homejoy, een schoonmaakbedrijf, had ooit een rooskleurige toekomst, zeker nadat het meer dan 64 miljoen dollar had binnengehaald via enkele van de beste investeerders in Silicon Valley. Maar het bedrijf was een schrijnend voorbeeld van het gevaar van slechte retentie. Ondanks een indrukwekkende hoeveelheid klanten in het begin, aangetrokken dankzij een agressieve promotie met kortingen, slaagde Homejoy er niet in de belofte in te lossen. Ze leverden een dienst die door klanten werd omschreven als 'onvoorspelbaar'. Veel klanten schrokken bovendien van het enorme verschil in prijs tussen die eerste, met korting uitgevoerde schoonmaak en de normale prijs van de dienst. Het resultaat was dat slechts 15 tot 20 procent van de klanten uiteindelijk een tweede schoonmaak bestelde. Ondertussen bereikten de concurrenten van Homejoy retentiepercentages die twee keer zo hoog waren. Om de zaak nog te verergeren, had het bedrijf veel geld uitgegeven aan de acquisitie van klanten. Deze combinatie van hoge acquisitiekosten en een lage retentie leidde tot de snelle dood van het bedrijf.[3]

Amazon daarentegen is misschien wel de gouden standaard als het gaat om het vasthouden van klanten. Het subscriptieprogramma van het bedrijf, Amazon Prime, is bijzonder succesvol geweest in het vasthouden van klanten en dat is grotendeels te danken aan de snelle, gratis verzending van duizenden items. Maar ook veel bijkomende voordelen die aan het programma zijn toegevoegd, zoals de streamingdiensten voor video's en muziek, hebben daaraan bijgedragen. 73 procent van de mensen met een proefabonnement wordt uiteindelijk betalend abonnee en 91 procent van de mensen die één jaar lid zijn, vernieuwt het account in het tweede jaar. Nog indrukwekkender is dat bij trouwe klanten de retentie alleen nog maar toeneemt: van de klanten die aan hun derde jaar beginnen, verlengt een bijna ongehoorde 96 procent het account.[4]

DE SAMENGESTELDE WAARDE VAN RETENTIE

Het spreekt voor zich dat hoe langer je klanten vasthoudt, hoe meer gelegenheid je krijgt om meer omzet via hen te genereren, of je dat nu doet door het verkopen van meer items of diensten, door doorlopende of hernieuwde abonnementen of doordat het meer advertentie-inkomsten oplevert omdat adverteerders zich op jouw grote en loyale klantenbestand willen richten. Als je bedenkt dat deelnemers aan het Amazon Prime-programma meer dan twee keer zoveel kopen als niet-Prime-leden, kun je je misschien voorstellen wat die hoge retentieratio aan extra omzet oplevert. Sommige analisten geloven zelfs dat het bedrijf zonder Amazon Prime niet eens winstgevend zou zijn.

Door het vergroten van de gemiddelde opbrengst per klant kun je meer in groei investeren, en zo ontstaat er een vicieuze cirkel. Dat komt deels doordat een sterke retentie voor hogere directe inkomsten zorgt en deels doordat je dan weet dat je toekomstige inkomsten waarschijnlijk ook hoog zullen zijn. Amazons stabiele inkomsten per abonnee hebben ervoor gezorgd dat het bedrijf stevig kan investeren in het uitbouwen van het Primeprogramma, bijvoorbeeld door het toevoegen van videostreaming. Hoe langer je je klanten vasthoudt, hoe meer je kunt leren over hen en hun behoeften en verlangens, en hoe beter je je diensten en promoties op hen kunt toesnijden, wat je natuurlijk weer de kans geeft om meer aan hen te verdienen. Toen Amazon met Prime kwam, beweerden enkele analisten dat die gratis snelle verzending en de kortingen op Prime-items Amazon veel te veel zouden gaan kosten en dat het programma daarom niet duurzaam was. Maar Amazon zag, met zoveel mensen die hun lidmaatschap verlengden en die bovendien bovengemiddeld veel uitgaven, dat het programma op een zeer winstgevende koers lag.

Nog een voordeel van een sterke retentie is dat je betere resultaten ziet van zowel mond-tot-mondreclame als van je virale marketinginspanningen, want hoe langer gebruikers bij jouw product blijven, hoe vaker ze erover kunnen praten en het misschien aan vrienden en anderen kunnen laten zien.

SNEL INZOOMEN OP DE BESTE KEUZES

Gezien de almaar hogere kosten van klantenacquisitie en de steeds fellere concurrentie waar de meeste bedrijven tegenwoordig mee te maken hebben, is het cruciaal dat ze gespitst zijn op problemen met hun retentie en in een zo vroeg mogelijk stadium werken aan het tegengaan van klantverloop (of ‘churn’, zoals marketeers het noemen). Growth hacking is de ideale manier om dit te bereiken. Laten we voor een voorbeeld even teruggaan naar het appteam van de supermarkt. Stel dat het team dankzij het goed bijhouden van de klantgegevens merkt dat er bij een flink aantal klanten na de eerste maand een grote verschuiving optreedt in het gebruik van de app, een lot dat veel apps is beschoren. Waar moeten ze beginnen met hun pogingen om meer klanten actief betrokken te houden bij de app? Moet het team het aantal mobiele notificaties opvoeren die ze aan hun klanten sturen om hen te verleiden om terug te komen? Moeten ze met speciale prijzen en kortingen komen voor populaire items die alleen beschikbaar zijn op de app? Misschien moeten ze nieuwe features toevoegen, zoals de succesvolle boodschappenlijst, om het nut van de app te vergroten. Al deze ideeën zouden kunnen werken, maar ze brengen allemaal significante kosten met zich mee en bovendien moet het team ervoor waken dat ze hun gebruikers ergeren met te veel promotionele berichten of triggers. Zoals we al in het vorige hoofdstuk bespraken, kunnen meer mobiele notificaties het gebruik op korte termijn een boost geven, maar ze kunnen snel hun glans verliezen als mensen moe worden van al die interrupties. Promoties via de app kunnen leiden tot meer aankopen van loyale appgebruikers, maar het overgrote deel van de klanten die het team wil terughalen wordt er waarschijnlijk niet mee bereikt, omdat deze mensen de app niet vaak gebruiken, als ze hem al gebruiken. Nieuwe features toevoegen is duur en er is geen garantie dat gebruikers daardoor actiever zullen worden, en dan ook nog voor langere tijd.

Growth hacking geeft de teamleden de kans om snel te bepalen welk idee ze eerst moeten gaan testen en om snel tot resultaten te komen die duidelijk maken hoe ze verder moeten. Het appteam van de supermarktketen zou heel makkelijk alle drie de bovengenoemde ideeën snel na elkaar kunnen testen. De e-mailnotificaties en app-promoties heb je in een oogwenk gecreëerd en een idee voor een nieuwe feature kan snel getest worden door klanten middels een enquête te vragen hoe aantrekkelijk die voor hen zou zijn of door snel een prototype te bouwen dat onder een groep gebruikers kan worden getest. Misschien besluit het team om eerst te experimenteren met het sturen van meer e-mailnotificaties en merkt het binnen een paar weken dat het sturen van één extra mobiele notificatie per week leidt tot slechts 10 procent teruggekeerde gebruikers, maar dat als het per week nog twee notificaties meer stuurt, 35 procent terugkeert. De teamleden kunnen vervolgens besluiten om die twee extra notificaties in de daaropvolgende week aan alle uitvallende gebruikers te sturen. Ondertussen zijn de reacties op de nieuwe feature misschien zo positief dat het team de productontwikkelingsgroep ervan kan overtuigen dat die er snel mee aan de slag moet gaan, en kort na de introductie ervan zal de retentie mogelijk verbeteren.

Deze resultaten zouden natuurlijk slechts het begin zijn van een non-stop verzinnen en testen van hacks om de retentie een boost te geven, waar het in dit hoofdstuk tenslotte over gaat.

WAT STIMULEERT RETENTIE?

Voordat we wat meer in detail zullen treden over hoe je het growth-hacking-proces moet toepassen om retentie te verbeteren, is het belangrijk om nog even terug te keren naar de uitgangspunten voor wat klantenloyaliteit bevordert en wat ervoor zorgt dat klanten blijven terugkomen. Zoals al besproken in hoofdstuk 2 is het bij retentie van fundamenteel belang dat je je klanten een product of dienst van hoge kwaliteit biedt die continu aan een behoefte tegemoetkomt, of die hun simpelweg plezier verschaft, en die ze daardoor gaan zien als een must have. We bespraken ook dat een sterke product/market fit een stabiele retentiecurve oplevert. Die ziet eruit als de zwarte lijn in onderstaande grafiek; de stippellijn geeft aan dat een toenemend aantal klanten het product na verloop van tijd weer de rug heeft toegekeerd.

STABIELE VERSUS AFNEMENDE RETENTIE

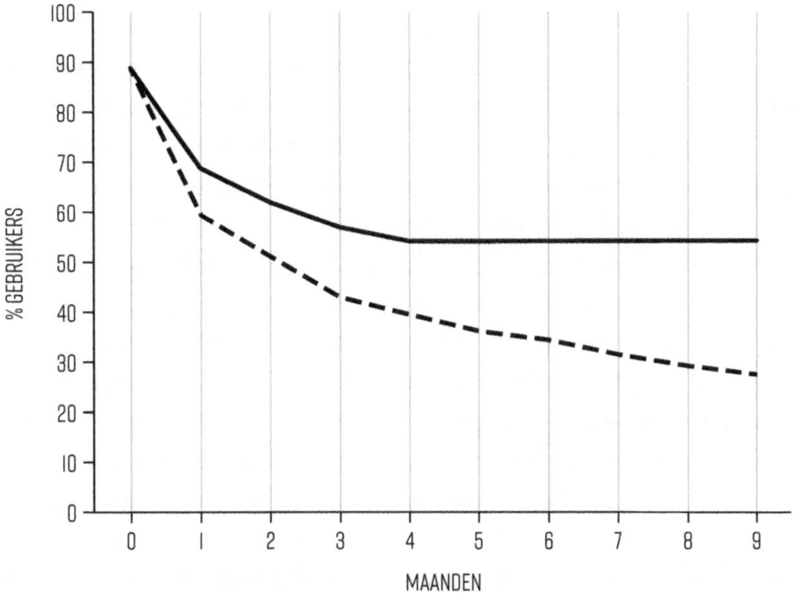

Bij het bespreken van het hacken van retentie zullen we in detail ingaan op wat growth teams zouden moeten doen om ervoor te zorgen dat de retentie op zijn minst stabiel blijft en – idealiter – hoe ze ervoor kunnen zorgen dat die retentiecurve langzaam maar zeker verbetert. Eerst wil ik benadrukken dat ook al heeft een bedrijf een stabiele retentiecurve bereikt, toch kan blijken dat de retentie verslechtert, om diverse redenen. Misschien is er een concurrerend product op de markt gekomen en haalt dat gebruikers bij jou weg, of misschien heeft een al bestaande concurrent een nieuwe feature of promotie gelanceerd die datzelfde effect heeft. Een andere belangrijke reden voor het feit dat klanten na verloop van tijd uitvallen, is dat een bedrijf niet optimaal met hen communiceert. Het bedrijf heeft niet het juiste soort boodschap gevonden, met de juiste frequentie, om de app in hun geheugen te prenten, waardoor ze er nu rijp voor zijn om door de concurrentie geplukt te worden. Bedrijven kunnen ook tekortschieten in het profiteren van mogelijkheden om loyaliteit op te bouwen doordat ze niet werken aan het creëren van een gewoonte of doordat ze klanten het idee geven dat die niet gewaardeerd of begrepen worden. Of misschien is de behoefte waar het bedrijf op inspeelt niet langer urgent voor zijn klanten, of wordt er al aan voldaan op een bevredigendere of gemakkelijkere manier, zoals zou kunnen gebeuren als de technologie van het product verouderd of achterhaald is.

Groeiteams zijn uitstekend geschikt om vroege waarschuwingstekens te signaleren die wijzen op een verslechtering van de retentie. Maar daar moeten ze het niet bij laten. Teams zouden het proces van snel experimenteren moeten inzetten om de retentie steeds meer omhoog te stuwen, zoals dat Amazon lukte met zijn Prime-abonnees. Een stabiele curve is beslist niet het ultieme doel voor retentie. Kijk maar eens naar de grafiek hiernaast, die Evernote zijn 'glimlachgrafiek' noemt en die laat zien dat hoe langer mensen Evernote gebruiken, hoe groter de kans is dat ze het ook blijven gebruiken.[5]

Evernotes retentiegrafiek ziet er vooral zo uit doordat het nut van de dienst in de loop van de tijd steeds groter wordt. De intrinsieke waarde stijgt naarmate je Evernote langer gebruikt. Dat komt doordat het een product is waarmee je notities opslaat en hoe meer informatie er wordt opgeslagen, hoe groter de kans is dat mensen terugkeren om deze ideeën en notities te raadplegen en er meer aan toe te voegen. Veel succesvolle digitale producten bereiken in de loop van de tijd een steeds hogere retentieratio; dat geldt voor Instagram, dat waardevoller wordt naarmate je er meer

EVERNOTES GLIMLACHGRAFIEK

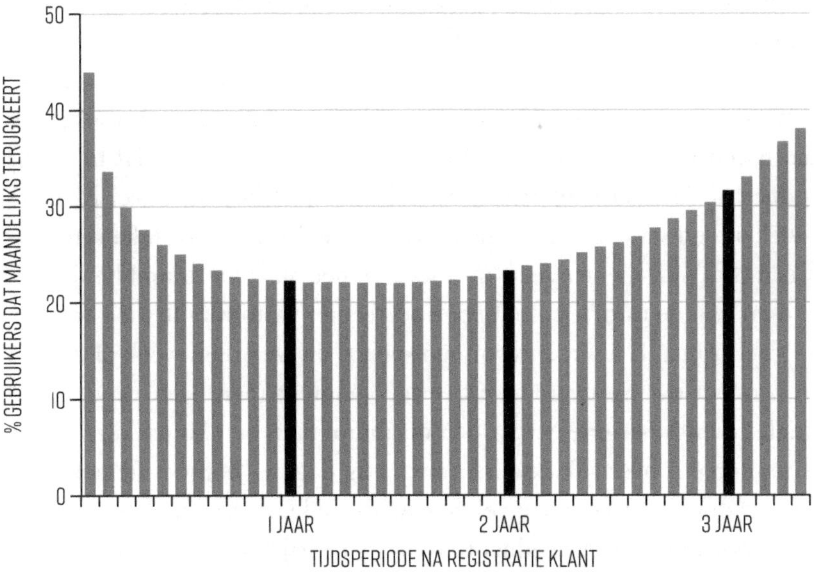

BRON: EVERNOTE

foto's op zet en je meer mensen gaat volgen, en ook voor een zakelijk product als QuickBooks, dat voor een bedrijf steeds waardevoller wordt naarmate er meer financiële data in zijn opgeslagen – de zogenaamde opgeslagen waarde dus.

Bedrijven met de mogelijkheid om de kracht van de opgeslagen waarde te kapitaliseren, zijn in het voordeel wat betreft het verbeteren van de retentie, maar geen enkel bedrijf mag er zonder meer van uitgaan dat klanten actief betrokken zullen blijven. Ze moeten gestaag blijven werken aan het verbeteren van wat ze hun klanten aanbieden. Denk maar eens aan het aantal nieuwe features en diensten die Facebook sinds de oprichting heeft aangeboden en hoeveel verschillende soorten notificaties en calls to action het heeft verzonnen om ervoor te zorgen dat jij de dienst blijft gebruiken. Of het nu gaat om het toevoegen van live-video of om het jou aansporen om nieuws over je favoriete sportteams te delen of om je te laten weten dat je al een jaar lang bevriend bent met een andere Facebook-gebruiker, het bedrijf werkt continu aan het verbeteren van de betrokkenheid en loyaliteit van zijn klantenbestand. Elk bedrijf kan – en moet – blijven werken aan het vergroten van de waarde die het de klanten levert, en aan hun betrokkenheid.

DE DRIE STADIA VAN RETENTIE

De methodes om klanten aan je te binden veranderen met het stadium van retentie waarin de gebruiker zich bevindt. Brian Balfour, die we al eerder hebben ontmoet, benadrukt dat retentie bestaat uit drie fases: initieel, medium en lange termijn.[6] De initiële retentieperiode is de kritieke periode waarin een nieuwe gebruiker ofwel ervan overtuigd raakt dat hij of zij het product of de dienst moet blijven gebruiken of kopen, ofwel na een paar bezoeken een slapende gebruiker wordt. Zie die aanvankelijke retentieratio als een maatstaf die aangeeft in hoeverre het product onmiddellijk beklijft. De duur van de initiële retentieperiode is niet vastomlijnd: die kan voor een app slechts een dag zijn en voor een sociaal netwerk een week of twee. Voor een product dat Software as a Service aanbiedt (een SaaS-product) zal de initiële retentieperiode eerder een maand of zelfs een kwartaal zijn, en voor e-commerce is het vaak de eerste negentig dagen.[7] Je moet de periode voor jouw product baseren op zowel de data die je kunt verzamelen over de standaard voor jouw soort product binnen de bedrijfstak als op jouw eigen analyse van het gedrag van je klanten.

Het goede nieuws is dat onderzoek aantoont dat gebruikers die tijdens de initiële periode meer waarde aan een product toekennen dat waarschijnlijk ook langer zullen blijven gebruiken. Bovendien is er in dit stadium over het algemeen voldoende gelegenheid om de gebruikerservaring te verbeteren. Dat was de belangrijkste impuls voor de start van het groeiteam bij HubSpot, zoals medeoprichter en CTO Dharmesh Shah uitlegde. 'De reden dat we besloten om met een groeiteam te beginnen, was in de eerste plaats dat we het idee hadden dat er veel laaghangend fruit was in ons proces van uitproberen en klanten binnenhalen.'[8] We bespraken het werk van het HubSpot-team bij het verbeteren van het onboardingproces in het hoofdstuk over activatie en deze initiële retentiefase is in wezen een verlenging van de activatie. Het garandeert je dat klanten of gebruikers ook echt actief zijn, dat ze je product niet alleen maar even vluchtig hebben bekeken en daarna de interesse hebben verloren.

Het lijkt misschien logischer om dit gewoon te zien als deel van het activatieproces, maar het onderscheid is wel degelijk van belang. Het bestendigen van de waardering voor een product vereist veelal nieuwe klanten die een aantal keer binnen een bepaalde tijdsperiode terugkeren voor een nieuwe ervaring. Pinterest zou bijvoorbeeld uit analyse van de gebruikersdata kunnen concluderen dat als nieuwe gebruikers binnen de eerste paar weken na hun registratie niet minstens drie keer naar de site terugkomen, de kans heel groot is dat ze afhaken. Dat betekent dat het groeiteam alles uit de kast zal trekken om hen binnen dat tijdsbestek dat minimumaantal keren te laten terugkomen. Iedereen die zich registreert voor Pinterest zal merken dat het bedrijf inderdaad al direct na de registratie energiek herhalingsbezoeken aanmoedigt.

Als nieuwe gebruikers eenmaal over de drempel van de initiële retentie zijn, komen ze terecht in de medium retentiefase, een periode waarin de interesse voor de nieuwigheid van het product vaak wegebt. De belangrijkste missie voor groeiteams bij het vasthouden van gebruikers in deze mediumfase is ervoor zorgen dat het gebruik van een product een gewoonte wordt. Ze moeten zo'n gevoel van tevredenheid zien op te roepen dat gebruikers niet hoeven worden aangespoord om het product of de dienst opnieuw te gebruiken omdat het gebruik ervan onderdeel is geworden van hun routine. Denk aan de Snapchat-gebruiker die bij het ontbijt, en later ook weer na het diner, standaard de verhalen van haar vrienden checkt of de Amazon-klant die bij een nieuw product altijd eerst de website van dit bedrijf raadpleegt: daar is geen verdere aansporing voor nodig. In de volgende paragrafen zullen we wat verder ingaan op de psychologie van gewoontevorming en daarna introduceren we tactieken die groeiteams kunnen inzetten om het aantal initiële gebruikers dat vervolgens een gewoontegebruiker wordt, te vergroten.

Daarna verdiepen we ons in de tactieken voor langetermijnretentie. Dit is de fase waarin groeiteams ervoor kunnen zorgen dat een product de klanten een meerwaarde blijft bieden. Teams moeten experimenteren met manieren om het product te blijven verbeteren en zo het productteam helpen bij het bepalen van de timing voor de introductie van verbeteringen aan bestaande features of van totaal nieuwe features. Het belangrijkste is dat je de klant het idee moet blijven geven dat het product een must have is.[9]

HOE ZIET GOEDE RETENTIE ERUIT?

Voordat we verder ingaan op hoe je de retentie kunt verbeteren in elk van deze fases, is het belangrijk om te bespreken welke data groeiteams moeten bijhouden en hoe ze die moeten analyseren om mogelijkheden voor hacks te vinden. Elk bedrijf zal daarbij de retentieratio op zijn eigen manier willen meten. Het is namelijk zo dat de frequentie waarmee klanten herhalingsaankopen doen of opnieuw een dienst gebruiken grotendeels wordt bepaald door de aard van het product of de dienst. Sommige dingen hebben we vaker nodig of willen we vaker, en andere weer minder. Facebook wil dat gebruikers dagelijks terugkeren, maar Apple weet dat kopers van een iPhone waarschijnlijk niet snel weer een nieuwe zullen aanschaffen (behalve dan misschien de echte fans, die onmiddellijk elke nieuwe versie kopen). Het bedrijf zal dus pas na drie jaar of nog langer weten of een iPhone-gebruiker binnenboord is gehouden. Dat is ook een van de belangrijkste redenen dat Apples evolutie van alleen maar een leverancier van producten naar een leverancier van de diensten die mensen met dat product gebruiken, zo'n briljante groeitechniek was. Het bedrijf kon daarmee ook tussen het uitbrengen van nieuwe producten door veel meer aan zijn bestaande klanten verdienen. De frequentie waarmee kopers zoeken op sites als Zillow verschilt ook van hoe vaak mensen Yelp bekijken voor aanbevelingen van restaurants, zoals ook klanten die op zoek zijn naar een nieuwe matras verschillen van de mensen die een nieuw paar schoenen zoeken.

Voor e-commerce is de belangrijkste maatstaf voor retentie het heraankoopcijfer van klanten. Dat kan bijvoorbeeld het aantal keren zijn dat een klant per maand aankopen doet. Veel e-commercebedrijven meten het aantal heraankopen per negentig dagen, maar ook deze tijdsperiode varieert, afhankelijk van het verkochte product. Aangezien de meeste mensen minstens eens per week boodschappen doen, zal ons appteam van de supermarkt frequentere aankopen – zeg: elke tien dagen – aanhouden als teken van een gezonde retentie.

Het is bij het bepalen van je maatstaven voor retentie vooral belangrijk dat je je resultaten afzet tegen de uit marktonderzoek verkregen informatie over de specifieke retentieratio voor jouw soort product of dienst, en tegen alle informatie die je kunt vinden over hoe succesvolle concurrenten presteren. Deze benchmarks zijn de enige manier om erachter te komen of jouw klantgedrag standaard is, of beter of slechter dan verwacht. Een bedrijf als Airbnb kan nooit verwachten dat het evenveel betrokkenheid en retentie krijgt als een sociaal netwerk, en ook voor jou zijn die benchmarks dus belangrijk als je gaat inschatten hoe goed jouw retentie is. Bronnen als vaktijdschriften, beroepsverenigingen en researchbedrijven als Forrester en Gartner kunnen inzichten verschaffen die voor de bedrijfstak kenmerkend zijn.

Hoewel we tot nu toe retentie hebben besproken in termen van de klanten die je behoudt, is het ook van cruciaal belang om de andere kant te belichten: de klanten die elke week of maand afhaken, oftewel de churn. Jouw churnratio is in feite het tegenovergestelde van je retentieratio. De retentie van 91 procent van leden van Costco betekent dus ook een jaarlijkse churnratio van 9 procent.[10] Enige churn is onvermijdelijk, zelfs bij de geliefdste producten. Maar voor elk bedrijf geldt vanzelfsprekend: hoe lager de churnratio, hoe beter.

IDENTIFICEER JE COHORTEN EN BRENG ZE IN KAART

Heb je eenmaal de maatstaven bepaald die jij gaat gebruiken om je retentieratio te meten, dan is de volgende stap om je retentiedata wat verder uit te pluizen en te bekijken wat de retentieratio voor specifieke subgroepen van gebruikers is, middels een techniek genaamd cohortanalyse. Die stelt je in staat om wat dieper in je data te graven en te ontdekken waarom de mensen die blijven dat doen – en waarom anderen dat niet doen.

Je kunt gebruikers onderverdelen in veel verschillende soorten cohorten. De simpelste manier is ze indelen op basis van het moment van acquisitie, oftewel de datum waarop ze zich registreerden of hun eerste aankoop deden. Dat wordt meestal per maand gedaan, maar het kan voor sommige bedrijven belangrijk zijn om dat per week of zelfs per dag te doen. Dat lijkt misschien monnikenwerk, maar dit proces helpt een team enorm bij het identificeren van kwesties aangaande retentie. Groepen klanten volgen naar de datum van hun initiële acquisitie, stelt het team in staat om te ontdekken hoe gezond het klantenbestand is. Als sales- en marketinginspanningen worden verhevigd, worden de klanten die nu worden binnengehaald dan in even grote mate vastgehouden als sommigen van de eerdere klanten, en vice versa? Als het bedrijf erin slaagt heel veel nieuwe klanten aan te trekken, en de verkoopcijfers en nieuwe registraties er dus goed uitzien, kan churn heel makkelijk worden verdoezeld als je de retentie niet koppelt aan het moment van acquisitie.

Ook problematische trends kunnen met dit soort cohortanalyse worden blootgelegd. Zo kan een groeiteam erachter komen dat er wel een bijzonder grote churn is onder gebruikers die tijdens een bepaalde campagne werden binnengehaald, of in een bepaald jaargetijde. Of het ontdekt dat de betrokkenheid groot blijft in de eerste twee maanden, maar dat in de derde maand na de acquisitie een groot deel van elk cohort inactief wordt.

Om te laten zien hoe je hierachter zou kunnen komen en hoe het groeiteam dan waardevolle informatie zou hebben om de reden ervan te achterhalen, zullen we als voorbeeld een videostreamingdienst nemen waarvoor de gebruikers maandelijks een bedrag betalen en die ze ook maandelijks kunnen opzeggen. Het bedrijf heeft besloten om de nieuwe gebruikers onder te verdelen naar de maand waarin ze zich aanmeldden. In de hierna afgebeelde tabel en grafiek zijn deze data verwerkt. We moeten hierbij opmerken dat dit soort spreadsheets niet altijd even aantrekkelijk is om te lezen, dus is het soms nuttig om de data ook te vertalen naar retentiecurves voor elk cohort, omdat daarbij eerder patronen opvallen die de moeite waard zijn om te onderzoeken.

SPREADSHEET COHORTTRACKING

Conversion month	New customers	# of retained customers in month									A1
		Jan-15	Feb-15	Mar-15	Apr-15	May-15	Jun-15	Jul-15	Aug-15	Sep-15	Oct-15
Jan-15	150	140	130	125	118	105	102	97	95	95	95
Feb-15	180		172	160	150	140	130	121	118	118	118
Mar-15	200			190	178	169	155	142	135	132	128
Apr-15	270				188	175	170	153	144	137	131
May-15	350					247	228	216	202	189	178
Jun-15	450						307	288	269	258	244
Jul-15	225							210	195	180	166
Aug-15	235								218	207	197
Sep-15	240									224	211
Oct-15	250										233
		140	302	475	634	836	1,092	1,227	1,376	1,540	1,701

		% of retained customers in lifetime month									B1
		0	1	2	3	4	5	6	7	8	9
Jan-15	150	93.33%	86.67%	83.33%	78.67%	70.00%	68.00%	64.67%	63.33%	63.33%	63.33%
Feb-15	180	95.56%	88.89%	83.33%	77.78%	72.22%	67.22%	65.56%	65.56%	65.56%	
Mar-15	200	95.00%	89.00%	84.50%	77.50%	71.00%	67.50%	66.00%	64.00%		
Apr-15	270	69.63%	64.81%	62.96%	56.67%	53.33%	50.74%	48.52%			
May-15	350	70.57%	65.14%	61.71%	57.71%	54.00%	50.86%				
Jun-15	450	68.22%	64.00%	59.78%	57.33%	54.22%					
Jul-15	225	93.33%	86.67%	80.00%	73.78%						
Aug-15	235	92.77%	88.09%	83.83%							
Sep-15	240	93.33%	87.92%								
Oct-15	250	93.20%									
		83.49%	77.04%	71.65%	65.32%	59.63%	58.52%	59.75%	64.34%	64.55%	63.33%

Bron: Christoph Janz[11]

Links van de tabel zie je het aantal klanten dat zich elke maand heeft geregistreerd. Dat zijn de cohorten die we in de loop van de tijd willen monitoren. In de tabel zelf geeft het bovenste gedeelte het absolute aantal gebruikers in elk van deze cohorten weer die elke maand behouden blijven. Je kunt zien dat van de 150 nieuwe klanten die zich registreren in januari er 140 ook in februari nog aanwezig zijn, en 130 in maart, waarna er elke maand een gestage terugval is, totdat het cohort zich stabiliseert op ongeveer 95 die van juli tot oktober blijven betalen voor de dienst. Verder omlaag in de tabel kun je zien dat de klanten die zich in februari en maart registreren een vergelijkbare retentieratio vertonen.

In april, mei en juni lijkt er echter iets heel anders te gebeuren. Het eerste wat opvalt is dat het aantal nieuwe klanten dat maandelijks wordt binnengehaald drastisch stijgt, van ergens hoog in de 100 tot 450 in juni. Als het team dat belast is met de groei van dit bedrijf alleen maar zou kijken naar de acquisitie van nieuwe klanten, zou het uitgelaten zijn, want het heeft het aantal mensen dat zich elke maand voor de dienst registreert enorm zien groeien. Maar als je wat beter kijkt, wordt duidelijk dat deze cohorten uit de maanden april tot en met juni niet zo goed worden vastgehouden als die van de maanden daarvoor. De data voor die klanten tonen een scherpe terugval in retentie na de initiële registratie en het aantal lijkt zich ook niet te stabiliseren, wat voor de maanden januari tot en met maart wel het geval was.

Om de data wat inzichtelijker te maken, kan het team deze cohorttabellen omzetten in grafieken die de retentiecurve aangeven. Om het niet al te ingewikkeld te maken, laten we in deze grafiek maar twee cohorten zien, een voor januari en een voor mei, maar groeiteams geven in zo'n grafiek vaak elke curve uit elke maand weer. Je ziet hoe verschillend de hiernavolgende curves zijn, en mei blijft een neerwaartse trend vertonen terwijl de curve voor januari afvlakt.

Het is duidelijk dat een groeiteam dat met deze data wordt geconfronteerd nog wat kan leren van wat er precies in deze drie maanden gebeurde. De cohorten van april, mei en juni laten een steile daling in retentie zien direct na de initiële registratie. Om een begin te kunnen maken met het onderzoeken van de reden van die terugval, moeten de teamleden zich eerst wat meer verdiepen in de problematische cohorten.

Dit patroon kan zich voordoen als een bedrijf een nieuwe reclamecampagne heeft lopen die heel veel nieuwe klanten oplevert voor wie het product echter niet per se geschikt is. Misschien werd in de campagne een flinke korting aangeboden en haakten deze nieuwkomers snel weer af toen daarna de prijs steeg. Of misschien besloten de marketeers om via een nieuw kanaal te adverteren om een bepaalde demografische groep beter te berei-

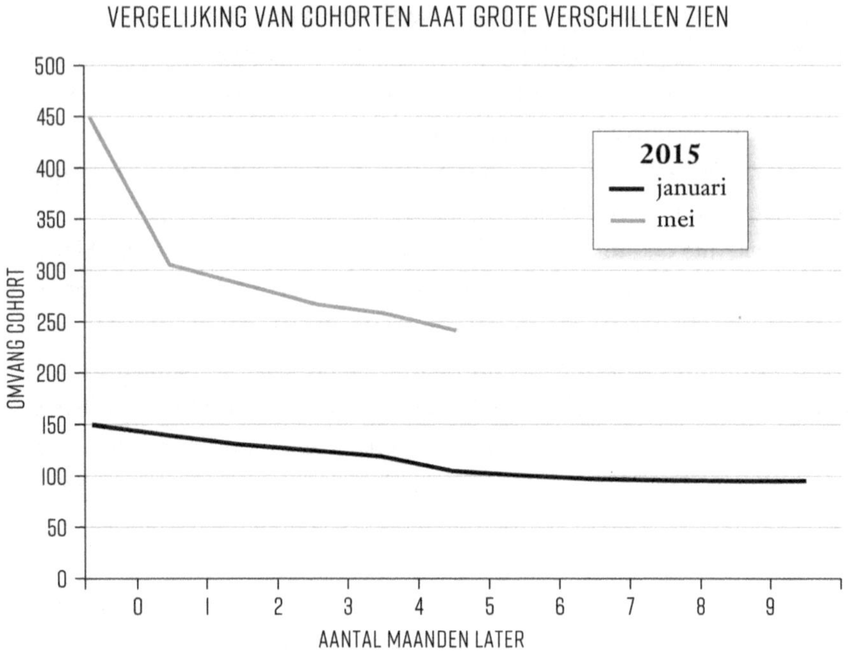

ken, bijvoorbeeld met een radiocampagne gericht op niet-werkende moeders. Misschien dat die reclame heel effectief was en bij deze vrouwen een snaar raakte, maar dat ze nadat ze samen met hun kinderen een paar films hadden bekeken, beseften dat de keuze in deze films niet erg ruim was en dat ze daarom hun abonnement opzegden in plaats van het te verlengen. Het onderkennen van de correlatie tussen de reclamecampagne en de terugval in retentie verschaft het groeiteam waardevolle informatie over de experimenten die ze moeten proberen. Deze moeders zijn duidelijk goede kandidaten om nieuwe klanten te worden, maar voordat hij hen weer zo agressief tot doelgroep maakt, moet de dienst eerst meer films aan zijn aanbod toevoegen die voor die moeders aantrekkelijk zijn. Of misschien moet het bestaande aanbod beter over het voetlicht gebracht worden op het moment dat klanten zich registreren. Of misschien is er een reden voor de churn waar het team nog niet direct de vinger op kan leggen. Het team zou deze observatie moeten laten volgen door een enquête onder de afgehaakte klanten om erachter te komen waarom ze ermee gestopt zijn, met daarin een aantal vragen om te testen of het aanbod van beschikbare films ook inderdaad de oorzaak was van de afmeldingen.

Gebruikers naar maand onderverdelen is echter nog maar het begin van de cohortanalyse. Je zult ook nog veel andere soorten cohorten willen creëren, zoals het specifieke kanaal dat de klanten naar jouw product bracht: aanbevelingen van anderen, een betaalde reclamecampagne, enzovoort. Een andere onderscheidende factor kan het aantal bezoeken aan jouw website of het aantal aankopen zijn. Het groeiteam van de videostreamingdienst kan de cohorten bijvoorbeeld indelen naar het aantal shows of series die in de eerste maand zijn bekeken, naar abonnees die bepaalde series hebben bekeken of naar het aantal dagen per maand dat iemand van de dienst gebruikmaakt. Het op deze manier uitsplitsen van de data stelt het team in staat om naar een correlatie te zoeken tussen frequentie van het gebruik en de mate van retentie, en ook wordt zo duidelijk of er bepaalde films of shows zijn die tot een hogere retentie leiden.

Om een beeld te krijgen van hoe dergelijke onderverdelingen kunnen worden gemaakt in een ander businessmodel, e-commerce, keren we terug naar het appteam van de supermarkt. Dat zou klanten kunnen opsplitsen in cohorten van mensen die in de eerste maand na aanmelding slechts één aankoop hebben gedaan, diegenen die in die periode twee aankopen hebben gedaan, diegenen die drie aankopen hebben gedaan en diegenen die er vier of meer hebben gedaan. Door gedurende zes maanden de retentie van deze cohorten te monitoren, komt het team er mogelijk achter dat drie aankopen binnen een maand na registratie het kantelpunt is voor een veel sterkere retentie. Dat zou voor de teamleden een aanwijzing kunnen zijn dat ze hun experimenten moeten richten op het vergroten van het aantal aankopen in die eerste maand.

Eén opmerking is hier op haar plaats: het monitoren van retentie op basis van cohorten en op de vele andere, hierboven geopperde manieren vereist verfijndere analytische vermogens dan basale analytische tools als Google Analytics kunnen bieden. Een data-analist kan deze gegevens relatief makkelijk met elkaar combineren, aangenomen dat jouw database zo is opgezet dat je gebruikers op basis van de juiste set variabelen kunt onderverdelen. Maar als je geen toegewijde data-analist hebt, staat er een groot aantal programma's tot je beschikking, waaronder Mixpanel, Kissmetrics of Amplitude. Hoewel Google sinds kort een soort cohortanalyse mogelijk maakt, kun je met deze robuustere tools veel verfijndere analyses uitvoeren en ze zijn bovendien voor iedereen makkelijk te gebruiken.

HET HACKEN VAN INITIËLE RETENTIE

Heb je eenmaal de cohortdata geanalyseerd om afhaakmomenten tijdens de initiële retentie te identificeren en enquêtes uitgevoerd om de oorzaken ervan te doorgronden, dan kun je beginnen met experimenteren met oplossingen. De hacks om de initiële retentie te verbeteren zullen in essentie dezelfde zijn als die voor het verbeteren van de activatie, want dit stadium is in wezen een voortzetting van de activatiefase. Het verbeteren van de new user experience en ervoor zorgen dat gebruikers zo snel mogelijk de intrinsieke waarde van het product ervaren, zijn twee van de belangrijkste strategieën in deze fase. Het gebruik van triggers, zoals de mobiele notificaties en e-mails, kan ook effectief zijn om de bruikbaarheid van het product er bij de gebruiker in te prenten. Zoals we echter al in het vorige hoofdstuk zagen, moeten groeiteams ervoor waken om alleen maar op triggers te vertrouwen bij hun pogingen om mensen in deze initiële fase blijvend terug te laten komen; ze moeten ook oog houden voor de ervaring die het product biedt en blijven zoeken naar mogelijke verbeteringen (keer terug naar hoofdstuk 6 om je kennis hieromtrent weer even op te frissen).

GEWOONTES KWEKEN

Bedenk dat het voornaamste doel tijdens de mediumfase van retentie is om de commitment van gebruikers aan je product te verstevigen door het gebruik tot een gewoonte te maken. Bij sommige producten betekent dit dat je het gebruik tot een dagelijkse of wekelijkse routine maakt, terwijl bij andere producten het gebruik minder frequent zal zijn dan wat wij nog als gewoonte beschouwen. Waar het in elk geval om gaat is dat wat de frequentie ook is, de klant steeds als hij een product wil kopen of een dienst wil gebruiken van het soort dat jij aanbiedt bij jou aanklopt in plaats van bij een concurrent. Hij is, met andere woorden, loyaal aan jou.

De sleutel tot gewoontevorming is dat je je klanten overtuigt van het blijvende profijt dat het terugkeren naar jouw product of dienst hun oplevert. In *Hooked* legt Nir Eyal, een expert op het gebied van klantgedrag, uit hoe de aantrekkelijkste producten dit doen, namelijk door een proces dat hij omschrijft in zijn *hook*-model (zie hiernaast), of wat in growth hacking ook wel een *engagement loop* wordt genoemd. Hier komen ook weer de externe triggers in beeld die we bespraken in de activatiefase: mobiele notificaties, e-mails en oproepen via de app. Zij zullen fungeren als de calls to action die de krachtige engagement loops in gang zetten die leiden tot gewoontevorming. Groeiteams zullen daartoe het optimale aantal, de methode en de timing van triggers moeten bepalen die benodigd zijn om gewoontes te creëren en deze gewoontes ook stevig te verankeren.

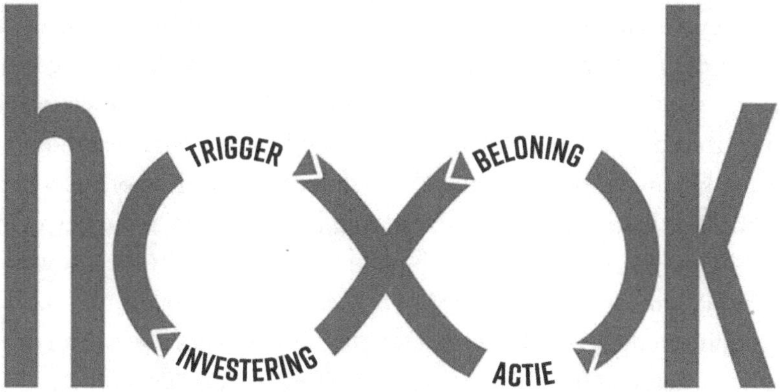

Hook-model van Nir Eyal[12]

Om te begrijpen hoe gewoontevorming werkt, kun je denken aan de psychologie van je inschrijving bij een fitnesscentrum. Als mensen voor het eerst besluiten dat ze wat aan hun conditie gaan doen, hebben ze vaak een externe trigger nodig om zichzelf zover te krijgen. Ze kunnen een herinnering op hun telefoon instellen of zich met een trainer of een vriend committeren aan een vast schema. Maar als ze eenmaal voldoende profijt halen uit het trainen – ze voelen zich gezonder, ze zien hoe hun spieren sterker worden en dat ze gewicht verliezen – hebben veel mensen deze externe aansporingen niet meer nodig. Datzelfde proces treedt in werking als mensen steeds tijdens het ontbijt hun Facebookpagina checken, als ze iets op Instagram posten als ze van hun werk weer naar huis gaan of als ze Yelp raadplegen wanneer ze met een vriend uit eten gaan. Puur die daad van ontbijten, naar huis rijden of een restaurant kiezen, wordt de interne, onbewuste trigger: daar is verder geen aansporing meer voor nodig.

Het Amazon Prime-programma is bij uitstek een voorbeeld van sterke gewoontevorming. Misschien herinner je je nog dat veel analisten voorspelden dat het programma een mislukking zou worden omdat Amazon die gratis verzending nooit lang zou kunnen volhouden. Als je het programma bekijkt met in je achterhoofd het hook-model, wordt al gauw duidelijk waarom ze zich vergisten. Om te beginnen biedt Prime twee essentiële en heel aantrekkelijke beloningen voor elke keer dat mensen een item uit het programma kopen: aanmerkelijke besparingen in de vorm van gratis verzending en directe bevrediging dankzij de levering binnen twee dagen. Ook uit de investering die ze gedaan hebben toen ze 99 dollar betaalden voor een abonnement, vloeit indirect een beloning voort. Elke keer dat ze een aankoop doen en zien hoeveel ze hebben bespaard dankzij de gratis verzending (plus vaak nog kortingen op het item zelf) kunnen ze zichzelf voorhouden: zie je wel, die 99 dollar is een prima investering geweest, met al die besparingen. Vijay Ravindran, directeur Bestellingen bij Amazon, heeft trouwens aan Brad Stone, auteur van *The Everything Store*, verteld dat die abonnementsprijs 'nooit om die 99 dollar ging. Het ging om het veranderen van de mentaliteit van de mensen, zodat ze niet ergens anders gingen winkelen.'[13] Volgens een artikel in *Businessweek* bleek het Prime-programma inderdaad zo gewoonte vormend dat hoewel Amazon had verwacht dat het twee jaar zou duren voordat het programma het break-evenpoint zou bereiken, dit al binnen drie maanden gebeurde.[14]

De engagement loop bij Amazon Prime is duidelijk en blijft zichzelf bij herhaald gebruik versterken, wat ook de reden ervan is dat het programma zo goed werkt. Natuurlijk zal dit model niet voor iedereen werken; groeiteams moeten hun eigen engagement loop uitstippelen, gebaseerd op de intrinsieke waarde van hun product, om die vervolgens te monitoren en te optimaliseren. Door het gebruik van data en het experimenteren met triggers die duidelijk maken wat de waardevolste beloning voor de klant oplevert, kan het team bepalen hoe het voor zijn product gewoontevorming moet verwezenlijken. Het team van de videostreamingdienst zou de effectiviteit kunnen meten van triggers die leiden tot het ontdekken van nieuwe shows, vergeleken met die van triggers die ervoor zorgen dat mensen series of shows afkijken.

Eén algemene regel die voor vrijwel alle soorten producten geldt, is dat het verbeteren van de waarde die aan de beloningen wordt toegekend, leidt tot een sterkere retentie. Om er beter in te slagen om van een product of dienst een gewoonte te maken, moeten groeiteams experimenteren met het aanbieden van een hele reeks beloningen aan hun klanten, en hen vervolgens aanmoedigen om actie te ondernemen om die te krijgen. Hoe meer actie er wordt ondernomen, hoe groter de beloning, en hoe groter de toegekende waarde. De teamleden moeten een cohortanalyse doen om te bekijken welke klanten het product het meest gebruiken en welke features ze het meest gebruiken, en ook welke features de grootste bevrediging opleveren en derhalve leiden tot een betere retentieratio. Het team moet ook identificeren welke klanten minder actief zijn en misschien kunnen worden gemotiveerd om meer gebruik te maken van het product als de beloningen aantrekkelijker zouden zijn.

De videostreamingdienst zou de abonnees kunnen onderverdelen in cohorten op grond van hoe lang ze kijken. Die analyse zou kunnen onthullen dat een groep fervente gebruikers meerdere afleveringen van een programma in één keer bekijkt, dat ze dus aan bingewatching doen, een nieuwe kijkersgewoonte waar Netflix zijn voordeel mee heeft gedaan. Deze ontdekking zou voor het groeiteam een reden kunnen zijn om met een nieuw soort beloning te komen door klanten in staat te stellen meer aan bingewatching te doen, zoals Netflix deed toen het begon met het in één keer toegankelijk maken van een hele serie in plaats van de afleveringen een voor een aan te bieden. Het team zou ook kunnen analyseren welk soort series het populairst is wat betreft bingewatching en kunnen experimenteren met het promoten van vergelijkbare series die mensen ook graag in één keer bekijken.

BIED ZOWEL TASTBARE ALS IMMATERIËLE BELONINGEN AAN

Veel populaire strategieën bij het aanbieden van beloningen aan klanten zijn gericht op het 'verdienen' van kortingen, of coupons of tegoedbonnen of geschenken. Dit geldt met name voor de detailhandel, die van oudsher al een heel repertoire van dit soort tactieken heeft. Het gaat om krachtige beloningen en teams moeten er ook beslist mee experimenteren. Maar het is ook belangrijk om te experimenteren met beloningen die niet over geld of besparingen gaan, maar over de ervåring die klanten met jouw product hebben. Deze niet-tastbare beloningen blijken trouwens vaak een stimulans voor gewoontevorming. Er zijn in deze categorie voldoende soorten beloningen om mee te experimenteren. Er zijn sociale beloningen zoals de likefunctie van Facebook, die een sterke stimulans is geweest om het posten van foto's en commentaren tot een gewoonte te maken. Ook de zogenaamde *frequent-flyer*-programma's hebben heel lang gebruikgemaakt van sociale beloningen als een verhoogde status, toegang tot exclusieve lounges en het recht om als eerste aan boord te gaan, en dat bleek een veel sterkere motivatie voor loyaliteit te zijn dan kortingen op de vlucht. Teams moeten creatief zijn bij het bedenken van dergelijke immateriële beloningen en ze moeten experimenteren met een mix van tastbare, niet-tastbare en sociale beloningen.

Om aan het principe van de incentive-marktcombinatie te voldoen, moeten beloningen in overeenstemming zijn met de waarde die jouw product voor je klanten heeft. We zullen hieronder drie aanbevelenswaardige strategieën bespreken voor het aanbieden van beloningen die verder gaan dan speciale aanbiedingen en kortingen, en die in de afgelopen jaren de gewoontevorming en retentie (en ook andere groei-aanjagers) sterk hebben bevorderd. Hoewel het lijstje zeker niet volledig is, zijn deze voorbeelden representatief voor wat er zoal aan strategieën beschikbaar is.

MERKENAMBASSADEURS

Deze aanpak combineert meestal de kracht van sociale beloningen met die van tastbare beloningen. Door leden te bestempelen als gebruikers met een hoge status, verlenen dit soort strategieën sociale erkenning, plus meestal ook een aantal extra voordelen.

Het Yelp Elite Squad-programma is een van de succesvolste voorbeelden van het gebruik van deze strategie om de retentie te vergroten. Door een speciale erkenning te verlenen aan mensen die als eerste een review van een bedrijf schrijven, en door andere gebruikers kudo's te laten geven aan reviews die nuttig, grappig of gewoon 'cool' zijn, verschaft Yelp sociale voordelen die gebruikers stimuleren om met reviews te blijven komen.

Yelp bedacht de 'elite-status' als beloning voor de meest betrokken gebruikers en het bedrijf legt uit dat dit 'onze manier is om Yelp'ers die actieve evangelisten en rolmodellen zijn, zowel op de site als daarbuiten, te bedanken en te belonen… Leden van deze groep worden onderscheiden met een glanzend elite-insigne op hun profiel, en ze ontvangen extraatjes, zoals uitnodigingen voor Yelp-evenementen.'[15] De resultaten zijn indrukwekkend:

uit een onderzoek van Yelp, uitgevoerd door economieprofessor Zhongmin Wang van Northeastern University, bleek dat slechts 5 tot 10 procent van de gebruikers van de grote concurrenten Citysearch en Yahoo! Local zes of meer reviews aan de site bijdroegen, maar dat meer dan 65 procent van de Yelp-gebruikers dat aantal of meer had bijgedragen, en dat 44 procent van de reviews op de site afkomstig was van deelnemers aan Yelp Elite.[16]

Webbedrijven zijn niet de enige organisaties die hun voordeel hebben gedaan met het inzetten van ambassadeurs om loyaliteit en retentie te stimuleren. Restaurants, hotels, creditcardbedrijven en veel detailhandelaren hebben al heel lang succes met programma's die op slimme wijze sociale beloningen – zoals een gevoel van erbij horen, community en status – combineren met tastbaardere beloningen. De American Express Centurion-creditcard – beter bekend als de Amex Black Card – is hiervan een sprekend voorbeeld. De creditcard, die door velen als het ultieme statussymbool wordt gezien, is maar voor een beperkt aantal mensen beschikbaar (je moet minstens 350.000 dollar per jaar uitgeven en afbetalen), is omgeven met geheimzinnigheid over wat nu precies de voordelen zijn en biedt veel extraatjes (zoals exclusieve aanbiedingen, reizen en een persoonlijk assistent) die zelfs de rijkste mensen een gevoel geven dat ze speciaal zijn.[17]

Een wel heel indrukwekkend recent voorbeeld van een dergelijk programma is dat van het snelgroeiende mediabedrijf theSkimm, dat dagelijks nieuws gericht op professionele vrouwen levert en dat daarmee nu 3,5 miljoen dagelijkse lezers heeft.[18] Om een 'Skimm'basador' te worden, moeten lezers tien vrienden op de dienst wijzen. Ze worden dan niet alleen beloond met publieke erkenning op de site, maar ook met extraatjes als T-shirts, handtassen en gsm-hoesjes met de merknaam, netwerkmogelijkheden en de vermelding van hun verjaardag in de dagelijkse nieuwsbrief.[19]

ERKENNING VAN PRESTATIES

Elke klant vindt het fijn om erkenning te krijgen van bedrijven, of die nu groot of bescheiden is. Een prima manier om hun deze erkenning te geven, is door het onderkennen van een prestatie of actie door middel van wat in marketingkringen de 'prestatie-e-mail' wordt genoemd. Zo stuurt Fitbit een felicitatie als je de mijlpaal van tienduizend stappen per dag hebt bereikt en stuurt Runkeeper een e-mail als je je eerste tienkilometerwedstrijd hebt gelopen. Medium, het publicatieplatform dat is opgericht door medeoprichter van Twitter Evan Williams, stuurt een e-mail als een artikel dat jij op de site hebt gepubliceerd vijftig of honderd aanbevelingen ontvangt. Deze notificaties over prestaties zijn een vast gegeven in de meeste referralprogramma's, waarbij er een e-mail wordt verstuurd als een vriend zich heeft aangemeld en waarin je wordt aangemoedigd om nog meer vrienden uit te nodigen.[20]

Deze notificaties kunnen je wijzen op de acties van andere gebruikers die in wezen een prestatie van jou zijn, zoals wanneer LinkedIn een e-mail stuurt waarin staat dat iemand jouw vaardigheden heeft onderschreven of als Twitter laat weten dat iemand een tweet van jou heeft geliket of geretweet. Vooral Facebook en Instagram hebben bijzonder slim gebruikgemaakt van deze dynamiek: ze gebruiken mobiele notificaties niet alleen om gebruikers te laten weten dat hun Facebook-vrienden zich bij Instagram hebben geregistreerd, maar ook om gebruikers aan te moedigen om door anderen op Instagram geposte foto's te liken, en dan vooral die gebruikers die al een tijdje geen nieuwe foto's meer hebben toegevoegd. Beide soorten notificaties stimuleren op twee manieren de retentie: door gebruikers terug te halen naar Instagram omdat ze willen weten waar hun vrienden mee bezig zijn en door nieuwe gebruikers te belonen met een groter aantal volgers, likes en commentaren.

PERSONALISERING VAN DE RELATIE

Met de almaar uitdijende databases met klanteninformatie bij bedrijven en de krachtige nieuwe tools om de beschikbare data te analyseren, is een bedrijf steeds beter in staat om aan de behoeften en wensen van klanten – zelfs van individuele klanten – tegemoet te komen. Shouvick Mukherjee, onderdirecteur Product en Engineering bij @WalmartLabs, merkt op dat een van de belangrijkste groeifactoren voor het bedrijf de transformatie was van de traditionele marketingaanpak van 'voor ieder wat wils' naar het leveren van volledig op maat gemaakte ervaringen. Bedrijven kunnen nu bijvoorbeeld e-mails en productaanbevelingen toespitsen op de individuele gebruiker, hoeveel miljoenen individuen er ook bij ze winkelen. Deze personalisering gaat 'over het begrijpen van de klant, het begrijpen van je bedrijfstak en ervoor zorgen dat je een perfecte match realiseert,' zegt Mukherjee.[21]

Deze techniek, waar vooral Amazon veel mee heeft gepionierd, is mogelijk gemaakt door de ontwikkeling van zulke grote hoeveelheden data over gebruikers en software dat ze systemen in staat stellen om ze efficiënt te doorzoeken op de voorkeuren van de klanten. Personalisering hoeft niet alleen gebaseerd te zijn op door klanten geleverde informatie, of op hun activiteiten op de website of in de app van het bedrijf, maar ook op data over hun algehele gedrag op internet, wat heel gemakkelijk te achterhalen is via dataproviders als Demandbase. Veel bedrijven bieden personaliseringstechnologie aan, zoals Salesforce Marketing Cloud, Optimizely en HubSpot.

Cara Harshman, voormalig contentmanager bij Optimizely, heeft ons verteld hoe het bedrijf een aantal maatstaven verbeterde, waaronder activatie en retentie, door met een persoonlijke homepage te komen voor zijn belangrijkste doelgroepen. Het bedrijf ging van slechts één homepage naar meer dan zesentwintig variaties gebaseerd op belangrijke accounts, tijdstip van bezoek van de site, verticale marketing en meer. Iemand die vanuit het kantoor van *The New York Times* de site bezoekt, zal bijvoorbeeld een bericht zien over hoe Optimizely uitgevers kan helpen, terwijl iemand van Microsoft informatie zal zien over hoe Optimizely tech- en softwarebedrijven kan helpen, enzovoort.[22]

De volgende generatie van personaliseringstechnologie zal worden aangedreven door algoritmes voor *machine learning*. Machine learning is precies wat je denkt dat het is. In plaats van dat mensen bepalen welke aanpassingen er moeten worden gedaan, gebruikt de software klantreacties om de aanpassingen te verfijnen en te verbeteren. Deze technologie is al vergevorderd, maar is ook steeds toegankelijker. Bij Inman specificeert Morgans team welke nieuwsverhalen klanten in hun wekelijkse nieuwsbrief ontvangen, om zo iedere abonnee een unieke en zeer relevante nieuwsbrief te kunnen leveren. Deze specificatie wordt extra ondersteund door data van een bedrijf genaamd Boomtrain, dat machine learning koppelt aan personalisering om zo voortdurend de relevantie van de nieuwsbrief te optimaliseren, zonder dat Morgans team daar verder nog iets aan hoeft bij te dragen. Boomtrain is slechts een van de vele bedrijven die dit soort diensten leveren. Opensourcesoftware zoals de machine learning library (of MLlib), aangeboden door Apache Spark, kan door teams gebruikt worden om hun eigen software op dat gebied te ontwikkelen.

Zoals we in hoofdstuk 1 aanstipten, heeft het groeiteam van Pinterest veel geëxperimenteerd met machine learning en heeft het een programma ontwikkeld dat Copytune heet. Dat stelt het team in staat om snel tientallen varianten van notificaties te testen, in meer dan dertig talen, waarbij het programma op eigen houtje de beste versies eruit pikt en daar weer nieuwe tests voor aanlevert. Het schema hieronder laat zien hoe complex deze manier van testen kan zijn. Het programma testte berichten op elk van de in het diagram genoemde variaties. De resultaten van het programma zijn buitengewoon: het heeft het aantal gebruikers dat elke maand naar de site terugkeert (maandelijks actieve gebruikers) doen groeien met een percentage dat dicht tegen de 10 aan ligt, wat zich, gezien Pinterests enorme gebruikersaantal van meer dan 100 miljoen, vertaalt in een toename van miljoenen mensen die Pinterest elke maand actief gebruiken. En dan hebben we het nog niet over de onnoemelijke hoeveelheid bijkomende inkomsten uit advertenties die al die extra bezoekers onder ogen krijgen.[23]

VOORBEELD VAN VARIATIES VAN DE COMPONENTEN

Optimalisatie door Pinterest Copytune

Teams die willen experimenteren met personalisering kunnen daarmee beginnen door middel van de triggers die ze naar klanten sturen. De meeste e-mailmarketingsoftware kent een aantal opties voor personalisering. Die kunnen heel simpel zijn, zoals het verwerken van de naam van de ontvanger in het bericht. Ze kunnen je ook de mogelijkheid bieden om verschillende content en aanbiedingen te gebruiken, gebaseerd op eerder gedrag. Ons appteam van de supermarkt zou aangepaste e-mails kunnen sturen aan klanten die maar één aankoop hebben gedaan, klanten die helemaal niets hebben gekocht en klanten die gemiddeld voor meer dan 100 dollar bestellen. Door op deze manier te beginnen kunnen groeiteams al snel wat inzicht krijgen in hoe effectief klantervaringen zijn, en daarna besluiten om er verder in te investeren als de resultaten daar aanleiding toe geven.

'BINNENKORT MEER'

Als je ooit de '1.0'-versie van een apparaat of software hebt gekocht, of betrokken bent geweest bij de selectie van ondernemingssoftware als Salesforce of Oracle, zul je ervaren hebben hoe sterk de belofte van nieuwe features de retentie kan stimuleren. Als je aan klanten vertelt dat er nieuwe features of productaanbiedingen in aantocht zijn, kan dat een belangrijke aanleiding voor hen zijn om bij jou te blijven. Dat werkt vooral heel goed bij SaaS-producten, videogames en contentproviders als Hulu en HBO. Netflix gebruikt deze tactiek effectief door de start van nieuwe seizoenen van series als *House of Cards* en *Orange is the New Black* op gezette tijden te laten plaatsvinden, om er op die manier voor te zorgen dat jij je account actief houdt terwijl je wacht op de volgende serie om in één keer uit te kijken. Salesforce doet iets vergelijkbaars door van de release van grote updates een tweejaarlijks evenement te maken – een in de zomer en een in de winter – om klanten binnenboord te houden met de belofte van nieuwe must-have-features. En ook Apple heeft deze tactiek op briljante manier toegepast: klanten wachten vol spanning op de dag dat ze kunnen upgraden naar weer een van de nieuwe glanzende producten die het bedrijf op de markt brengt.

Bing Gordon, risicokapitalist bij Kleiner Perkins Caufield & Byers, gaf een voorbeeld van hoe krachtig de 'binnenkort meer'-hack kan zijn toen hij een gesprek aanhaalde dat hij voerde met Chris Albrecht, de CEO van HBO. Albrecht had zijn fiat gegeven aan de realisering van *Rome*, een eigen productie die beroemd is geworden als een van de kostbaarste series ooit voor tv gemaakt, met een kostenplaatje van 9 miljoen dollar per aflevering. Toen Gordon aan Albrecht vroeg of het niet even slikken was toen die exorbitante kosten uiteindelijk maar weinig kijkers opleverden, legde de CEO de kracht uit van 'binnenkort' door te onthullen dat HBO vrijwel geen klanten was kwijtgeraakt tussen het moment dat de serie werd aangekondigd en het uitzenden van de eerste episode. De abonnees bleken per se te willen zien waar al die ophef rond het programma over ging – ook al waren er uiteindelijk niet veel die de serie ook daadwerkelijk bleven volgen. Het bedrijf had in die twee tussenliggende maanden inderdaad nauwelijks klanten die afhaakten en dat leverde al met al meer op dan de kosten van de productie.[24]

Natuurlijk bestaat het risico dat je klanten irriteert als je hen aan het lijntje lijkt te willen houden met aankondigingen van een fantastische nieuwigheid, waar ze vervolgens veel te lang op moeten wachten. Ook dat is weer een reden waarom experimenteren zo belangrijk is: het kan de teams helpen bij het aanpassen van de timing van deze notificaties. Het team dat werkt aan het stimuleren van de retentie voor het videostreamingbedrijf hoort bijvoorbeeld dat het bedrijf net de rechten heeft gekocht van een extreem populaire serie die tot nu toe nergens te krijgen was. De serie zal pas over drie maanden beschikbaar zijn, maar ze zouden kunnen monitoren of notificaties over de ophanden zijnde release leiden tot meer verlengingen van abonnementen in de paar maanden voorafgaand aan de release. Vervolgens zou er een simpele A/B-test kunnen worden gedaan door middel van e-mailnotificaties aan mensen die al eerder series als deze hebben bekeken. De controlegroep zou de gebruikelijke ervaring krijgen voorgeschoteld, terwijl de experimentgroep één of een reeks e-mailberichten ontvangt over de 'binnenkort' te verschijnen nieuwe serie. De retentie van deze twee groepen kan dan worden vergeleken om de kwantitatieve impact van de test te meten. Als de 'binnenkort'-berichten weerklank vinden en meer abonnees vasthouden die deze en vergelijkbare series bekijken, kan het groeiteam besluiten om van de 'binnenkort'-strategie een permanent onderdeel van de communicatie met de klanten te maken.

DUURZAME RETENTIE

Heb je eenmaal een goede retentieratio bereikt voor een flink gebruikersbestand, dan is de volgende stap ervoor zorgen dat de gebruikers ook op de lange termijn tevreden en zeer actief blijven. We bevelen hier een tweeledige benadering aan: optimaliseer de huidige productfeatures, de notificaties en de daaruit voortvloeiende beloningen voor herhaald gebruik; en lever over een lange periode een gestage stroom van nieuwe features en eigenschappen. Het is van cruciaal belang dat je hierbij het juiste evenwicht vindt. Te veel bedrijven maken de fout om te snel te veel nieuwe features te introduceren, iets wat door productteams ook wel wordt omschreven als *feature bloat*. Dat resulteert vaak in veel te ingewikkelde producten, waardoor de intrinsieke waarde ondergesneeuwd raakt. In een onderzoek in 2005 ontdekten Debora Viana Thompson, Rebecca Hamilton en Roland Rust (allen werkzaam bij het Marketing Science Institute) dat bedrijven heel vaak de retentie op lange termijn schaden doordat ze te veel features in een product stoppen. Ze legden uit 'dat het kiezen van het aantal features dat de initiële keuze maximaliseert, resulteert in het toevoegen van te veel features, wat op termijn de waarde voor de klant doet verminderen'. Ze concludeerden dat 'bedrijven zouden moeten overwegen om een groot aantal gespecialiseerde producten aan te bieden, elk met een beperkt aantal features, in plaats van alle mogelijke features in één product te stoppen'.[25]

David Pogue, die veel over technologie schrijft, bracht deze pijnlijke realiteit aan het licht tijdens een in 2006 gehouden TED Talk, waarin hij het tenenkrommende screenshot hieronder liet zien, om aan te geven hoe het Microsoft Word-scherm eruit zou zien als elke werkbalkoptie zou worden geactiveerd.

WORDS WERKBALKEN-OVERKILL[26]

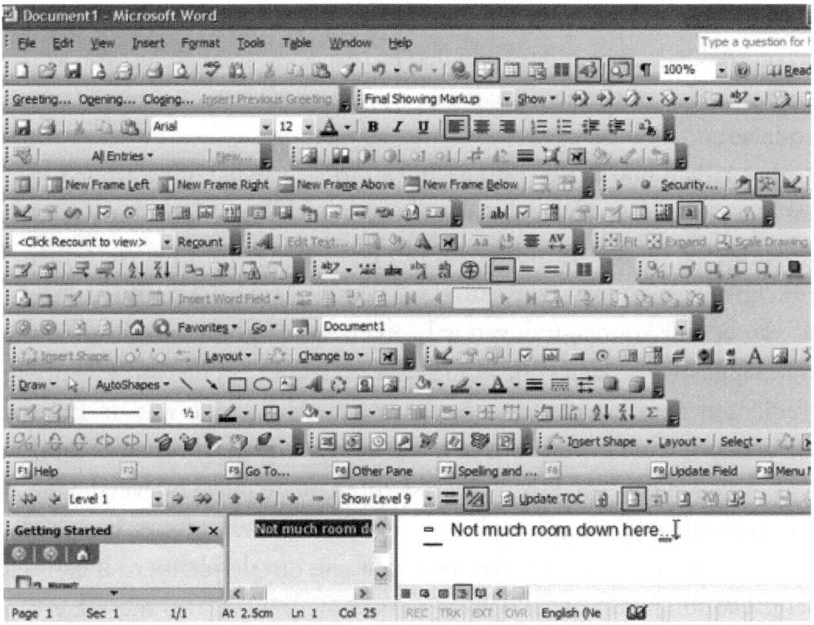

Het goed timen van het uitbrengen van nieuwe features kan vooral bij online producten lastig zijn, onder andere doordat ze veel makkelijker te lanceren zijn dan fysieke producten. Mensen raken gehecht aan hoe producten eruitzien en functioneren, en als je te snel of abrupt met veranderingen komt, kan dat averechts werken. De ophef over Instagrams nieuwe algoritmische tijdlijn of over het feit dat Twitter het aan je favorieten toevoegen van tweets niet meer 'favoriet' maar 'leuk' noemde en het icoontje veranderde van een ster in een hart, zijn daarvan twee recente voorbeelden.

Groeiteams kunnen een centrale rol spelen bij het evalueren van de aantrekkingskracht van geplande features door te experimenteren met het aanbieden van prototypes of bètaversies. Nieuwe features of eigenschappen moeten in de praktijk worden getest bij een heel klein percentage van de gebruikers, want deze experimenten leveren massa's data op die een bedrijf helpen bij het verfijnen van nieuwe features voordat die voor iedereen beschikbaar komen. Ondanks dat bij de meeste bedrijven de productteams verantwoordelijk zijn voor het ontwerpen van nieuwe features, zal het groeiteam toch ook ideeën aandragen die verkregen zijn door het continu uitvoeren van enquêtes en data-analyses. En de data die het team verzamelt, kunnen leiden tot nieuwe mogelijkheden voor productoptimalisatie die misschien niet zouden zijn ontdekt door marketingresearch of strategische planning. Met andere woorden: alle leden van het groeiteam moeten constant op zoek zijn naar mogelijkheden om zowel bestaande features zodanig te verfijnen dat ze tot een maximale retentie leiden als nieuwe features te introduceren.

Om te kijken hoe dat werkt keren we terug naar het appteam van de supermarkt, om te zien hoe dat samenwerkt met het productteam van de supermarktketen bij het introduceren van een belangrijke nieuwe feature. De productgroep heeft gewerkt aan een maaltijdplanner. Daarbij worden op basis van eerder koopgedrag van gebruikers en de populariteit van items in de app suggesties gedaan voor maaltijden, zodat het kopen van de benodigde ingrediënten een fluitje van een cent wordt. Het enige wat de klant nog hoeft te doen, is aangeven voor hoeveel mensen de maaltijd moet zijn. Vervolgens worden met één klik de ingrediënten, in de juiste hoeveelheden, aan het winkelwagentje toegevoegd. Het groeiteam overlegt met het productteam en de marketinggroep over een strategie om de planner bij een select groepje klanten te testen, en ook over experimenten om het gebruik ervan te verbeteren onder diegenen die toegang hebben tot de nieuwe feature. Het groeiteam zou bijvoorbeeld op basis van de data over hoe effectief gratis levering is voor het versterken van de retentie kunnen suggereren om de maaltijdplanner zo te programmeren dat er recepten worden aanbevolen met items die tezamen resulteren in een aankoop die boven de drempel voor gratis levering uitkomt. Het zou ook kunnen experimenteren met triggers om gebruikers te waarschuwen als er nieuwe maaltijdsuggesties in de app beschikbaar komen. Het team moet verder experimenteren met het tijdstip en de manier waarop de planner verder uitgerold wordt, en ook met de manier waarop eventuele veranderingen in de feature gecommuniceerd worden naar de klanten die de bètaversie gebruiken.

VOORTDURENDE ONBOARDING

Als er nieuwe features worden toegevoegd, en ook als er meer ontdekt wordt over hoe de meest fervente en tevreden klanten je product gebruiken, is het belangrijk dat je je klanten blijft vertellen wat de waarde van jouw product is. Het ideale scenario is dat je hen meeneemt op een continue ontdekkingsreis. Een ander belangrijk element van duurzame retentie is dus om uit te zoeken hoe je je gebruikers in een leercurve krijgt. Dit ontwikkelingsproces – voortdurende onboarding – is vergelijkbaar met het leerproces in het algemeen, bijvoorbeeld bij het onder de knie krijgen van een taal of een vaardigheid: je begint met kleine, simpele doelen en vergroot dan langzaam maar zeker je meesterschap over het betreffende onderwerp. Deze zelfde georkestreerde progressie moet worden ingebouwd in elke nieuwe feature die klanten onder de knie moeten zien te krijgen, want alleen dan kunnen ze optimaal van de feature profiteren. User experience designer Harry Brignull noemt dit proces '*ramp up*'.

Als gebruikers meer ervaring krijgen met je product, moeten features die ze nog niet hebben gebruikt – of die nieuw zijn – onder hun aandacht gebracht worden. Dat moet geleidelijk gebeuren en ze moeten pas met het leren van een nieuwe feature beginnen als ze de voorgaande volledig onder de knie hebben. Brignull geeft als voorbeeld de manier waarop Google Analytics een reeks progressieve notificaties gebruikt om de gebruiker steeds intensiever de productervaring te laten beleven. 'Ze monitoren gebruikersgedrag, ze hebben een programma dat uitwerkt welke notificaties er moeten worden getoond en ze houden bij welke acties er zijn voltooid, zodat er ruimte is voor nieuwe,' zegt Brignull.

Het communiceren over voortdurende onboarding kan worden getest door groeiteams, bijvoorbeeld door testgroepen e-mails te sturen met elk een andere uitleg en beeldmateriaal om de gepromote features te verduidelijken. Als e-mailberichten effectief blijken voor het bevorderen van het gebruik van de features, kan het team experimenteren met het integreren van de belangrijkste kenmerken van de features in het product zelf, bijvoorbeeld door een promotievideo over een feature toe te voegen aan de landingspagina van diverse andere features.

'ZOMBIE'-GEBRUIKERS WEER TOT LEVEN WEKKEN

Het terugwinnen van gebruikers die het product hebben verlaten wordt bij growth hacking ook wel '*resurrection*' genoemd. Het growth-hackingproces kan je ook hier weer helpen bij het vinden van experimenten die bedoeld zijn om 'zombie'-klanten terug te winnen die van je radar verdwenen zijn. Wat je natuurlijk als eerste moet doen, is onderzoeken waarom mensen überhaupt verdwijnen. Dat kun je doen door simpelweg mensen te interviewen die je product de rug hebben toegekeerd of het niet langer gebruiken en aan hen te vragen waarom ze zijn afgehaakt. Toen Evernote worstelde met zijn retentie, ontdekte het groeiteam dat een van de doorslaggevende redenen dat mensen stopten met het gebruik van de dienst was dat als ze een nieuwe computer of smartphone aanschaften, ze de app niet direct weer op hun nieuwe apparaat installeerden.

Dan Wolchonok, productmanager bij HubSpot, zegt dat de eerste stap bij het overwegen van experimenten gebaseerd op feedback van zombie-klanten is kijken of je wel invloed kunt uitoefenen op de redenen dat mensen vertrekken.[27] Als ons appteam van de supermarkt ontdekt dat mensen net als bij Evernote vooral stoppen met het gebruiken van de app omdat ze die niet op hun nieuwe apparaat installeren, kan het team zodra het een periode van langdurige inactiviteit bespeurt, een nieuwe e-mail opstellen en de reclame gaan richten op het aanmoedigen van mensen om de app opnieuw te installeren. Als mensen echter vertrekken omdat de supermarktketen niet het merk levert dat ze willen kopen, zal het groeiteam niet in staat zijn om de churn te voorkomen. In dat geval kan het team niet veel meer doen dan de afdeling Inkoop wijzen op de grote vraag naar dat merk (wat het ook beslist moet doen, want het ontbreken van dat merk kan niet alleen de retentieratio van de app nadelig beïnvloeden, maar ook de groei van de keten in het algemeen).

Het weer tot leven wekken van slapende klanten gebeurt vooral middels e-mails en advertenties. Als teams merken dat het koopgedrag van een klant of de activiteit van een gebruiker tot nul is gereduceerd, moeten deze mensen na een bepaalde tijdspanne – die het team met behulp van experimenten moet vaststellen – worden toegevoegd aan een 'resurrectie-flow', wat inhoudt dat ze een aantal e-mails of gerichte advertenties ontvangen die bedoeld zijn om hen terug te winnen, vaak door hen te herinneren aan het aha-moment of de intrinsieke waarde van het product. Door specifieke e-mails en meldingen te ontwikkelen die gericht zijn op alleen die klanten die zijn afgehaakt of inactief zijn geworden, kunnen bedrijven hen soms weer in groten getale terugwinnen. En omdat deze klanten al vertrouwd zijn met het product en ook het aha-moment al hebben ervaren, kost dit vaak minder geld en moeite dan het aantrekken van geheel nieuwe klanten.

Zo identificeerde Morgan bij Inman gebruikers die vroeger wel artikelen op de site hadden gelezen, maar die de site inmiddels al drie weken niet hadden bezocht. Omdat veel abonnees maandelijks betalen, ging hij ervan uit dat degenen die de site niet minstens één keer per maand bezochten, eerder hun account zouden opzeggen. Dus deed het team een test waarbij het deze gebruikers een e-mail stuurde met het belangrijkste nieuws van de afgelopen weken, vergezeld van een call to action om de site weer te gaan gebruiken. Van degenen die de e-mailnotificatie ontvingen, keerde er 24 procent meer terug dan van de mensen in de controlegroep die geen e-mail ontvingen.

Zoals bij elke gerichte e-mailnotificatie of reclamestrategie bestaat ook hier weer het gevaar van overdrijving. Je zult er dus eerst en vooral voor moeten zorgen dat de frequentie en duur van de experimenten en de formulering van je boodschap niet leiden tot ergernis of je verloren klanten nog verder van je product vervreemden. Als je ze maar blijft bestoken met verzoeken om terug te komen, zal dat hun mening over jou er niet beter op maken en kun je de hoop dat ze in de toekomst nog terug zullen keren helemaal vergeten. Bedrijven moeten op een gegeven moment gewoon accepteren dat een klant niet terugkeert en hem of haar niet langer bestoken met notificaties. Soms komen ze vanzelf weer terug, om redenen die volkomen buiten jouw controle liggen, bijvoorbeeld omdat een vriendin hun heeft verteld hoe blij ze is met het product (wat bij Twitter de reden bleek te zijn dat een groot aantal 'comateuze' gebruikers terugkeerde), of omdat ze een nieuwe baan kregen waarvoor het product nuttig bleek, of omdat de concurrent waar ze naar waren overgestapt ermee ophield of het product niet verder verbeterde, of omdat een of andere beroemdheid of misschien hun baas het product ging gebruiken, enzovoort.

Pogingen om dergelijke 'overleden' gebruikers weer tot leven te wekken, lijken misschien niet je eerste prioriteit. Het staat ook buiten kijf dat als je retentie hapert, je je als eerste moet richten op het snel aan je binden van nieuwe gebruikers. Maar bedenk wel dat iedere klant die uiteindelijk wordt vastgehouden kansen biedt op meer inkomsten voor je bedrijf, dus pogingen tot resurrectie zijn beslist waardevol. We zullen in het volgende hoofdstuk nader ingaan op methodes die je kunt gebruiken om optimaal de mogelijkheden te benutten die het verbeteren van de retentie biedt om meer inkomsten te genereren. We zullen met andere woorden onderzoeken hoe growth hacking ervoor kan zorgen dat bedrijven meer opbrengst per klant realiseren.

8
KAPITALISERING HACKEN

Het ultieme doel van het acquireren, activeren en vasthouden van klanten is natuurlijk om daar inkomsten uit te halen. Idealiter zullen klanten in de loop van de tijd steeds meer opbrengen, wat ook wel het vergroten van de *lifetime value* wordt genoemd. In dit hoofdstuk zullen we ons dus vooral focussen op deze missie om meer geld te verdienen aan het klantenbestand dat je hebt. Growth hacking biedt je veel manieren om te experimenteren met het optimaliseren van de winst uit je klantenbestand. Wij hebben gemerkt dat het groeiteams vaak niet lukt om te verdienen aan deze tactieken, omdat ze vooral focussen op acquisitie en activatie. Ze laten daarbij echter een belangrijk groeipotentieel ongebruikt. We hopen dat dit hoofdstuk daar verandering in brengt.

De methodes om de inkomsten per klant te vergroten, variëren per bedrijf. In de detailhandel wordt een betere kapitalisering van je klantenbestand vooral bereikt door je klanten ertoe te verleiden meer te kopen. Als je een bedrijf bent dat Software as a Service (SaaS) aanbiedt, wordt dat bereikt door mensen met een account ertoe te bewegen om hun account te verlengen, en om dat voor meerdere jaren te doen, en daarnaast door hen over te halen om te upgraden naar duurdere abonnementen (of, in het geval van freemium-diensten, door meer gebruikers te bewegen tot een upgrade naar een betaalde versie). Als jouw inkomsten komen uit het verkopen van advertentieruimte, is het vooral van belang dat je meer beschikbare ruimte creëert om te verkopen en adverteerders zover krijgt dat ze meer ruimte kopen en daar ook meer voor betalen. Elk van deze modellen vereist een andere tactiek, maar groeiteams moeten in alle gevallen beginnen met hetzelfde fundamentele diagnostische proces: het genereren van ideeën voor experimenten die de opbrengsten een boost kunnen geven.

BRENG JE OMZETFUNNEL IN KAART

Zoals bij alle growth-hackingprocessen is ook hier de eerste stap het uitvoeren van een data-analyse, waardoor je kunt inzoomen op de experimenten met het grootste potentieel. Als het gaat om kapitalisering, moet de analyse beginnen met het terugkeren naar de oorspronkelijk in kaart gebrachte reis van de klant, de zogenaamde *mapping*, iets wat het team al heeft moeten doen toen het met het growth-hackingproces begon, zoals we in hoofdstuk 6 hebben gezien. Het doel in deze fase is om alle mogelijkheden die er tijdens de reis zijn om inkomsten te genereren te belichten – van acquisitie tot retentie. Je moet ook alle momenten identificeren waarop er onderweg obstakels zijn voor het genereren van inkomsten, zoals frictie in het betalingsproces.

Bij de detailhandel wordt dit vaak de 'koopfunnel' genoemd, en daarbij zijn vooral de schermen met de aangeboden items, het winkelwagentje en de betalingspagina extra belangrijk. Voor SaaS-bedrijven zijn met name de pagina of pagina's belangrijk waarop de features en de prijs van de verschillende diensten worden uitgelegd, plus pagina's waarop wordt aangespoord tot uitbreidingen en upgrades. En voor bedrijven die hun inkomsten halen uit het verkopen van advertentieruimte zijn vooral al die pagina's cruciaal waarop het bedrijf de gelegenheid heeft om advertenties te tonen, ongeacht of het bedrijf dat nu al doet of niet.

De volgende stap is analyseren op welk moment van de reis van de klant het bedrijf het meeste geld binnenhaalt en waar er knelpunten lijken te zijn, oftewel fases waarin potentiële inkomsten verloren gaan, wat per bedrijfsmodel kan variëren. Door het identificeren van pagina's en features op een website of in een product of app die veel profijt opleveren, kunnen groeiteams experimenteren met manieren om daar nog meer inkomsten uit te halen, terwijl het identificeren van de knelpunten met een lage conversieratio en veel frictie zal leiden tot ideeën over hoe het gat met weglekkende opbrengsten gedicht kan worden.

Elk van deze verschillende bedrijfsmodellen kent specifieke knelpunten in de reis van de klant. Bij e-commercebedrijven vormen de stappen tussen het selecteren van een item en het afronden van de aankoop de gevarenzone, want veel potentiële aankopen sneuvelen onderweg. Dat bleek ook uit een onderzoek dat begin 2016 door Monetate werd uitgevoerd: terwijl ongeveer 9,6 procent van de bezoekers van een website een item toevoegt aan het winkelwagentje, gaat uiteindelijk slechts minder dan 3 procent over tot een definitieve aankoop.[1] Bij SaaS-bedrijven zijn de pagina's die de opties voor pakketten en hun prijzen tonen vaak niet voldoende geoptimaliseerd, wat het aantal verkopen schaadt. Bij bedrijven die hun inkomsten uit advertenties halen, zijn de valkuilen vooral advertenties die te opdringerig zijn en gebruikers afstoten, en advertenties die niet voldoende zichtbaar of aanlokkelijk zijn omdat de communicatie en het design niet optimaal zijn.

Deze veelvoorkomende knelpunten zijn een goede eerste basis voor een evaluatie, maar het is van cruciaal belang dat je ook een gedetailleerdere analyse uitvoert van jouw specifieke omzetfunnel. Dat zal namelijk vrijwel zeker nog andere zwakke punten van jouw product aan het licht brengen, waar het groeiteam vervolgens mee kan experimenteren. Een online winkelier kan bijvoorbeeld ontdekken dat sommige van de productpagina's tot minder aankopen leiden dan volgens de norm binnen de bedrijfstak zou moeten. Het groeiteam zal dan waarschijnlijk besluiten om zich te focussen op het experimenteren met hacks om de verkopen in deze categorieën een boost te geven. Voor een contentprovider of een mediabedrijf dat zijn opbrengsten uit advertenties haalt, zou de analyse kunnen uitwijzen dat videoadvertenties in een bepaalde advertentieruimte bij lange na niet zo goed functioneren als de tekstadvertenties in die ruimte. Het groeiteam kan er dan voor kiezen om zich te focussen op het verbeteren van de effecten van videoadvertenties door te experimenteren met hun grootte en plaatsing of met de inhoud zelf, zoals de lengte ervan, de call to action, het gebruik van koppen en misschien nog andere mogelijke veranderingen.

Bij een SaaS-bedrijf kan de analyse een knelpunt blootleggen in de stap van een gratis proefversie naar een betaald account. Bij verdere analyse van de oorzaken van het afhaken kan blijken dat bij gebruikers die niet gebruikmaken van een bepaalde feature de kans dat ze het lucratieve ondernemingsplan kopen half zo groot is als bij degenen die deze feature wel gebruiken. Het team kan dan besluiten om zich te focussen op experimenten die gericht zijn op het aanmoedigen van het gebruik van die feature, om zo tot meer aankopen te komen als de proefperiode eindigt.

Wat betreft de tools voor het uitvoeren van deze mapping: veel van de analytische pakketten die we tot nu toe genoemd hebben, bieden de mogelijkheid tot het afbeelden van simpele koopfunnels voor e-commercebedrijven. En advertentiediensten als DoubleClick leveren software voor het analyseren van de respons op advertenties voor internetbedrijven die advertentieruimte verkopen. Maar voor de complete mapping van alle stappen van jouw bedrijf door de omzetfunnel zul je vaak een data-analist nodig hebben.

WAT LEVEREN DE VERSCHILLENDE COHORTEN PRECIES OP?

Bij het analyseren van je klantgegevens om de mogelijkheden in te schatten, is het zaak je klanten onder te verdelen in een aantal cohorten, zoals je ook al deed bij het hacken van retentie. Dit keer ligt de nadruk echter op hoeveel inkomsten de verschillende groepen opleveren. Je begint daarom ook met een aantal cohorten waarin de klanten met een hoge opbrengst worden afgezet tegen klanten met weinig opbrengst. Voor een dienst waarop je je moet abonneren zal dat onderscheid over het algemeen worden gemaakt naar soorten abonnementen. Voor een e-commercebedrijf deel je de klanten in groepen in op basis van wat ze per jaar (of maand of week, afhankelijk van jouw businessmodel) aan aankopen uitgeven. Voor een bedrijf dat zijn inkomsten uit advertenties haalt, zal die onderverdeling wat complexer zijn. Omdat de mate van betrokkenheid van de gebruikers een van de belangrijkste factoren is bij het bepalen van het aantal advertenties dat een bedrijf kan tonen en van wat het adverteerders kan laten betalen voor ruimte, moet dit soort bedrijven niet alleen de gemiddelde opbrengst per gebruiker bijhouden – wat de meest basale maatstaf voor kapitalisering is voor dit businessmodel. Ze moeten de gebruikers ook verdelen in segmenten op basis van hun mate van betrokkenheid, en dan met name hun betrokkenheid bij advertenties. Die kan worden afgeleid uit de hoeveelheid tijd die wordt doorgebracht op de site of in de app, het aantal pagina's of schermen dat per sessie wordt bekeken en andere maatstaven voor betrokkenheid die specifiek zijn voor het bedrijf (zoals het aantal video's dat een gebruiker bekijkt).[2]

Behalve dat ze deze op inkomsten gebaseerde onderverdeling aanbrengen, moeten groeiteams klanten in meerdere groepen onderverdelen, zoals ook bij het hacken van retentie werd aanbevolen. Dat moeten in elk geval groepen zijn die gebaseerd zijn op locatie, leeftijd en geslacht, soorten items die worden gekocht of features die worden gebruikt, via welke bron de klant werd geacquireerd (bijvoorbeeld via een Google-advertentie of via een referralprogramma), het soort apparaat waarmee hij de site of app gebruikt (desktop versus mobiel, Microsoft Windows versus Apple), de internetbrowser die hij gebruikt, het aantal bezoeken aan de site of app binnen een bepaalde periode en de datum van de eerste aankoop of actie. Dit is beslist geen allesomvattende opsomming; er zijn ook nog vele andere groepen denkbaar. Waar het om gaat, is dat je in dit geval niet kijkt naar patronen bij de retentieratio, maar zoekt naar correlaties wat betreft de inkomsten die elke groep je oplevert, om zo ideeën op te doen voor experimenten.

Een goed voorbeeld is HotelTonight, een app waarmee klanten last minute hotelkamers kunnen boeken met een aanzienlijke korting. Dat bedrijf deed een belangrijke en onverwachte ontdekking toen het het koopgedrag van zijn klanten analyseerde op basis van de manier waarop ze verbinding legden met de app (via wifi dan wel via een 3G- of 4G-verbinding). Hun hypothese op grond van de nogal verwarrende ontdekking dat klanten die 3G of 4G gebruikten twee keer zo vaak boekten als wifi-gebruikers – het zou via wifi toch eigenlijk makkelijker moeten zijn? – was dat het winkelen op vergelijkbare reissites makkelijker ging via wifi dan via het toch wat haperende 3G- en 4G-netwerk. Dat was te traag en onbetrouwbaar, waardoor deze klanten liever boekten bij HotelTonight dan dat ze eerst andere aanbieders bekeken, wat via de snelle wifi wel makkelijk te doen was. Op grond van dit inzicht besloot HotelTonight zijn reclame alleen te richten op gebruikers die geen wifi gebruikten, met als resultaat dat ze meer opbrengst binnenhaalden via klanten die hun advertenties hadden gezien.[3]

Voor e-commercebedrijven is het met name belangrijk om cohorten niet alleen in te delen op basis van hoeveel de klanten uitgeven aan aankopen, maar ook op basis van het aantal gekochte items, wat een klant gemiddeld bestelt, het soort items dat ze kopen, de datum van hun eerste aankoop, het aantal keren dat ze binnen de vastgestelde periode een aankoop doen (bijvoorbeeld per maand of per jaar) en ook in welke tijd van de maand of het jaar ze meestal hun aankopen doen. Stel dat het team ontdekt dat 55 procent van de klanten die binnen negentig dagen één aankoop doen in de volgende twaalf maanden 500 dollar of meer uitgeeft, terwijl 95 procent van de klanten die binnen negentig dagen twéé aankopen doen al bínnen die periode 500 dollar of meer uitgeeft. Ze kunnen dan besluiten een aantal experimenten te ontwikkelen waarmee ze alle gebruikers die maar één aankoop doen, aanmoedigen om binnen die negentig dagen nog een aankoop te doen, bijvoorbeeld door alleen aan die gebruikers een flinke korting of een ander voordeel (zoals gratis verzending) aan te bieden. Ze sturen daartoe na dertig dagen een e-mail en na zestig dagen een vervolg-e-mail.

Bij bedrijven die hun inkomsten verkrijgen uit de verkoop van advertentieruimte zal een verfijndere segmentering van het gebruikersbestand ze in staat stellen om te experimenteren met manieren om nog meer te verdienen aan de advertentieruimte die al veel betrokkenheid genereert. Daarnaast kunnen ze ook het effect van de advertenties – en de inkomsten – vergroten in ruimtes waar de betrokkenheid zwak is. Het groeiteam van een mediabedrijf kan ontdekken dat lezers die minstens twee minuten op een site doorbrengen meestal drie keer zo vaak een advertentie aanklikken als degenen die minder tijd op de site doorbrengen. Gewapend met deze kennis kunnen de teamleden een reeks experimenten ontwikkelen om de tijd die matige gebruikers op de site doorbrengen te verlengen. Dat kan bijvoorbeeld door het verbeteren van de selectie van artikelen die gebruikers te zien krijgen nadat ze een bepaald artikel gelezen hebben. Mochten de teamleden ontdekken dat een groot aantal lezers veel tijd doorbrengt op pagina's met weinig effectieve advertenties, zoals pagina's met lange artikelen of pagina's met een overzicht van de aangeboden video's, dan zouden ze kunnen experimenteren met nieuwe soorten advertenties op deze pagina's en met een alternatieve plaatsing, bijvoorbeeld tussen de video's in of ingebed in langere artikelen.

Voor SaaS-bedrijven, die vaak ondernemingen als klant hebben, zijn vooral de cohorten die zijn ingedeeld naar het soort onderneming het onderzoeken waard. Sommige ondernemingen hebben nu eenmaal meer te besteden dan andere en die zullen dus ook eerder bereid zijn om de duurdere pakketten en extra features te kopen. Toen bijvoorbeeld het groeiteam van SurveyMonkey, een bedrijf dat enquêtediensten levert die bruikbaar zijn voor de meest uiteenlopende soorten bedrijven en voor heel veel verschillende doeleinden – van marketingteams die marktonderzoek doen tot teams die de tevredenheid van de klant meten, tot studenten die enquêtes gebruiken voor een essay, om er maar enkele te noemen – deze analyse uitvoerde, ontdekten Elena Verna en haar team (misschien niet geheel onverwacht) dat gebruikers afkomstig van onderwijsinstituten en non-profitorganisaties, en daarnaast ook studenten, bij lange na niet zoveel premiumversies kochten als andere groepen gebruikers. Dus experimenteerden ze met het aanbieden van kortingen op bepaalde pakketten voor deze groepen. De bedoeling was om meer opbrengsten te genereren door deze groepen te bewegen van een gratis naar een betaalde versie over te stappen.

De features en eigenschappen van software waar klanten het meest voor overhebben, verschillen meestal per cohort. Zo kan een groot bedrijf zijn eigen software voor het managen van de klantrelatie hebben en daarom bereid zijn extra te betalen voor software die heel makkelijk in dat systeem te integreren is, terwijl een start-up zonder eigen systeem meer waarde hecht aan een simpel en direct toepasbaar systeem.

Als een product of dienst bedoeld is voor een internationaal publiek, moeten bedrijven ook kijken naar de kapitalisering per land, want elk land heeft zijn eigen normen wat betreft de manieren van betalen en ook wat betreft de prijsstelling van die diensten. Zo zullen gebruikers in Duitsland bij een aankoop waarschijnlijk de voorkeur geven aan een andere betalingsmethode dan die in Rusland, met als gevolg dat er een duidelijk verschil kan zijn in de mate van kapitalisering in die landen. Bepaalde businessmodellen kunnen in het ene land meer geaccepteerd worden dan in het andere. Betaalde accounts zijn in de VS heel gangbaar, maar kunnen in andere landen minder goed ontvangen worden. Groeiteams kunnen experimenteren met het aanbieden van verschillende opties voor verschillende landen, om zo de kapitalisering in elk van die landen te verbeteren.[4]

LEREN WIE JE KLANTEN ZIJN

Zoals we hebben gezien, zijn er onnoemelijk veel manieren om je klantenbestand te verdelen in segmenten om tot nieuwe inzichten te komen. Een van de eerste stappen voor groeiteams die proberen om dat bestand beter te benutten, is het identificeren van groepen klanten met vergelijkbare eigenschappen. Ze kunnen dezelfde locatie delen, of dezelfde ervaring, ze kunnen ongeveer evenveel geld uitgeven, of dezelfde eisen stellen aan jouw product, of een combinatie van factoren (waarvan we er al veel hebben geïdentificeerd bij het onderscheiden van de mogelijke cohorten). Het doel van dit soort groeperingen is om betere ideeën te genereren voor manieren om de specifieke wensen en behoeften van de klanten te bevredigen. Veel marketeers zullen vertrouwd zijn met het creëren van persona's (fictieve dossiers over een voor een bepaalde groep representatieve klant), die ook specifiek voor dit doel bedoeld zijn. Zo zijn er bij Inman vier primaire types klanten geïdentificeerd: nieuwe assistent-makelaars met minder dan drie jaar ervaring, assistent-makelaars met vijf tot tien jaar ervaring, gecertificeerde makelaars en medewerkers op het gebied van franchise en technologie. Deze globale groeperingen zijn een goede doorsnee van de clusters in ons klantenbestand, en ons groeiteam heeft zich gefocust op het ontwerpen van experimenten met onder andere gestandaardiseerde e-mails, landingspagina's en specifieke aanbiedingen om zo de inkomsten van elke groep te vergroten.

VRAAG KLANTEN WELKE VOORDELEN ZE WILLEN

Groeiteams moeten ook hier weer gebruikmaken van enquêtes om rechtstreeks van klanten te horen welke verbeteringen je belangrijkste klantengroepen van een product verlangen, bijvoorbeeld nieuwe features of een groter aanbod van items. Het spreekt voor zich dat de kern van de missie om de inkomsten te vergroten moet zijn dat je je klanten de diensten en producten levert die ze het aantrekkelijkst vinden en die het meest aan hun behoeften voldoen. En dat kan natuurlijk per groep klanten verschillen.

Het is ook duidelijk dat een van de beste manieren om het aantal aankopen van je klant te vergroten is dat je hun extra items of extra functies aanbiedt. (Of, bij op advertenties gebaseerde modellen, extra ervaringen en content die meer tijd vergen en de betrokkenheid vergroten.) We hebben het eerder gehad over het gevaar van inflatie van features en daarom willen we ook hier wijzen op de keerzijde, namelijk dat het voor bedrijven van het grootste belang is dat ze gestaag maar met beleid nieuwe items of features introduceren als ze de inkomsten willen vergroten. Denk maar eens aan hoe Amazon voortdurend bezig is met het uitbreiden van het aantal categorieën items en ook met het aanbod binnen die categorieën, en hoe energiek Facebook maar nieuwe features blijft introduceren. De sleutel tot het op een goede manier aanbieden van extra's is dat je je focust op het leveren van voordelen aan de klanten die zij het waardevolst vinden en waarvoor ze bereid zijn te betalen, en dat je niet alleen maar met keuzes komt waarvan het bedrijf denkt dat klanten die willen.

Groeiteams moeten ideeën voor nieuwe producten of features genereren door middel van enquêtes, en vervolgens eerst met die producten of features experimenteren alvorens ze aan te bieden. Een mooi voorbeeld is de vragenlijst die het team van BitTorrent aan zijn klanten stuurde om te bekijken welke van een aantal mogelijke nieuwe features moest worden gerealiseerd. Het zal je opvallen dat BitTorrent niet gebruikmaakte van open vragen, maar gebruikers een aantal voordelen voorlegde en vroeg welke ze het waardevolst vonden. Je kunt reacties stimuleren en tegelijkertijd controleren of gebruikers ook echt de features willen die ze zeggen te willen door een paar respondenten het product met de nieuwe features gratis aan te bieden, wat BitTorrent ook gedaan heeft, zoals je ziet.

HET ONDERVRAGEN VAN GEBRUIKERS OVER NIEUWE FEATURES

***VIJF VAN DE ONDERVRAAGDEN ZULLEN DE PRO-VERSIE VAN UTORRENT® VOOR ANDROID ONTVANGEN, MET DAARIN ALLE TOEKOMSTIGE PRO-FEATURES.**

WELKE FEATURES ZOU JE WILLEN TERUGZIEN IN DE PRO-APP?

	MINST GEWILD 1	2	3	4	5	6	MEEST GEWILD 7
MEDIA (VAN TEVOREN) BEKIJKEN ZONDER HET HELE BESTAND TE DOWNLOADEN	○	○	○	○	○	○	○
TORRENTS INSCHAKELEN OP HET MOMENT DAT U DAT WILT	○	○	○	○	○	○	○
UTORRENT® PAUZEREN ALS DE ACCU BIJNA LEEG IS	○	○	○	○	○	○	○
ANTIVIRUSSCAN	○	○	○	○	○	○	○
ONDERSTEUNING VOOR PREMIUMKLANTEN	○	○	○	○	○	○	○
UTORRENT® AUTOMATISCH UITZETTEN ALS MIJN TORRENT IS GEDOWNLOAD	○	○	○	○	○	○	○

Door respondenten te vragen aan elke optie een waarde toe te kennen, zal het groeiteam een paar goede keuzes kunnen distilleren die het kan voorleggen aan het productteam. Het team van BitTorrent besloot de energiebesparingsfunctie verder te ontwikkelen omdat die optie de positiefste reacties opleverde. Het resultaat was een toename van 47 procent van de inkomsten per dag. Het automatisch uitzetten kreeg ook een goede waardering en werd vervolgens ook getest, en toen dat in goede aarde viel, werd de functie geïntroduceerd bij alle appgebruikers, wat tot 20 procent meer inkomsten per dag leidde.[5]

DATA EN ALGORITMES GEBRUIKEN OM AANBIEDINGEN TE LATEN AANSLUITEN OP DE WENSEN EN BEHOEFTEN VAN KLANTEN

In hoofdstuk 7 bespraken we personalisering als een tactiek om een sterkere band met gebruikers op te bouwen en ze zo beter vast te houden. Personalisering is ook een goede kapitaliseringstactiek, en met name op specifieke klanten gerichte aanbevelingen zijn daarbij effectief, meestal op de site of in de app die een klant op dat moment bezoekt, alsook via e-mails en mobiele meldingen. Ook hier is Amazon weer het grote voorbeeld. Zij hebben een van de krachtigste *recommendation engines* ontwikkeld, de term voor algoritmeprogramma's die bepalen welke items jou worden aanbevolen terwijl je de site bezoekt. De selecties zijn gebaseerd op een combinatie van de zoekgeschiedenis van een klant en zijn of haar koopgewoontes, en data over de gewoontes van vergelijkbare klanten. Alle klanten van Amazon hebben in wezen hun eigen versie van Amazon, met een unieke, op hun voorkeuren toegespitste ervaring.

Sommige aanbevelingsmachines, waaronder die van Amazon maar ook die van Google en Netflix, zijn ongelooflijk complex, maar veel zijn er gebaseerd op relatief simpele wiskunde. Volgens Colin Zima, hoofd Analyses bij Looker (een bedrijf dat intelligente software voor bedrijven levert), kan het genereren van aanbevelingen relatief simpel zijn als je daarbij gebruikmaakt van een Jaccard-index, een simpele formule die bepaalt hoe vergelijkbaar twee producten zijn. Dit helpt bij het aanbevelen van aanvullende items die een klant zou willen kopen, omdat de software heeft berekend dat die items vaak tezamen gekocht worden.

JACCARD INDEX

$$J(A, B) = \frac{|A \cap B|}{|A \cup B|} = \frac{|A \cap B|}{|A| + |B| - |A \cap B|}$$

De formule mag dan misschien wat intimiderend overkomen, maar hij is in wezen heel rechtlijnig. Wat de formule zegt is dat de overeenkomst tussen twee items – A en B – gelijk is aan de doorsnede van A en B gedeeld door de vereniging van A en B. We zullen onze supermarkt-app gebruiken om een voorbeeld te geven van hoe dit werkt. Stel dat het team de hypothese wil testen of het aanbevelen van producten die vaak gezamenlijk worden gekocht via de app de gemiddelde omvang van de bestelling per bezoek zal vergroten. Om deze aanbevelingen effectief te maken, moet het team berekenen of de kans dat mensen die het ene product kopen ook het aanbevolen product kopen groter is dan de kans op andere productcombinaties. Het team zal items willen aanbevelen die het vaakst gezamenlijk gekocht worden, om zo de kans te vergroten dat klanten een aanbeveling accepteren en dat aanvullende product in hun winkelwagentje leggen.

Stel dat het over pindakaas en jam gaat, dan laat de doorsnede in de Jaccard-index het aantal mensen zien dat én pindakaas én jam koopt, terwijl de vereniging wordt bepaald door hoeveel mensen pindakaas dan wel jam afzonderlijk kochten. Blijkt bijvoorbeeld dat dertig mensen in één keer zowel pindakaas als jam hebben gekocht terwijl honderd mensen de pindakaas dan wel de jam afzonderlijk kochten, dan levert de Jaccard-index een score van 0,3 op wat betreft de overeenkomsten tussen de producten, wat een behoorlijk hoge score is. De score voor pindakaas en een wasmiddel zal vrijwel zeker een stuk lager zijn.

Deze berekening kan worden gemaakt voor combinaties van heel veel artikelen in de winkel en dat levert krachtige aanbevelingen op die tot meer aankopen leiden. En deze suggesties voor producten zullen bij gebruik van de beste aanbevelingsmachines alleen maar beter en meer gepersonaliseerd worden omdat hoe meer klanten winkelen, hoe meer data er beschikbaar komen, niet alleen over wat een individuele klant heeft gekocht, maar ook over globale patronen binnen een grote groep gebruikers. De aanbevelingsmachine in de supermarkt-app kan bijvoorbeeld mineraalwater en limoenen aanbevelen als een klant Red Bull in het winkelwagentje stopt – zelfs als deze klant dergelijke producten nooit eerder heeft gekocht – gebaseerd op data die aantonen dat de meeste mensen die Red Bull kopen ook producten die je met wodka kunt mixen aanschaffen.[6]

WEES NIET TE OPDRINGERIG

Een belangrijke waarschuwing bij dit alles is dat het zich tegen je kan keren als je er niet voorzichtig mee omspringt. Als mensen het gevoel hebben dat je te diep in hun leven binnendringt, kan dit proces van personalisering ronduit griezelig worden. Een berucht voorbeeld is dat van retailer Target, die onbedoeld liet blijken dat een tiener zwanger was terwijl ze dat voor haar ouders verborgen wilde houden. Het bedrijf bestookte haar met coupons voor babykleertjes en wiegjes waarna, zoals journalist Charles Duhigg schreef in een artikel voor *The New York Times Magazine*, de vader woedend de winkel binnenstormde en de manager op hoge toon aansprak: 'Ze zit nog op de middelbare school en jij stuurt haar coupons voor babykleertjes en wiegjes? Probeer je haar soms aan te moedigen om zwanger te worden?' Toen de manager een paar dagen later belde om zich te verontschuldigen, reageerde de vader ineens heel anders. 'Ik heb met mijn dochter gepraat,' zei de man, 'en er blijken bepaalde activiteiten in mijn huis te hebben plaatsgevonden waar ik me totaal niet van bewust was. Ze is uitgerekend in augustus. Ik ben u een excuus verschuldigd.' De vader mocht dan nogal vergevingsgezind zijn, het verhaal zorgde voor een enorme ophef onder klanten van Target en schadeletseladvocaten, die de datamining en de personalisering beschouwden als een onvergeeflijke inbreuk op de privacy.[7]

Je kunt dus heel snel mensen tegen je in het harnas jagen als je niet begrijpt wat ze van je willen. Als klanten suggesties ontvangen die niet aantrekkelijk voor hen zijn, of dat nu van een kledingbedrijf is dat kleding aanbeveelt die niet hun smaak is of van Netflix dat een genre films aanbeveelt dat ze haten, zal dat niet alleen weinig indruk maken, ze kunnen zich zelfs beledigd voelen. Stel je maar eens voor dat je een verjaardagscadeautje krijgt van een vriend – of erger nog: van je partner – dat totaal niet jouw smaak is. Een verkeerde personalisering kan je omzet enorm schaden in plaats van verbeteren.

Ook dat is weer een reden waarom het van zo cruciaal belang is dat groeiteams met de juiste experimenten komen. Een goede manier om te testen hoe effectief een geplande standaardisatie zal zijn, is beginnen met het sturen van gepersonaliseerde e-mail- en tekstnotificaties naar slechts een klein segment klanten, om zo hun respons en effectiviteit te meten. Op deze manier kunnen groeiteams al in een vroeg stadium data vergaren over de mogelijke effectiviteit van klantervaringen, om daarna op grond van de resultaten te besluiten of ze ermee verder zullen gaan. De meeste e-mailmarketingsoftware biedt een verscheidenheid aan opties voor personalisering, uiteenlopend van het simpel noemen van de naam van de ontvanger in een bericht tot de mogelijkheid om berichten en aanbiedingen aan te passen aan zijn eerdere gedrag.

Het appteam van de supermarkt zou een coupon voor gratis levering kunnen sturen naar klanten die slechts één aankoop hebben gedaan, om hen zo aan te sporen tot meerdere aankopen. En als die test goed uitpakt, zou het team kunnen experimenteren met het inbouwen van notificaties in de app zelf, waarbij gratis levering wordt aangeboden aan alle gebruikers die ten minste één aankoop hebben gedaan.

JE PRIJSSTELLING OPTIMALISEREN

Een van de neteligste kwesties bij het vergroten van de inkomsten is het bepalen van de prijs voor een product of dienst. Is de prijs te laag, dan loop je inkomsten mis; is de prijs te hoog, dan verlies je omzet doordat je klanten wegjaagt. Bedrijven kunnen daar op allerlei manieren de fout mee in gaan, van het doen van te weinig onderzoek voorafgaand aan de prijsstelling tot het niet vaak genoeg experimenteren met prijzen, tot het hanteren van te hoge prijzen voor de markt of juist te snel zijn met het verlagen van de prijzen. Groeiteams kunnen hier een belangrijke rol bij spelen door in samenwerking met product- en financiële teams enquêtes uit te voeren en onderzoek onder klanten te doen om de optimale prijsstelling te vinden om mee te experimenteren.

Bedrijven die fysieke goederen verkopen, hebben het relatief makkelijk als het gaat om het vaststellen van prijzen. Ze moeten de kosten van de productie of de aanschaf van producten die ze verkopen in aanmerking nemen, plus de bijkomende kosten van marketing en levering van die producten aan de klant, en dan een prijs vaststellen die ook nog wat winst oplevert. Maar zelfs in dit geval kunnen groeiteams experimenten uitvoeren die gebaseerd zijn op de informatie die ze hebben vergaard over het aankoopgedrag en de lifetime value van klanten. Ze kunnen ook inspiratie halen uit de vele vuistregels die jaren onderzoek naar het stimuleren van aankopen hebben opgeleverd. Zo belicht William Poundstone in zijn boek *Priceless: The Myth of Fair Value (and How to Take Advantage of It)* de kracht van het gebruik van 'charmeprijzen': prijzen die doelbewust eindigen op een 9 of 99 of 98 of 95 in plaats van dat ze een rond bedrag zijn. Je zult het misschien niet geloven, maar dergelijke strategieën werken echt. Poundstone schrijft: 'In acht onderzoeken, gepubliceerd tussen 1987 en 2004, werd aangetoond dat charmeprijzen de verkoop met gemiddeld 24 procent doen toenemen in vergelijking met ronde bedragen.'[8]

Ook andere op de psychologie gebaseerde tactieken, zoals het benadrukken van de waarde van een item ten opzichte van vergelijkbare items en het toevoegen van het valutateken aan de prijs, kunnen het gedrag beïnvloeden. Zoals bij alle strategieën werken ook deze niet voor elk product of iedere koper, maar er zijn zoveel opties dat een groeiteam voldoende mogelijkheden heeft om continu de prijsstelling te testen en te optimaliseren om de groei van de omzet te verbeteren.

Het vaststellen van de prijzen voor een fysiek item mag dan relatief simpel zijn, maar hoe zit dat met software die via internet geleverd wordt en waarbij er geen sprake is van grondstofkosten? Patrick Campbell, CEO van Price Intelligently, biedt waardevolle adviezen over de beste manieren om de ideale prijsstelling voor SaaS-producten te vinden. Hij adviseert, net zoals we voor veel andere groei-initiatieven hebben aanbevolen, om te beginnen met het rondsturen van een enquête waarin de ontvangers niet alleen wordt gevraagd welke features voor hen het belangrijkst zijn, maar ook hoeveel ze bereid zijn te betalen. Hij stelt daartoe de volgende vier vragen voor, in deze volgorde:

- Bij welke prijsstelling wordt [je product] zo duur dat je niet eens overweegt om het aan te schaffen?
- Bij welke prijsstelling is [je product] nog wel duur, maar overweeg je toch om het te kopen?
- Bij welke prijsstelling begint [je product] een echt goede deal te worden?
- Bij welke prijsstelling wordt [je product] zo goedkoop dat je de kwaliteit ervan in twijfel gaat trekken?[9]

De reacties zullen je duidelijk maken welke prijsstelling mensen te hoog, te laag of precies goed vinden. Het groeiteam kan dat vervolgens weergeven in een grafiek als deze:

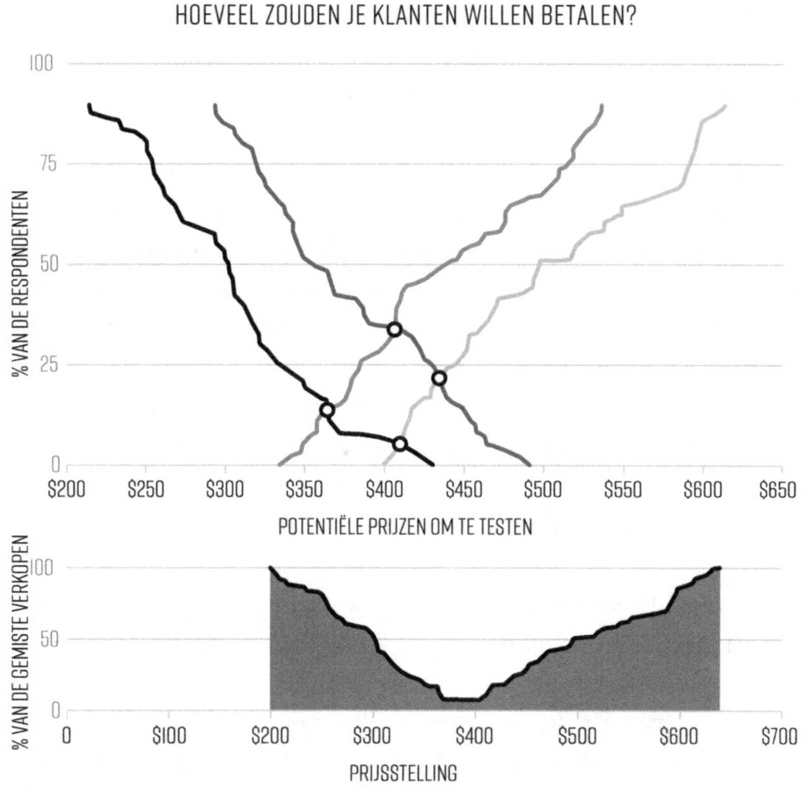

SAMENVATTING

OPTIMALE BANDBREEDTE PRIJSSTELLING	KANTELPUNT	GEMIDDELDE KOOPKANS
$363,86 – $434,58	**$406,01**	**2,62**

BRON: © PRICE INTELLIGENCY

Het enigszins ruitvormige gebied in het midden van de grafiek is de ideale testbreedte voor je experimenten met de prijsstelling. Natuurlijk zijn de reacties van de klanten niet de enige data die je in overweging moet nemen; bij het vaststellen van prijzen moet een complex arsenaal aan factoren worden meegewogen, zoals de kosten van productie, distributie en marketing, de overheadkosten en ook de kosten voor marktonderzoek betreffende concurrerende producten. De bandbreedte van de prijzen waar groeiteams mee gaan experimenteren, moet verder worden vastgesteld in overleg met, en goedgekeurd door, het financiële team en de directie.

Sommigen zullen aanvoeren dat klanten rechtstreeks vragen naar een prijs vragen naar de bekende weg is, want klanten zullen altijd hun eigen belang vooropstellen. Maar zelfs degenen die vinden dat de prijsstelling niet rechtstreeks door klanten moet worden bepaald, zijn het er over het algemeen over eens dat feedback uit enquêtes en interviews toch in elk geval moet worden gebruikt als leidraad voor het vaststellen van een prijs voor je product – en ook om te bepalen welke doelgroep jouw prijs wil betalen. En dat is ook precies de reden dat experimenteren met prijzen zo cruciaal is. Te veel bedrijven bepalen een prijs om die vervolgens als onwrikbaar te beschouwen, terwijl het team er juist continu mee moet blijven experimenteren, net zoals het met andere factoren binnen het bedrijf doet. Of je er nu voor kiest om precies dezelfde bewoordingen te gebruiken als in de genoemde vragen of dat je kiest voor een eigen versie, de kern is dat je de feedback van klanten gebruikt als basis voor verdere experimenten.

Het is zaak dit onderzoek naar de prijsstelling te combineren met het onderzoek naar de features, dat we eerder hebben besproken, om zo tot een matrix te komen van de features die mensen het waardevolst vinden en de prijs die ze daarvoor willen betalen. Zo krijg je wat Campbell de persoon-prijscombinatie noemt, die je helpt om met vertrouwen productplannen en prijzen te realiseren die tegemoetkomen aan de behoeften en verwachtingen van de kopers in jouw doelgroep.

Laten we terugkeren naar het hypothetische videostreamingbedrijf uit hoofdstuk 7 om te bekijken hoe dit in de praktijk werkt. Door het uitvoeren van enquêtes en een cohortanalyse hebben ze misschien twee heel verschillende types klanten geïdentificeerd die de dienst gebruiken: een groep die alleen de mogelijkheid wil om series en films te bekijken wanneer zij dat willen, zonder advertenties, en een andere groep die een wat completere ervaring wil. Het groeiteam komt met twee basistypes die elke groep representeren: Basale Bea representeert de klant die geen fratsen wil en puur en alleen video's wil bekijken, terwijl Hebberige Henkie de klant representeert die alle toeters en bellen wil die de dienst biedt (en bereid is daarvoor te betalen).

BASALE BEA	HEBBERIGE HENKIE
MEEST GEWAARDEERDE OPTIES:	*MEEST GEWAARDEERDE OPTIES:*
· FAVORIETE TV-SERIES	· MET ELK APPARAAT TE BEKIJKEN
· GEEN ADVERTENTIES	· AANBOD VOOR KINDEREN
	· INLOGMOGELIJKHEID VOOR MEERDERE GEBRUIKERS
MINST GEWAARDEERDE OPTIES:	
· MET ELK APPARAAT TE BEKIJKEN	*MINST GEWAARDEERDE OPTIES:*
· INLOGMOGELIJKHEID VOOR MEERDERE GEBRUIKERS	· GEEN ADVERTENTIES
BEREID OM TE BETALEN: $ 9,99 PER MAAND	*BEREID OM TE BETALEN: $ 19,99 PER MAAND*
ACQUISITIEKOSTEN: $ 27,00	*ACQUISITIEKOSTEN: $ 52,00*
LIFETIME VALUE: $ 109,89	*LIFETIME VALUE: $ 479,76*

Het begrijpen van deze verschillen in voorkeuren zal het groeiteam duidelijk maken op welke gebieden het moet experimenteren. Bij klanten die bereid zijn een flink stuk meer te betalen dan de $ 9,99 voor het basispakket, kan het team bijvoorbeeld experimenteren met het aanbieden van een nog duurder pakket, dat klanten de mogelijkheid geeft om op nog meer apparaten te kijken of meer familieleden tegelijk toegang geeft tot de dienst.

Welk product je ook probeert te kapitaliseren, als je opties voor klanten creëert, wil je er zeker van zijn dat je prijsstelling in verhouding is met de waarde die ze aan het gebruik van je product toekennen. Bij sommige producten, met name software, moet je de prijs laten afhangen van het gebruik. Zo is bij HubSpots marketingsoftware de prijs afhankelijk van het aantal contacten dat is opgeslagen in de databases van de klanten, want dat is een goede maatstaf voor het gebruik van de dienst en voor de waarde die ze eraan hechten. Als HubSpot een bedrijf zou laten betalen per gebruikersaccount, is de kans groot dat bedrijven slechts enkele accounts nemen, die dan door meerdere werknemers worden gedeeld. Dat zou betekenen dat de inkomsten voor HubSpot totaal niet in verhouding zouden staan tot het gebruik van het product. Bij Unbounce wordt de prijs bepaald door het aantal bezoekers dat via de software naar de landingspagina komt, en SurveyMonkey kijkt naar het aantal reacties dat via hun enquêtesoftware binnenkomt. Het zijn allebei maatstaven die rechtstreeks zijn gerelateerd aan de waarde die gebruikers aan de dienst ontlenen. Dit soort maatstaven worden ook wel *value metrics* genoemd, waardemaatstaven.

Bij het bepalen van de waardemaatstaf adviseert Campbell om jezelf de volgende drie vragen te stellen:

1. Strookt de waardemaatstaf met het gebied waarop je klant waarde ervaart?
2. Wordt de maatstaf aangepast als de klant het product meer gebruikt?
3. Is de maatstaf begrijpelijk?[10]

De waardemaatstaf van SurveyMonkey voldoet duidelijk aan deze criteria: het is goed te begrijpen dat ze de prijs laten afhangen van het aantal antwoorden dat enquêtes opleveren, want hoe meer antwoorden, hoe waardevoller de enquête is, en het is ook duidelijk dat hoe meer enquêtes een gebruiker creëert en verstuurt, hoe groter die waarde wordt.

Maar de juiste prijsstelling vinden is op zich nog niet voldoende; het is net zo belangrijk hoe je deze prijzen presenteert en communiceert naar klanten, zowel op je prijspagina als elders. Als jouw model gebruikmaakt van meerdere prijsopties, is het belangrijk dat de diverse pakketten gemakkelijk met elkaar kunnen worden vergeleken, zodat klanten direct kunnen beoordelen of het de moeite waard is om voor een duurder pakket te gaan. Ze moeten een goed overzicht hebben van alle features van het basispakket, waarna ook de extra voordelen van elk ander pakket moeten worden opgesomd. Op de hypothetische prijspagina hiernaast kun je zien hoe dat werkt.

Groeiteams die werken met producten die zijn gebaseerd op reclame-inkomsten moeten experimenteren met de prijs van de advertentiemogelijkheden. Er moet geëxperimenteerd worden met verschillende mogelijkheden – zoals met standaard banneradvertenties, banners met animaties of interactieve elementen versus videoadvertenties – en ook met hun plaatsing, om de betrokkenheid van gebruikers te vergelijken. Met die gegevens over betrokkenheid kunnen teams experimenteren met de betalingsmodellen voor advertentieruimte, zoals een model dat gebaseerd is op een prijs per gebruiker die een advertentie aanklikt, of misschien het affiliatiemodel, waarbij de leverancier van advertentieruimte een vergoeding krijgt voor gebruikers die

TYPISCHE SAAS-PRIJSPAGINA

BASIS GRATIS	ZILVER $5/MAAND MAANDELIJKSE BETALING BESPAAR MET EEN JAARABONNEMENT	BEST VALUE GOUD $10/MAAND JAARLIJKSE BETALING: $120
KIES ▶	KIES ▶	KIES ▶
-	-	GRATIS KEUZE VAN DE MAAND
-	NIEUWSBRIEF	NIEUWSBRIEF
WERELDWIJD ZOEKEN	WERELDWIJD ZOEKEN	WERELDWIJD ZOEKEN
5 GB OPSLAG	20 GB OPSLAG	ONBEPERKTE OPSLAG

een advertentie aanklikken en vervolgens een actie ondernemen of een aankoop doen op de site van de adverteerder.

Als er eenmaal een prijs is vastgesteld, betekent dat niet dat je nu klaar bent. Net als bij alle groei-aanjagers die we tot nu besproken hebben, moet er continu met de prijsstelling geëxperimenteerd blijven worden. Wij adviseren groeiteams voor SaaS-producten om minstens één keer per fiscaal kwartaal tests met prijsveranderingen uit te voeren, terwijl we e-commercebedrijven adviseren om veel vaker en regelmatiger met prijzen te experimenteren, zoals Amazon doet. Deze strategie, die ook wel *dynamic pricing* wordt genoemd, is gebaseerd op data over vele factoren, zoals inventaris, seizoen, tijd van de dag, eerdere aankopen van de klant, het soort computer dat hij gebruikt, enzovoort. Op grond van deze gegevens moeten continu prijzen worden veranderd en getest, om zo uiteindelijk te komen tot een prijsstelling die tot de meeste aankopen tegen de beste prijs leidt. Maar kijk uit: net als personalisering kan ook dynamic pricing averechts werken als je het verkeerd gebruikt. Dat ondervond de reiswebsite Orbitz, toen bekend werd dat gebruikers die bij het zoeken naar reisdeals een Mac gebruikten hoger geprijsde hotels en reizen te zien kregen dan degenen die een pc gebruikten. Research door Orbitz had inderdaad aangetoond dat Mac-gebruikers bereid en in staat waren om 30 procent meer uit te geven aan hotelkamers, en het bedrijf gebruikte die data om meer aan hen te verdienen.[11] Het was natuurlijk niet zo vreemd dat Mac-gebruikers niet blij waren toen ze dit hoorden.

Groeiteams die zich bezighouden met advertenties moeten de prijsstelling ook op een dergelijke vloeiende manier optimaliseren. De grootste advertentieplatforms, zoals Google en Facebook, gebruiken een veilingmodel om de waarde van hun advertentieruimte te bepalen. Dat betekent simpel gezegd dat adverteerders die een advertentie willen plaatsen een prijs noemen die ze zouden willen betalen, waarna de site de advertentieruimte geeft aan de hoogste bieder (dit is inderdaad nogal simpel gesteld; het veilingproces is schrikbarend complex). Als het budget van die bieder is overschreden, vaak doordat een dagelijkse limiet is bereikt of door een andere beperking, krijgt de op één na hoogste bieder de advertentieruimte, en zo verder, totdat alle ruimte is vergeven. Deze bedrijven gebruiken ook elementen als kwaliteit van de advertentie en klantenrespons om te bepalen welke adverteerder welke ruimte krijgt en welke advertenties prominenter in beeld komen. Dat is een krachtige stimulans voor adverteerders om kwalitatief betere advertenties te maken, wat natuurlijk in het belang is van zowel de adverteerder als het advertentieplatform. Kleinere bedrijven, die niet dergelijke biedsystemen hebben, moeten voortdurend op basis van vraag en aanbod experimenteren met de prijsstelling van de geboden ruimte, om zo de groei van de inkomsten te optimaliseren.

RELATIVITEIT VAN PRIJZEN

Als teams samen met het management experimenteren met prijzen, zijn er een aantal uit de praktijk en uit onderzoek gebleken bevindingen die ze daarbij in overweging moeten nemen. Een daarvan is de prijsrelativiteit, oftewel het principe dat de perceptie van prijzen wordt beïnvloed door de prijs van andere opties die worden aangeboden. Dan Ariely beschrijft in zijn baanbrekende boek *Predictably Irrational* een experiment waaruit blijkt hoezeer klanten hun beslissing over welke prijs ze zouden willen betalen, laten beïnvloeden door het aantal opties waaruit ze kunnen kiezen. Het idee voor het experiment ontstond toen Ariely merkte dat *The Economist* een nogal bizarre prijsstelling voor abonnementen hanteerde: de online editie voor 59 dollar per jaar, de gedrukte versie van het tijdschrift voor 125 dollar per jaar of de combinatie van die twee ook voor 125 dollar per jaar.

Geïntrigeerd door diezelfde prijs voor de laatste twee opties legde Ariely de hieronder afgebeelde pagina voor aan honderd studenten van MIT en hij vroeg hun een optie te kiezen. Ze kozen begrijpelijkerwijs allemaal ofwel voor de online-editie ofwel voor de combinatie, waarbij 84 procent voor die laatste optie koos. Hij verwijderde vervolgens de middelste optie (die niemand koos) en vroeg toen een nieuwe groep van honderd studenten om een keuze te maken uit slechts twee opties. Plotseling waren de resultaten totaal anders. Nu koos 68 procent van de studenten de eerste, lager geprijsde online-optie. Waarom? Omdat potentiële klanten door die middelste optie makkelijker de waarde van elk aanbod konden vergelijken en merkten dat ze de online versie er eigenlijk gratis bij kregen – wat een koopje! – waardoor ze uiteindelijk voor de hoger geprijsde optie kozen. Dat middelste pakket wordt soms een lokkertje genoemd en kan een krachtige manier zijn om klanten voor een hoger geprijsd product te laten kiezen.[12]

OPTIES ABONNEMENTEN

ABONNEMENTEN

Welkom op de abonnementenpagina van The Economist

Kies het soort abonnement dat je wilt aanschaffen of verlengen.

☐ **Abonnement Economist.com** – $ 59,00
Jaarabonnement Economist.com.
Omvat online toegang tot alle artikelen uit *The Economist* sinds 1997.

☐ **Gedrukte versie** – $ 125,00
Jaarabonnement gedrukte versie van *The Economist*.

☐ **Combi-abonnement gedrukte & online versie** – $ 125,00
Jaarabonnement gedrukte versie van *The Economist* en online toegang tot alle artikelen uit *The Economist* sinds 1997.

Abonnementenpagina van *The Economist* uit *Predictably Irrational*

Digitaal marketeer Steve Young gebruikte dit lokmiddel met veel succes bij SmartShoot, een marktplaats die professionele videomakers en fotografen in contact brengt met mensen die hun diensten nodig hebben. Het bedrijf bood oorspronkelijk twee opties, een maandelijkse en een jaarlijkse, en 40 procent van de abonnees koos voor de jaarlijkse optie en de rest koos voor het maandelijkse pakket. Young en zijn team bedachten dat ze door het aanbieden van een iets minder goede (en iets goedkopere) optie mogelijk gebruik konden maken van het fenomeen van de prijsrelativiteit en meer jaarlijkse opties zouden realiseren. Dus voegden ze een lokkertje toe dat slechts 10 dollar goedkoper was dan het pakket van 299 dollar en dat beduidend minder opties had. Het resultaat was dat hun conversieratio met 233 procent verbeterde doordat nu 86 procent van de gebruikers het pakket van 299 dollar aanschafte.[13]

De les is duidelijk: teams moeten experimenteren met een productoptie die zo is geprijsd dat mensen beter begrijpen wat de relatieve waarde is van de items en pakketten die je hoopt te verkopen.

MINDER IS NIET ALTIJD MEER

Bij pogingen om het aantal aankopen te vergroten, bestaat al gauw de neiging om de prijs te verlagen. Lagere prijzen leiden inderdaad vaak tot meer omzet, maar niet noodzakelijkerwijs. In sommige gevallen kan het verlagen van de prijs de omzet zelfs schaden, of in elk geval niet leiden tot de gehoopte boost. Daarom is het ook zo belangrijk om eerst te experimenteren met lagere prijzen voordat je ze aan je hele klantenbestand aanbiedt.

Bij Qualaroo wisten we onze inkomsten een significante boost te geven door experimenten waaruit bleek dat we de prijzen juist moesten verhógen. We begonnen met de hypothese dat als we de features van de freemiumversie van de online enquêtewidget zouden verbeteren, meer mensen uiteindelijk bereid zouden zijn om over te stappen naar de betaalde versie, zodat ze ook de extra features daarvan zouden krijgen. Maar de hypothese bleek niet te kloppen: de verbeterde gratis versie leidde tot geen enkele toename in de verkoop van betaalde producten. We bedachten vervolgens dat onze doelgroep misschien niet gevoelig was voor de prijs-featurecombinatie, dus verlegden we onze koers en experimenteerden we met hógere prijzen en nu bleek onze hypothese wel juist: door meer voor de dienst te berekenen, maakten we ons product aantrekkelijker voor grote afnemers die naar een topproduct zochten en niet per se naar de goedkoopste optie. Psycholoog en bestsellerauteur Robert Cialdini legt dit fenomeen uit: dit komt doordat er veel mensen zijn die de prijs als graadmeter voor kwaliteit beschouwen, iets wat vooral opgaat voor markten als technologie en professionele dienstverlening. En dat bleek ook bij ons het geval toen we in anderhalf jaar tijd de prijs nog eens drie keer verhoogden, wat tot een enorme groei van de omzet leidde en een heel nieuwe markt voor ons opende, met veel grotere bedrijven die ons pakket wilden.

Zelfs als je geen internetdienst of een tech-product verkoopt, kan het zo zijn dat je klanten minder prijsbewust zijn dan je denkt – en het growthhackingproces biedt een simpele manier om uit te zoeken hoe prijsbewust ze eigenlijk zijn. Dat gaat niet alleen op voor de prijsstelling van de producten en diensten die worden verkocht, maar ook voor de kortingen die worden gegeven om klanten tot actie te bewegen. Bij Inman experimenteerde het team met kortingen voor bezoekers die halverwege het check-outproces van de aankoop afzagen, door hun voor een beperkte tijd een korting van 25 procent aan te bieden als ze de aankoop afrondden. Deze korting bleek inderdaad significant beter te werken dan helemaal geen korting, want de mate waarin mensen hun aankoop voltooiden, steeg met 39 procent. Maar toen de teamleden een andere test deden, waarbij ze de korting van 25 procent afzetten tegen een van 10 procent, ontdekten ze dat de kleinere korting nog steeds tot ongeveer dezelfde conversieratio leidde, en door het aanbieden van een geringere korting waren ze in staat om de inkomsten uit het registratieproces met 18,9 procent te verbeteren.

GA VOORZICHTIG TE WERK

Hoewel het testen van prijzen heel belangrijk is, kan het ook riskant zijn omdat klanten over het algemeen niet goed reageren op aanzienlijke veranderingen van de prijs. Het groeiteam moet er dus voor zorgen dat de gebruikerservaring consistent blijft. Als klanten bijvoorbeeld een experimentele variant van een prijspagina onder ogen krijgen, moeten ze die ook bij volgende bezoeken zien. Om te begrijpen hoe het veranderen van prijzen en features potentiële klanten kan afschrikken, moet je maar eens bedenken hoe jij het vindt als iets waar je 100 dollar voor hebt betaald de volgende dag ineens nog maar 75 dollar kost!

Een andere uitdaging, met name voor producten die door een salesteam worden verkocht, is het afstemmen van prijsexperimenten op de activiteiten van medewerkers om mogelijke klanten binnen te halen (en waarbij die bijvoorbeeld een hogere commissie krijgen voor hoger geprijsde producten). Salesteams moeten ook altijd weten welke versie van de prijspagina de bezoeker ziet. Bedenk maar eens hoe pijnlijk en schadelijk het kan zijn als een salesmedewerker een bepaalde prijs aanbiedt, terwijl de mogelijke klant een experimentele prijspagina te zien krijgt die er heel anders uitziet of die andere prijzen voert. De experimenten van het groeiteam moeten dan ook altijd worden afgestemd op de database (CRM) van het salesteam. Deze afstemming kan worden opgezet door een developer of door software als Optimizely en Salesforce te verbinden met tools als Zapier of Segment, die data makkelijk tussen verschillende systemen kan delen.

Een laatste uitdaging is dat groeiteams vaak niet het gezag hebben om op eigen houtje prijsveranderingen te testen, want dat vereist een gecoördineerde inspanning van de product-, financiële en salesteams (als het bedrijf een op verkopen gebaseerd model gebruikt). Het is daarom essentieel dat de tests met prijsstellingen en kortingen worden uitgevoerd op een weloverwogen, goed gecoördineerde manier, zodat alle betrokkenen in alle lagen van het bedrijf zich bewust zijn van de diverse prijsexperimenten die er worden gedaan en hun impact op zowel de gebruikerservaring als op andere belangrijke maatstaven binnen het bedrijf, zoals marge, herhalingsaankopen en de gemiddelde grootte van de bestelling per klant.

DE PRIJSKLOOF

Een geheel andere uitdaging bij de prijsstelling is dat klanten er zo aan gewend zijn geraakt om producten als het jouwe gratis te krijgen – zoals vaak het geval is bij online software of apps – dat ze er helemaal niets voor willen betalen. Risicokapitalist Josh Kopelman noemde dit de *penny gap*, wat verwijst naar het grote verschil dat klanten ervaren tussen een product dat gratis is en een waar je voor moet betalen, hoe weinig dat ook is.

In sommige gevallen, met name bij internet- of digitale producten, kan het vragen van een, zelfs geringe, vergoeding zoveel frictie opleveren dat het gratis aanbieden van je product goedkoper is dan geld uitgeven aan het klanten overhalen om je product te kopen. Geld verdienen aan gratis gebruikers door advertenties of door geld te vragen voor extra features, kan bovendien uiterst lucratief zijn. Neem bijvoorbeeld het geval van Stuart Halls 7 Minute

Workout-app. Nadat hij de app eerst een paar weken had aangeboden als een product waarvoor je vooruitbetaalt en nadat hij diverse kortingsacties had uitgeprobeerd die niet tot extra downloads leidden, besloot Hall de app gratis te maken en te kijken wat er zou gebeuren. Binnen drie dagen werd de app 72.000 keer per dag gedownload, oftewel 2.500 keer zoveel als de betaalde app. Het werd de meest gebruikte fitness-app voor de iPhone in negenenveertig landen. Maar het waren niet alleen de downloads die omhooggeschoten; ook de inkomsten uit de app vertoonden een enorme stijging. Dat kwam doordat Hall op het moment dat hij de app gratis maakte ook aankopen via de app mogelijk maakte door middel van een upgrade naar een proversie met extra features. Deze simpele ingreep leidde tot een toename van 300 procent van de inkomsten, ook al betaalde 97 procent van de gebruikers niets om de app te gebruiken.[14]

Feit is dat als jouw product een app is, er vaak gewoon geen andere optie is dan die gratis aanbieden. Een blik op de inkomsten van de populairste iOS-games maakt dit duidelijk. Ten tijde van het schrijven van dit boek is niet een van de top 50-games uit Apples App Store een product waar je vooraf voor moet betalen. Ze zijn allemaal gratis te downloaden en halen hun geld ofwel uit advertenties of uit het in rekening brengen van upgrades van de app waarmee je toegang krijgt tot extra features.[15]

Als je primaire bron van inkomsten bestaat uit upgrades en extra features, is het nog crucialer dat je een goede strategie hebt om gratis gebruikers over te halen om te upgraden. Gelukkig zijn er al diverse tactieken ontwikkeld waar groeiteams mee kunnen experimenteren. Een daarvan is het tonen van features die alleen beschikbaar zijn voor betalende gebruikers aan gratis gebruikers op het moment dat ze het product gebruiken. Spotify, de populaire muziek-app, doet dat op een briljante manier. Ze tonen enkele van hun premiumfeatures binnen de gratisgebruikersomgeving. Als gratis gebruikers proberen om deze features te gebruiken, worden ze aangespoord om te upgraden van de gratis versie van de software naar een betaald abonnement.

Behalve dat ze premiumfeatures te koop aanbieden, kunnen groeiteams ook experimenteren met een abonnementsprijs voor geüpgradede versies, of met het introduceren van virtuele goederen of geld, een strategie die veel populaire games – van Candy Crush tot Pokémon GO – met succes hebben gebruikt om tot een betere kapitalisering te komen. Electronic Arts is een bekende gameproducent die een variëteit aan games aanbiedt die digitale betalingsmiddelen gebruiken die spelers onder andere in staat stellen om sneller vorderingen te maken in de games of om karakters toe te voegen. Deze *in-game* virtuele goederen zijn zo populair dat ze bij Electronic Arts in het fiscale vierde kwartaal van 2015 meer dan 173 miljoen dollar hebben opgeleverd.[16] En deze strategie is niet alleen van toepassing op games. Er zijn voorbeelden te over – van dating-apps tot foto-apps en nog veel meer – die virtuele betaalmiddelen aanbieden als strategie om meer inkomsten te genereren. Zo verkoopt de populaire dating-app Coffee Meets Bagel 'bonen', een betaalmiddel dat kan worden gebruikt voor bijvoorbeeld een tweede kans bij een mislukte match of het te zien krijgen van de identiteit van vrienden die een gebruiker deelt met een potentiële match.

Groeiteams moeten ook experimenteren met combinaties van de manieren waarop ze inkomsten kunnen genereren voor een freemium-product. Veel succesvolle apps gebruiken een mix van advertenties, beloningen voor doorverwijzingen en sponsoring om opbrengst te genereren. Teams kunnen ook overwegen om te verdienen aan gebruikersdata en -activiteiten door de toegang daartoe te verkopen. Een app kan bijvoorbeeld voor andere bedrijven via een subscriptiemodel geld kosten als deze toegang tot de gebruikersactiviteit willen hebben, of de inkomsten kunnen gedeeld worden, zoals wanneer er met een online retailer afgesproken wordt dat hij zijn producten via de app mag verkopen.

Het groeiteam zal zich in alle gevallen moeten laten leiden door de data om te beoordelen wat werkt en waar de klanten voor willen betalen, om er vervolgens middels experimenten achter te komen hoe aan die behoeften kan worden voldaan, zodat de opbrengsten uiteindelijk worden gemaximaliseerd.

GEBRUIKMAKEN VAN CONSUMENTENPSYCHOLOGIE

Enquêtes kunnen een krachtig middel zijn om te ontdekken waar mensen voor willen betalen, maar we weten allemaal dat consumenten niet altijd rationeel of voorspelbaar zijn. Ze zeggen dat ze het ene willen, maar betalen vervolgens voor het andere. Dus hoewel feedback van klanten een prima manier is om hacks te vinden om mee te experimenteren, is ook het begrijpen van de psychologie van klantgedrag enorm waardevol bij het verdienen aan die klanten, en dus voor je inkomsten.

Er is een enorme rijkdom aan onderzoeken betreffende de psychologie achter het koopgedrag van mensen, en de daaruit voortvloeiende inzichten kunnen door groeiteams gebruikt worden als inspiratie voor experimenten om de inkomsten te vergroten. Daniel Kahneman, de psycholoog en Nobelprijswinnaar die veel onderzoek heeft gedaan op dit gebied, heeft veel van die inzichten bijeengebracht in zijn boek *Thinking, Fast and Slow*. Ook econoom Dan Ariely beschrijft een aantal verbazingwekkende, door hem uitgevoerde experimenten met de manier waarop consumenten tot hun koopbeslissingen komen, zoals het al eerdergenoemde experiment met de abonnementen van *The Economist*. Een ander fascinerend inzicht in hoe consumenten tot hun keuzes komen, biedt *The Art of Choosing* van Sheena Iyengar, een van de bekendste specialisten op dit gebied. We kunnen hier niet al te diep ingaan op wat deze onderzoekers – en vele anderen die belangrijk werk op dat terrein hebben verricht – hebben ontdekt over consumentengedrag, maar we adviseren je om deze boeken te raadplegen om meer te leren en nieuwe ideeën op te doen om mee te experimenteren.

We zullen hier wel nog een keer Robert Cialdini's zes grondregels voor het beïnvloeden van consumentengedrag behandelen. We hebben die in hoofdstuk 5 besproken met betrekking tot het activeren van klanten en we zullen nu kijken hoe ze kunnen worden gebruikt als inspiratie voor hacks met betrekking tot kapitalisering.

HET PRINCIPE VAN WEDERKERIGHEID

Dit is in feite het principe dat wij mensen geprogrammeerd zijn om iemand een wederdienst te bewijzen. Bedrijven en marketeers kunnen de kracht van wederkerigheid toepassen door met hun groei-experimenten te focussen op geven voordat de klanten gevraagd wordt om een commitment om te kopen.

Costco is een meester in het toepassen van dit principe. Ze maken monsters en demonstraties tot een hoogtepunt van de koopervaring van hun klanten. Pr-medewerker Giovanni DeMeo heeft gezegd dat sommige productdemonstraties de verkoop van het betreffende product met een ongelooflijke 2.000 procent hebben doen toenemen. Dit komt onder andere doordat klanten als ze het gevoel hebben dat ze iets voor niks hebben gekregen – of dat nu een plakje worst is of een handleiding voor een bepaald apparaat – ze zich gedwongen voelen om daar een aankoop tegenover te stellen.[17] Ook bij HubSpot maken ze gebruik van dit principe. Ze bieden je gratis een gedegen analyse van je website, omdat groei-experimenten hebben aangetoond dat je dan eerder geneigd bent om met een verkoper van HubSpot te praten, je aan te melden voor hun e-mails of het merk aan anderen aan te bevelen. Het gratis aanbieden van webinars, video's, witboeken en andere content kan ook de wederkerigheid stimuleren, terwijl je bij e-commerce upgrades naar gratis verzending en kortingen kunt inzetten. Het freemium-model bij SaaS is trouwens ook gebaseerd op wederkerigheid, in zoverre dat een bedrijf een aantal gratis features weggeeft in de verwachting dat sommige mensen vervolgens tot een upgrade overgaan omdat het gebruik van het product een succes bleek en in een behoefte voorzag.

HET PRINCIPE VAN COMMITMENT EN DUURZAAMHEID

We hadden het al eerder over Cialdini's ontdekking dat als we eenmaal actie hebben ondernomen, we geneigd zijn om daarna nog een actie te ondernemen die consistent is met de eerdere actie. Autoverkopers worden geïnstrueerd om potentiële kopers alvast zonder verdere verplichtingen een voorlopig koopcontract te laten tekenen, omdat het ondertekenen van het ene stuk papier maakt dat je eerder geneigd bent om uiteindelijk ook het definitieve koopcontract te tekenen. Datzelfde idee wordt gebruikt door brillenproducent Warby Parker. Potentiële klanten mogen vijf brillen uitkiezen om thuis uit te proberen. Als je eenmaal een bril op je neus hebt gezet, is het onwaarschijnlijk dat je daarna niet tot een aankoop overgaat.

Je kunt dit principe gebruiken om je inkomsten te vergroten door gebruikers eerst om wat kleine toezeggingen te vragen, die later tot meer aankopen leiden. Amazon gebruikt dit principe met zijn 'verlanglijstje'. Ze weten dat als jij een boek of item aan je verlanglijstje toevoegt, de kans groter wordt dat je dat item ook daadwerkelijk gaat kopen, want je hebt al laten zien dat je erover nadenkt. Een ander voorbeeld is dat je een klant die recent iets heeft gekocht op jouw site snel daarna een follow-up stuurt met een incentive om nog een aankoop te doen. Dat kan namelijk leiden tot extra aankopen van mensen die consistent willen zijn met hun eerdere aankoopbesluit. Zelfs een huidige klant vragen of hij in de toekomst opnieuw iets bij jou zal kopen, kan voldoende zijn om extra aankopen te stimuleren.

HET PRINCIPE VAN SOCIALE STIMULATIE

De wens om je aan sociale normen te houden of je te conformeren aan het gedrag van anderen is een van de krachtigste motivaties om iets te kopen. Cialdini geeft hierbij als voorbeeld Her Majesty's Revenue & Customs (de Engelse versie van de Belastingdienst), dat in 2009 te kampen had met een ongelooflijke hoeveelheid burgers die achterliepen met het betalen van hun belastingen. De pogingen om daar wat aan te doen door middel van mailings bleken niet te werken, dus zocht de HMRC de samenwerking met Cialdini's medeauteur Steve Martin om de kracht van sociale ondersteuning in te zetten, en dat bleek even simpel als effectief. De HMRC voegde één zinnetje toe aan de brieven die aan een pilotgroep van belastingbetalers die nog niet hadden betaald werden gestuurd: een vermelding van het feit dat de meeste inwoners van het VK hun belastingen keurig op tijd betalen. Het resultaat was dat in de pilotgroep het aantal afdrachten steeg van 57 naar 86 procent, oftewel 560 miljoen pond (van de 650 miljoen pond die nog betaald moest worden) aan belastinggeld. Mensen simpelweg herinneren aan de sociale normen voor het betalen van hun belasting leidde dus tot een enorme verbetering.[18]

Te veel bedrijven maken op de verkeerde manier gebruik van dit principe. Ze komen met ongeloofwaardige of weinig specifieke testimonials om zo klanten ertoe over te halen om duurdere items te kopen. Een voorbeeld is een restaurant dat achter op de menukaart een aanbeveling heeft staan als: 'Beste steak van de stad. Ik ben er dol op!' Dit kan bezoekers er juist van weerhouden om dat hoger geprijsde item te kopen, omdat men gaat twijfelen aan de authenticiteit van de claim. Conversie-expert Angie Schottmuller onderscheidt zeven kernfactoren die reviews en aanbevelingen effectief maken, waarvoor ze de term CRAVENS gemunt heeft, wat staat voor *credible, relevant, attractive, visual, enumerated, nearby* en *specific* (geloofwaardig, relevant, aantrekkelijk, visueel, opgesomd, dichtbij en specifiek).[19]

Bloemenleverancier daFlores heeft de inkomsten weten te verhogen toen hij op zijn e-commercesite een aanbeveling toevoegde die aan deze criteria voldeed. Op de oorspronkelijke site stonden enkel tekstuele aanbevelingen, maar na de ontdekking dat nieuwe klanten nauwelijks bekend waren met het merk, vervingen ze deze aanbevelingen door een afbeelding waarin de 600.000 Facebook-fans van het bedrijf werden opgevoerd. En dit opvoeren van hun grote schare sociale volgers op een geloofwaardige, relevante, aantrekkelijke, visuele manier bleek uiteindelijk te resulteren in 44 procent meer opbrengst door kopers die zich kennelijk beter thuis voelden op een site met zoveel tevreden klanten.[20]

Een mogelijkheid voor groeiteams om te kapitaliseren is om de zichtbaarheid van sociale ondersteuning te verbeteren op het conversiepad naar een aankoop. Door het laten zien van testimonials, de logo's van prominente gebruikers, de resultaten bij gebruikers van je product of het aantal mensen dat op dat moment op je website winkelt of boekt, kun je het besluitvormingsproces van je klanten in de goede richting sturen door middel van informatie over wat andere gebruikers al hebben gedaan. Zo gebruikt ModCloth, een online modewinkel voor vrouwen, zijn Be the Buyer-programma om gebruikers te laten besluiten welke stijlen en maten kleding worden verkocht, maar ze voorzien deze items ook van een badge om aan te geven dat dit 'door kopers goedgekeurde' items zijn. De items met dit stempel verkopen twee keer zo goed als andere items op de site.[21]

HET PRINCIPE VAN AUTORITEIT

Onderzoek wijst uit dat we eerder experts en mensen in een gezaghebbende functie vertrouwen dan een onbeduidende persoon. Zelfs het subtiel laten doorklinken van autoriteit kan het koopgedrag bevorderen, zoals Kaya Skin Clinic bewees toen ze 22 procent meer verkopen genereerde door op haar website simpelweg het woord 'expert' te gebruiken in haar call to action, die daarna luidde: 'Ik wil de mening van een expert. Schrijf mij in!'[22]

Het principe van autoriteit verklaart waarom in één op elke vier tv-commercials een beroemdheid wordt opgevoerd en waarom merken die door beroemdheden worden opgericht – zoals The Honest Company van actrice Jessica Albas – zo succesvol zijn. Misschien dat in jouw bedrijfstak en met jouw budget dergelijke beroemdheden niet haalbaar zijn, maar elke niche kent influencers en smaakmakers die geloofwaardig zijn voor jouw doelgroep. Groeiteams kunnen experimenteren met het opvoeren van dergelijke influencers om door middel van het principe van autoriteit de inkomsten te verbeteren.

HET PRINCIPE VAN SYMPATHIE

We kopen meer als een product wordt aanbevolen door iemand die we aardig vinden. Airbnb paste dit principe toe toen het zijn referralprogramma uitbreidde met een foto van de persoon die de aanbeveling doorstuurde. Het toevoegen van deze persoonlijke noot was een van de redenen dat het nieuwe referralprogramma een toename van 300 procent opleverde van het aantal aanmeldingen per dag en het aantal geboekte overnachtingen.[23]

Als je op zoek bent naar experimenten met dit principe van sympathie, denk dan eens aan het gebruiken van foto's van echte mensen – zoals jouw verkopers of je klanten – op je website. Ook vriendelijke, uitnodigende kopij op je landingspagina's kan een dergelijke respons stimuleren. Denk maar eens aan hoe Nasty Gals oprichtster Sophia Amoruso slecht verkopende items liet showen door de populairste modellen. Dit is het principe van sympathie in de praktijk. Het goede nieuws is dat veel van deze veranderingen geen enorme technische ingrepen vereisen en dat het groeiteam er snel mee kan experimenteren, en zo een hoger volume aan aankopen kan genereren of mensen kan stimuleren tot het kopen van duurdere items.

HET PRINCIPE VAN SCHAARSHEID

Als we het gevoel hebben dat we de boot dreigen te missen, zijn we meer geneigd om actie te ondernemen. Booking.com gebruikt het principe van schaarsheid buitengewoon goed. De site met hotelaanbiedingen laat deals zien die de bezoeker al gemist heeft, om hem zo duidelijk te maken dat deze deals niet voor eeuwig beschikbaar zijn. Ze laten ook zien hoeveel andere mensen de deals vandaag al geboekt hebben, hoeveel kamers er nog over zijn in de hotels en zelfs hoeveel mensen op dit moment naar de site kijken – nog weer een trigger die klanten duidelijk maakt 'dat je maar beter snel kunt boeken, voordat het te laat is'.

Schaarste gebruiken als tactiek om meer te verkopen betekent het bij je klanten aanwakkeren van de angst om iets te missen. Je kunt experimenten doen die de duur van promoties beperken, die laten zien hoe weinig items er nog maar op voorraad zijn of die het aantal mensen beperken die hun voordeel kunnen doen met een speciaal aanbod. Als iets op het punt staat om uitverkocht te raken, als het moeilijk te krijgen is, als een deal afloopt of als je klanten iets zouden kunnen mislopen, heb je meer kans om iets te verkopen dan anders.

We hebben nu de vier belangrijkste types experimenten voor het aanjagen van groei behandeld (acquisitie, activatie, retentie en kapitalisering) en we zullen in het volgende – en laatste – hoofdstuk verkennen hoe cruciaal het voor groeiteams is om zich op al deze fronten te blijven inzetten. Daarmee wordt voorkomen dat je in de veelvoorkomende val van stagnerende groei valt: pauzes in de groei die een voorbode kunnen zijn van rampzalige ontwikkelingen, zelfs voor grote merken. Bedenk dat groeiteams nooit op hun lauweren mogen rusten. Een variant op het aloude gezegde '*You snooze, you lose*' zou in de hypercompetitieve zakenwereld van tegenwoordig kunnen zijn: 'Stagneren is creperen.'

9
EEN GEZONDE GROEICYCLUS

Zoals we in dit boek hebben kunnen zien, is het aanjagen van groei een klus die nooit helemaal af is. Alleen bedrijven die constant streven naar meer, die hun succes blijven gebruiken om nieuwe mogelijkheden te vinden en die een gezonde groeicyclus creëren, kunnen hun succes verduurzamen.

In 2017 viert het groeiteam van Facebook zijn tienjarige jubileum. Van een team van vijf mensen die de haperende acceptatie van het netwerk moesten zien aan te jagen, is het groeiteam uitgegroeid tot een veelheid aan teams, met talloze initiatieven, verantwoordelijk voor het verduurzamen van de schijnbaar niet te stoppen groei van het grootste sociale netwerk ooit. Dit groeiteam is van doorslaggevend belang geweest voor Facebooks uitzonderlijke groei in die afgelopen tien jaar en het heeft alle verwachtingen over hoe groot een online community eigenlijk kan worden, doorbroken. Het bedrijf bedient inmiddels meer dan 1 miljard mensen per dag,[1] met voldoende ruimte om wereldwijd verder te groeien en met onnoemelijk veel nog niet ontdekte mogelijkheden om de inkomsten uit dat enorme gebruikersbestand te vergroten. Bovendien is de niet-aflatende groei van zowel het aantal gebruikers als hun betrokkenheid de brandstof geweest voor de grote interesse van het publiek en financiële investeerders. Die hebben het bedrijf beloond met ruim voldoende kapitaal om te blijven innoveren, inclusief een langetermijngok als het uitstapje naar de virtual reality met de aankoop van apparatenbouwer Oculus, en het Internet Everywhere-initiatief, een stoutmoedig plan om via op zonne-energie werkende drones draadloos internet aan te bieden in afgelegen gebieden. Dat is wat we bedoelen als we het hebben over een gezonde groeicyclus.

Of jouw eigen groeiteam nu uit vijf of uit vijfhonderd mensen bestaat, en of je nu werkt voor een miljoenenbedrijf of een bedrijf dat nog van de grond moet komen, ook jij kunt voortdurend en onophoudelijk experimenteren, op alle fronten, met nieuwe manieren om groei aan te jagen.

HET VERMIJDEN VAN GROEISTAGNATIE

Een van de grootste bedreigingen voor een duurzaam succes is dat bedrijven niet alert genoeg reageren op veranderingen in hun markt. Ze kunnen bijvoorbeeld te laat inzien dat er product- of kanaalmoeheid optreedt, ze onderkennen niet dat er nieuwe concurrenten zijn, ze komen niet op tijd met updates voor hun producten of aanpassingen aan de markt, of ze spelen niet in op nieuwe technologie. Een treffend voorbeeld van de gevaren van een dergelijke zelfgenoegzaamheid is Skype, dat ooit ongelooflijk succesvol was maar er niet in slaagde zich te vernieuwen na de overname door Microsoft. Het verliest daardoor nu snel terrein aan apps die een chatdienst aanbieden, zoals Facebook Messenger en WhatsApp, en het snelgroeiende bedrijf Slack, dat met zijn groeps-chats de zakenwereld verovert. De productteams en het management slaagden er niet in om in te spelen op de aantrekkingskracht van mobiele berichten en voorzagen niet hoe snel mobiele telefoons en tablets een onmisbaar onderdeel zouden worden van de communicatie op de werkplek.

Dergelijke tekortkomingen wat betreft strategische visie en productinnovatie leiden vaak tot een zogenaamde groeistagnatie bij bedrijven, een term gemunt door Matthew Olson, Derek van Bever en Seth Very van CEB, een adviesnetwerk voor leiders. Dit inzakken van de groei is vaak niet te voorzien en overvalt bedrijven zonder waarschuwing, en het overkomt zowel gevestigde merken als snelgroeiende start-ups. Het is duivels moeilijk te voorspellen en dergelijke stagnaties volgen ironisch genoeg vaak op een periode van sterke groei. In een artikel in *Harvard Business Review* over een belangrijk onderzoek naar groeistagnatie dat Olson en zijn collega's uitvoerden, halen ze het geval aan van het iconische merk Levi Strauss, dat in 1995 een historische omzet haalde van 7 miljard dollar, maar vanaf 1996 een zo enorme terugloop in het aantal verkopen zag dat in 2000 de omzet was gedaald tot 4,6 miljard dollar, een daling van 35 procent. Andere grote merken die volgens de auteurs met stagnatie te kampen hebben gehad, zijn onder andere 3M, Apple, Banc One, Caterpillar, Daimler-Benz, Toys“R”Us en Volvo. Hoewel je misschien geneigd bent om te denken dat een dergelijke abrupte ommekeer te wijten is aan een dramatische verstoring van de markt, toont het onderzoek aan dat stagnatie vaak niet wordt veroorzaakt door een brutale nieuwe concurrent of een ontwrichtende innovatie, zoals smartphones, maar door een chronisch falen van bedrijven als het gaat om het nauwgezet monitoren van de klanttevredenheid en om het alert zijn op tekenen van verminderde affectie. Vaak is de afname van retentie al jaren aan de gang, maar heeft het bedrijf dat niet in de gaten – tot het te laat is.

Stagnatie wordt ook vaak veroorzaakt, zo melden de auteurs, doordat bedrijven te zelfverzekerd worden en denken dat ze hun vooraanstaande positie in de markt wel hebben zeker gesteld. Ze zien wel dat er dreiging is van de concurrentie, maar nemen die niet serieus genoeg. Dit valse gevoel van veiligheid leidt er vaak toe dat er niet agressief genoeg wordt geïnnoveerd en dat er alleen marginale verbeteringen worden gedaan aan bestaande producten in plaats van dat er gezocht wordt naar nieuwe mogelijkheden voor groei. Zelfs de alertste groeiteams kunnen worden overvallen door bedrijven die een nieuwe technologie introduceren of die op innovatieve manier die technologie toepassen.

Stagnatie kan ook juist optreden wanneer bedrijven de focus op hun belangrijkste producten of diensten verliezen en zich laten afleiden door de lancering van schitterende nieuwe producten met allerlei toeters en bellen en zich op een nieuwe markt begeven. Ook het wegvloeien van talent bij een bedrijf kan tot stagnatie leiden, want dat zorgt ervoor dat de organisatorische machinerie hapert en zonder die superieure visie en drive verdwijnt de duurzame krachtige groei.[2]

Deze valkuilen zijn niet beperkt tot productontwikkeling. Zelfgenoegzaamheid en er niet in slagen om te innoveren wat betreft marketinginspanningen, kunnen ook leiden tot een enorme vertraging van de groei. Een bekende groeistagnatie ontstaat als bedrijven zich te afhankelijk maken van bepaalde kanalen die mogelijk hun effectiviteit aan het verliezen zijn. Als te lang wordt vastgehouden aan marketingkanalen die ooit een eindeloze stroom aan nieuwe klanten opleverden, kan die stroom weleens een straaltje worden. Dat kan allerlei oorzaken hebben, van nieuwe concurrenten en veranderingen in consumentengedrag (vaak veroorzaakt door een nieuwe technologie, zoals de verschuiving naar mobiele apparaten) tot nieuwe regels voor het kanaal.

Online mediabedrijven als Upworthy en BuzzFeed zijn treffende voorbeelden van dat laatste. Deze merken hebben te lijden van een vervelende afhankelijkheid van Facebooks News Feed-algoritme, dat ze gebruiken om een groot deel van hun gebruikers naar hun site te trekken. Elke keer dat Facebook besluit om de regels aan te passen voor de verhalen die ze aan hun gebruikers laten zien, houden voornoemde mediabedrijven de adem in, want zelfs een kleine aanpassing van het algoritme kan al leiden tot een enorme terugval van hun aantal lezers – en daarmee van advertentiedollars. Sommige bedrijven hebben de fout gemaakt om zo zwaar te leunen op News Feed dat een dergelijke verandering levensbedreigend is. Viddy, een video-app die op een gegeven moment op 370 miljoen dollar werd gewaardeerd, vertrouwde zozeer op Facebook voor de promotie en de distributie naar hun gebruikers dat toen Facebook de regels van zijn News Feed-algoritme aanpaste op een manier die resulteerde in een veel slechtere zichtbaarheid van de app op de site, Viddy binnen de kortste keren een terugval zag van 50 miljoen bezoekers per maand naar minder dan 500.000. Dat leidde er uiteindelijk toe dat de ontwikkelaars van de app het voor gezien hielden.[3]

Facebook is niet de enige boosdoener op dit gebied; veel kanalen veranderen regelmatig de regels, wat ernstige groeiconsequenties kan hebben voor bedrijven die te zwaar op die kanalen leunen voor het bereiken van hun doelgroep. Zo verandert Google voortdurend het algoritme van zijn zoekresultatenclassificatie en bezegelt het daarmee vaak het lot van bedrijven waarvoor zoekacties het primaire kanaal vormen voor het aantrekken van klanten.

Hoewel klantverloop en verlies van marktaandeel door een of meerdere van deze oorzaken vaak bijna niet te vermijden zijn, is het ook zo dat heftige verstoringen – of die nu te wijten zijn aan innoverende concurrenten of veranderingen in de markt – bedrijven kunnen overdonderen zonder dat ze er veel grip op hebben. Ontwrichtende technologie kan ook plotseling de effectiviteit van marktkanalen aantasten, zoals gebeurde met de opkomst van *ad blockers*. Nu de innovatie steeds sneller gaat en krachtige tools, zoals opslag in de cloud van grote databases en algoritmes voor kunstmatige intelligentie die deze data analyseren, ook betaalbaar en beschikbaar zijn voor start-ups, moeten zelfs grote bedrijven als Walmart en Microsoft leren om daar sneller op in te spelen. Geen enkel bedrijf kan het zich tegenwoordig permitteren om laks te zijn en potentiële klanten te laten wegkapen door concurrenten. Daarom passen zowel start-ups als sterke, gevestigde bedrijven growth hacking toe.

Groeiteams zorgen ervoor dat bedrijven scherp blijven, constant alert zijn op veranderingen in het gedrag van hun klanten en experimenteren met nieuwe ideeën voor groei. Groeiteams zijn zowel actief als proactief. Ze zijn de detectoren die in een vroeg stadium waarschuwingstekens opvangen en die zich geheel en al toeleggen op het acquireren, activeren, aan zich binden en kapitaliseren van zo veel mogelijk klanten. Ze stimuleren bovendien innovatie die tot nieuwe mogelijkheden voor groei leidt.

Maar natuurlijk bestaan groeiteams uit mensen en die kunnen zelfgenoegzaam worden en de groeimissie uit het oog verliezen, of ze raken overdonderd door krachten in de markt of ontwrichtende technologieën. Maar het in hoog tempo uitgevoerde proces van growth hacking stelt hen in staat om met optimale snelheid effectieve koerswijzigingen aan te brengen. In dit hoofdstuk zullen we enkele van de meest voorkomende valkuilen voor groeiteams bespreken – en laten zien hoe die kunnen worden vermeden of hoe de gevolgen ervan kunnen worden verzacht.

ZWEMMEN MET HAAIEN

Bepaalde soorten haaien moeten altijd in beweging blijven om te overleven; als ze ophouden met zwemmen, gaan ze dood. Groeiteams hebben wel wat van die haaien weg. Teams die niet constant innoveren, die niet voortdurend in klantgegevens duiken en enquêtes uitvoeren en die niet snelle experimenten uitvoeren en met resultaten komen, is geen lang leven beschoren. Tegenstrijdige prioriteiten, beperkte hulpbronnen en passiviteit in het bedrijf kunnen zelfs de ooit best presterende teams lamleggen. Dit is met name een gevaar voor start-ups die ineens snel gaan groeien. Onderbemand als ze zijn en hevig worstelend om het groeiend aantal klanten van dienst te kunnen zijn, zijn de werknemers al zo druk met ervoor zorgen dat de zaken enigszins soepel verlopen dat leden van groeiteams door deze eisen kunnen worden afgeleid van hun eigenlijke missie. Bovendien lijkt het na een aantal snelle experimenten om bijvoorbeeld de lancering van een nieuw product aan te jagen, vaak gerechtvaardigd dat het tempo van experimenteren iets wordt verlaagd als het product eenmaal door een breed publiek wordt omarmd. Groei is tenslotte nauwelijks een probleem in zo'n benijdenswaardige situatie. Maar het is belangrijk dat je je bewust bent van het gevaar van een dergelijke zelfgenoegzaamheid. Bedenk dat groeistagnatie bedrijven vaak overvalt als ze dat het minst verwachten. We kennen dat gevaar van niet meer voldoende gefocust zijn op groei maar al te goed door onze ervaring met het opbouwen van GrowthHackers.com.

Het was eind 2014 en de community bestond net iets meer dan een jaar. Hoewel we in de voorgaande tien maanden een enorme groei van het aantal bezoekers hadden gezien, leken we plotseling aan een plafond te zitten. Drie frustrerende maanden lang zat er geen enkel schot in de hoeveelheid verkeer op de site en we begrepen maar niet wat er aan de hand was. We stagneerden. Waren growth hackers niet langer geïnteresseerd in de online community? Waren we er niet in geslaagd om aan hun behoefte te voldoen, zodat ze ergens anders hun heil zochten? Of groeide het aantal mensen dat de methode omarmde minder snel? Sean kwam op het idee om eens te bekijken hoeveel experimenten we hadden gedaan in de drie maanden waarin de stagnatie had ingezet en hij ontdekte tot zijn schrik dat we in dat hele kwartaal nog geen tien tests hadden gedaan. We waren allemaal in slaap gesust door het valse vertrouwen dat groei inmiddels verzekerd was. Onze aanvankelijke ijver was verworden tot een administratieve routine en allerlei zakelijke beslommeringen gingen ten koste van waardevolle experimenten met groei. Sean riep snel het team bij elkaar.

We besloten dat we vanaf dat moment in praktijk zouden brengen wat we predikten: we zouden minimaal drie experimenten per week doen (drie tests per week lijkt misschien niet veel, en voor sommige teams is het ook te weinig, maar voor ons kleine team was het een heftig tempo) en we zouden altijd prioriteit geven aan inspanningen op het gebied van groei, boven administratief werk. We beloofden plechtig dat we tijd en hulpbronnen zouden inzetten voor de initiatieven die het groeiteam belangrijk achtte, en al het andere zou daarvoor moeten wijken. We bliezen ons proces van ideeënvorming nieuw leven in en bouwden snel onze ideeënpijplijn uit van vijftig naar honderd en daarna naar tweehonderd en meer. We voelden als team onmiddellijk weer nieuw elan en vanaf de tweede week werden onze inspanningen al enigszins beloond. Elke week doorliepen we de hele cyclus en dat leverde ons steeds meer groei op. Onze experimenten wezen ons op manieren om bezoekers op onze site beter te activeren – en steeds meer incidentele bezoekers werden betrokken leden die participeerden in de community. We verbeterden de retentie door middel van *reengagement loops* en notificaties, en door te bewerkstelligen dat meer gebruikers sneller en vaker ons eigen aha-moment ervoeren. Kortom: we deden in die drie maanden meer om groei aan te jagen dan in het hele jaar ervoor.

De resultaten waren verbluffend: we overwonnen de stagnatie en belandden in een snelle opwaartse spiraal.

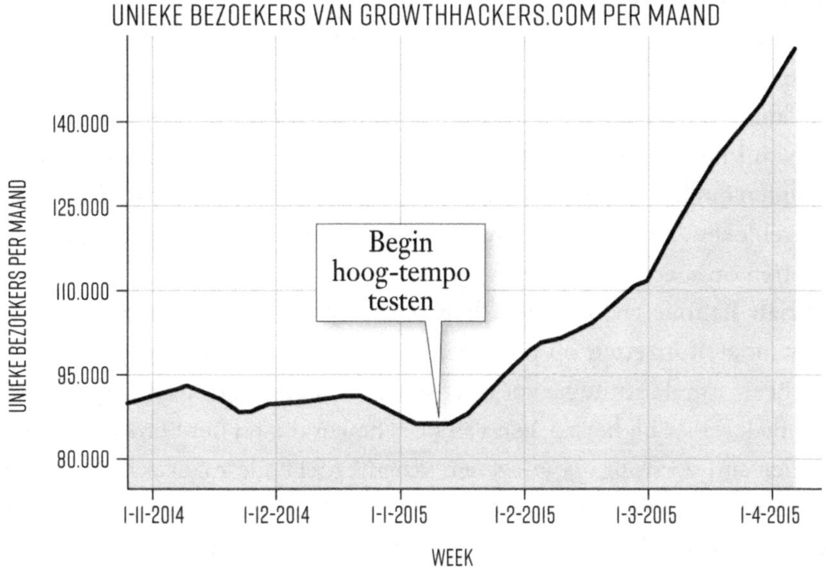

Het hoogtepunt kwam toen we er binnen twee weken 20.000 nieuwe bezoekers bij kregen, om uiteindelijk in dat kwartaal het verkeer op onze site met 76 procent te verbeteren, bijna het dubbele van waar we mee waren begonnen. Tijdens deze periode deden we geen extra investeringen in betaald verkeer of advertenties. De resultaten waren voor 100 procent afkomstig van het zo snel mogelijk op elkaar laten volgen van de cycli van het growthhackingproces. We leerden wat er werkte en zetten nog eens extra in op deze winnende tests om nog meer groei te bewerkstelligen.

Na deze tussensprint hielden we over het algemeen een gestaag en robuust – zij het iets minder intens – testschema aan, met periodes met een wat sneller tempo als er nieuwe initiatieven werden gelanceerd, zoals nieuwe software of een nieuwe marketingtest. Een dergelijke eb-en-vloedbeweging is normaal, maar de kern is dat je voortdurend de groeimaatstaven monitort en je constant afvraagt of het team terecht wat gas terugneemt of dat er sprake is van een sluipende zelfgenoegzaamheid. Als dat laatste het geval is, moet het team onmiddellijk het tempo van experimenteren verhogen.

ONDERSCHAT NOOIT DE KRACHT VAN HET EXTRA INZETTEN OP SUCCESVOLLE TESTS

Een andere reden dat groeiteams in zelfgenoegzaamheid vervallen, is dat ze denken dat ze de limiet hebben bereikt voor de resultaten die groei-aanjagers kunnen opleveren. Toch zou een team, alvorens zich te storten op een nieuw initiatief, nog eens extra zijn best moeten doen om nieuwe manieren te vinden om het maximale uit kanalen en tactieken te halen die al een succes zijn gebleken. Teams kunnen heel veel groei mislopen door niet opnieuw in te zetten op successen.

Brian Balfour en Andrew Chen schrijven dat de manier waarop teams meer moeten inzetten op groei-aanjagers waar ze succes mee hadden, veel weg heeft van de strategie voor het spelen van Zeeslag. Als je voor de eerste keer raak schiet bij het zoeken van de schepen die op het bord van je tegenstander zijn verstopt, ga je als een warmtezoekende raket achter dat schip aan en noem je steeds meer plekken daar in de buurt, tot je het schip uiteindelijk tot zinken brengt. Groeiteams moeten net zo intensief op zoek gaan naar hun 'treffers' en hun uiterste best blijven doen om alles uit elke mogelijke route naar succes te halen.

Bij GrowthHackers was het lanceren van een nieuwsbrief per e-mail, waarin de beste posts van die week werden belicht, een succesvolle stimulans voor ons lezerspubliek. Dat bleek heel duidelijk uit onze analyses: we zagen elke week een stroom gebruikers terugkeren naar de site om de artikelen te lezen. Toch hielden we het na deze 'overwinning' niet voor gezien; we focusten ons intensief op manieren om het tot een nog krachtigere aanjager van groei te maken. Zo experimenteerden we met het verplaatsen van het aanmeldingsformulier voor de nieuwsbrief van onder aan de landingspagina naar bovenaan, wat leidde tot 700 procent meer aanmeldingen en daarmee tot een enorme uitbreiding van onze mailinglist, wat zich elke week weer uitbetaalde. Vervolgens vroegen we ons af hoe we nog meer konden profiteren van deze optimalisering, zodat we echt het uiterste konden halen uit e-mailmarketing. Dus veranderden we de manier waarop je een gebruikersaccount voor GrowthHackers.com aanmaakte en voegden we er een stap aan toe waarin mensen gelijk konden kiezen voor het ontvangen van de nieuwsbrief. Maar dat was nog niet alles; we wisten dat de resultaten te goed waren om nu al met experimenten in deze richting te stoppen. We vermoedden dat het aanmeldingsformulier voor de nieuwsbrief niet zo aanlokkelijk was als zou moeten en gingen ervan uit dat zelfs nog meer gebruikers zich zouden aanmelden als ze te horen kregen hoe populair de nieuwsbrief was (een perfect voorbeeld van het principe van sociale stimulatie uit het vorige hoofdstuk). Dus ontwikkelden we een nieuwe aanmeldingsknop met een wat nadrukkelijkere call to action. We moedigden gebruikers nu aan met de zin: 'Sluit je aan bij meer dan 60.000 groei-professionals van Twitter, Facebook, Google, Uber en vele andere die allemaal elke week onze beste content ontvangen.' Dat experiment resulteerde in nog eens 44 procent meer aanmeldingen.

Kortom: als groeiteams iets hebben aangeboord wat succes heeft, moeten ze daar ook zo veel mogelijk uit zien te halen en niet gelijk al overstappen op een nieuw te ontginnen gebied. Extra inzetten op een succesvolle strategie is een krachtige manier om succes op succes te stapelen.

DIEPER GRAVEN NAAR DATAGOUD

Groeiteams kunnen ook (ten onrechte) denken dat ze de limiet hebben bereikt van wat een bepaalde groei-aanjager kan opleveren omdat ze al alles gehaald hebben uit de databron waar ze toegang toe hebben. In dat geval moeten teams overwegen om tijd en geld te investeren in het creëren van een nog uitgebreidere database, door het inzetten van al hun analytische vermogens, zoals al eerder geadviseerd. Bedenk dat toen het groeiteam van Facebook bijna een jaar operationeel was geweest, het alle experimenten stopzette en een maand lang, in januari 2009, alleen maar investeerde in het verbeteren van zijn analytische capaciteiten, waardoor het uiteindelijk in staat was tot een veel verfijndere en krachtigere data-analyse. Dat gebeurde in reactie op het teruglopende aantal ideeën voor het aanjagen van groei dat het team inbracht. Door te investeren in diepere analytische inzichten was het team beter in staat om te monitoren en te meten hoe Facebook-gebruikers van de ene pagina naar de andere gingen op de site. De nieuwe data legden een rijke ader aan potentiële nieuwe experimenten bloot en dat stimuleerde de groei en liet het bedrijf naar nog grotere hoogte stijgen.

Om te bepalen waar ze dieper moeten graven naar data, moeten groeiteams kijken naar de belangrijkste taken die klanten en gebruikers uitvoeren en de routes die ze volgen om het aha-moment van het product te ervaren. Binnen elk van deze belangrijke taken en ervaringen moet het groeiteam speuren naar hiaten in de data of naar gebieden waar de data wat magerder of korreliger zijn dan op andere plekken, om vervolgens te werken aan de verdichting daarvan. Een groeiteam voor een modemerk kan zich afvragen of het kan achterhalen hoeveel afbeeldingen van een kledingstuk een bezoeker bekijkt alvorens dat in het winkelwagentje te leggen. Of het kan calculeren hoeveel tijd het klanten kost om hun gegevens voor verzending in te vullen. Door hun datasysteem zo te verbeteren dat ze dit soort vragen kunnen stellen, zullen de teamleden misschien ontdekken dat klanten die vier afbeeldingen van een item of kledingstuk bekijken dat in 50 procent van de gevallen ook daadwerkelijk aan het winkelwagentje toevoegen, tegenover de 20 procent die dat doet na het bekijken van twee of minder afbeeldingen. Dit genuanceerdere inzicht moet het team bewegen tot het doen van een hele reeks nieuwe groei-experimenten, zoals het toevoegen van meer foto's van elk item of het vergemakkelijken van het bekijken van en navigeren door al die foto's.

Behalve dat het team de gaten in de data betreffende productgebruik en klantgedrag moet dichten, moet het zich ook de vraag stellen of het wel de vereiste vaardigheden heeft om alles uit de beschikbare data te halen. Als het groeiteam geen ervaren data-analist in de gelederen heeft, zal het moeten overwegen om er een aan te trekken om fulltime voor het team te gaan werken.

NIEUWE KANALEN AANBOREN

In hoofdstuk 5 hebben we besproken hoe het focussen op één of twee kanalen voor het aantrekken van nieuwe klanten optimaal is aan het begin van het proces van het aanjagen van groei, maar dat teams op een zeker moment moeten gaan experimenteren met het toevoegen van nieuwe kanalen. Dat kan een krachtige manier zijn om niet alleen nog meer groei te bewerkstelligen, maar ook om te ontsnappen aan het gevaar van groeistagnatie omdat een kanaal ineens de spelregels verandert, zoals we hebben zien gebeuren bij Facebook en Google. Als teams in een impasse zitten en de bestaande kanalen nauwelijks nog nieuwe ideeën opleveren, is dat een teken dat experimenteren met nieuwe kanalen een goede zet kan zijn. Bij een bedrijf dat alleen op betaalde acquisitie heeft vertrouwd, moet het groeiteam bijvoorbeeld experimenteren met het ontwikkelen van organische kanalen, zoals zoekmachineoptimalisatie, contentmarketing of marketing via social media, als aanvulling op de betaalde inspanningen.

Het over het hoofd zien of negeren van organische kanalen is nog een andere valkuil voor groeiteams. Betaalde marketing is zo makkelijk te implementeren dat het soms het zoeken naar innovatievere oplossingen kan ondermijnen. Bovendien duurt het langer voordat organische kanalen resultaten opleveren, wat ertoe kan leiden dat teams daar minder prioriteit aan geven dan aan de snellere, betaalde opties. Maar organische kanalen kunnen uiteindelijk duurzame groei-aanjagers blijken. Zoekmachineoptimalisatie is bijvoorbeeld een cruciale factor geweest voor de groei van bedrijven als TripAdvisor, Yelp, Zillow en andere. Die hadden tenslotte niet al direct dat enorme voordeel dat ze nu wel hebben; hun teams hebben intensief geëxperimenteerd om tot dat succes te komen.

HET PROCES VAN IDEEËNVORMING OPENGOOIEN

De beste remedie voor een groeiteam dat stagneert of dat een gebrek heeft aan ideeën is een frisse, nieuwe aanpak. Mensen van andere afdelingen of uit andere teams of individuen uitnodigen om deel te nemen aan het proces van ideeënvorming kan tot een schat aan creatieve nieuwe ideeën leiden. Bij GrowthHackers maakten we dat proces toegankelijk voor het hele bedrijf, en vervolgens ook voor de raad van bestuur en voor externe adviseurs, en uiteindelijk ook voor onze community. En enkele van de succesvolste experimenten van ons team waren inderdaad het gevolg van suggesties van een van deze mensen, zoals veranderingen op de site die onze positie in de zoekresultaten op Google verbeterden.

Teams kunnen op veel manieren op zoek gaan naar dergelijke kruisbestuivingen. Ankur Patel, hoofd Growth Hacking bij Microsoft, brengt regelmatig productmanagers, technici en ontwerpers uit verschillende teams bij elkaar om denkbeelden en inzichten met elkaar te delen, om zo tot nieuwe ideeën voor tests te komen. Bij Science, een bedrijf dat start-ups helpt en waar Morgan heeft gewerkt, werd informatie over de succesvolle experimenten van één start-up gedeeld met andere bedrijfjes zodat zij die ook konden overwegen.

ONGEBAANDE PADEN BETREDEN

Een van de grootste uitdagingen voor bedrijven bij het blijven najagen van groei is het durven doorbreken van patronen die op dit moment succesvol zijn: de 'niet repareren wat niet kapot is'-mentaliteit. Groeiteams kunnen een cruciale rol spelen bij het helpen van bedrijven bij het out of the spreekwoordelijke box denken en bij het doorbreken van bovengenoemde mentaliteit en iets vinden wat beter werkt.

Een goede manier om daarmee te beginnen is het testen van significante nieuwe ontwerpen voor features of voor de marketing en producten die succesvol zijn. Op die manier kun je erachter komen of die niet aan een stevige herziening toe zijn. Teams kunnen bescheiden beginnen door te testen of features of schermen die lijken te zijn geoptimaliseerd, niet nog effectiever zouden zijn na een grondige revisie. Het gaat er hierbij om dat je verder kijkt dan het lokale maximum. Een lokaal maximum is de hoogste waarde die je kunt bereiken met het huidige aantal factoren, maar misschien niet de allerhoogste waarde die er is. Een jaar lang experimenteren met dezelfde prijspagina kan bijvoorbeeld leiden tot een lokaal maximum voor de werking van die pagina. Maar voor nog betere prestaties moet het team uiteindelijk ook experimenteren met een geheel nieuwe stijl van de prijspagina. Boven dergelijke lokale maxima uitstijgen is essentieel als je nieuwe groeimogelijkheden wilt blijven aanboren.

Een groeiteam moet regelmatig experimenten inplannen die verder gaan dan alleen maar optimaliseren en die grotere veranderingen introduceren. Dit soort pogingen zijn de beste waarborg tegen het vastgeroeste denken over innovatie dat zo vaak tot groeistagnatie leidt. Natuurlijk gaat daar een gedegen voorbereiding aan vooraf. De beste benadering is de gangbare optimalisatiepogingen afwisselen met gedurfde nieuwe experimenten. Denk aan hoe Pinterests Copytune een enorme stap betekende voorbij het simpele A/B-testen, waarmee ze uiteindelijk miljoenen meer gebruikers aantrokken. En toen Uber besloot de radicale stap te zetten om een versie met een vast tarief per rit te testen, in plaats van de variabele tarieven die afhankelijk waren van de vraag naar auto's (een test die ten tijde van het schrijven van dit boek nog beperkt werd tot San Francisco), was dat een opmerkelijke stap ten opzichte van zijn gebruikelijke groei-experimenten. Het is van cruciaal belang om regelmatig dergelijke stoutmoedige experimenten uit te voeren. Gecombineerd met de continue pogingen tot optimalisatie kunnen dit soort gedurfde probeersels tot grote sprongen voorwaarts leiden.

Wij zien growth hacking als veel meer dan een bedrijfsstrategie, of zelfs een continu proces. Het is een filosofie, een manier van denken, en het is haalbaar voor elk bedrijf en elk team, hoe groot of klein ook. Hopelijk heeft dit boek je geïnspireerd om je deze filosofie ook eigen te maken.

We wensen je veel successen op je weg naar onstuitbare groei.

DANKWOORD

Hacking Growth is gebaseerd op wat wij gedurende onze carrières geleerd hebben, dus wil ik al diegenen bedanken die me de kans hebben gegeven om te leren. Om te beginnen mijn familie, voor de steun tijdens de moeizame dagen van testen in mijn start-upperiode. En ook de oprichters en CEO's die me het hebben toevertrouwd om te experimenteren met hun start-ups en met hun kostbare eerste klanten. Ik wil met name Mike Simon van LogMeIn en Uproar bedanken. Hij nam een risico met mij en was een mentor in het begin van mijn carrière. En verder David Weiden, Adam Smith en Matt Brezina van Xobni; Drew Houston van Dropbox; Kevin Hartz van Eventbrite en John Heering van Lookout. Zij hebben allemaal mijn ongebruikelijke wens ingewilligd om als interim-groei-expert op te treden in de fragielste fase van hun start-ups. Ik wil ook David Barrett van Polaris Partners en Tony Conrad van True Ventures bedanken, de onderdirecteuren die me hebben gesteund bij de oprichting van GrowthHackers.com en die ervoor hebben gezorgd dat ik daar snel bijleerde.

Ten slotte wil ik het fantastische team bedanken dat me hielp bij het verwezenlijken van dit boek. Op de eerste plaats mijn medeauteur Morgan Brown, wiens toewijding en harde werk ervoor hebben gezorgd dat dit boek vanaf het begin op koers bleef. En verder ons getalenteerde team, met onder anderen Lisa DiMona, Emily Loose en Talia Krohn, die samen met ons *Hacking Growth* naar een hoger niveau hebben getild.

–Sean

Er zijn zoveel mensen die ik moet bedanken aan het einde van een proces en een reis als deze. We zijn bijna drie jaar met dit boek bezig geweest en het is natuurlijk het resultaat van alles wat ik tot nu toe in mijn carrière geleerd heb. De mensen die als eerste mijn dank verdienen, zijn mijn vrouw Erika en de kinderen, Banks en Audrey Grace. Ze hebben zoveel avonden, etentjes en weekends moeten missen omdat ik aan het schrijven was dat ik nauwelijks durf te denken aan alle tijd die ik hun heb afgenomen omdat ik *Hacking Growth* wilde realiseren. Ik hoop dat het de moeite waard was en dat ze weten dat ik het voor hen heb gedaan, uit liefde. Ik ben hun dankbaar omdat ze me de ruimte hebben gegeven om dit te kunnen doen. Bedankt Erika, vooral omdat je al die tijd zo onbaatzuchtig en begripvol en aardig bent gebleven. Je bent een ongelooflijke partner en ik had dit nooit kunnen doen zonder jouw liefde en steun. Ik hou van je, *mon ange*.

Ik dank Sean, mijn medeauteur, omdat hij me genoeg vertrouwde om mij als zijn partner aan te stellen in dit project en omdat hij zijn wijsheid met me gedeeld heeft. Het is nauwelijks te beschrijven hoe groot de impact van het werken met hem op mijn carrière is geweest en ik ben hem voor eeuwig dankbaar voor de gelegenheid die hij me heeft geboden om met hem samen te werken en van hem te leren. Het is moeilijk om goede mentors te vinden en ik heb wat dat betreft geluk gehad.

Boeken worden niet zomaar geschreven, ze worden geschreven en herschreven. Dat is niet het werk van twee mensen maar van velen, en ze verdienen allemaal erkenning. Om te beginnen Lisa, onze agent, die een goed idee zag in de verkeerde verpakking en die de tijd nam dat samen met ons recht te breien. Dit boek was niet tot stand gekomen zonder haar visie. En Emily, onze redacteur, die onze gebrekkige zinsbouw, verwarrende conclusies en vakjargon onder handen nam en ervoor zorgde dat dit boek een prettige leeservaring werd. En Talia en Tina en het hele team van Crown Business, die bleven geloven in dit boek en hielpen bij de verwezenlijking. We zijn jullie dankbaar voor het in ons gestelde vertrouwen en voor de visie en het teamwork dat dit boek mogelijk maakte.

Hacking Growth is in wezen een liefdesverklaring aan de groeicommunity. Ik heb in dit boek geprobeerd om de vakkennis en vasthoudendheid over te brengen waarmee jullie het groeiproces aanpakken en duidelijk te maken hoe enorm waardevol jullie inbreng is geweest. Ik hoop dat dit is gelukt. *Hacking Growth* is bedoeld om nog eens duidelijk over het voetlicht te brengen hoe waardevol jullie inbreng is voor de meest uiteenlopende bedrijven en hoe hard jullie werken om veelbelovende en waardevolle nieuwe ideeën de aandacht te geven die ze verdienen. Het is geschreven om jullie intelligentie, innovaties en passie te benadrukken en om jullie prachtige ideeën en vakkundigheid te delen met een publiek dat daarnaar smacht. Een woord van dank voor iedereen in ons kleine kringetje die inspireert, onderwijst, deelt en de cruciale rol bepleit die groei speelt in het succes van een bedrijf. Jullie inspireren me dagelijks en ik voel me vereerd dat ik jullie mijn collega's en vrienden mag noemen. Voor de mensen die we in dit boek hebben aangehaald: bedankt dat jullie zichtbaar wilden zijn, jullie kennis met ons wilden delen en zulke bewonderenswaardige leiders in ons vakgebied zijn.

Dit boek is het resultaat van zeventien jaar werken op het gebied van digitale marketing, van mijn eerste baan direct na mijn afstuderen bij start-up SalesMountain.com tot alle start-ups en bedrijven waar ik nadien heb mogen werken. Mijn motto als ik aan een nieuw avontuur begon was altijd: 'Boven alles optimaliseren voor het team', en ik heb daardoor de eer gehad om voor en met veel ongelooflijke mensen te werken. Er zijn zoveel mensen aan wie je dank verschuldigd bent in je carrière, en bij mij is dat niet anders. Ik heb voort kunnen borduren op het werk van anderen en ik ben dankbaar voor de tijd en de wijsheid die zij me hebben gegeven. Dit zijn maar enkelen van de mensen aan wie ik veel te danken heb. Jack Abbott, dank je voor je lessen over de kunst van het improviseren, van het iets uit niets scheppen, en voor het benadrukken dat je altijd meerwaarde moet creëren. Mark Affleck, jouw advies dat ik moet vertrouwen op mijn capaciteiten en van mijn eigen kracht moet uitgaan, draagt nog elke dag bij aan mijn groei. Laura Goldberg, jouw uitmuntendheid en vastberadenheid om altijd datagedreven te zijn, hebben grote invloed op hoe ik te werk ga en leidinggeef. En Brad Inman, die me heeft geleerd dat er geen betere weg naar succes is dan elke ochtend wakker worden en gretig op zoek gaan naar nieuwe mogelijkheden.

En als laatste, maar daarom niet minder belangrijk, een oprecht dankjewel aan mijn familie. Want zonder hen zou er geen ik geweest zijn om dit boek te schrijven. Mam, bedankt dat je altijd achter me bent blijven staan, ook in tijden waarin ik het waarschijnlijk niet verdiende. Jouw onuitputtelijke liefde is een waar geschenk. En ik bedank pa, die me altijd heeft aangespoord om meer van mezelf te verwachten en mijn uiterste best te doen, voor het feit dat ik jouw voorbeeld heb om naar te leven. En mijn broer Graham, mijn beste vriend, bedankt voor een levenslange vriendschap en herinneringen. Ik hou van jullie allemaal.

–Morgan

NOTEN

INLEIDING

1. Eric Ries, "How Dropbox Started as a Minimum Viable Product," TechCrunch, 19 oktober 2011, techcrunch.com/2011/10/19/dropbox-minimal-viable-product /.2
2. Ik ben daarna aan groei gaan werken bij LogMeIn, een dienst gestart door de oprichter van Uproar die gebruikers in staat stelt om vanaf elke computer in de wereld toegang te krijgen tot hun files, e-mail en software. We slaagden er in het bedrijf tot marktleider te maken, ondanks een enorme marketingcampagne van de grootste concurrent, GoToMyPC. Wat was het geheim? Behalve gebruik te maken van mijn kennis van marketing- en sales-tactieken, werkte ik samen met de technici aan het geschikt maken van de technologie voor wat voor hen toen een heel nieuw doel was: nieuwe methodes ontwerpen voor het vinden, bereiken en leren van klanten om zo beter te kunnen inspelen op onze doelgroep, om ons klantenbestand te doen groeien en om meer waar te krijgen voor onze marketingdollars.
3. Steve Jurvetson en Tim Draper, "Viral Marketing: Viral Marketing Phenomenon Explained," 1 januari 1997, DFJ blog, geraadpleegd 13 september 2016, dfj.com/news/article_26.shtml4.
4. Eric M. Jackson, *The PayPal Wars: Battles with eBay, the Media, the Mafia, and the Rest of Planet Earth* (WND Books: 2012), 35-40.
5. Josh Elman, "3 Growth Hacks: The Secrets to Driving Massive User Growth," gefilmd augustus 2013; gepost op YouTube augustus 2013, youtube.com/watch?v=AaMqCWOfA1o.
6. "Conversation with Elon Musk," online video clip, Khan Academy, 17 april 2013. Geraadpleegd 13 september 2016.
7. LeanStartup.co, "Dropbox @ Startup Lessons Learned Conference 2010," 2 juli 2014, youtube.com/watch?v=y9hg-mUx8sE.

8. Douglas MacMillan, "Chasing Facebook's Next Billion Users," Bloomberg .com, 26 juli 2012, bloomberg.com/news/articles/2012-07-25/chasing-facebooks-next-billion-users.
9. Chamath Palihapitiya, commentaar op vraag "What are some decisions taken by the 'Growth team' at Facebook that helped Facebook reach 500 million users?" Quora, 13 mei 2012; geraadpleegd 13 september 2016, quora.com/What-are-some-decisions-taken-by-the-Growth-team-at-Facebook-that-helped-Facebook-reach-500-million-users; Yishan Wong, 12 december 2010, commentaar op vraag "What was the process Facebook went about getting their website translated into different languages?" Quora website, geraadpleegd 13 september 2016, quora.com/What-was-the-process-Facebook-went-about-getting-their-website-translated-into-different-languages.
10. Andrew Chen, "Growth Hacker Is the New VP Marketing," *@andrewchen* (blog), geraadpleegd 13 september 2016, andrewchen.co/how-to-be-a-growth-hacker-an-airbnbcraigslist-case-study/.
11. Michael Carney, "Brian Chesky: I Lived on Cap'n McCain's and Obama O's Got Airbnb Out of Debt," 10 januari 2013. *Pando* (blog), geraadpleegd 13 september 2016, pando.com2013/01/10/brian-chesky-i-lived-on-capn-mccains-and-obama-os-got-airbnb-out-of-debt/; Chen, "Growth Hacker Is the New VP Marketing"; Dave Gooden, "How Airbnb Became a Billion Dollar Company," *Dave Gooden* (blog), 30 juni 2011, geraadpleegd 13 september 2016, davegooden.com/2011/05/how-airbnb-became-a-billion-dollar-company/; Rishi Shah, "Airbnb Leverages Craigslist in a Really Cool Way," *GettingMore Awesome* (blog), 24 november 2010, gettingmoreawesome.com/ 2010/11/24/airbnb-leverages-craigslist-in-a-really-cool-way/.
12. Matthew S. Olson, Derek van Bever, en Seth Verry, "When Growth Stalls," *Harvard Business Review*, maart 2008.
13. Aatif Awan, "Lessons Learned from Growing LinkedIn to 400m Members," GrowthHackers.com video van talk, 18 februari 2016, https://growthhackers.com/videos/gh-conference-16-aatif-awan-head-of-growth-linkedin-lessons-learned-from-growing-linkedin-to-400m-members.
14. Amir Efrati, "The People Who Matter at Uber," *The Information* (blog), 30 augustus 2016, theinformation.com/the-people-who-matter-at-uber.
15. General Electric *2013 Annual Report*, 6.
16. Michael Porter en James E. Heppelmann, "How Smart, Connected Products Are Transforming Competition," *Harvard Business Review*, oktober 2015.
17. Fred Lambert, "Tesla Is Building a New Growth Team 'From Scratch' Ahead of the Model 3 Launch, Hires from Facebook and Uber," *Electrek* (blog), 9 mei 2016, electrek.co/2016/05/09/tesla-growth-team-model-3-launch-hires-facebook-uber/.
18. http://original.livestream.com/f8industry/video?clipId=pla_a093cf1f-2d34-4e74-8377-9e54bc65d8e9.

19. Interview door auteur, 17 februari 2016.
20. "Internet Users by Country (2016)," Internet Live Stats website, geraadpleegd 13 september 2016, internetlivestats.com/internet-users-by-country/.
21. Aaron Smith, "U.S. Smartphone Use in 2015," Pew Research Center website, 1 april 2015, pewinternet.org/2015/04/01/us-smartphone-use-in-2015/.
22. Anne Freier, "Ad Blocker Adoption Jumped Over 34% in 2016," *Moby-affiliates* (blog), 23 juni 2016, mobyaffiliates.com/blog/ad-blocker-adoption-jumped-over-34-in-2016/; "Nearly Two in Three Millennials Block Ads," eMarketer blog, 21 september 2015, emarketer.com/Article/Nearly-Two-Three-Millennials-Block-Ads/1013007.
23. Nathalie Tadena, "Streaming Video Subscriptions Are Now Just as Popular as DVRs," *Wall Street Journal* website, geüpdatet 27 juni 2016, 12:29 p.m. ET, geraadpleegd 13 september 2016, wsj.com/articles/streaming-video-subscriptions-are-now-just-as-popular-as-dvrs-1467032401.
24. Eric Kutcher, Olivia Nottebohm, en Kara Sprague, "Grow Fast or Die Slow," McKinsey & Company website, april 2014, geraadpleegd 13 september 2016, mckinsey.com/industries/high-tech/our-insights/grow-fast-or-die-slow.
25. "73% of CEOs Think Marketers Lack Business Credibility," Fournaise Marketing Group website, media release, 15 juni 2011, geraadpleegd 13 september 2016, fournaisegroup.com/marketers-lack-credibility/.
26. Graham Charlton, "Why Are Conversion Rates so Low? [Info- graphic]," *Econsultancy* (blog), 18 oktober 2012, geraadpleegd 13 september 2016, econsultancy.com/blog/10914-why-are-conversion-rates-so-low-infographic/.
27. quora.com/What-are-some-decisions-taken-by-the-Growth-team-at-Facebook-that-helped-Facebook-reach-500-million-users.

HOOFDSTUK 1

1. Carolyn Dewar, Scott Keller, Johanne Lavoie, en Leigh M. Weiss, McKinsey & Company, Organization Practice, "How Do I Drive Effective Collaboration to Deliver Real Business Impact?" september 2009.
2. Adam M. Kleinbaum, Toby E. Stuart, en Michael L. Tushman, "Communication (and Coordination?) in a Modern, Complex Organization," Harvard Business School's *Working Knowledge* blog, 31 juli 2008, hbswk.hbs.edu/item/communication-and-coordination-in-a-modern-complex-organization.
3. Ranjay Gulati, "Silo Busting: How to Execute on the Promise of Customer Focus," *Harvard Business Review*, mei 2007.
4. Ben Horowitz, "Good Product Manager/Bad Product Manager," Andreessen Horowitz website (geen exacte datum), a16z.com/2012/06/15/good-product-managerbad-product-manager/.
5. Noah Kagan, "What Happens After You Get Shot Down by Mark Zuckerberg?" Fast Company, 24 juli 2014, fastcompany.com/3033427/hit-the-ground-running/what-happens-after-you-get-shot-down-by-mark-zuckerberg.

6. Harry McCracken, "Inside Mark Zuckerberg's Bold Plan for the Future of Facebook," *Fast Company, Long Read/Behind the Brand* (blog), 16 november 2015.
7. "Fireside Chat: Defining True Growth – How Do You Find Your North Star Metric," GrowthHackers, https://growthhackers.com/videos/gh-conference-16-fireside-chat-with-nate-moch-vp-product-teams-at-zillow-and-morgan-brown-coo-at-inman-news.
8. Andrew McInnes, "How Do You Choose the Best Growth Team Model?," Medium, 19 oktober 2015, medium.com/swlh/how-do-you-choose-the-best-growth-team-model-632ad5a85be9#.955lnqbgc.
9. John Egan, "How We Increased Active Pinners with One Simple Trick," Pinterest Engineering blog, 18 maart 2016, engineering.pinterest.com/blog/how-we-increased-active-pinners-one-simple-trick.
10. Anand Rajaraman, "Goodbye, Kosmix. Hello, @WalmartLabs," @WalmartLabs blog, 3 mei 2011, walmartlabs.blogspot.com/2011/05/goodbye-kosmix-hello-walmartlabs.html.
11. Josh Schwarzapel, "How to Start a Growth Team: Lessons Learned from Starting the Yahoo Growth & Emerging Products Team," Medium, 9 juli 2015.
12. McInnes, "How Do You Choose the Best Growth Team Model?".
13. Interview Morgan met Josh Elman, 26 april 2016.
14. Interview Morgan met Lauren Schafer, 3 maart 2016.

HOOFDSTUK 2

1. Alice Z. Cuneo, "Microsoft Changes Its Marketing Tune for Lackluster Zune," *Advertising Age*, 5 november 2007.
2. Farhad Manjoo, "The Flop That Saved Microsoft," *Slate*, 26 oktober 2012.
3. Chamath Palihapitiya, "How We Put Facebook on the Path to 1 Billion Users," gepost op YouTube, 9 januari 2013, youtube.com/watch?v=raI UQP71SBU; commentaar van Brian Roemmele op vraag "How did Yelp gets its first 25 million reviews? What was the innovation to attract users when they started?" Quora, 31 juli 2013, quora.com/How-did-Yelp-get-its-first-25-million-reviews-What-was-the-innovation-to-attract-users-when-they-started/answer/Brian-Roemmele.
4. Amy Pack, "Is BranchOut a LinkedIn Killer," CNBC.com, 14 juni 2012, cnbc.com/id/47736408.
5. Josh Constine, "How BranchOut Hit the Tipping Point and Grew from 1M to 5.5M Actives in 2 Months," TechCrunch, 2 maart 2012, techcrunch.com/2012/03/02/branchout-growth/; Colleen Taylor, "BranchOut Hits 25 Million Users, Nabs $25M in Series C Funding," TechCrunch, 19 april 2012, techcrunch.com/2012/04/19/branchout-25-million-users-funding-series-c/.
6. Marc Drees, "BranchOut Keeps Falling Down, Down," ERE Media, 23 juni 2012, eremedia.com/ere/branchout-keeps-falling-down-down/.

7. Colleen Taylor, "BranchOut CEO Rick Marini on Building a Company atop Facebook's 'Shifting Sands' [TCTV]," TechCrunch, 10 augustus 2012, techcrunch.com/2012/08/10/branchout-ceo-rick-marini-on-building-a-company-atop-facebooks-shifting-sands-tctv/.
8. Ingrid Lunden, "As BranchOut Team Goes to Hearst, 1-Page Buys BranchOut's Assets for $5.4M in Cash and Shares," TechCrunch, 18 november 2014, techcrunch.com/2014/11/18/branchout-1-page/.
9. Growth @ Airbnb, "Driving User Growth at Airbnb," gepost op YouTube, 11 april 2016, youtube.com/watch?v=03mc78lKOwI.
10. Newsweek Staff, "My Big Break: Yelp's Jeremy Stoppelman," *Newsweek*, 21 oktober 2009, newsweek.com/my-big-break-yelps-jeremy-stoppelman-81133; Erick Schonfeld, "Citysearch Recasts Itself as CityGrid Media," TechCrunch, 2 juni 2010, techcrunch.com/2010/06/02/citysearch-recasts-itself-as-citygrid-media.
11. JP Mangalindan, "The Trials of Uber," *Fortune*, 2 februari 2012, tech.fortune.cnn.com/2012/02/02/the-trials-of-uber/.
12. Andrew Chen, "New Data Shows Losing 80% of Mobile Users Is Normal, and Why the Best Apps Do Better," Andrew Chen blog (n.d.), andrewchen.co/new-data-shows-why-losing-80-of-your-mobile-users-is-normal-and-that-the-best-apps-do-much-better/.
13. Downloadable Library of SaaS Resources, Pacific Crest Securities, pacificcrest.com/saas-survey-file-vault/.
14. Lisa Jennings, "Study: Restaurants Improve Customer Retention Rates," *Nation's Restaurant News*, 8 juni 2012.
15. Tony Boobier, "Keeping the Customer Satis ed: The Dynamics of Customer Defection, and the Changing Role of the Loss Adjuster," CILA report, juli 2013.
16. Ash Maurya, "The Achilles Heel of Customer Development," Lean Stack, augustus 2009, leanstack.com/customer-development-getting-started/.
17. Danielle Maveal, reactie op Quora vraag "How did Etsy get its first batch of independent sellers when it started?" 21 augustus 2014, quora.com/How-did-Etsy-get-its-first-batch-of-independent-sellers-when-it-started.
18. Etsy registration statement, sec.gov/Archives/edgar/data/1370637/000119312515077045/d806992ds1.htm.
19. Ibid.
20. Bryan Hackett, "Tinder's First Year User Growth Strategy," Parantap Research & Strategy blog, 3 maart 2015.
21. Ibid.
22. Issie Lapowsky, "How Tinder Is Winning the Mobile Dating Wars," *Inc.*, 23 mei 2013.
23. Jackson, *PayPal Wars*, 35-40.
24. Margaret Kane, "eBay Picks Up PayPal for $1.5 Billion," CNET, 18 augustus 2002, cnet.com/news/ebay-picks-up-paypal-for-1-5-billion/.

25. Josh Muccio, "Brian Balfour of HubSpot – The Minimum Viable Test and How to Grow Your Startup," Dailyhunt, 27 april 2015, dailyhunt.thepitch.fm/hubspot.
26. "How to Increase Signups by 200%," *Treehouse* blog, 21 juli 2009, blog.teamtreehouse.com/how-to-increase-sign-ups-by-200-percent.
27. David Carr, "Giving Viewers What They Want," *New York Times*, 24 februari 2013, nytimes.com/2013/02/25/business/media/for-house-of-cards-using-big-data-to-guarantee-its-popularity.html?_r=0.
28. Robert J. Moore, "Applying the Lessons of 'Moneyball' and 'Golden Motions' to Your Business," *Boss* (blog *New York Times*), boss.blogs.nytimes.com/2014/06/10/applying-the-lessons-of-moneyball-and-golden-motions-to-your-business/.
29. Keith Sawyer, *Zig Zag: The Surprising Path to Greater Creativity* (Jossey-Bass, 2013), 22-23.
30. Simone Baribeau, "The Pinterest Pivot," *Fast Company*, 23 oktober 2012, fastcompany.com/3001984/pinterest-pivot.
31. Leah Goldman en Alyson Shontell, "Groupon's Billion-Dollar Pivot: The Incredible Story of How Utter Failure Morphed Into Fortunes," *Business Insider*, 4 maart 2011, http://www.businessinsider.com/groupon -pivot-2011-3?op=1.
32. Jawed Karim, University of Illinois afstudeerspeech, 13 mei 2007, https://youtu.be/24yglUYbKXE.
33. David Skok, "SaaS Metrics 2.0 – A Guide to Measuring and Improving What Matters," *For Entrepreneurs from David Skok* (blog) (n.d.), forentrepreneurs.com/saas-metrics-2/.

HOOFDSTUK 3

1. Sarah Perez, "Everpix: All Your Photos, Automatically Organized and Accessible from Anywhere," TechCrunch, 12 september 2011, techcrunch.com/2011/09/12/everpix-all-your-photos-automatically-organized-and-accessible-from-anywhere/.
2. "The Truth About Conversion Ratios for Downloadable Software," *Successful Software* (blog) (n.d.), successfulsoftware.net/2009/04/23/the-truth-about-conversion-ratios-for-software/.
3. Casey Newton, "Out of the Picture: Why the World's Best Photo Startup Is Going Out of Business," The Verge, 5 november 2013, theverge.com/2013/11/5/5039216/everpix-life-and-death-inside-the-worlds-best-photo-startup.
4. Andy Johns, "Indispensable Growth Frameworks from My Years at Facebook, Twitter and Wealthfront," *First Round Review* (blog) (n.d.), firstround.com/review/indispensable-growth-frameworks-from-my-years-at-facebook-twitter-and-wealthfront/.
5. Ibid.
6. Ibid.

7. Elman, "3 Growth Hacks."
8. Alex Schultz, "Lecture 6: Growth," *How to Start a Startup* (blog), startupclass.samaltman.com/courses/lec06/.
9. Palihapitiya, "Facebook on the Path to 1 Billion Users."
10. Jordan Crook en Anna Escher, "A Brief History of Airbnb," slideshow at TechCrunch (n.d.), techcrunch.com/gallery/a-brief-history-of-airbnb/; "How Design Thinking Transformed Airbnb from a Failing Startup to a Billion Dollar Business," *First Round Review* (n.d.), firstround.com/review/How-design-thinking-transformed-Airbnb-from-failing-startup-to-billion-dollar-business/.
11. Austin Carr, "19: Airbnb," *Fast Company*'s Most Innovative Companies 2012, 7 februari 2012, fastcompany.com/3017358/most-innovative-companies-2012/19airbnb.
12. Schultz, "Lecture 6: Growth."
13. Jack Dorsey, "Instrument Everything," eCorner (Stanford University), 9 februari 2011, ecorner.stanford.edu/videos/2643/Instrument-Everything.
14. Alex Schultz en Naomi Gleit, Facebook F8, "Ready to Grow" Breakout Session, 21 april 2010, original.livestream.com/f8industry/video?clipId=pla_a093cf1f-2d34-4e74-8377-9e54bc65d8e9.
15. Rob Sobers, "$9 Marketing Stack: A Step-by-Step Guide," Rob Sobers blog (n.d.), robsobers.com/9-dollar-marketing-stack-step-by-step-setup-guide/.
16. Willix Halim, "Create a Full Company Growth Culture," GrowthHackers Conference, 18 februari 2016, https://growthhackers.com/videos/gh-conference-16-william-halim-svp-growth-freelancer-create-a-full-company-growth-culture.
17. John Egan, "The 27 Metrics in Pinterest's Internal Growth Dashboard," John Egan blog, 22 januari 2015, jwegan.com/growth-hacking/27-metrics-pinterests-internal-growth-dashboard/.
18. Avinash Kaushik, "The Difference Between Web Reporting and Web Analysis," *Occam's Razor* (Avinash Kaushik's blog) (n.d.), kaushik.net/avinash/difference-web-reporting-web-analysis/.
19. Josh Elman, "3 Growth Hacks," https://www.youtube.com/watch?v=AaMqCWOfA1o.

HOOFDSTUK 4

1. Associated Press, "College Football Games Are Getting Longer; Are They Too Long?" *OregonLive* (blog at the Oregonian), 26 december 2014, oregonlive.com/collegefootball/index.ssf/2014/12/college_football_games_are_get.html; Phil Steele, "Offensive Plays per Game/Pace," Phil Steele blog, 14 januari 2016, philsteele.com/blogs/2016/JAN16/DBJan14.html.
2. Frederick F. Reichheld en Phil Schefter, "The Economics of E-loyalty," Harvard Business School archives, 10 juli 2000, hbswk.hbs.edu/archive/1590.html.

3. Bryan Eisenberg, "3 Steps to Better Prioritization and Faster Execution," Bryan Eisenberg website, 3 december 2010, bryaneisenberg.com/3-steps-to-better-prioritization-and-faster-execution/.
4. "PIE Framework," WiderFunnel blog, 28 augustus 2015, widerfunnel.com/case-studies/telestream-case-study/pie_2015_v1/.
5. Lars Lofgren, "My 7 Rules for A/B Testing That Triple Conversion Rates," Lars Lofgren blog (n.d.), larslofgren.com/growth/7-rules-for-ab-testing.

HOOFDSTUK 5

1. Ginny Marvin, "US Digital Ad Revenues Top $59.6 Billion in 2015, up 20 Percent to Hit Another High," Marketing Land blog, 21 april 2016, marketingland.com/us-digital-ad-revenues-60-billion-2015-iab-174043.
2. "Slowing Growth Ahead for Worldwide Internet Audience," eMarketer blog, 7 juni 2016, emarketer.com/Article/Slowing-Growth-Ahead-Worldwide-Internet-Audience/1014045.
3. Sarah Frier, "Fab.com's Ascent to $1 Billion Valuation Brings Missteps," Bloomberg Technology blog, 24 juni 2013, bloomberg.com/news/articles/2013-06-24/fab-com-s-race-to-1-billion-valuation-brings-missteps.
4. James Currier, "[500DISTRO] Do You Speak Growth? Examining the Language Behind What Users Want," 12 augustus 2014, afkomstig van: youtube.com/watch?v=FI52Z-fDM5c.
5. Consumer Insights group, Microsoft Canada, "Attention Spans," voorjaar 2015, advertising.microsoft.com/en/WWDocs/User/display/cl/researchreport/31966/en/microsoft-attention-spans-research-report.pdf, 6.
6. Alyson Shontell, "How to Create the Fastest Growing Media Company in the World," *Business Insider*, 5 november 2012; Upworthy, "The Sweet Science of Virality," 18 maart 2013 [slideshare], afkomstig van: slideshare.net/Upworthy/the-sweet-science-of-virality.
7. Currier, "[500DISTRO] Do You Speak Growth?"
8. Video van Febreze advertentie uit 1998, bekeken op: youtube.com/watch?v=4-kAIHN6qYY.
9. Charles Duhigg, "How Companies Learn Your Secrets," *New York Times Magazine*, 16 februari 2012.
10. Video van Febreze advertentie uit 1999, bekeken op: youtube.com/watch?v=ZTPNtruSIU0.
11. Molly Young, "Be Bossy: Sophia Amoruso Has Advice for Millennials and a Bone to Pick With Sheryl Sandberg," *New York* magazine, *The Cut* (blog), 26 mei 2014, nymag.com/thecut/2014/05/sophia-amoruso-nasty-gal-millennial-advice.html.
12. Blake Masters, "*Peter Thiel's CS183: Startup – Class 9 Notes Essay*," Blake Masters blog, 4 mei 2012, blakemasters.com/post/22405055017/peter-thiels-cs183-startup-class-9-notes-essay.
13. Awan, "Lessons Learned from Growing LinkedIn."

14. Brian Balfour, "5 Steps to Choose Your Customer Acquisition Channel," *Coelevate* (blog), 21 mei 2013, coelevate.com/essays/5-steps-to-choose -your-customer-acquisition-channel.
15. Ivan Kirigin, "[500DISTRO] Sharing Lab Notes: 27 Referral Program Hacktics in 20 Minutes," 13 augustus 2014, afkomstig van: youtube.com/watch?v=KMGnOU3lwQg.
16. Shontell, "Fastest Growing Media Company."
17. David Skok, "Lessons Learned – Viral Marketing," *For Entrepreneurs from David Skok* (blog) (n.d.), forentrepreneurs.com/lessons-learnt-viral-marketing/.
18. Schultz, "Lecture 6: Growth."
19. Eventbrite, "Social Commerce: A Global Look at the Numbers," Eventbrite blog, 23 oktober 2012, eventbrite.com/blog/ds00-social-commerce-a-global-look-at-the-numbers/.
20. Elman, "3 Growth Hacks."

HOOFDSTUK 6

1. AdRoll, "What Is Retargeting?" 2016, adroll.com/getting-started/retargeting; Chen, "Losing 80% of Mobile Users Is Normal."
2. Ibid.
3. Neil Patel, toespraak bij Search Engine Journal Summit, Santa Monica, Californië, 24 februari 2015, via: slideshare.net/SearchEngineJournal/1-neil-patel-final.
4. Ibid.
5. Growth@ Airbnb, "Driving User Growth at Airbnb," 11 april 2016, afkomstig van: youtube.com/watch?v=03mc78lKOwI.
6. Elman, "3 Growth Hacks."
7. John Egan, "Measuring for Engagement: Understanding User Gains, Losses & Levels of Interaction," 12 augustus 2014, afkomstig van: youtube.com/watch?v=NghOllGvv4E.
8. Neil Patel toespraak bij Search Engine Journal Summit, slideshare.net/SearchEngineJournal/1-neil-patel-final.
9. "How Adobe Converted Free Trial Downloads into Satis ed Customers," *Bunchball* (blog), 2016, bunchball.com/customers/adobe.
10. Adam Kleinberg, "Brands That Failed with Gamification," iMedia, 25 juli 2012, imediaconnection.com/articles/ported-articles/red-dot-articles/2012/jul/brands-that-failed-with-gamification/.
11. Gabe Zichermann, "Cash Is for SAPS," *Gamification* (blog), 18 oktober 2010, gamification.co/2010/10/18/cash-is-for-saps/.
12. Jen Wieczner, "Starbucks Cards Now Have More Money Than Some Banks," *Fortune*, 10 juni 2016.
13. BJ Fogg's Behavior Model, "What Causes Behavior Change?" behaviormodel.org.

14. Andrew Chen blog, "New Data Shows Up to 60% of Users Opt-Out of Push Notifications (Guest Post)," andrewchen.co/why-people-are-turning-off-push/.
15. John Egan, "Long-Term Impact of Badging," John Egan blog, 13 februari 2015, jwegan.com/growth-hacking/long-term-impact-badging/.
16. Adam Marchick en Thue Madsen, "How to Craft Push Notifications That Users Actually Want to Receive," Kissmetrics blog, 2016, grow.kissmetrics.com/webinar-93.
17. BJ Fogg's Behavior Model, "Triggers Tell People to 'Do It Now!'" behaviormodel.org/triggers.html.
18. Kyle Rush, "Optimization at the Obama Campaign: A/B Testing," Kyle Rush blog, 12 december 2012, kylerush.net/blog/optimization-at-the-obama-campaign-ab-testing/.

HOOFDSTUK 7

1. Peter Drucker, *Management: Tasks, Responsibilities, Practices* (New York: Routledge, 2012), 57.
2. Fred Reichheld, "Prescription for Cutting Costs," Bain & Company report (n.d.), bain.com/Images/BB_Prescription_cutting_costs.pdf.
3. Ellen Huet, "What Really Killed Homejoy? It Couldn't Hold On to Its Customers," Forbes, 23 juli 2015.
4. Daniel B. Kline, "Amazon Prime Improves Its Customer Retention Rate," 1 juni 2016, fool.com/investing/2016/06/01/amazon-prime-improves-its-customer-retention-rate.aspx.
5. Jules Maltzen en Daniel Barney, "Should Your Startup Go Freemium?" TechCrunch, 4 november 2012, techcrunch.com/2012/11/04/should-your-startup-go-freemium/.
6. Brian Balfour, "Growth Is Good, but Retention Is 4+Ever," 10 mei 2015, afkomstig van: youtube.com/watch?v=ch7aps2h8zQ.
7. Alistair Croll en Benjamin Yoskovitz, *Lean Analytics: Use Data to Build a Better Startup Faster* (Sebastopol: O'Reilly Media, Inc., 2013), 73.
8. Dharmesh Shah interview met Morgan Brown, 1 maart 2016.
9. Balfour, "Growth Is Good, but Retention Is 4+Ever."
10. Daniel B. Kline, "Amazon Improves Its Customer Retention Rate," *The Motley Fool*, 1 juni 2016, http://www.fool.com/investing/2016/06/01/ amazon-prime-improves-its-customer-retention-rate.aspx.
11. Christoph Janz, "From 'A as in Amiga' to 'Z as in Zendesk,'" *The Angel VC* (blog), 16 juli 2016, christophjanz.blogspot.com/2016/07/from-as-in-amiga-to-z-as-in-zendesk.html.
12. Nir Eyal, *Hooked: How to Build Habit-Forming Products* (Portfolio: 2014), 5-10.
13. Brad Stone, *The Everything Store: Jeff Bezos and the Age of Amazon* (Little, Brown: 2013), 187.

14. Brad Stone, "What's in Amazon's Box? Instant Gratification," Bloomberg, 24 november 2010, bloomberg.com/news/articles/2010-11-24/whats-in-amazons-box-instant-gratification.
15. Dave Kim, reactie op vraag "How did Yelp get initial traction and overcome the critical mass problem?" Quora, 10 maart 2011, quora.com/How-did-Yelp-get-initial-traction-and-overcome-the-critical-mass-problem.
16. Zhongmin Wang, "Anonymity, Social Image, and the Competition for Volunteers: A Case Study of the Online Market for Reviews," april 2010, https://editorialexpress.com/cgi-bin/conference/download.cgi?db_name=IIOC2010&paper_id=336.
17. Sarah Silbert, "The Inside Scoop on the Amex Centurion (Black) Card," *The Points Guy* (blog), 14 oktober 2015, thepointsguy.com/2015/10/amex-centurion-black-card/.
18. Sarah Buhr, "theSkimm on How to Rapidly Grow an Audience of Engaged Millennials," TechCrunch, 9 mei 2016, techcrunch.com/2016/05/09/the-skimm-on-a-better-way-to-serve-the-news-to-young-professionals/.
19. Justin Ellis, "How theSkimm's Passionate Readership Helped Its Newsletter Grow to 1.5 Million Subscribers," Nieman Lab blog, 18 augustus 2015, niemanlab.org/2015/08/how-the-skimms-passionate-readership-helped-its-newsletter-grow-to-1-5-million-subscribers/.
20. Jimmy Daly, "Behavioral Emails That Keep Customers Coming Back (with Examples from My Inbox)," Unbounce blog, 9 maart 2015, unbounce.com/email-marketing/behavioral-emails-keep-customers-coming-back /.
21. Shouvick Mukherjee interview met Morgan Brown, 10 maart 2016.
22. Cara Harshman, "The Homepage Is Dead: A Personalization Story," Call To Action Conference, 20 juni 2016, http://calltoactionconference.unbounce.com/speakers/2016-cara-harshman.
23. Egan, "How We Increased Active Pinners."
24. Bing Gordon, "Five Things to Know About Retention Hacking," KPCB blog, 17 november 2014, kpcb.com/blog/five-things-to-know-about-retention-hacking.
25. Debora Viana Thompson, Rebecca W. Hamilton, en Roland T. Rust, "Feature Fatigue: When Product Capabilities Become Too Much of a Good Thing," Marketing Science Institute blog, 2005, msi.org/reports/feature-fatigue-when-product-capabilities-become-too-much-of-a-good-thing/.
26. David Pogue, "Simplicity Sells," TED Talk, lmed februari 2006, afkomstig van: ted.com/talks/david_pogue_says_simplicity_sells?language=en.
27. Jordan T. McBride, "Dan Wolchonok on Running Retention Experiments," *ProfitWell* (blog), 21 januari 2016, blog.profitwell.com/saasfest-recap-dan-wolchonok-on-running-retention-experiments.

HOOFDSTUK 8

1. Monetate, "Monetate Ecommerce Quarterly for Q1 2016," 2016, afkomstig van: info.monetate.com/EQ1_2016.html.
2. Croll and Yoskovitz, *Lean Analytics*, 113-19.
3. Colin Zima, "Growth Hacking with Data – How to Uncover Big Growth Opportunities with Deep Data Dives," GrowthHackers.com, 8 september 2014, afkomstig van: https://growthhackers.com/videos/growth-hacking-with-data-how-to-uncover-big-growth-opportunities-with-deep-data-dives/.
4. Elena Verna, "Product Experience Usability to Improve Growth," GrowthHackers.com, 18 februari 2016, afkomstig van: https://growthhackers.com/videos/elena-verna-vp-growth-at-surveymonkey-product-experience-usability-to-improve-growth.
5. Annabell Satterfield (Growth at BitTorrent), "Engaging Customers to Find Your Next Big Growth Opportunity," GrowthHackers.com, 18 februari 2016, afkomstig van: https://growthhackers.com/videos/gh-conference-16-annabell-satterfield-growth-at-bittorrent-engaging-customers-to-find-your-next-big-growth-opportunity.
6. Colin Zima, "Recommendations Are Easier Than You Think," *Looker* (blog), 22 december 2014, looker.com/blog/recommendations-are-easier-than-you-think.
7. Charles Duhigg, "How Companies Learn Your Secrets," *New York Times Magazine*, 16 februari 2012, nytimes.com/2012/02/19/magazine/shopping-habits.html?_r=0.
8. William Poundstone, *Priceless: The Myth of Fair Value (and How to Take Advantage of It)* (Hill and Wang: 2011), 185-92, books.google.com/books?id=4Fs1TrLjWhUC&lpg=PT156&dq=poundstone%20charm%20pricing&pg=PT156#v=onepage&q=poundstone%20charm%20pricing&f=false.
9. "The Price Is Right: Essential Tips for Nailing Your Pricing Strategy," First Round Review (n.d.), firstround.com/review/the-price-is-right-essential-tips-for-nailing-your-pricing-strategy/.
10. Patrick Campbell, "The Value Metric: Optimize Your Pricing Strategy for High Growth," Price Intelligently, 12 maart 2014, priceintelligently.com/blog/bid/195287/The-Value-Metric-Optimize-Your-Pricing-Strategy-for-High-Growth.
11. Dana Mattioli, "On Orbitz, Mac Users Steered to Pricier Hotels," *Wall Street Journal*, 23 augustus 2012, wsj.com/articles/SB10001424052702304458604577488822667325882.
12. Dan Ariely, *Predictably Irrational, Revised and Expanded Edition: The Hidden Forces That Shape Our Decisions*, (Harper Perennial: 2010), 1-6, books.google.com/books?id=44ecn9XukOoC&lpg=PA1&dq=%22the%20economist%22%20subscription&pg=PT21#v=onepage&q=%22the%20economist%22%20subscription&f=false.

13. Steve Young, "How a Made-Up Product Increased Conversions by 233%," Unbounce, 14 augustus 2012, unbounce.com/conversion-rate-optimization/made-up-product-increased-conversions/.
14. Stuart Hall, "An App Store Experiment," StuartKHall.com, 20 juni 2013, stuartkhall.com/posts/an-app-store-experiment.
15. "Top Apps on iOS Store, United States," App Annie, 16 september 2016, appannie.com/apps/ios/top/.
16. Sarah Needleman, "How Mobile Games Rake In Billions," *Wall Street Journal*, 28 juli 2016, wsj.com/articles/how-mobile-games-rake-in-billions-1469720088.
17. Joe Pinsker, "The Psychology Behind Costco's Free Samples," *The Atlantic*, 1 oktober 2014, theatlantic.com/business/archive/2014/10/the-psychology-behind-costcos-free-samples/380969/.
18. Steve J. Martin, Noah Goldstein, en Robert Cialdini, *The Small BIG: Small Changes That Spark Big Influence* (Grand Central Publishing: 2014), 1-2, books.google.com/booksid=3a5gAwAAQBAJ&lpg=PT10&dq=the%20small%20big%20HMRC&pg=PT10#v=onepage&q= the%20small%20big%20HMRC&f=false.
19. Angie Schottmuller, "Social Proof Power Plays," 30 maart 2016, afkomstig van: inbound.org/discuss/conversionxl-live-notes-slides-and-q-a-slideshare-s-now-included#angieschottmuller.
20. "Conversion for E-commerce: Two Winning Tests for a Multilingual Online Florist," Conversion Rate Experts (n.d.), conversion-rate-experts.com/daflores-case-study/.
21. Aileen Lee, "Social Proof Is the New Marketing," TechCrunch, 27 november 2011, techcrunch.com/2011/11/27/social-proof-why-people-like-to-follow-the-crowd/.
22. Paras Chopra, "Focus Matters on a Landing Page and Here's Why: 22% Increase in Sales," Visual Website Optimizer, 24 oktober 2012, vwo.com/blog/call-to-action-increase-sales/.
23. Jason Bosinoff, "Hacking Word-of-Mouth: Making Referrals Work for Airbnb," Airbnb, 27 maart 2014, nerds.airbnb.com/making-referrals-work-for-airbnb/.

HOOFDSTUK 9

1. Facebook, 16 september 2016, newsroom.fb.com/company-info.
2. Matthew S. Olson, Derek van Bever, en Seth Verry, "When Growth Stalls," *Harvard Business Review*, maart 2008.
3. Jon Russell, "Viddy, Once Touted as 'The Instagram for Video,' Will Shut Down on December 15," TechCrunch, 4 november 2014, techcrunch.com/2014/11/04/viddy-once-touted-as-the-instagram-for-video-will-shut-down-on-december-15/.

REGISTER